U0728870

先辈丛书·回忆录卷

王平回忆录

中共党史出版社

图书在版编目（CIP）数据

王平回忆录 / 王平著 . -- 北京：中共党史出版社，2024.1

（先辈丛书 . 回忆录卷）

ISBN 978-7-5098-6146-2

Ⅰ . ①王… Ⅱ . ①王… Ⅲ . ①王平（1907-1998）-回忆录 Ⅳ . ①K825.2

中国版本图书馆 CIP 数据核字（2022）第 186470 号

书　　名：王平回忆录

作　　者：王平

出版发行：中共党史出版社

责任编辑：王鸽子

责任校对：申宁

责任印制：段文超

社　　址：北京市海淀区芙蓉里南街 6 号院 1 号楼　邮编：100080

网　　址：www.dscbs.com

经　　销：新华书店

印　　刷：北京中科印刷有限公司

开　　本：710mm×1000mm　1/16

字　　数：396 千字

印　　张：23.5　13 面插页

版　　次：2024 年 1 月第 1 版

印　　次：2024 年 1 月第 1 次印刷

书　　号：ISBN 978-7-5098-6146-2

定　　价：60.00 元

王平

1939年，王平和范景新于阜平县城南庄。

1939年冬于曲阳县桃里。左起：站者第一人罗瑞卿、第三人苏振华、第七人王平，坐者范景新。

　　1951年于察哈尔军区司令部。前排左起：石志本（左四）、刘彬（左五）、王平（左六）、刘冠军（左七）、范景新（左十）。

1953年7月于朝鲜金城前线。王平（左一）。

1953 年 9 月于朝鲜前线视察军事区与李志民合影。

1954 年，在朝鲜中国人民志愿军总部。前排右起：杜平、金日成、杨得志、王平。

1958 年 10 月，在首都人民欢迎志愿军回国大会上。前排左起：陈云、王平、朱德、杨勇、周恩来。

和周恩来总理在宴会上。

志愿军回国后，受到毛泽东主席接见。

1958年10月，北京各界人民在北京车站热烈欢迎中国人民志愿军回国。正面前排左起：彭真、志愿军司令员杨勇上将、志愿军政治委员王平上将、郭沫若。

1959 年，董必武副主席和聂荣臻元帅到军事学院视察。王平（前排左一）。

刘伯承元帅到军事学院视察。左起：王平、刘伯承、张震、杜平。

1962 年，毛泽东主席在南京接见军、地干部。左起：惠浴宇、刘顺元、王平、毛泽东、许世友、江渭清、陈光。

1965 年访问埃及留影。

1977 年，邓小平在武汉接见军区机关干部。右起：邓小平、杨得志、陈丕显、王平。

1977 年在武汉和叶剑英
元帅合影。

1980年，徐向前元帅出席全军后勤会议。左起：洪学智、韦国清、徐向前、王平

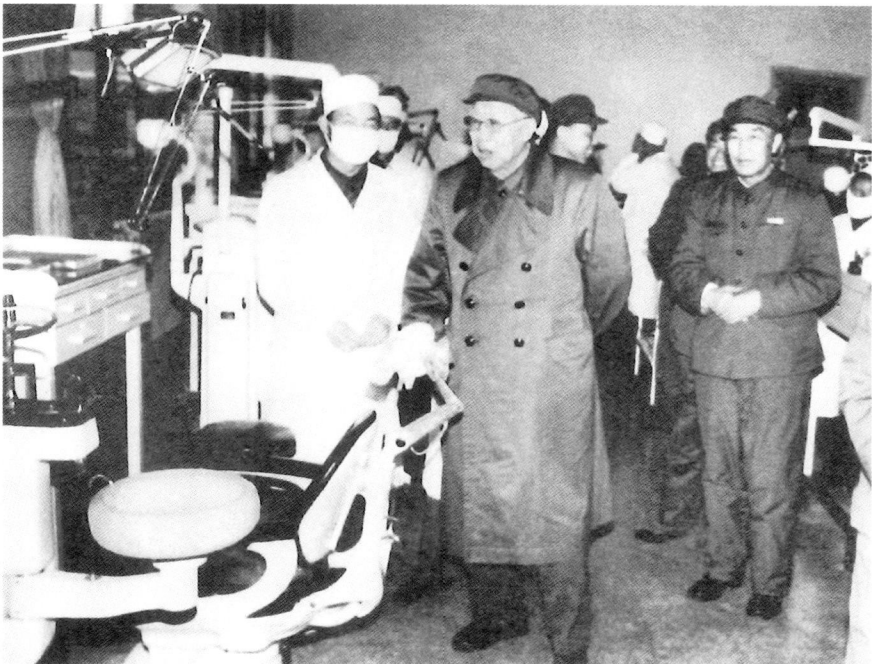

1983年，在第四军医大学口腔医院检查工作。

和洪学智部长到部队检查工作。

王平八十周岁留影。

目　录

第九章 迎接抗战胜利 / 173

第十章 解放华北 / 194

第十一章 在华北军区 / 240

第十二章 入朝作战 / 250

第十三章 建立总参动员工作 / 269

后记 / 367

第一章 走向革命的路

我是农民的儿子

我原名王惟允，1907 年 10 月 12 日（农历九月初六），出生在湖北省阳新县三溪口镇永福里横溪沉乡大湖地村。

阳新位于鄂东南，湘鄂赣三省分界的幕阜山北麓，属低山丘陵地区，县境西南有一条小河从东向西流过，故名横溪沉。大湖地村就坐落在两道岭子中间的横溪沉河谷里，横溪沉由东向西从村边流过。岭上树木繁茂，河谷土地肥沃。解放以后阳新修了王英水库，大湖地村成了水库区，被淹没在库底。

我的家庭，解放后按田亩数定为中农成分。实际上，解放前家境很贫困，常常是拆东补西，寅吃卯粮，家庭生活并够不上中农的水平。

我父亲叫王幼钦，兄弟四人，三伯父早逝，父亲排行第四。父母生了我们兄弟姐妹六人，我是老六，两个哥哥早年夭折，三个姐姐都送给人家当了童养媳。大伯父和二伯父家的人口比我家多，我有十多个堂兄弟。祖母在世时，她单独住，有一亩养老田由我父亲照管。

在我还不满周岁的时候，母亲鲍美玉就病故了。这时父亲把我大姐从婆家叫回来照顾我，不满十岁的大姐就抱着我像讨饭一样，满村里转，哪家能吃到奶就到哪家去。后来一个本家房里的侄媳孩子死了，姐姐常常抱我到她家去吃奶，大约吃了一年，以后就在家里吃米糊糊。就这样大姐把我带到六七岁才离开。母亲去世不久，父亲续房，继母带来一个和我差不多大的儿子，小名叫陈细崽，继母不如我母亲会管家，虽然父亲常年在田间辛勤劳动，精耕细作，但家境大不如从前了。

我五六岁就帮家里放牛，我们村附近，大部分是水田，放牛沿着田埂走。一次，我从田埂掉到水塘里，是村里来人及时打救，才未被淹死。到七岁的时候，父亲考虑应该让我们读点书，识点字，免得日后被人欺负。但家境贫困，供不起我和细崽两人上学，父亲决定让我先上学。在我十二岁时，继母又生了个弟弟，细崽原先的族叔没有儿子，这时就把他接回去了。那年庄稼收成不错，家里原有三间住房和一间厨房，父亲觉得不够用，决定在院子里再盖几间。盖房子需要人手，父亲让我停学，专门上山砍柴烧水，给修房的工匠们送茶送水，干些杂活。第二年，房子盖得差不多了，我又接着上学，那时的小学是半新半旧式的，基本上还是私塾的那一套，主要读四书五经，也学点国文、算术，搞点体操。

我的继母待我不好，当父亲不在家的时候，她就专门想法整我。有一次，我实在忍受不了，拿起小板凳就打她，没想到把她的头打破了。我惹了祸，连忙逃跑躲藏起来，娘舅来找我算账，没有找到。

父亲有个好朋友叫王巍之，在村里开个小药铺，父亲和他商量让我给他看铺面，请他教我学中医。我再次停学到药铺去当学徒，谁知王巍之只让我帮他抓药，根本不教我中医知识。我干了一年多，他让人传话，他没有儿子，让我做他儿子才教我看病。我听说后很生气，坚决不在他那里干了。不过在药铺里有许多空闲时间，虽然没能学成中医，却抽空看了不少书，除了中药书以外，像《三国演义》《水浒传》等书都是那时候看的，也算没有白过。

离开药铺以后，我去县城考上了高等小学，但因家庭经济困难未能去成。我大伯父是开经馆（私塾）的教书人，他让我到他的经馆读书，经馆地点不是固定的，读的全是古书，我对他的经馆不太满意，读了一段时间，就转到前清秀才尹韬修开的经馆去。尹老师的经馆设在离我家十里地的四团寺里，他为人开明，不要报酬，给学生讲文学，教怎样写好文章，我跟他学习得益匪浅。尹老师还订了上海《大公报》等一些报刊，学生们可以随便看，这时我才知道世界上有军阀混战，帝国主义侵略，苏联十月革命胜利等时事，对于不明白的问题，学生们可以自由议论，尹老师从不干预。

父亲总是怕我离家出走，就想办法拴住我。十七岁那年，由他包办了一门亲事，结婚后分给我五亩田，让我们分开过。我对这封建婚姻极为不满，从此萌生了离家出走的念头。

我十八岁时祖母去世，继母也在同一天病故。继母的丧事比较简单，买口棺材一葬了事。祖母就不同了，她活了89岁，按老百姓习惯是90虚岁，丧事要办得隆重些。二伯父主张给祖母做寿，做道场，大伯父和我父亲也都同意。

我们家房份大，人口多，亲戚也多；大伯父开经馆，亲朋好友也多，来祭奠吊唁的人络绎不绝，几天之内吃喝招待，我家花费不少钱，欠债很多。本来就拮据的日子，这一来就更困难了。

过了不久，父亲第二次续房。第二个继母也带来一个儿子，名叫骆明发。家里的环境越来越不好，我实在不愿意继续待在家里，总想找机会离开。

由于家庭环境等多方面的原因，我从小就养成了敢于反抗，敢于斗争，不屈服于任何压力的坚毅性格。

组织农民协会

阳新县是个大县，有 10 个镇、40 个里，每里五个乡。县境内地势险要复杂，便于开展群众运动。早在中国共产党创立初期，党组织就开始在这一带活动。鄂东南地区的大冶、阳新、通山、崇阳、通城等县，都先后建立了党小组或党支部，开展了轰轰烈烈的工农群众运动。

1926 年冬，阳新县大畈镇的陈桂芳召开会议，动员组织农民协会。横溪沅乡去了几十个人，大湖地村也去了几个，我这个人喜欢活动，也跟着他们去了。陈桂芳是国民党左派，思想较进步，他在会上讲了许多问题，有些我听不大懂，只记得讲反对日本帝国主义，要抵制日货，破除迷信、打倒土豪劣绅等等。参加会的也以青年学生居多。我是第一次参加集会，也算开了眼界。我从小就喜欢打抱不平，听了他们这些话，很感兴趣，于是积极参加了活动。

会后，横溪沅乡也成立了农民协会，成员多是小知识分子，农民王国香被推选为农协主席。我是乡农协委员，也是大湖地村农协的负责人，农民协会的口号是：打倒帝国主义，打倒土豪劣绅，反对封建，破除迷信等等。农民协会主要是搞宣传活动，也做了一些打土豪劣绅，戴高帽游街，砸庙倒菩萨等事情。当时听到谁家做道场，农民协会就组织人去冲；到处张贴标语，宣传男女平等，动员妇女剪发、放脚。这些都是农民协会成立初期自发的活动，还没有中国共产党的基层组织领导，农民运动还没有走上真正的革命轨道。

1927 年 2 月，阳新各地的地主土豪大都跑到县城，他们和反动县长一起策划杀害了省农民协会特派员成子英等九位同志，制造了震惊全国的"二二七"惨案，农民运动因而受到了影响，地主势力大的村子农民运动更搞不起来了。后来，武汉国民党左派邓演达派军队来镇压了阳新的反动势力，土豪劣绅们不少逃往大冶县，阳新的农民运动才又蓬勃发展起来。大冶县的农民运动比阳新落后一步，我们曾组织人去大冶县的刘仁八搞宣传，推动那里的农民运动。我们在那里围攻了一家有民愤的恶霸地主，放火烧了他的房子。

1927 年 4 月 12 日，蒋介石在上海发动反革命政变，国民党反动派残酷屠杀共产党人和革命群众。白色恐怖的气氛也波及到鄂东南，有些农民协会不敢开会活动了，有些头面人物开始打退堂鼓。我们这些年轻人血气方刚，什么也不怕，就到处做工作，斥责国民党反动派的反革命罪行，鼓动大家继续参加斗争。

5 月，驻扎在宜昌的夏斗寅师，受蒋介石策动叛变革命，被叶挺率领的革命军击败。夏斗寅残部从武昌溃退到咸宁，分路逃向鄂东南各县，然后经金牛到大冶、黄石港过江。夏斗寅残部沿途向革命群众反攻倒算，捣毁各级党群组织，疯狂屠杀共产党员和革命群众。夏部一个团从距我村五里地的大坪塘经过，当时农民协会还弄不清他们是叛军还是武汉的国民革命军，仍然热情欢迎招待。他们的先头部队也喊口号支持农民协会，可后续部队一到就动手抓人了，砸了大坪塘的农民协会，把关押的土豪劣绅和反革命分子都放了。我在村里听说来了国民革命军，也兴冲冲地赶往大坪塘，走出三里地就遇着逃出来的人，说那里在抓人，我就转身返回大湖地村。

不料，大约一个连的夏部士兵紧跟着来到我们村，村里有所准备，但我没来得及躲避。一小队士兵把我叫住，指名让我带他们到王惟允家。他们只知道我的名字却不认得我，这样我就好对付他们。我带着他们在村里绕来绕去，走到后山一处没有什么人住的院子，指给他们，这就是王惟允家，他们当真去敲门。我趁他们不注意时就跑脱了，他们是根据土豪劣绅提供的情况来抓我的。

夏斗寅的残部只是路过，没有驻扎。他们过去以后，农民协会的活动又恢复了。这时人们对反动派的罪行感到气愤，真的起来造反了。群众起来以后，那些土豪劣绅和为非作歹的流氓地痞也就老实了，纷纷向农会低头认罪，表示改恶从善。那时农民协会对坏人只批斗，不杀人。

三溪口是阳新的一个大镇，那里的群众组织里有共产党人，店员工会主席鲍顺成就是共产党员，他和我生母是同姓，有点远亲关系。认识他以后，他说要介绍我们村五个人入党，并确定 7 月的一天在三溪口开会宣誓。那天，我们五个人怀着激动的心情赶往三溪口，走到离镇子还有几里地，准备过河的时候，遇到从三溪口跑出来的一些人，据他讲，大冶县过来一部国民党反动军队，还跟着什么"清乡会""民团"等等，把三溪口的工会、农会都砸了，捉了一些人。

原来，汪精卫的武汉政府在 7 月 15 日发动了反革命政变，其残暴程度不亚于蒋介石的四一二政变，他们到处封闭工会、农会，大肆逮捕和屠杀革命群众和共产党员。阳新一些跑到外地的土豪劣绅也纷纷回来，进行"清乡"，反攻倒算。我们五个人没到三溪口就折返回来，和鲍顺成也失去了联系。

我们村的大恶霸王恒宇，平时欺压群众，作恶多端，群众运动起来后，曾批斗过他，这时他组织"清乡队"，在村里抓人。不过，他只抓那些小姓的，抓起来就罚款，不出钱就不放人，并扬言有共产党嫌疑的往县里押送。他不敢抓我们家的人，因为我们同是大姓，而且我家是上屋，房份大，兄弟多；他是下屋，只有一个儿子，一个孙子。我们放出风去，王恒宇胆敢抓我家的人，我们就与他一个顶一个。所以他不敢惹我们。村里还有个大地主叫王惺春，这个人比较开明，他舅舅是清末的举人，新县长上任都得先拜访他家，他在县里后台比较硬，他同王恒宇有矛盾，同情农会，经常住在城里。这时王恒宇把姓黄的人抓了几个，送到县城关起来，我们就到县城去保释，经王惺春调停，罚了点款就把人领回来了。

我在村里虽然一时没有什么危险，但国民党兵随时都会下来"清乡"，心里总是不踏实，晚上也不敢在家里过夜，躲到山上，这里住一夜，那里住一晚，游来荡去，又不敢离开本地。这种情况一直拖到 1928 年下半年，县里让王惺春回乡负责"清乡"，他宣布一律既往不咎，一个人也不抓，这一来才太平了。

情况稳定了些，我们又开始活动，虽然不能公开组织农会，就秘密搞"同学会""同年会"，经常聚会，私下议论形势和有关问题。

1929 年初，阳新的共产党组织和三溪口的群众组织失去联系，这时从通山县过来的共产党组织在黄沙镇一带又进行秘密活动，他们执行盲动主义，往往在夜间组织人杀土豪劣绅。他们逐渐把活动范围扩大到三溪口一带，一天夜里他们又杀了王恒宇的儿子王达方，还杀了王恒宇那一房好几个人，王恒宇逃到阳新县城。后来他们找到我们这些当地的活动积极分子，提出要组织秘密农委会。据他们说，这是党的外围组织，和原来的农民协会性质不一样。他们还宣布：凡是 1927 年以前参加过革命工作的，如果现在不来参加，就一律当成国民党反动派来对待。我的很多同学是 1927 年以前参加过活动的，他们都跑到城里去了，农委会要我到县城动员他们回来。因为我有一个舅舅，就是第二个继母的叔伯兄弟，在阳新县城里一家商店做管事，我可以利用这个亲戚关系进城活动。

我装作做买卖的样子去县城，还顺便沿路贴一些传单。我提了一个篮子，把浆糊和一沓子传单放在里边，上面盖了一摞商店的商标广告做掩护。我走到离村子十几里的地方过"莫忙"凉亭，这个亭子像个门楼，大路从中间穿过，一边的门楣上刻着"莫忙"，一边刻着"到了"，意思是告诉你要去的地方快到了，不要着忙，在这里歇一歇乘乘凉再走。到这里我刷好浆糊，正要贴标语，蓦然看见一连士兵向凉亭走来，我赶忙换贴广告。两个打前站的走到我跟前问道："你在干什么？"

"糊广告。"

"广告下边是什么东西？"

"全是广告。"

"你撒谎！"

"不信，你们自己看！"

他们没有翻就让我走了，过后真出了一身冷汗。到了县城以后，听说这支队伍在大坪塘停了一下，就向咸宁方向走了。对这支队伍的情况说法不一，有的猜测里边有共产党。

我到县城，在一间熟悉的饭铺住下，把住铺日期登记到王达方被杀之前，免得遇到王恒宇说不清楚找麻烦。我先去看王惺春，他说："你怎么这个时候到城里来？王恒宇就住在王氏公所里，你不能在这里住久了。"从王惺春处出来，我就去找同学串连。真是冤家路窄，一天我在大街上正好和王恒宇碰了个对面，他垂头丧气的，问我是什么时候来的，我就告诉他在饭铺登记的日期，他叹了口气，没有和我纠缠什么就走开了。以后有人给我通气说："你不能在县城继续待下去了，王恒宇的亲戚说你参与杀王达方，主张王恒宇抓你报仇。"我一听他们想嫁祸于好人，一下子火冒三丈，非要找他们说理算账不可。别人劝我还是冷静些，王恒宇有钱有势，你单枪匹马与他斗是要吃亏的。水清自见底，他的儿子被谁杀的，将来总会搞清楚，还是暂时不与他争辩好。是走还是不走，当时我也拿不定主意。我想这时候走，不就真的显得心虚了吗？我又去找王惺春，他说："你还是走好，这样会更安全些，不过不走也没有什么麻烦，我还可以保护你。"我说："还是走吧。"于是他给了我三块现洋作路费，让我离开县城。

我和一个同学相伴，在一天夜晚，出县城南门，到富水河边。这时县里正抓丁修城墙，把船都封锁了，我们找到一个船家，请他趁夜把我们送走。当时按公价搭一个人是五百钱，我们两个人答应给他两块现洋，他终于动了心，同意开船。天亮时分，王恒宇知道我离开了，就派船追。我们走南路，坐船走了二十里，到广口乡就上岸改走旱路，王恒宇的人没追着我。

我们走了一天，路过我第一个继母的儿子陈细崽住的村子，这是个大村，平时都戒严，我以亲戚关系进村住了一宿。回到乡里后不久，城里那些同学就陆续回来参加活动了。

1929年3月间，三溪口镇的樊镇玉、尹善卿两人介绍我加入中国共产党。他们安排我到山上去教书，实际上以学校为掩护，接待过往人员。后来我发觉情况有点不对头，参加农委会的大多数是些上层人物，不少是哥老会、洪门会的头面人物，我们村的党支部书记王茂林就是哥老会的头子，他们搞所谓"洪共合作"。那时我对党的知识知道得还不多，但总感到他们这种做法不对头。

参加工农红军

从1928年下半年起，红五军转战到湘鄂赣。1929年下半年，红五军第五纵队和大冶中心县委在鄂东南积极开展武装斗争，消灭反革命武装，开辟和建立鄂东南革命根据地。10月，红五军第五纵队在阳新赤卫队3000余人配合下，攻克阳新城，全歼范石生两个营。12月14日，由何长工领导的第五纵队配合在国民党军独立第十五旅中的共产党组织，在程子华等人的组织带领下，发动了大冶兵暴和阳新起义。1930年1月中旬，红五军第五纵队第二次攻占阳新县城。

红军的到来，大大促进了阳新的群众运动，并逐步纳入革命的轨道。我记得红五军第五纵队路过大坪塘的时候，曾召开一个群众大会，第五纵队党代表何长工和纵队司令李灿在会上都讲了话，公开宣布他们是江西过来的红军，到阳新来消灭民团，开展武装斗争，还讲了党的宗旨和政策。群众听了都异常高兴，一些青年工人农民和学生纷纷报名参加红军。我在会场上遇见了鲍顺成，他已经参加红军，是红八军（红五军第五纵队改编）第二纵队的副官。我告诉他我入党的经过和工作情况，以及想参军的愿望，他让我多和他联系。

红八军来了以后，农委会就开始公开活动了，成立了乡、区苏维埃政府，开展抗捐、抗租、抗债斗争。我积极参加组织宣传队，动员群众支援红军，支持苏维埃，参加革命斗争。

我父亲对我参加农民协会的活动是积极支持的。那时，到我家的来往人员不少，有时开会，就在我家吃饭，我父亲曾开玩笑地说："你们革命，我赔了不少谷和酒，我都心甘情愿。只是担心你们能不能成功，过去（指1927年前）上边来人都没有搞成功，现在你们自己组织能行吗？"在斗争过程中，我家抗了几百元的借债，我父亲又高兴了，他讲："只要你们革命能成功，能长久，我当然赞成、支持。"

1930年初，乡、区又成立了共青团组织，其成员大都是青年学生，地富子弟居多。他们和年岁较大的、以农民为主的党组织往往意见不一致，处处闹独立，两者矛盾很大。我觉得乡里斗争情况复杂，环境不好，决心参加红军。我曾听鲍顺成说过，5月份红八军要从三溪口过，就找区苏维埃政府请求参军，他们给我开了参军介绍信。有四个下屋的叔伯兄弟听说我要参加红军，也要和我一道去。一天，红八军到了大坪塘，歇一宿就开往通山。我打听到这个消息后，连忙到下屋去找那四个兄弟，商量第二天清早一起去赶红军。谁知他们都动摇了，他们家里人都推说不在家，这样也就只好算了。我家里都赞成我参军，晚上还专门为我饯行。第二天清早，一个堂哥把我送到大坪塘前边的吴家凉亭，红军的队伍已经过来了，我在队伍里找到鲍顺成，连忙把介绍信递给他，他说："好吧，一道走。"就这样我离开了家乡，参加了红军。当时，只带了苏维埃介绍信，没有带党组织的介绍信。

第二章　两打长沙

一 打 长 沙

我跟着红军部队到了大畈镇宿营。第二天，还没有给我分配单位。部队出发打通山，行军时我跟着第二纵队司令部走。第二纵队司令部很精干，除了司令员谢振亚、政治委员石恒中以外，还有一个副官、一个军需官、一个军医官。另外雇了几个挑夫，挑着一些现洋和必需品。

打通山很顺利，打开以后部队就驻在县城里。这时鲍顺成问我愿意干什么工作，是不是留在纵队部。我说，想当战士，直接参加战斗。于是他分配我到第二纵队第一大队去当兵。大队相当于连，第一大队大队长是周玉成（建国后曾任总后勤部副部长）。他没把我分配到班内当战士，让我临时参加大队的宣传组工作，大队宣传组共有三个人，主要负责在驻地和行军途中贴标语、写标语。我到了宣传组就和组里同志一起提个石灰桶上街，在路上、墙上写标语。

部队在通山县城住了三天就开往崇阳县城。崇阳县城是别的纵队打开的，第二纵队住在城外，我们宣传组进城到大街上写标语。我正在往墙上写标语的时候，恰巧纵队政委石恒中路过，他一直看着我写完，问我什么时候参军的，是哪里人等等，我都逐一回答了。他说："把你调到纵队宣传队工作好不好？"我说："听从首长安排。"晚上回到宿营地，大队长命令我到纵队宣传队报到。

纵队宣传队由石政委直接领导，他对我说："宣传队现在连你共有五个人，没有队长，你先当个副队长，代理队长。"那时军里规定宣传队每人每天写十条十个字以上的标语，落款都要写上纵队番号，政治部门有专人负责检查统计。标语内容主要是："全世界无产阶级联合起来！""中国共产党万岁！""打倒帝国主义！"等等。部队每到一地，宣传队还负责组织群众大会，在崇阳县城我们组织了一次大会，石政委讲话，号召当地群众参加红军。他讲话后，许多青壮年群众纷纷报名参军。我们也参加筹款，一次，有一间商店的老板接到派款通知以后逃跑了，拒绝交派款，我们就把他的铺子没收了。

在崇阳县搞了几天扩军筹款以后，部队前进到羊楼司火车站，在车站前边开了一个群众大会，把当地一个曾迫害革命群众的反动公安局长杀了示众。

7月初，部队准备攻打岳州（今岳阳市）。有些部队乘缴获的火车开往岳州，我们纵队是徒步前往的，在路过云溪的时候，红八军政治部召集各纵队宣传队长开会，布置在阵地前向敌军喊话和阵前宣传鼓动工作。这时，岳州守军只有敌王东原旅旅部和一个多团。部队一到岳州就马上发起攻击，我们宣传队员也跟着到火线前沿向敌人喊话，喊口号鼓舞斗志。经过几个小时战斗全歼了守敌，缴获大批武器弹药和物资，并在城陵矶码头截获关卡缴税的船，得到很多银元。战斗结束以后军里给干部战士每人发了一块银元，另外每缴获一支步枪奖三块钱，两块给伙食单位，一块归个人。这次我缴获了三支步枪，得了三块奖钱，连同发的一块和家里带出来的一块，共有五块银元。

部队在岳州住了三四天，一面休整，一面做宣传工作。其间，停在江面上的英、美、日军舰向岳州乱打炮，红军用刚缴获的钢炮还击以示警告。部队撤出岳州那天，我们宣传队几个人正在岳阳楼下写大标语，楼上驻着一个排，他们撤走时看见我们还在写，就大喊："你们还不走呀？快走啊！部队都撤走了，敌人马上要来了。"我们听见喊声，一条标语没写完，赶忙跟着撤走。宣传队就是这样，行军打仗要跑在前头，撤退时往往走在后头。而部队都有责任保护宣传队员。

部队撤出岳州以后，走了两天到达平江县，部队在此进行了较长时间的休整。7月22日上午，部队在平江县城天岳书院前面的广场召开大会，一是庆祝红三军团成立，二是纪念平江起义两周年，三是誓师攻打长沙。那天参加大会的部队和当地群众很多，真可谓人山人海，会场内外红旗招展，鼓乐喧天，宣传队分片在群众中进行宣传鼓动，歌声、口号声此起彼落，大会隆重而热烈。彭德怀、滕代远、何长工等领导同志在会上讲了话。

打岳州时，第二纵队缴获六挺重机关枪。在平江编成一个机关枪连，主要随纵队部活动。这个连编两个机关枪排，一个步兵排，步兵排平时为纵队部警卫，全连不到一百人。召开大会的那天下午，鲍顺成来到宣传队通知我说，石政委认为你表现不错，决定调你到机关枪连去当师爷（文书）。说完就带我去见机关枪连连长余钧。他向余钧简单地介绍了我的情况，着重交代我过去曾经入党，参军时没来得及开党员证明，可以重新介绍我入党。余钧是广东人，南昌起义的老兵，对我很信任。当时党支部是秘密的，虽然没承认我是党员，他却让我帮助他搞党支部活动，管全连党员的花名册。连部的人员还有司务长冯振玉、上士聂云卿，他俩都是党员，和我很要好，他们文化低，让我帮助算账、记账。

每次连长点名时，用他的广东腔念我的名字王惟允总是念成"王翁翁"，大家听了就笑。他和我商量改个好念的名字，于是我改名为王明。这是我第一次改名。

7月23日，长沙的敌人得悉红军要进攻长沙，主动向平江进犯。敌人分两路已进到瓮江、三角塘、双江口一线。红三军团开到瓮红公路两侧，利用有利地形伏击歼敌。24日，我们设伏一天，敌未敢前进。25日，红三军团向平江城南的三角塘、晋坑一带之敌发起勇猛冲击。经过一阵激战，把敌人压缩在一条狭窄的山沟里，歼灭了敌人一个团，其余敌人转身就跑。红军顺着通往长沙的公路追击，26日在金井又打了一仗，突破敌人后续部队的防守阵地，消灭敌人又一个团，敌人全线溃退，我们一鼓作气追到长沙北边的春华山。这时，湖南军阀何键的主力部队都开到湘桂边境和两广军阀张发奎部、李宗仁部打仗，长沙城内空虚。第二天，红军乘胜向郎黎市发动进攻，敌人集中残部约11个团的兵力，凭借浏阳河顽抗，被红军两面夹击，仓皇逃窜。下午，红军渡过临时搭在浏阳河上的浮桥，一直打进长沙市里，占领了湖南省政府。守敌残部分别向西向南逃跑。我一路跟着部队前进，主要负责处理伤员。

这次红三军团以八千人的兵力，击溃长沙守敌近两万人，解救了在马日事变时未被屠杀尚关押在狱中的革命干部和群众，缴获了大量武器弹药和物资，出狱的革命同志和青年学生、工人群众踊跃参加红军，被俘的国民党官兵也大批被吸收加入红军，红三军团扩充到一万多人。

8月2日，红三军团和省苏维埃政府在长沙召开十万人的群众大会，欢呼庆祝胜利。打下长沙以后，根据军团部署，红五军没有进城就转到易家湾方向，准备打湘潭，红八军也只有三千人左右随军团部和军部驻在城里。我所在的第二纵队头天进城，随即撤出，驻在离长沙市区五里地的黄土岭。

当时长沙市里秩序非常混乱，红军还没有管理城市的经验，进城的红军较少，只能在一些关键部位，如发电厂、米厂、银行、当铺等地维持秩序。平江、浏阳的赤卫队、工农群众大批涌进城里，见到东西就抢。我是打开长沙第三天才进城的，看到进城的农民在抢商店，他们不懂得什么纪律，上前劝说也没人听。

我们占领长沙 11 天，何键的主力部队从湘桂方向赶回，与溃逃之敌一起向长沙反扑，红军决定撤出长沙。当时城里的部队撤出来了，但是不少赤卫队和农民还不知道敌人反扑，仍然带着梭镖、红袖章在城里转，国民党军队进城以后，不少赤卫队员和农民被敌人逮住杀害了。我们驻在黄土岭也没有接到撤退的通知，清早依然在驻地附近的大路上出操，回到屋里吃早饭时，敌人来了，用机枪封锁了驻地的大门，我们机关枪连推倒后墙撤到房后的山上。

红八军经乌梅岭、郎黎市转移到浏阳，在浏阳古港和红五军会合。据说在总结打长沙的经验教训时，红五、红八军的领导发生一些矛盾，红八军对彭德怀军团长兼红五军军长有意见，说他有些事处理不公，偏向红五军，要求红五、红八军分开活动，五军再攻长沙，八军回鄂东南进攻武汉。为此红八军政委邓乾元被撤职，由军团政治部主任袁国平接任；彭军团长也不兼任红五军军长了，由军团参谋长邓萍兼任。

随后，红三军团开到平江县长寿街休整。这时知道红一军团在毛泽东、朱德率领下，前来与红三军团会合，红五、红八军就不分开活动了。为了增进两个军的团结，红五、红八军进行混编，纵队改为师，大队改为小团。红五军辖第一师、第三师；红八军辖第四师、第六师。第四师师长卢匡才、政委石恒中。第四师编第一团，团长白志文，政委王愚；第二团，团长叶长庚，政委史犹生；第三团，团长谢振亚，政委黄克诚。我仍在第四师第三团机关枪连当文书。这时，连长余钧调走，由在长沙解放过来的滕桂林接任，他过去是专搞机关枪的，还不是党员；第一排排长冯佩胤任副连长。不久滕桂林调任，冯佩胤任连长。我们机关枪连跟着团部活动，从此认识了黄克诚政委。

二 打 长 沙

8 月下旬，红一军团和红三军团在浏阳永和市会合。两个军团前委举行联席会议，决定成立中国工农红军第一方面军。朱德为总司令，毛泽东为总政治委员、前委书记，彭德怀为副总司令兼红三军团军团长，滕代远为副政委兼红三军团政委，红一军团军团长和政委分别由朱德和毛泽东兼任。在这次总前委会议上，决定第二次攻打长沙。

方面军从浏阳附近出发，分三路向长沙推进。红军前进迅猛，敌人惊慌失措，纷纷败退。到猴子石，遇城内敌人出击，经过激战，毙、俘敌千余人，其余龟缩回城。随后，红一军团进到城南，红三军团进到城东。

红一方面军三万余人很快包围了长沙，但是城里守敌达十万之众，并筑有坚固的防御工事，敌人一部出击了一次被围歼之后其余的就死守不出。红军没有强大的炮火，不能攻坚。在相持中，一些部队出现急躁情绪，采取了蛮干的做法，搞了一次原始的"火牛阵"。他们弄来许多水牛，在牛尾巴上绑上浇有煤油的布团，点着火，然后驱赶水牛群去冲敌人的电网工事，牛被电击死了不少，其余的回过头来冲撞红军的阵地，结果是引火烧身，乱了自己阵脚。红军在城外组织了几次强攻，都没有成功，却遭到很大损失。我们三团团长谢振亚牺牲，由胡金生接任。任九大队队长的鲍顺成这次也牺牲了，有些阳新籍战士因此开了小差。红军围攻长沙十多天，久攻不克，方面军乃决定撤围。

后来，有人说两次攻打长沙，是彭德怀和红三军团执行了立三路线。这种说法是不符合历史事实的。对两次攻打长沙怎么看，应该根据当时的形势，作具体地实事求是的分析。

第一次攻打长沙，红三军团是在湘桂军阀混战，何键的主力开往湘桂边界与两广军阀张发奎部、李宗仁部决战，长沙城内空虚的情况下，相机进行的。第一次打长沙，是根据当时敌情分析而作出的正确决断，这是不容置疑的。

对第二次打长沙，在方面军会议上争论很大，意见不一。一部分领导认为，上次一个军团就打开了长沙，这次两个军团一起打，敌人兵力虽有些变化，也还是能够打开的；一部分领导认为，此时已非上次，何键的主力已全部回到长沙，并修筑了坚固的工事，红军再打长沙是不利的。最后，根据中央"会攻武汉，饮马长江"的行动计划，红一方面军总前委决定以"消灭何键部，进攻长沙"为目前行动目标。彭德怀、滕代远作为红三军团主要领导当然必须执行总前委的决定。因此，对两次攻打长沙，不能笼统地说都是执行了立三路线。尤其是把彭德怀和红三军团单独提出来，这是不公正的。

第二次打长沙时，在连队里也是有议论的。那时，部队军事民主比较好，各连都有士兵委员会。各级领导的作战意图都向士兵委员会公开，有时还听取他们的意见。我当时是机枪连士兵委员会委员长，听到传达彭德怀、滕代远不同意打长沙的意见。士兵委员会权力很大，在连队对干部还有监督权，甚至可以提出意见罢免连排长。

撤围长沙以后，红一方面军经株州，进入江西萍乡、袁州（今宜春）、吉安、清江（今临安）、上高、高安一线活动。沿途发动群众，建立政权，筹粮筹款，整训部队，扩大红军。在此期间，长江局曾派周以栗来做红一方面军的工作，要红一方面军回去继续打长沙，执行中央"会攻武汉"的计划，但他反而被毛泽东说服了，同意不打长沙。

错打"AB团"

我参加红军时，一方面由于时间仓促，一方面也不懂得转党的组织关系，入伍以后，因为没有证明，部队党组织不承认我是党员。离家后我也没办法再和原党支部联系，这样我只好重新入党。

1930年9月间，红三军团驻在袁州时，第三团举行新党员入党宣誓仪式，我重新入党，黄克诚政委在会上讲了话。我一入党就成为机关枪连党支部组织委员，没有候补期。那时机关枪连的党代表（支部书记）调走，石元祥来当党代表，他是从井冈山下来的司号员，打仗很勇敢，但没有文化。他讲话、汇报都要我给他写提纲，写了提纲他又不认得，还要我在后边给他提示，就像演双簧似的，到团部开会也得把我带去。

第二次打长沙以后，红一方面军得悉蒋介石准备"围剿"中央苏区的消息。于是，我们开始向中央根据地集中。

部队到了黄陂、小布之后，上级提出"阶级决战"的口号，一方面动员反"围剿"，一方面动员肃反、打"AB团"。

所谓"AB团"，据说是国民党江西省党部组织的秘密反革命组织。还据说他们已经打入红军内部来了，是当前党和红军中最大的危险，所以在红军里也要打"AB团"。赣南特委派左基中、周高潮、马木彬来红三军团专门组成一个办公室，动员打"AB团"。

一时搞得部队上上下下惊恐不安，人人自危，过去那种生龙活虎的朝气不见了，而被一种消沉恐惧的气氛笼罩着。

红四师第三团肃反委员会主任是团政委黄克诚，我这个连队文书被推为肃反委员会的副主任。黄克诚是个极有主见，敢讲真话，勇于逆错误潮流而进的人，他基于对劳动人民和人民军队的深刻理解，不相信红军中有那么多的

"AB 团"，不相信那些出身于淳朴农民家庭、为革命在战场上出生入死的红军战士是"AB 团"，因而对肃反持怀疑和消极态度。由于这个原因，第三团的运动进展缓慢，因此引起了军团的注意。军团派第六师政委到我团召开大会，介绍他们的做法，指导肃反。军团派六师政委来了，我们团顶不住，打"AB 团"才搞起来了。

彭军团长曾说过，平江、阳新、大冶等地出来的干部战士绝对没有"AB 团"。所以，红三军团肃反主要怀疑对象是江西籍的干部战士，特别是从长沙解放过来的江西籍战士。那时传说"AB 团"经常开秘密会议，还有人招供说，他们的暗号是歪戴帽子、不扣衣服扣子等等。弄得人人都很紧张。过去党支部活动是秘密的，为了避免怀疑，这时把党组织也公开了。12 月份，发生了富田事件，当时说成是"AB 团"暴动。这次打"AB 团"，胡猜测，瞎怀疑，错杀了许多革命同志。

历史证明这次打"AB 团"是错误的，使红军遭受很大损失。后来红三军团召开公审大会，由袁国平主持，张纯清原告，公审处决了左基中、周高潮、马木彬等三人。公审时，他们还不服，死抱着个皮包，说里边的材料都确凿无误的。

过后，黄政委和我交谈了这次刻骨铭心的惨痛教训。他嘱咐我，以后遇到事情，千万不能盲从，以防犯错误。这次教训成了我们后来政治运动中的鉴戒。在 1932 年的第二次大规模肃反打"AB 团"运动中，黄克诚政委对肃反委员会轻易捕人的做法进行了抵制。有人说他右倾，直至怀疑他本人也是"AB 团"，他承受着各方面的压力，置个人安危于不顾，保护了不少好同志免遭厄运。最后，彭德怀军团长亲自出面保黄克诚政委，说他绝不会是"AB 团"，这才幸免于难。但他仍被一些人以所谓领导"不得力"为名，撤了他的政治委员职务，另行分配工作。

第三章　五次反“围剿”

诱 敌 深 入

　　1930 年红三军团第一次攻占长沙以后，蒋、冯、阎的军阀混战结束，蒋介石调集了十万兵力，准备向中央苏区发动第一次反革命“围剿”

　　10 月下旬，红一方面军得悉蒋介石的“围剿”计划以后，在峡江和罗坊连续召开会议，研究下一步行动计划。毛泽东提出不能继续冒险打南昌、九江等中心城市了，而是要东渡赣江向革命根据地中心退却，采取“诱敌深入”的战略方针，准备粉碎敌人的进攻。红三军团的一部分领导同志不同意过赣江，还坚持打南昌、九江，主要是怕丢了湘鄂赣根据地。这时毛泽东委托周以栗来到红三军团，一个团一个团地分别组织干部座谈，他按照毛泽东的意图说服大家。我随石元祥参加了三团的会，有团政委和连党代表参加，周以栗能言善辩，对答如流，终于说服了红三军团的这部分同志。这样，红一方面军全军同志同意了毛泽东提出的作战方针，红军主力开始向东转移。红三军团在峡江和樟树之间的新淦过赣江，撤到宁都县的黄陂、小布一线，筹集给养和进行临战训练。

　　反“围剿”的动员是深入的，方面军总部发布了政治动员的训令和指示，要求在红军内部和苏区人民群众中，进行深入宣传动员；要求共产党员在作战中做到冲锋在前，退却在后；吃苦在前，享受在后。要求党员吃大苦，耐大劳，作模范。连队党组织和士兵委员会，组织士兵认真讨论上级指示，抓紧时机进行临战训练和做好一切准备工作。

　　12 月，敌人十万兵力从西到东构成八百里半圆形的战线，采取“分进合击，长驱直入”的方针，由北向南向我根据地中心进攻。12 月 30 日，红军将敌张辉瓒第五十二、第五十三旅及师直属队诱至龙冈，红一、红三军团从四面八方向敌猛扑，全歼敌第十八师师部及两个旅近万人，活捉其师长张辉瓒。接着，在 1931 年的 1 月 3 日，又在东韶打了一仗，击溃谭道源师，歼灭其一个旅，红军胜利地粉碎了敌人的第一次"围剿"。

部队在东韶过春节后，第三团去攻打葛坳。葛坳是个土围子，但墙高且厚，并筑有工事，我们打了两天才打开。这次战斗胡金生团长牺牲，邓国清接任又负伤，再由吴自立接替。

敌人对中央苏区的第一次"围剿"失败后，一面固守苏区边沿的要点，一面继续调集兵力，积极准备更大规模的"围剿"。蒋介石确定第二次"围剿"，首先在苏区周围"厚集兵力，严密包围"，实行经济封锁，然后采取"稳扎稳打，步步为营"的方针，企图歼灭红军，摧毁中央苏区。

2 月，蒋介石调集 20 万大军，开始进行第二次反革命"围剿"。红军仍然采取"诱敌深入"的方针，4 月下旬，红三军团奉命在龙冈集结待机。部队抓紧进行准备粉碎敌人第二次反革命"围剿"的政治动员和临战前的战术、技术训练。可是在此迫敌而居 20 多天，几万红军挤在龙冈的靠山地区，供给困难，没有菜吃，各连队就上山挖野菜、干荀等当菜吃。这时在前委中发生了争论，一是有人不主张打，要红一、红三军团分开活动，避开敌人。毛泽东同志否定了这种意见，决心坚决打；二是怎么打，有人主张"擒贼先擒王"，捡敌十九路军等较强的敌人打。毛泽东同志说要捡弱的打，其理由是，根据红军的力量，打强敌，只能将其击溃，不能将其歼灭；打弱敌，可以打歼灭战，可以损失小，缴获大。两相权衡，伤其十指不如断其一指，最后统一思想，决定先打较弱的王金钰第五路军。

5 月中旬，敌军深入到中央苏区中心地区，红三军团奉命出击富田地区，将敌公秉藩的第二十八师包围在中洞、富田和东固之间的山沟里，仅一昼夜激战就全歼该师。接着，红军向东扩大战果，从沙溪追击敌孙连仲第二十六路军的高树勋第二十七师，将敌人围在中村。第二天凌晨，红三军团和红一军团一部向敌人发动总攻，激战一个上午，歼灭敌人近一个旅，其余敌人突围向乐安逃窜，红军向南团方向追击。部队追得很快，建制都跑乱了。我带着机关枪连一个排跟在第一连和第二连后面向前追，团长和政委带着其余连队在后面和我们失去联络。后来敌人反扑，一连和二连坚决堵击，伤亡很大，三连连长牺牲。我带着机关枪连第三排赶上前去，碰到第一连连长，他也是阳新人，我对他说，我们用机关枪掩护你，于是他就指挥两个连的剩余人员组织反攻，把敌人打了回去。敌人打了一阵就跑，我们继续追，追到南团，俘获一些敌人和枪支。孙连仲余部仓皇撤回宜黄。第二天，团长、政委才带着后续部队来到。

5月下旬，红军乘胜攻击广昌，歼灭敌朱绍良第六路军胡祖玉第五师一部。月底，红军进到福建，攻打建宁县城。红三军团担任主攻，打了半天，几乎全歼守敌刘和鼎第五十六师。这一仗，我连司务长冯振玉牺牲。至此，粉碎了敌人的第二次"围剿"。

在第二次反"围剿"中，红军从5月16日攻占固陂开始，到5月31日占领宁城为止，十六天横扫七百里，接连打了固陂、白沙、中村、文昌、建宁等五仗，消灭国民党军三万多人，缴枪二万余支。

第二次反"围剿"胜利以后，红军的中心任务是利用军阀混战的时机，积极发展积蓄力量，为粉碎敌人第三次"围剿"作好准备。6月初，红三军团前进到黎川一线驻防。机关枪连指导员石元祥调到团部当总支部书记，我接任机关枪连指导员。

6月下旬，蒋介石又调了30万兵力，亲自任总司令，在南昌坐镇指挥，对中央苏区进行第三次反革命"围剿"，这时红三军团和第四军、第十二军等部分散在闽西的将乐、顺昌、沙县、归化、永安、宁化、清流、长汀等地区，进行筹粮筹款、扩大红军等工作。

7月，国民党军队采取"长驱直入"战略，深入苏区，横冲直撞，寻找红军主力决战。红军继续采取"诱敌深入"的方针，决定"避敌主力，打其虚弱，胜后再追"。根据红一方面军命令，红三军团7月初由闽西建宁及赣东出发，采取急行军，经安远、石城、壬田等地区，爬山越岭，涉河过涧，跃进千里回师瑞金地区。我们沿途严密封锁消息，有时昼行夜宿，有时昼伏夜行，常常出现我们在山林里宿营，下边就是敌军的情形，但红军的动向他们全然不知。由于保密工作做得好，国民党军深入苏区半个多月，不但找不到红军主力，还不时遭到苏区地方武装的袭击。敌人由开始耀武扬威，逐渐变得垂头丧气，由来势凶猛到拖得疲惫不堪。

8月初，红军在高兴圩待机。敌军得知消息后，急急忙忙追来。当时红军西临赣江，东南北三面受敌，几万军队集中在仅几十平方公里的地区，情势非常危急。红一方面军决定趁国民党军队立足未稳，非常疲劳之际，突破包围，避其主力，打其虚弱，求歼向莲塘急进的第三路进击军。事先师政委召集第三团指导员会议，传达方面军的决定：由红一军团第一师第三团和红三军第四师第三团，分两路从崇贤和兴国两地敌军之间20公里的空隙秘密东进，给全军打开一个突破口，然后调动敌人于运动中各个歼灭。方面军从最坏方面作准备，打算在万不得已的情况下，牺牲这两个团，以小的代价换取更大的胜利。当时领导在动员中虽没有这么讲，但我们已领悟到这个意图。这时吴自立到军团部当副官，邓国清回四师第三团当团长。

接受任务以后，我们决心打好这一仗。我们利用暗夜通过了敌军间的空隙地带，在莲塘前边同敌人的警戒部队接触，全团拼命向前冲，第一连连长黄珍挥着马刀在前面闯，敌人扔过来的手榴弹，他捡起来就扔回去。这是一场恶仗，第三团三个步兵连都没剩下多少人，我们机关枪连在后边也伤亡了十多个人。后续部队迅速赶上来以后，红三军团和红三、红四、红十二军在莲塘地区与敌展开了白刃格斗，消灭了敌上官云相第四十七师的一个旅。红军继续向良村急进，途中同向莲塘增援的敌郝梦龄第五十四师一个旅遭遇，击毙了敌旅长，歼灭了一个团，残敌逃向良村。我们乘胜东进，将敌第五十四师师部和两个旅大部围歼在良村。敌军被消灭了近三个师以后，敌军总司令部才发现我们是红军主力。当他们命令其各路主力掉过头来，企图展开大包围的时候，红三军团和兄弟部队又迅速包围了驻守黄陂的敌毛炳文师。红军冒着倾盆大雨发动攻击，仅激战三十分钟，就夺取了守敌阵地，消灭了敌人四个团。随后，红三军团隐蔽转移到兴国西北的均村山区休整。

我们在均村隐蔽休整了近半个月以后，敌人才发现红军的去向，但是敌人已在苏区"游行"得精疲力竭，狼狈不堪，最后不得不仓促宣布结束"围剿"，撤出苏区。敌人收兵退却，我们可不轻易放过他们。方面军命令各部队立即转入反击，抓住机会，能吃掉敌人就把他吃掉。当敌军蔡廷锴第十九路军第六十师从赣州方向退到高兴圩一线时，红三军团奉命和第一军团第四军配合追击敌军，向高兴圩和新圩的敌第六十师发动进攻。敌第六十师是较强的部队，有一定战斗力，而且占据着有利地形。这是一次硬仗，战斗打得很激烈，持续数昼夜，双方伤亡惨重，战场上横尸累累，血流遍地，交战终于打成对峙局面，敌人龟缩数日不敢行动。红三军团遂撤出战斗，这次打了个对红军不利的消耗战，红四师代理师长邹平阵亡，军团滕政委负伤。

红三军团转移到崇贤和东固之间的方石岭，正遇着敌韩德勤第五十二师和蒋鼎文第九师一部由兴国逃到这一带宿营。红三军团突然向敌人发起猛攻，迅速攻占了制高点，将敌军击溃，敌人被压迫到一座山坳里，全数缴械投降。至此，敌军全部退出苏区。

第三次反"围剿"，红军千里回师，穿插在敌人重兵之间，在莲塘、良村、黄陂、老营盘、高兴圩、方石岭等地共打了六仗，除高兴圩打了个"平手"外，其余五次都打了胜仗。取得了打运动战的丰富经验。

三次反"围剿"的胜利，红军的士气大振，声威提高。在中央苏区和红一方面军中，毛泽东的威望大增，"诱敌深入"的战略方针更加深入人心，为革命根据地的进一步巩固和发展开创了有利的形势。

攻 打 赣 州

第三次反"围剿"胜利以后，因为部队减员太多，红三军团取消第八军，将第四师三个团分编进第一、三、六师，第六师改为第二师。统归第五军，军长邓萍、政委贺昌。红三军团还有第七军，军长李明瑞、政委葛耀山。我被分配到第三师十一团，任团部书记官，兼团党总支秘书。红三师的师长是彭遨，政委是徐策，十一团团长邓国清、政委毛贲虎、党总支书记石元祥。

红军整编以后，立即着手进行巩固和扩大苏区的工作。那时中央苏区还没有完全连成一片，境内还有敌人的一些据点。红军一方面继续肃清苏区残留的白色据点，另一方面分散开展群众工作，向外扩展苏区，准备转入进攻。根据红一方面军部署，红三军团在瑞金、于都、会昌、寻乌、安远一带活动，打敌人据点、土围子，搞筹款、扩军。

11月下旬，在江西瑞金召开了中华苏维埃第一次全国代表大会，并成立中央革命军事委员会，撤销红一方面军领导机构。毛泽东挂了一个中华苏维埃共和国临时中央执行委员会主席的空头衔，被免去了红军中的领导职务。

不久，红三军团第三师主力部队奉命围攻会昌，经过个把月的战斗准备，挖通坑道，炸开城墙，红军占领了会昌。打会昌的时候，我带红十一团一个连，并指挥九团一个连，在谢坊包围敌人一个土围子，等主力打开会昌再来解决它。打开会昌以后活捉了该县县长，我们派他进土围子做工作，劝敌人投降。到晚上这个县长和土围子里的敌人一齐突围逃跑了，部队追到福建武平才把他们全部消灭。我们在谢坊一带做群众工作，打土豪、分田地，搞了个把月，并成立了两个区苏维埃政府。打会昌以后，团政委毛贲虎调红一师当政治部主任，胡定坤接任团政委。

1932年1月，红三军团决定各团成立政治处，下设总支书记、组织干事、青年干事、民运干事、特派员，还有一个宣传队。此时我又兼组织干事、少共书记（公开叫青年队长），协助总支书记石元祥工作。

这时，王明"左"倾教条主义路线在中央苏区开始推行，毛泽东的正确领导遭到排斥。毛泽东主张先巩固中央苏区，坚持农村包围城市，最后夺取全国胜利的战略方针，被他们斥之为"山沟里没有马列主义""狭隘经验主义"，要以一套"正规原则"来代替毛泽东和红军领导人制定的正确战略战术。临时中央重新提出争取在一省或数省首先取得革命胜利，集中夺取中心城市的军事冒险方针。中共临时中央和苏区中央局多次提出夺取赣州、吉安、南昌、九江等赣江流域的中心城市，争取革命在江西省和邻近省区首先胜利。

中革军委于1月10日，下达了攻取赣州的训令，决定红三军团和红四军、红三军、红五军团攻取赣州。赣州是赣南的军事政治经济中心，处在章水和贡水汇合处，三面环水，城墙坚固，易守难攻。

毛泽东是反对打赣州的，但此时他已被排斥在红军领导之外，说话已经不起作用。彭德怀对打赣州也是不赞成的，他说只能围城打援。但是中共苏区中央局的多数同志不听这些意见，仍然固执己见，坚持要红军一定攻下赣州。

红军包围赣州以后，敌人摧毁了城外所有工事，全部缩到城里固守，等待援兵。城里守敌是金汉鼎第十二师的马昆旅，另有从赣南十几个县逃亡来的地主武装。红军以红七军打东门，红二师打南门，红一师打西门，红三师在南门外高地上作预备队。红七军在东门外三次挖坑道爆破攻城未成，部队伤亡很大。我们第三团奉命投入战斗，在城东南角一个前边是城，一边是江，后边是山的湾子里向城墙挖坑道。

2月初，敌周至柔第十四师和罗卓英第十一师占领赣州以北以西地区，敌第十一师四个团陆续从赣江里偷渡过来，从北门潜进城中，敌人从城西门与小南门之间向外挖了三条出击坑道。一天夜里，敌人从洞里出城与城外援兵一起突然进攻我军，敌人内外夹击，使我军陷入腹背受敌的不利境地。敌人的一条坑道一直挖到红一师指挥部背后，一师没有觉察。敌人突然从坑道出击，袭击了红一师指挥部，师长侯中英被俘后遭杀害。当时，我们第三团也弄不清情况，只听见背后响起激烈的枪声，随即被堵在湾子里冲击不出来。幸亏红五军团及时赶到投入战斗，我们才得以撤出来。撤出之后，我们和红五军团的同志一起抡起大刀片同敌人展开肉搏，敌我扭打在一起，互相拼杀，刀光闪闪，血肉横飞，人人都成了血人。激战一日，将敌压回城里。红军在赣州城下屯兵月余，先后组织了4次较大的攻城战斗，均未攻克，再拖下去形势更为不利。根据中央命令，红军撤围赣州，到赣县江口一带集结待命。

苏区中央局在赣县江口召开会议，总结了攻打赣州的经验教训，决定中央红军分东西两路夹江而下，夺取赣江流域中心城市。红一军团和红五军团为东路军，进福建打漳州；红三军团为西路军，过赣江，到粤北、湘南行动，总的目的是扩大赣南根据地。红三军团西渡赣江，进入湘、粤、赣边境，先后在上犹、崇义、桂东、文英、汝城、集龙、鹅形、横江、南雄、水口、乐安、宜黄、建宁、泰宁、黎川、金溪、资溪、黄狮渡等地进行大小战役战斗几十次，转战九个月，度过夏、秋、冬三个季节。南方天气变化无常，有时骄阳似火，烧灼大地；有时狂风暴雨，铺天而降；有时雾霭蒙蒙，十几米外看不清人；有时阴雨霏霏，多日不见阳光。在这样的气候条件下，红军踩着泥泞，穿山过林，行军打仗，干部战士常常是汗水、雨水、泥水，有时是血水混于一身。开始我们还有草鞋穿，后来草鞋穿完了，又没有时间打新的，就光着脚板在高山密林、稻田水洼里追击敌人。那时，虽然疲劳、艰苦，但大家情绪很高，一心想的是巩固和扩大根据地，为红军创造一个良好的立足之地。

在汝城战斗之后，团总支书记石元祥负伤，我接任红十一团总支书记，有一段时间还兼任红十一团特派员。

部队整编以后，我调到第三师教导大队任政委。这时，红三师师长是彭遨、政委黄克诚。

师教导大队是营级单位，连学员一起经常有100多人，除干部和炊事班是固定的以外，学员是临时抽调优秀班长进行轮训。这是战时培养保留干部的一个好办法，部队在作战时损失了连排干部，一般的就从教导大队中挑好的学员去补充。

红三军团从平江起义开始，就重视培训作战骨干，在黄金洞搞了个随营学校。第一次打长沙以后，部队迅速扩大，干部就是从随营学校补充的。红一、红三军团随营学校合编成中央军事政治学校以后，红三军团在各师又办起了军事政治训练队，杨勇就是红四师军事政治训练队的第一批学员，训练出来就当了连政委。到 1932 年各师成立教导队，培训连排干部；各大团成立培训班长的训练队，打仗以后训练俘虏兵，有时也轮训党支部书记、宣传委员和组织委员。当时非常重视班长的训练，有班长是"军中之母"的说法。哪个班的班长射击和纪律、内务等条例学得好，哪个班的战斗、训练和管理教育就搞得好。同时还规定，在班长的总名额中，只能有选择的使用三分之一的俘虏兵。那时，干部大都是农民出身，文化程度低，所以教导大队的训练方式是灵活的，系统的现成教材不多，只有一些苏军条令，主要是靠干部现身说法。每次打完仗以后，教导大队就结合战斗总结，搞点射击训练，土工作业，马刀劈刺和班排进攻等课目。教导大队一般是队长任军事教员，政委任政治教员，军团和各师领导对教导大队的工作都很重视，有空也来大队讲课。教导大队除了行军以外，一休息就抓紧时间上课。打仗的时候学员一般不参加第一线战斗，只负责掩护炊事班、辎重或抬送伤员。课堂也没有固定场所，只能因地制宜，有时在屋里，大多数是在野外的小树林里上课。

一次，黄克诚政委对我说，我们的干部战士们连为什么刮风下雨都不懂，教导大队还得讲点自然科学知识。我讲政治工作和支部工作等课目都不成问题，让我讲科学知识就为难了。幸亏黄政委是师范学校出来的，知识面比较宽，一有空他就帮我备课。师长彭遨也是师范学校学生，我有不懂的问题就去向他们请教，一次备好一周的课，每课讲一个小时，大多是现买现卖。

那时，除了教导大队的训练以外，对部队的训练教育也都抓得很紧，比如行军出发前，部队集合完毕，先讲几分钟射击要领，再讲几分钟支部工作，教唱《射击歌》等部队歌曲；行军的时候，战士们背上背个小牌子或贴张纸，写上几个字，后边的看前边的，一天规定要认几个生字。就是在后来第五次反"围剿"时，作战那么紧张残酷，战士们一空下来就在战壕里传递生字牌；部队住下来就布置"列宁室"，组织出墙报，总是搞得很活跃。对炊事员的训练也抓得很紧，如部队休息三天，也让炊事员休息一天上上课。

我在教导大队先后工作了大约两个多月。军团领导觉得各团没有政委不行，于是又决定设流动团政委。哪个团离开师部单独去执行任务，就派去个流动团政委，部队回来集中的时候，流动团政委就回师政治部。我从教导大队调到师政治部任总支干事，随后派到红三师九团去当流动团政委，团长是文年生。过不久，又决定每团设一个教导员，我担任第九团教导员。

伏 击 歼 敌

1933年1月，蒋介石在南昌召开军事会议，调集了30多个师的兵力，分左、中、右路，采用"分进合击"的战术，向中央根据地发动第四次反革命"围剿"。这时中共临时中央已迁入中央根据地，毛泽东虽然已经离开红军，但他的战略方针和灵活的战术思想在红军中有着深刻的影响。周恩来、朱德等军委领导运用前三次反"围剿"的经验，仍坚持用"诱敌深入"的战略方针，在运动中寻机歼灭敌人有生力量的战术。敌人进入中央苏区以后，由于群众严密地封锁消息，他们就如同聋子、瞎子一样乱窜乱撞。

2月上旬，红一方面军总部决定，先攻击驻守南丰地区的敌毛炳文部。南丰有较高的坚固城墙，守敌实力也较强，我们冒雨强攻，只消灭了外围一些堡垒阵地。一天晚间，我和文年生团长趴在田埂边观察敌人阵地，师长彭邀走过来，我们告诉他敌人的机关枪定点向这边扫射，请他注意，话音刚落，敌人的机枪就响了，他被击中，当场牺牲。敌军迅速增援南丰，红军奉命改为佯攻，准备围城打援，消灭敌军增援部队。此后，我军发现敌军全力转向南丰，打算同我军决战，就迅速撤围，秘密转移到东韶、洛口地区待机，敌人又摸不着我军的去向了。

2月底，方面军侦察到敌李明第五十二师和陈时骥第五十九师分别沿着摩罗嶂大山南麓和北麓由乐安向黄陂推进，两个师被大山隔开，互相协同不便，而且都对红军的行动毫无察觉。方面军决定在固岗、登仙桥以东，河口、黄陂以西地区，采用大兵团伏击的战法，集中优势兵力消灭这两个师的敌人。红军顶着雷鸣闪电，冒着狂风大雨，按方面军的部署，踏着泥泞的道路，赶往指定的伏击地区。当敌军进到黄陂以西的桥头地区时，红军发起攻击，将正在行军中的敌军两个师一下子截成几段，迅速分别合围。经过两天战斗，全歼了敌军这两个师，敌第五十二师师长李明被击毙，第五十九师师长陈时骥带着几百人落荒而逃，窜到登仙桥地区被红军生俘。当敌军主力兼程西进，企图在黄陂夹击我军时，我军已趁夜转移到水口、东韶、小布地区。

红三军团在东韶一线待机，敌人仍然摸不清红军去向。敌第九师李延年部和罗卓英部的肖乾第十一师由宜黄经东陂、甘竹向广昌进攻。敌第十一师是国民党的"王牌军"之一，部队装备有较先进的美式武器，如六〇炮、卡宾枪等。他们进到草台岗、徐庄一线时，红军在 3 月 21 日拂晓趁大雾，三军团由西南向东北，一军团由西向东发起冲击。草台岗附近，山高林密，道路均是峡谷，我军运动、射击都不方便。发起冲击后，连续遭敌反冲击。天亮后，敌人又以飞机助战，战斗处于胶着状态。

我们红三师起初是预备队，红九团就在彭总的指挥所下面待命。战斗打到上午 10 时，一部分敌人开始溃逃，红三师奉命投入战斗，红九团是第一梯队，攻击黄柏山的守敌，我和文年生带着一个通信班和一个连，第一个冲锋就和树林里的敌军遭遇。敌人张皇失措，拼命抵抗，文年生团长腿部负了伤。经过两个多小时战斗，十余次的反复冲杀，我们终于和兄弟部队一起攻占古黄柏山，全歼山上两个团的敌人。到下午红军全歼肖乾第十一师五个团和敌第九师一个团。

这一仗打得相当艰苦，我团付出了较大的伤亡。我们团缴获了不少卡宾枪，俘虏了五百多敌兵。我缴得了一支西班牙手枪和一个德国造的牛皮挎包。机关枪连的指导员临阵脱逃，本应严惩，可是他第二天带回来几百俘虏兵，我把他狠狠地批评了一顿。我们团捉了上千俘虏兵，押在一起目标很大，国民党的飞机过来扫射，使俘虏伤亡不少。这一仗结束，我提议由一向作战勇敢机智，冲锋身先士卒的第一连连长黄珍接任团长。

黄陂、草台岗两次战役，共歼蒋介石嫡系三个师，俘敌近两万人，创造了红军战史上大兵团伏击战歼敌的光辉战例，胜利粉碎了敌人的第四次"围剿"。

第五次反"围剿"失败

6 月中旬，红三军团开到永丰、乐安之间的大湖坪进行整编。这次整编取消了军，师编为团，小团编为营。红五军红一、红二、红三师编为红四师，红七军和红二十一军合编为红五师。中革军委决定将兴国模范师整编为红三军团第六师。

兴国模范师是由兴国地区的赤卫队组成，平时不集中，分散在各区乡活动。该师在 6 月 1 日才刚成立，接到整编命令后，由地方干部把队伍就地集合起来，交给接收单位。师团干部都是由地方干部临时担任，整编以后他们仍回地方去。红三军团派政治部某部部长曹其灿带一批干部去接收、整编兴国模范师，我也被派去了。我们去了之后，军团发来个电报，决定该师整编为第红十六、红十七、红十八团，并任命了团的领导干部。被任命为师政治主任的曹其灿，看到同他一起来的干部都有了任命，唯独没有安排我的任职，感到很奇怪，但也不便和军团联系。他对我说："你到师政治部当组织科长吧。"我很干脆地说："干什么都可以。"于是我就当了师政治部组织科长。曹其灿派我和第十六团政委胡正国一起去兴国县城接收第十六团。

我们把红六师整编好，带回大湖坪。这时候，我们才知道我的任职命令译电员译错了。原来，军团电报任命我为十八团政委，一位叫汪玉明的教导员为政治处主任。因为我当时叫王明，译电员自作聪明以为是一个人，就译成政委王玉明。汪玉明当了团政委，我就没有了职务。回来以后虽然发现错了，但已成事实，也不好再更变，只能将错就错了，反正那时谁也不计较职务高低。后来我改任红十六团政治处主任。红十六团团长是曾春鉴，政委胡正国，参谋长彭雄，朱涤新当特派员，黄志勇当俱乐部主任。这时军团滕代远政委调中央工作，杨尚昆来接任军团政委，陈阿金来当红六师政委。

1933 年 7 月，中革军委下令，红三军团第四、第五师组成东方军进军福建，第六师在大湖坪整训。东方军出发前，红三军团在大湖坪举行誓师大会，周恩来、朱德等领导人作了动员报告，传达中共临时中央提出的"筹款百万，赤化千里"，"创造百万铁的红军"，"把红旗插到福建去，开辟新的根据地"等东征任务。誓师会后，东方军出发，六师留下在大湖坪整训。红四师、红五师出发前抽调了一些骨干充实到六师当连排班长，六师的地方干部除留下个别当副职外，其余又都回了兴国。整训期间我专门请了兴国籍的总政治部青年部长肖华来作动员讲话，还请随营学校政委李志民来指导训练。我们抓紧对部队进行短期政治军事整训以后，迅速去福建归队。到了福建，红三军团主力已攻占连城、清流、归化、洋口，缴获、俘虏很多。接着主力准备攻打延平，红六师奉命围攻将乐，保障军团主力后方，结果久攻不下，红十六团团长曾春鉴负伤，十八团团长李寿轩调来接任。延平方面也因地势不利于围困和袭取，打了一场恶仗，主力伤亡很大。

1933 年 9 月，蒋介石在德、意、美等外国军事顾问协助下，纠集了 100

万兵力对中央苏区和各革命根据地进行第五次大规模"围剿",其中50万兵力用于围攻中央苏区,采取持久战和堡垒主义的战略战术。而中共临时中央的博古和共产国际军事顾问李德推行单纯防御的军事路线,先是实行进攻中的冒险主义,遇到挫折之后又实行防御中的保守主义,提出"御敌于国门之外","不准放弃苏区一寸土地"等错误口号。在黎川失守之后,李德即令东方军从将乐、顺昌撤围,赶回黎川地区,进攻硝石、资溪桥的敌人,收复黎川。

红三军团入闽作战三个月,没有休整,就迅速向黎川前进,在黎川东北的洵口,和敌赵观涛的第六师第十八旅遭遇,彭德怀军团长当机立断,将该旅三个团截住,全数围歼。当红三军团不顾疲劳赶到硝石集结进行战斗部署时,才发现已深入到南城、黎川、南川之间,四面有敌人重兵和堡垒群,处于非常危险的境地。经过彭德怀军团长向中央请示,连夜撤出,使红三军团脱离了险境。

红军在中革军委的错误指挥下,在临川、黎川、金豀地区敌人主力和堡垒之间转战,白天遭敌机轰炸。晚上只能露天宿营,弄得疲惫不堪,连续在资溪桥、洪门攻击失利。然而,李德并不接受教训,他又命令红七军团和红三军团去攻打远离苏区的抚州附近的浒湾,说是可以调动敌人北援。红七军团在浒湾打了一天,没能攻下。当夜敌徐廷瑶的第四师从西面来援,红军立即在浒湾的八角亭、大仙岭一线构筑阵地阻援。敌第四师是战斗力很强的部队,很快就占领了八角亭,红七军团受到敌人夹击,红三军团第四师即去增援,连续攻击都没成功。打了两天一夜,敌人已经构筑了巩固的阵地,红军伤亡很大,又得不到补充,只好撤出战斗。

这次战斗,红四师十一团政委吴宗太牺牲,调我去接任。红十一团是平江起义的老底子,战斗力比较强,团长仍是邓国清,政治处主任原来是甘渭汉,他负伤后由向仲华接任。红四师政委彭雪枫负伤,由黄克诚接任,师长是张锡龙,参谋长张翼,政治处主任李井泉,后由吕振球接任。

第五次反"围剿"进行了两个多月,红军未能"御敌于国门之外",又不转移到敌人后方无堡垒地区作战,完全陷入被动局面,受到很大损失。11月下旬,驻福建的国民党蔡廷锴第十九路军联合一部分反蒋势力,宣布抗日反蒋,成立福建"中华共和国人民政府",蒋介石慌忙从"围剿"中央苏区的主力部队抽调六个师前去镇压。对红军来说,这本来是很好的机会,但却不去利用。蔡廷锴曾和红三军团接触,以后又派他的师长周士第(老共产党员)回到中央苏区参加红军，要求和红军联合推动抗日救亡运动。有鉴于此，彭德怀军团长向中央建议，集中红军主力向闽浙赣边区进军或尾随进福建的敌军后边打，以支援十九路军。而临时中央对这些都不予理睬，认为是机会主义，反而让红一、红三军团分开行动，进行训练、修筑堡垒，坐视蒋介石的军队镇压十九路军。

这时，红三军团三个师组织过一次对抗演习，地点在中央苏区的中心区，广昌以北头陂地区的三角地带，由红六师担任防御，红四师和红五师合编组织进攻。十四团和十一团合编，十四团的团长、政委任副职。彭德怀军团长任演习总指挥，整个演习上边有想定，提出的口号"要以少胜多"，强调防御要积极出击，牵制敌人，不能死守。军团政治部组织巡视员跟着各团营行动，出题目、出情况，考查营团干部，在总政帮助工作的中央政府经济部长吴亮平和军团组织部长吴溉之等跟着我们团行动。演习中，对连队的要求则强调夜间行军和战术动作的训练。据我所知，这是红军时期我军组织的一次较大规模的演习。

12月中旬，蒋介石为隔断江西红军主力与福建十九路军的联系，保障其进攻十九路军的侧翼安全，急派其第八纵队向团村进犯，中革军委决定突击围歼这个纵队。彭军团长指挥红三军团、红五军团和红九军团按预定时间，向敌人发起反击，由于各军团配合不够，没有形成合围，只将敌人击溃。

那天天气晴朗，打到下午，我们红十一团接替红十团任务，由东面攻击团村。我们正好面对太阳，强烈的阳光刺得我们直流眼泪，看不清敌方，而敌人顺着阳光，看我们却一清二楚，敌我机枪对射，部队冒着枪林弹雨行动。这时师长张锡龙过来向前方观察，被敌人机枪打中牺牲。张锡龙是从苏联学习回来的，理论修养和指挥能力都很强，打仗也很勇敢，他的牺牲是红军的一大损失。这一仗没有吃掉敌人，我方伤亡却很大。部队撤退时动员指战员们用担架抬伤员，我们团的干部也都带头参加。

敌人在团村受挫以后，蒋介石为了集中力量对付十九路军，暂时对红军采取了守势。这时红军本应积极向东线进攻，而中革军委反而命令红三军团在江西头陂地区集结，准备调往西线永丰地区打敌人的堡垒阵地。

十九路军虽然战斗力较强，但装备补给终不如蒋介石的嫡系部队，在蒋介石优势兵力攻击下，放弃了顺昌、将乐，使福建苏区受到威胁。为保卫苏区和吸收十九路军的部分士兵到红军中来，中革军委又决定红三军团暂不去永丰，再次入闽作战；红一军团到黎川、泰宁进攻敌人的堡垒线。

1934年1月上旬，红三军团由江西广昌的头陂出发，到达福建沙县围攻国民党驻军卢兴邦的新编第五十二师。红五师担任主攻，红六师担任助攻，红四师担负打青州方向援敌的任务。我们在青州附近将增援沙县之敌第四师的一部堵住，双方交战，我毙伤敌军二百余人，并缴获了卢兴邦设在尤溪县的一个兵工厂。

沙县城城高墙厚，城内驻军两个团以优势火力凭坚固守。红五师和红六师的炮火被敌压制，第一次架云梯登城未成，遂改为坑道爆破攻城。军团调红四师参加战斗。25日凌晨，红五、红六师爆破沙县城西门成功，红四师三个团分三路冲进城里，接着五师、六师也杀了进来，与敌展开巷战，很快就将城里守敌两个团全部歼灭，战斗中十团参谋长姚喆负伤。

打下沙县后，我们用缴获的电台，以卢部名义向敌发电报"求援"，敌人信以为真，连续派飞机给"送"来了大量弹药、钞票，我们悉数接收。真可谓名副其实的"运输大队长"。红三军团在沙县缴获大批物资和食盐，全部运回瑞金。敌人刚运到沙县的新军装也成了我们的战利品。

由于临时中央推行"左"倾错误路线，军事上完全听李德的瞎指挥，这一段时间搞得红军时东时西，时南时北。蒋介石百万"围剿"大军步步紧逼，根据地逐渐缩小，红军供应困难，吃没吃的，穿没穿的，打仗缺乏弹药，加上长期转战，部队得不到休整，个个都像叫花子一样。这次打沙县，部队有所缴获，红三军团全体人员都换上了新衣，干部还发了大衣，从上到下焕然一新，全军高高兴兴，愉快地在沙县过了一个旧历年。

大年初一，中央来电，调红四师由沙县赶到建宁、泰宁地区，归红一军团指挥参加打黎川。红四师在沙县只休整了三天，即行出发，开往泰宁。我们红十一团为前卫，按时赶到指定地点，红一军团军团长林彪和作战科长聂鹤亭在那里等着我们接防。红一、红三军团分开作战一年多了，首次会合，分外亲热。红一军团穿的不如我们，供给也困难。林彪看到我们穿戴整齐，还带着不少东西，非常高兴，头一句话问我们有盐没有，我们把盐和腊肉分给红一军团一部分。林彪看到我们每个干部战士的子弹袋都装得满满的，又对我说能不能给点子弹，我说给弹药要报师里批准。在这里他把阵地移交给我们，带着一军团的部队向预定的地域转移。我们在黎川与泰宁交界处的山地和敌人对峙了个把月才后撤到南丰、广昌以北地区，归还红三军团建制。

3月间，蒋介石镇压了"中华共和国人民政府"和十九路军，又调集兵力从东面、北面向中央苏区猛进。敌北路军七个师，由南丰向广昌推进，侵占了三溪圩一带。中革军委命令彭德怀、杨尚昆指挥第一、第三、第九军团进行反击。但是敌人所占阵地都是岩石山，碉堡非常坚固，他们固守不出，红军进行硬攻，伤亡两千多人，只得撤出战斗。

东路的敌军连续攻占将乐、泰宁，并和北路军协同构筑泰宁、新桥、得胜关的封锁线，准备进占建宁。

红三军团奉命赶往东线，在太阳嶂、新桥阻击敌军。但是敌人拥有优势兵力，新桥还是被敌人占领。我们红四师在太阳嶂和敌人对峙。这时，李德亲临前线指挥，一天，上级传达他的指示，命令我十一团派出一个加强排，带着两挺重机关枪占领一个突出部位的山头。这个排派出以后，第二天团里派青年干事带人去送饭，正遇上大雾弥漫，雾雨流云笼罩了大半座山。他们去转了一圈，回来报告没找着那个排。这一下可惊动了上级，李德、王稼祥、博古闻讯后都到我们团部来了，军团政治部主任袁国平也气喘吁吁地赶来。

他们来到我团，又开会又调查，叫我介绍这个排的情况。从排长、班长到战士的家庭出身，战斗中的表现，都问到了，分析这个排是不是投敌了，搞得气氛很紧张。对这个排，我心中还是比较有数的。这个排是全团比较好的，老战士较多，党团员骨干强，班排长精明干练，全排作战勇敢，出发前我给他们作了动员，对他们单独出去是比较放心的。但是战场上情况多变，发生预料不到的事情也是可能的。如果这个排果真投敌了，我们团领导就不好交代，上级领导必然拿我们是问。

这个排究竟到哪里去了？

我心里也有点纳闷。

我决定立即亲自带人去找。我们沿着这个排出发的路线走到实地一看，那不是个孤立的突出山头，而是一座高山。我们一步一喘地往上攀登，爬到半山腰就可以遥望黎川平原，这里已经超过机关枪的射程，根本不需要到山顶设警戒阵地。我们好不容易才爬到山顶，也没有找到那个排，只好暂时休息吃饭。这时我心里上下直打鼓，不觉也开始怀疑自己原来的判断了。过了一会儿，一阵风吹来，云开雾散，看到那边还有一个小山峰，我们跑过去一看，那个排就展开在那里，他们一天一夜没吃饭了，我让他们赶快吃饭。这时我的心里就像一块石头落下地来，松了一大口气。

我回到团部向李德等领导人报告了情况，随后招待他们吃过饭，他们高高兴兴地走了。事后彭老总知道了这件事，生气地说："连一个团放个哨他们也要管。如果一切都听他的，非把红军葬送了不可。"李德这个脱离实际的图上作业专家，只凭一张不太准确的地图指挥红军打仗，哪有不失败的！

4月初，敌北路军准备大举进攻广昌。中革军委又急令红三军团主力从福建沙县回师江西，参加广昌保卫战。

敌人十一个师的兵力，沿盱江两岸边筑垒边推进，红军在两岸节节阻击。敌人上有空军支援，下有炮火开路，步步进击；红军弹药不足，火力不济，且战且退。当敌军一个旅集结在广昌东北，盱江东岸的饶家堡时，彭德怀军团长和杨尚昆政委指挥红四、红五师乘夜围攻这个旅，这天晚上，阴雨绵绵，不便射击，红军与敌人进行白刃格斗，战斗异常激烈，双方伤亡很大，饶家堡阵地六次易手。后来敌人援兵赶到，我军在天亮前撤出战斗。

红三军团渡过盱江，退守广昌西北地区。

广昌没有城墙，无坚可守。博古、李德到前线指挥，要红军修筑"永久工事"固守，并动员在广昌和敌人决战，"打最后一仗"，还要求师、团、营、连、排干部都要指定代理人，准备苦战。我们修的土木工事根本不堪一击，敌人用炮轰，用飞机炸，战士们在残存的工事里挨打，要固守根本不可能。

我师黄克诚政委是不赞成死守广昌的。他曾多次给我讲，"单纯防御""短促突击"是错误的，敌人又是飞机又是大炮，我们连步枪、手榴弹都没有保障，单靠阵地防御怎么顶得住呢？他主张按照毛泽东提出的游击战争战术原则，避开强敌锋芒，作必要的战略转移，到湘鄂赣开辟新区，保存和发展红军势力。他的意见虽然是正确的，但是在那时，他也无可奈何。

彭德怀军团长根据部队的意见和实际情况，再三向李德提出："广昌是不能固守的"，"如果守广昌，少则两天，多则三天，三军团一万二千人将全军毁灭，广昌也就失守了。"他建议采取机动防御，少数部队进占工事，吸引敌人进攻；主力部队隐蔽在城西南十里外的山地，相机侧击攻我阵地的敌人。这一建议总算得到李德的同意。

在保卫广昌中，红五、红六师伤亡很大，敌人突破了我军阵地，冲到军团指挥部前面。我们十一团是军团的预备队，由军团首长直接指挥。在这十分危急的情况下，我团奉命反击，两个营首先冲了出去。指战员们冒着八架敌机的轮番扫射轰炸，高喊着"冲啊"的口号，一股劲儿向敌人猛扑过去，终于把冲过来的敌军打退。这两个营大部分同志阵亡，战后有一个统计，连队多则剩下40多人，最少的只剩十来个人。彭军团长在指挥所看到指战员们在敌人的枪林弹雨中竟然没有一个人迟疑，没有一个人卧倒，称赞说："这是红军政治思想觉悟的最高体现，是政治工作高度发挥作用的结果。"的确，红军平时的政治思想工作为战时打下了牢固的基础，每个干部战士都明确为保卫苏维埃政权而战，为实现共产主义而战。所以在第五次反"围剿"那样艰苦，伤亡消耗那样大的情况下，指战员仍然能够上下一心，发扬革命英雄主义精神，勇往直前，义无反顾。

红军在广昌保卫战中坚持了28天，最后在敌人三面包围之下，不得不撤出。这一仗虽然大量杀伤了敌人，但红军自己却损失了总实力的五分之一。红三军团伤亡人数更多些，约占军团总人数的四分之一，红六师政治部主任曹其灿也在这次战斗中牺牲。如果按博古、李德的意见固守广昌，红军将是全军覆没。后来彭德怀军团长骂李德"崽卖爷田不心疼"。

广昌失守以后，红三军团只在广昌西南的头陂地区休整了几天，又为阻击敌人南下而西进。那时每天都在打仗，而且一直处于被动挨打的局面，部队没有油盐吃，伙食跟不上，干部战士体力日趋下降。

7月上旬，敌人加紧向中央苏区中心"围剿"，以31个师的兵力从六个方向对红军进行全面进攻。红军本应突出根据地以外，寻机歼敌，然而中革军委却要求用一切力量誓死捍卫苏区，采取与敌人针锋相对的"六路分兵""全线抵御"的错误方针。红三军团四师、五师和红五军团第三十四师负责在驿前以北和石城地区，抵御敌人九个师的进攻。此时红军每师不足4000人，而敌军每师达9000人，兵力相差几倍，况且装备和弹药供给也都不及敌人。这样死打硬拼，无论如何红军是拼不过的。

红三军团四师和五师，在高虎脑和鹅形两处险要阵地抵御敌人。敌人先以十多架飞机轮番轰炸，接着大炮轰击，而后步兵进攻，我们红四、红五师密切配合，奋勇抗击，激战三天后退出战斗。红三军团在驿前镇以北构筑了三道防线，在阵地前埋地雷、堆鹿砦、埋竹钉，修了较为严密的工事。但是红军的工事基本上是土坑上面盖树枝，经不起敌人飞机炸、大炮轰，部队只能依托交通壕与进攻的敌军血战。子弹打完了，又得不到补充，我们只得在晚上组织小分队摸到阵地前从敌人横尸堆里拣枪支弹药。

红四师在蜡烛形计划打一个反击。部署红十团在蜡烛形一侧、红十二团在保护山一侧掩护，红十一团在中间的一个山口子担任反突击。8 月 28 日拂晓，敌人集中三个纵队的兵力，在二十多架飞机和近百门大炮掩护下，向我军阵地发起攻击。左侧红十团英勇奋战，多次打退敌人进攻。不料红十二团一侧出了问题，在夜间，敌人从外侧的两个口子爬上保护山，在山头上警戒的红十二团五连与敌人反复冲杀、格斗，大部壮烈牺牲，敌人占领了制高点。我红十一团由准备打突击转入打阻击，掩护红十团和红十二团撤退。敌人用火炮向我们射击，飞机在我们头顶俯冲扫射，爆炸的气浪硝烟，腾起的沙石尘土弥漫上空，什么都看不清楚，我蹲在一个小工事里拿着电话机联络，一颗迫击炮弹打在旁边"轰"的一声把我的耳朵都震聋了。我们一直坚持到红十团、红十二团全部转移，才撤出战斗。

蒋介石凭借兵力和武器装备的优势，连续进攻，红军不得不且战且退。我们撤到驿前镇最后一道防线。在一次反突击中，从军团机关新派来的一个指导员，还没有打过仗，在敌人的猛烈炮火面前被吓坏了，临阵退缩。邓国清气得拔出枪来要毙他，我赶紧过去把他的枪口压下。我给团长说，不能这样做，他没有实战经验，应该给他一个改正的机会。我命令这个指导员追上去，和部队一起冲击，结果他这一仗打得不错，后来在另一次战斗中这位指导员英勇牺牲了。

敌人继续向驿前镇进攻。我和邓国清团长蹲在一条小沟里指挥战斗，一颗子弹从侧面打来，从他后背两侧穿过，打到我的皮挎包上，没有伤着我，实属侥幸。团长伤得不轻，我们立刻把他后送到医院。驿前镇终于失守，红三军团退到镇南的桐江、小松布设防、休整。团长住院，只有我和参谋长康胜杨指挥部队。我们在这里防守了个把月。这期间敌人步兵天天出击，飞机、大炮不停地轰炸，敌我伤亡越来越多，阵地陈尸数千，顾不上掩埋，腐尸恶臭难闻，无数绿头苍蝇爬满地，飞起来能遮天蔽日。酷暑八月，疟疾、痢疾一起暴发，许多指战员患上传染病。当时有个统计，我红十一团共有 21 个单位，这一个多月里平均每个单位的指导员和支部书记伤病亡达九人之多。这时我的痔疮突然发作，疼得走不动路，战士们把我从火线上背了下来。红四师参谋长张翼见我退下来，他替我去指挥，上到前线他却钻了空子跑到敌人那边去了。参谋长投敌，必然暴露红军整个部署，军团当机立断，撤到石城以北组织防御。

我从阵地下来以后，卫生队长靳来川为我做了手术。当时没有麻药，我硬是咬牙忍痛让他割了五刀，术后勉强可以骑马行动。彭德怀军团长一向对部队要求严格，他自己也总是以身作则，率先垂范。行军打仗他和部队一起走路，把牲口让给伤病员骑，他不赞成干部平时骑马，如果他碰到谁没有伤病骑马，准得批评，他常说："年轻轻的骑牲口干什么？"这次退到石城一带，差不多是最后一道防线了，一天，军团通知我们到山上看阵地，大家都疲惫不堪，我们红四师的干部都是骑着马去的。快到的时候，远远看到彭老总已经在山上，黄克诚政委轻声对大家说："下马，下马，彭军团长在山上边哩。"大家慌忙下马牵着往山上走，我手术后伤还未痊愈，没有下马。洪超师长也没下马，他说："反正他已经看见了，骑上去挨骂，牵上去也是挨骂，索性骑上让他骂更好些。"到了山上彭军团长问："你们都没骑马上来吗？"

"谁敢骑呀？只有我这个铁皮脑袋不怕，骑着马上来准备挨骂。"洪超说。

彭军团长带着爱怜而又沉重的心情说："现在大家身体都不行了，太疲劳了。我也在打摆子发疟疾，也是骑马上来的。以后身体支持不了就骑马吧！"

后来军团通知各团的供给处长，每星期想办法给团长、政委炖只鸡吃，补养身体。

第五次反"围剿"，"左"倾教条主义者把持了临时中央，在红军的作战指挥上完全推行了一套错误的方针路线。先是推行进攻中的冒险主义，搞阵地战、堡垒战、短促突击。后来又推行防御中的保守主义，分兵把口，节节抵御，与敌人拼消耗。一年来，红军到处转战，几乎天天都在行军打仗，大大小小战斗不计其数，但是好仗没有打几个，指挥员感到窝火，战斗员感到憋气。打来打去，红军越来越弱，根据地越来越小。9月下旬，中央苏区仅剩瑞金、会昌、于都、兴国、宁都、石城、宁化、长汀等县的狭小地区。蒋介石准备向中央苏区发起总攻，中革军委指示各军团避免与敌人决战，保存有生力量。其时博古、李德等人已被敌人的汹汹气势所吓倒，慌忙决定放弃中央苏区。

10月初，红三军团在坝口、长乐地区给敌军以杀伤后撤出战斗，并从石城撤退。这时中革军委下令由地方兵团接替各线主力红军的防御任务，各军团向瑞金、于都、会昌地区集中。

我们从石城到长胜县走了三天。真是糟糕，由于上次手术不彻底，痔疮又犯了，团长还没有出院，我只好坐在担架上指挥部队继续往于都开进。

撤到于都以后，博古来到红三军团召开团以上干部会议，他说红军要转移阵地，动员部队突围，但是到哪里去他却没有讲。

第五次反"围剿"失败了，红军指战员和苏区人民，从沉痛的教训中开始认识到，临时中央离不开毛泽东，红军离不开毛泽东，红军只有按照毛泽东的军事方针和作战原则才能打胜仗，才能发展壮大。第五次反"围剿"失败，是战略指挥上的错误。但就作战来讲，红军指战员经受了前所未有的严重考验，得到锻炼，积累了丰富的经验，作风更加顽强了。

第四章　万　里　征　途

突破四道封锁线

红军在于都补充弹药和新兵，作战略大转移的准备。上级仅给我们三天时间，事情很多，我只得把电话机放在床头上躺着办公。当时是搬家式的，规定坛坛罐罐都要带上。军团命令有伤病的团营以上干部都要跟着走，不能骑马的就用担架抬，营级干部可以抬一个月，团以上干部要抬到底。我急忙派人到医院去把邓团长抬回来。

出发前，洪超师长打电话让我们派人去领枪，我向他报告说，团里每个战士都扛两条枪了，现有的枪都背不完，还领枪干什么呢。他说，你就派一个排来，能背多少就背多少。我说，部队马上就要出发了，派个排去怕赶不回来。这么一说，洪超师长火了，在电话里骂起来，并说要枪毙我。黄克诚政委在他旁边把电话接过去，问清了我们的情况才算了事。洪师长当时才 25 岁，很能打仗，就是工作方法有些简单。

1934 年 10 月中旬，红三军团和中央红军各部队从于都出发，撤出中央苏区，进行战略大转移，开始了举世闻名的万里长征。当时并没有明确的目标，只听说准备转移到湘西和红二、红六军团会合，未料到以后会走那么远的征程。

部队出发时，没有区分行军路线，大家只朝一个方向走，没有统一的指挥，常常是辎重和人员挤到一起抢道走。每遇到岔路口，洪师长都早早站在那里，指挥红四师的队伍通过。走了两天过了于都河，我们带着迷惘而又沉重的心情，告别了中央苏区的人民，离开多年战斗生活的根据地，在苍茫夜色之中，走向国民党统治的地区。

刚刚离开苏区，部队的情绪很低沉，大家不时地回头张望，尤其是中下层干部和广大战士，他们许多人生在苏区，长在苏区，当兵后打仗也在苏区，留恋心情一时难消。他们边走边想，此次离开，不知开往哪里，走向何方，何时再打回来，还能不能再见到自己的父老乡亲；红军离开以后，家乡人民不知道会遭到什么样的磨难和损失，为了使大家顺利、愉快地踏上征途，我们发动党团员，边走边开展思想互助，去掉悲观失望情绪，提高革命胜利信心。

过了于都河，红军开始突围，红三军团担任右路前锋，红八军团随后；左路前锋是红一军团，红九军团随后；中间是由中央和军委机关组成的中央纵队和军委纵队；红五军团担任全军的后卫。偏偏在这时，我突然打起摆子，不得不再坐上担架。黄克诚政委在我旁边走着，他悄悄对我说，估计这次要走很远很远的路，打算第一步先到湖南。

红军向信丰地区挺进，红三军团以四师为前卫，红四师以红十团为前锋。红军前方是粤军的防区，陈济棠在赣（州）南（雄）公路沿线，修筑了三层防御工事，吹嘘为"铜墙铁壁，坚不可摧"。在准备突围之前，红军曾经通过关系和广东军阀陈济棠秘密联系，利用他和蒋介石的矛盾，声明只借路到湖南，绝不进入广东内地。通过商议，达成秘密协议，陈济棠让出四十里通道让红军通过。但是陈济棠来不及通知他的前线所有部队。10月21日，当红三军团部队进到粤赣边界的时候，遇到粤军的侧击，战斗非常激烈。在兄弟部队配合下，红四师首先通过了敌人第一道封锁线。接着，我十一团为前锋向白石圩前进。敌军一部突然向我军侧击，企图截断我们前卫部队与后续部队的联系。洪超师长骑在马上，指挥我团将敌人击退。在此，洪师长不幸中弹牺牲，全师指战员非常悲愤，红十团跟踪追击这股敌人，我团继续前进，很快占领了白石圩。这时军委派中央纵队参谋长张宗逊接任红四师师长。

我们上午10点从白石圩出发，黄昏前到达古陂圩附近。原先侦察员报告，敌人有一个师部和一个团扼守古陂圩，我们在古陂圩河岸只遇到一个营的敌军阻击，打了一下敌人就逃到了河对岸。我们乘胜占领了古陂河左岸，与敌人隔岸对峙。第二天凌晨，我们十一团渡河发起总攻，红十团一部从左侧配合，一齐向敌人猛扑过去，守敌不堪一击，很快就放弃阵地逃跑。红十一团和红十团进占古陂圩，红十二团接替我们追击溃敌。他们一口气追了70里，一直撵到安息圩。

古陂圩是个挺热闹的集镇，也是这一线敌人的后勤基地，军衣、弹药等军用物资堆得像小山似的。从古陂圩到安息圩，一路上都是敌军丢弃的物资。这一仗，击溃了敌军一个团，我们伤亡不大，全军每人分到两身新军衣，补充了许多弹药。

打扫战场以后，红十一团到古陂圩外休息。我和警卫班在一个小山坡上睡觉，警卫班在山坡上，我在山坡下，不料班里一个战士的枪走火，把睡在我上边的班长打死了。子弹从他的身体穿过，又贴着我的耳朵上边飞去，这又是一次生命危险。

红三军团接着前出到坪石，在这一带渡过信丰河，占领了大江圩、小河、王庄一线，经九渡水向梅岭关前进。至此，中央红军全部通过了敌军第一道封锁线。这时，粤军边打边撤，我们按照上级通知，不追击、不俘虏他们的官兵。

蒋介石发现中央红军突围之后，命令"围剿"中央苏区的西路军和南路军在桂东、汝城、城口、仁化一带构筑第二道封锁线。红三军团进占崇义县城以后，由稳下、左溪、关田、文英、热水向汝城前进。红十一团仍然担任师的前卫。11月初，我们进到热水圩，这是由江西进入湖南的必经之路。我们在山上居高临下观察热水圩，敌人连个瞭望哨也没设置。这天恰逢圩日，街上人声鼎沸。我们从山上下来走到街头，才发现圩里的民团，用机关枪一打，他们就四处逃窜了。热水没有国民党军队，只有民团百来个人，部队很顺利地通过了。

第二天拂晓，红三军团命令四师攻击汝城。但是打了一下，发现汝城城堡坚固，有两个团的兵力扼守，我们不宜在这儿恋战，便决定放弃攻击汝城，以一部分部队监视敌人，其余绕道通过。军团命令红十一团，在第二天天亮前，打下汝城以南大末圩附近的一个寨子，为全军打开一条通道。

我们赶到这个寨子跟前，寨子四周有四座炮楼，前边布满鹿砦。我命令第二营负责先破鹿砦，然后发起攻击。等了一会儿，前方没有动静，我赶到前边一看，二营在前沿上趴着，不少人睡着了。我找到二营营长，问他为什么迟迟不动，他说烧鹿砦的煤油没有送来。其实他根本没派人去领，我命令他立即发起攻击。二营打了一会儿，没能攻下来，天已近拂晓了。这时师里把军团派来的一门山炮调上来，由张宗逊师长指挥打炮。他讲这门炮只能打600米，在后面距离远打不准，要尽量靠前，等炮兵把炮移到前面的时候，他又说太近了，这样移来移去，天已大亮。

彭德怀军团长听不到前边部队的动静，焦灼不安地骂着从后面赶上来，见我就问："为什么还不发起冲击？"没等我回答，他一眼看到山炮架的太靠前，更加生气了，"哪个把炮架在这里？"一时没有一个人吭气。等到重新调整好炮位，太阳已经出来。彭军团长下令射击，只一发炮弹就把前后两个炮楼都穿透了，其余两个炮楼的敌人也全吓跑了。这条通道冲开后，红三军团大部队很快从这里通过。此时，彭军团长很高兴，他对我说，红十一团已经一整夜没有睡觉了，可以就地休息一下，然后到广东城口方向接替红一军团三团担任警戒。我们团稍事休息，即赶到指定地点，接替黄永胜的红三团，掩护红一军团从汝城和城口之间通过。中央红军又突破了敌人的第二道封锁线，继续在湖南境内西进。

11月初，红军向郴县、良田、宜章、乐昌之间前进，通过国民党军队设置的第三道封锁线。这时秋雨淅沥，下个不停，道路都成了泥浆，走一步滑半步，草鞋变成了泥坨子，经常被粘掉，队伍拉得很远，掉队的人逐渐增多。师政委黄克诚随我团行军，他是深度近视，夜行军怕摔跤把眼镜弄坏了，就把眼镜摘下放在口袋里，由警卫员用根小木棍拉着他走。有时我和他一起走，我装作过沟的样子跳一下，他也跟着跳一下，跳了几次，他才发觉我和他开玩笑，骂我"捣蛋鬼"。红三军团前出到资兴，打开三都，路过黄克诚政委家乡永兴县油麻圩附近，黄政委离家十来年了，他深情地望了望家乡，向带路的老乡问了问老家的情况就走过去了。

宜章没有国民党的正规部队，只有民团、"义勇军"据守，总共不过几百人。军团决定攻取宜章。红六师以十六团为先锋，冒着大雨奔袭宜章，在距离宜章十五公里的白石渡，遇到二百来人的民团抵抗，红军一打他们就全部逃跑了。红军直抵宜章城下，城里的民团吓得紧闭城门。红六师准备攻城的时候，城郊的劳苦大众和在这附近修筑铁路的工人都来帮助红军挖坑道、扎云梯。城里的敌人看着城外的阵势，吓得不敢再待下去，半夜里弃城逃跑了。天亮以后，城里群众大开城门欢迎红军，宜章不攻自破。

红三军团突破敌人第三道封锁线后，受到中革军委的通令表彰，称赞军团全体指战员的"英勇与模范的战斗动作"。占领宜章以后，红三军团在良田、宜章之间，掩护红一军团通过粤汉铁路和第三道封锁线。

11月中旬，红军为了迅速秘密地脱离尾追的敌人，前进到临武、蓝山、嘉禾地区。红三军团途经嘉禾，打了一下，没有打开，遂由清水圩、土桥圩等地进到洪观圩。从此，红军进入湘桂交界的九嶷山区。

红军远离根据地以后，天天行军打仗，极度疲劳。部队在弯曲的山道上蜿蜒盘行，既要对付国民党军队的堵截、侧击、尾追和飞机的轰炸扫射，又要掩护中央纵队和军委纵队的庞大队伍，像抬轿子式的，行动异常迟缓艰难。机关纵队从苏区带出来的大量辎重装备仍然挑着，坛坛罐罐也舍不得扔掉，连印刷机、印刷纸张，野战医院的 X 光机甚至屎尿盆都带着，部队一天能走完的路，陪着这样臃肿庞大的机关就得走两天甚至三天。当时的情况，正如毛泽东同志讲的，像是叫花子打狗，边打边走。部队掉队的越来越多，收容队根本没法收容。掉队的人员一天赶不上，以后也就永远赶不上了。每到宿营地，指挥员刚发出休息的口令，战士们随地一躺就睡着了，到出发时间干部们大叫大嚷也喊不起来。有的干部有时急得没法子，就用打枪高喊"敌人来了"的办法，把战士们轰起来。晚上行军速度更慢，挑夫班有时走一晚上才走出四五里路。

红军突破了敌军三道封锁线，蒋介石十分焦急，急忙成立"追剿"军总司令部，企图在湘江以东围歼红军。

湘江江宽水急，由南向北流经湖南全省，注入洞庭湖。湘江是敌人"追剿"红军必然利用的天然屏障，也是红军西进必越的障碍。蒋介石的"追剿"军总司令官何键，部署十六个师的兵力负责"追剿"红军，以五个师的兵力在前边堵截，在湘江东岸利用地形修筑了一百多个大小碉堡，设置第四道封锁线。但是敌军阵营中派系斗争严重，尔虞我诈，互相掣肘，部队集中并不很快。红军要免遭大的伤亡，必须抓紧时间，在敌人形成封锁线之前抢渡湘江。

红军越往前走，形势越险恶。当红三军团走到宁远附近的天堂圩时，上级命令我们红十一团单独向宁远方向牵制敌人。宁远方向粤军余汉谋的部队番号是第四师，我们也是第四师，相隔只有八里地，但是互相都没有发觉。一天夜里，我们的电话兵把电话接到敌人的电话线上，互相一通话，都自称是第四师，才发现敌人已经上来了。敌人是一个师，我们是一个团，只好停止前进监视敌人。这时师部一个参谋骑着师长的马赶来，通知我们马上转回去，要在四十里外的一座山上围歼敌人。

我们经过一夜急行军，在天亮前赶到指定地点，那天起了浓雾，朦朦胧胧看到两边山上有人活动，那个参谋说这边是红十团，那边是红十二团，他们已经进入预定阵地了。可是，山上响起号音，司号长一听，觉得不对头。告诉我山上是敌人。我立即命令部队停止行动，压低一切声响，暂时隐蔽起来。

原来是军团突然改变了计划，决定这一仗不打了，主力已经撤离。这样我团正处在两个山头之间，陷于非常危险的境地。山上的敌人也发现山沟里有人，但在雾里看不清楚，他们先打了几枪。我们灵机一动，向他们喊话，骂他们瞎眼了。因为都是南方口音，敌人以为是自己人也就不打枪了。这一带是邓国清团长的家乡。部队到这里以后，他思想有点动摇，突然病倒了，我找担架把他抬上，让特派员陪着他，叫他们先走。然后下令部队迅速撤走。刚走出山外，正巧遇着师部的通信员，他传达了张师长的命令，让我们赶快向南撤。红十二团团长谢嵩带着一个营，在前边迎接我们团，掩护我团全部通过以后，他们跟着撤走。我们和师部会合以后，我把邓团长的思想情况向师里作了汇报。

红三军团占领道县、江华，渡过潇水，准备在广西全州、兴安之间抢渡湘江。红四师奉命归红一军团指挥，进击全州。敌薛岳纵队和湘军共三个师先于红军赶到全州，并已经构筑了工事，当红一军团第一、第二师赶到全州后，敌人在飞机和炮火掩护下全线出击，被红一军团一一击退。一军团感到在全州坚持下去对我不利，便撤出战斗。

红四师主力随一军团在全州和灌阳之间的界首渡口强渡湘江。过湘江西岸以后，红十一团奉命轻装向桂林方向佯攻。师部指挥红十团在湘江西岸的光华铺阻击白崇禧部队的侧击，掩护红军主力和中央纵队、军委纵队通过。白崇禧部队以数倍于红十团的兵力，向红十团阵地连续发起冲锋，在一日之内，团长沈述清牺牲，师参谋长杜中美接任团长又牺牲，可见战斗激烈之程度。红十团政委杨勇指挥部队苦战两天两夜，完成了控制界首以南渡口，掩护军委纵队和红九军团渡过湘江，突破敌第四道封锁线的任务。这一仗红十团伤亡400多人。红十一团完成佯攻任务后随师行动。

红三军团率五师和六师向灌阳方向攻击，红五师在新圩以两个团阻击敌人三个师，他们坚决执行中革军委"不惜一切代价，全力坚持三天四夜"的命令，与敌人拼搏，与阵地共存亡。红五师伤亡2000多人，师参谋长胡浚牺牲，红十四团除政委谢振华外，其余团的干部都英勇牺牲。中央纵队和主力过江以后，红五师才撤出战斗，向西转移。阻击任务交给红六师。红六师十八团担任掩护红八军团渡江的任务。三军团从湘江上游灵渠分洪处过江。红十八团与敌两个师又一个团浴血奋战几昼夜，终于完成了任务。全团指战员大部壮烈牺牲。

担任后卫最后掩护部队，除十八团外，还有红五军团三十四师，他们在湘江以东阻击敌周浑元的三个师和白崇禧的三个师，最后被敌人隔断包围未能过江，全师战至弹尽粮绝，大部壮烈牺牲。师政委程翠林战死，师长陈树湘受重伤后被俘，在押解途中，他自己用手从腹部伤口把肠子拉断，英勇献身。

红军各部队冲破数倍于己的敌人的围追堵截，胜利渡过湘江，靠的是各军团的正确领导和各师团指挥员的正确指挥，广大指战员的英勇顽强不怕牺牲，否则是难以想象的。

渡过湘江以后，中央红军已从长征开始时的 8.6 万余人，锐减为 3 万余人。这是"左"倾军事路线造成的恶果。沉痛的教训引起了红军广大指战员对中央错误领导的不满，部队中要求改换中央领导的议论逐渐增多。

进 军 遵 义

过了湘江以后，红四师回到了军团。

此时，蒋介石的"追剿"军 15 个师分驻湘西南，黔军王家烈部进至黔湘边，湘、桂军各一部继续尾追红军，企图把红军围歼于西进湘西的路上。情况十分紧急。根据上级命令，红三军团继续西行，我红十一团为前卫，一天走 120 里路也没有掉队的。杨尚昆政委对彭德怀军团长说："十一团是飞毛腿，他们当前卫后边部队非得累趴下不可。"在资源的两河口，我们和白崇禧的部队遭遇，打了两天，好不容易才摆脱敌人。

部队进到五岭山脉之一的越城岭，当地叫老山界，这里山势陡峭，重峦叠嶂，峰高沟深，林木繁茂，地形很复杂。这是长征以来红军翻越的第一座大山。白崇禧的部队都是本地的老兵，他们熟悉地形，常以班排为单位分散在山上侧击我们，很难对付。我们团的卫生队、伙夫担子在佯攻桂林时，一直跟着师部走，这时损失很大。

这时候，敌人已占领城步、武冈，堵住了中央红军北上与红二、红六军团会合的道路。中央红军改变计划，按照毛泽东的主张，沿着西延山脉的龙胜苗山区进入敌人力量薄弱的贵州。

苗山是苗族聚居地域，山上是原始森林。苗族人民以木板搭房，房顶用树皮覆盖，房子互相连接，从山脚一直盖到山顶。这种房子，一旦失火，就会全部烧毁。因此，进入苗山区以后，我们特别注意教育部队防火，尤其晚上打着火把行军时，更要小心。头几天行军宿营没有发生问题。

军团规定在苗山区宿营，指挥机关不准住村子中央。一天，我们在一个村子宿营，团部住在村子边，晚上突然有人高喊救火，我赶快跑出屋指挥部队救火。指战员们拿着脸盆和木桶到山边的水池里盛水救火，但是无济于事。晚上山风很大，风助火势，烈焰冲天，满天通红，大火蔓延很快，不到一个钟头几百家木屋大部化为灰烬。黄克诚政委跑得匆忙，把眼镜丢在屋里烧了。第二天，我见到他，他着急地说："糟糕，糟糕，没有眼镜可怎么办！"中午军团部路过，袁国平主任有两副眼镜，给了他一副凑合着用。这场大火赔了老百姓几千块大洋，据说后来捉到了一个纵火犯。桂军在红军可能经过的地方，事先派了不少人，一旦红军来到，他们就破坏红军与老百姓的关系。这个纵火犯就是桂军派来专门从事破坏活动的。

在这一带山里，流传着这样一个顺口溜："你我两山站，彼此能见面，说话不用喊，都能听得见，要想拉拉手，就得走半天。"不懂得这里的地形特点，行军打仗就要吃亏误事。有一天，上级通知我们团在第二天拂晓到师部集合一起走。师部就住在山沟那边，望得见，也听得到号音，所以我不着急，起床晚了些。谁知一走出去，山沟很深，道路很窄，弯来弯去，部队头尾相距七八里，但还能互相说话，这样一来走的时间就长了。师部等不及我们，就先走了。后面山脚下敌人又追上来了，隔着沟向我们打枪，我督促部队跑步上山，迅速脱离敌人。这次差一点吃个大亏。

红军在广西境内走了十多天，搞得很紧张，直到进入湘西通道县境，才摆脱了广西部队的纠缠。随后，红军突破了黔军防线，进到贵州播阳、洪州司以西地域，红一军团攻占黎平，红九军团攻占老锦屏。

12月中旬，中共中央政治局在黎平召开会议，决定中央红军改向以遵义为中心的川黔边地区挺进，并对部队进行整编，撤销红八军团建制，部队分别编入红三、红五军团；红五军团参谋长刘伯承调回军委工作，由陈伯钧接替，罗荣桓任红五军团政治部主任。红八军团军团长周子昆、政委黄甦调回军委。中央和军委两个纵队合并为一个纵队。

红三军团在黎平未作停留，经罗里、南嘉、九仪、平寨，进驻黄平。这时黔敌王家烈部杜肇华旅两个团，从贵阳开到黄平，红四师发起攻击，把这两个团击溃。红十一团在追击中二营营长李保生牺牲。李保生是北方人，打仗很勇敢，智勇双全，是个难得的好干部，我这个人是不容易掉泪的，他的牺牲却使我难以自禁。这是我们首次和王家烈部队接触。王家烈的部队是一支杂牌军，装备比较差，据说有的士兵连手榴弹都没见过。

从黄平出发，红三军团在左路负责攻占瓮安，右路的红一、红九军团向猴场前进，红五军团后卫。

红三军团以第四师十团为先遣团。红十团在12月29日清晨利用大雾掩护，逼近瓮安城下。守城的王家烈部第五、第六团，代号鸡团、鸭团，以为瓮安城高墙厚，万无一失，有点麻痹。红十团机枪连迅速占领城东高地，居高临下向城里一阵俯射，敌人顿时乱了套，大雾里他们也看不清红军在哪里，胡乱打了一阵枪就弃城而逃。

红军进入瓮安城的第二天就是1935年元旦，土豪劣绅们准备过节的丰盛物品都成了送给红军的年礼，部队各单位都兴高采烈地杀猪宰鸡举行会餐。红四师政治部主任张爱萍搞到一瓶白兰地酒，请我和他一起欢度元旦。当地的穷苦百姓被称为"干人儿"，穷得大姑娘都没有裤子穿，红军给他们分了土豪的财物，年关欠的债也免了，"干人儿"都乐得合不上口。

过年以后，尾追中央红军的敌薛岳部八个师赶往贵阳修筑碉堡堵截红军，这给红军击溃黔敌，夺取遵义提供了有利时机。

遵义是黔北重镇，是贵州第二大城市。附近的桐梓是贵州省主席王家烈和其主力侯之担师的老窝。红军要攻占遵义，首先要北渡乌江。乌江水深流缓，由西南向东北横贯贵州，过了乌江就可以把"追剿"红军的蒋介石部队甩在乌江南面。

红三军团在左，红一军团在右，向乌江挺进。红一军团路近一些，他们首先强渡乌江，向遵义进发。红三军团过了清水江，红四师以红十团为前卫，派侦察排首先坐着大木桶捆成的筏子过江，赶走了桃子台北岸的敌人，然后搭浮桥，掩护红三军团主力顺利渡过乌江。贵州的老百姓到处传颂"红军是天兵天将，过江连鞋子都不湿"。

红军过了乌江，红一军团打开了遵义城。1月8日，中央纵队进入遵义，准备召开政治局扩大会议。

红三军团没有进城，开到滥板凳、刀靶水一线进行防御，保障遵义会议的召开。红四师驻在鸭溪，边休整扩军，边打土豪。

遵义会议期间，当时任总政治部巡视员的罗荣桓被分配到红三军团任政治部副主任。他到红十一团来了解情况，从此我们开始认识。

在鸭溪驻防时，红四师没有打仗。红五师驻在刀靶水，沿乌江警戒，被王家烈的部队袭击。

黔军是有名的"双枪兵"，除了步枪，每人还有一管鸦片烟枪，出发打仗之前先抽足鸦片，来了精神能冲一下，还很能爬山。黔军部队在半夜里摸到红五师师部住的村子，哨兵发现较晚，仓促应战，虽然把敌人打跑了，自己也吃了点亏。为此，红五师师长李天佑和政委钟赤兵被撤了职，由已调任总部作战部部长的彭雪枫回到五师接任师长，徐策任政委。

遵义会议，集中清算了王明"左"倾路线在第五次反"围剿"和突围西征入黔以前军事指挥上的一系列错误，从军事上结束了"左"倾教条主义在中共中央的统治。会议增选了毛泽东为政治局常委；肯定了毛泽东等领导制定的关于红军作战的基本原则，成立了以毛泽东、周恩来、王稼祥三人组成的军事领导小组，确立了以毛泽东为代表的新的中央在共产党和红军中的领导地位，在极其危急的时刻，挽救了党、挽救了红军和中国革命。会议还决定，改变黎平会议关于在川黔边建立根据地的决定，中央红军继续北上，渡过长江，进入四川和红四方面军会合，到成都的西南或西北地区建立革命根据地。

遵义会议以后，袁国平调到红军总部工作，由刘少奇代理红三军团政治部主任。红三军团同时进行了整编，缩编为两个师又一个独立团。红四师师长张宗逊，政委黄克诚，政治部主任张爱萍；红十团团长陈连华，政委杨勇；红十一团团长邓国清，我任政委，参谋长蓝国清；红十二团团长谢嵩，政委钟赤兵。红五师师长彭雪枫，政委徐策；红十三团团长黄珍，政委苏振华；红十四团团长姚喆，政委赖毅；红十五团团长白志文，政委罗元发。红六师缩编为独立团，团长李寿轩，政委徐瑞祥。其他军团也进行了整编，红一军团取消了第十五师番号，缩编为红一、红二师；红五军团和红九军团取消了师的番号，各辖三个团。

四 渡 赤 水

1935年1月19日，中央红军和中共中央机关撤离遵义，北上向土城、赤水前进，准备渡过赤水河，夺取长江的渡河点，迅速渡过长江。

中央红军在遵义地区休息了十天，蒋介石才调集其嫡系和川滇湘黔四省军阀部队向遵义合围。红军大部队撤离遵义以后，红四师奉命在遵义城外阻击敌军。当敌人的先头部队来到遵义，并继续向北追击时，我们杀了它个回马枪，把敌人先头部队击溃，我团三营一直追到遵义城下，才又回头向北撤退。独立团在后边掩护我们撤退，我赶到后边见到独立团李寿轩团长，他腿部受了伤还坚持坐在担架上指挥战斗，我劝他带独立团先走。我带一个连在后边接第三营，接上第三营以后，迅速赶上大部队。

按总部作战计划，红军分三路北进。红三军团为左纵队，以急行军经花秋坝、放牛坪、兴隆场，在25日赶到土城附近。红一军团攻占了土城，三路红军集结到土城地区。

土城是黔西北、赤水东岸的重要渡口，也是黔北大道要冲。四川军阀刘湘害怕中央红军入川，急忙调集兵力，迅速在江津、綦江、南川等地沿长江布防，封锁长江，并派廖泽的"模范师"第三旅、郭勋祺的教导旅、潘佐的独立第四旅共九个团进击土城。这时红一军团在赤水城以东地区遭到川军堵截，便停止向赤水城进攻，改向猿猴转进。红军总司令部得悉四个团的敌军前来攻击土城，便命令红三、红五军团消灭这股敌人。

朱总司令亲临前线指挥。他来到红四师师部开会作动员。开会的时候，我没有赶到，朱总司令又单独给我讲了一遍红四师的任务，他强调打好这一仗很重要，消灭了这股敌人之后，红军过长江，就能打破蒋介石北守南拒的两面作战计划。他交代任务很简洁，很明确，但使人听了很振奋。

离开师部我立刻返回团部，组织战斗。28日拂晓，红四师主力向敌人阵地正面突击，敌人火力很强，我们只突破郭勋祺旅部分阵地。红军攻击受阻，红十团政委杨勇负伤。此时军团领导发现敌人不是四个团，而是九个团，便当机立断，于中午12点撤出战斗。

经过土城战斗，中央摸清了川军主力的布防情况，并得知蒋介石嫡系薛岳的八个师已经到了遵义。因而改变渡江计划，趁黔北空虚西渡赤水。

彭军团长指挥红三军团在土城上游太平渡架浮桥渡过赤水河。渡河的时候，我们红十一团担任掩护任务。当时情况相当紧急，部队刚开始渡河，川军一部就紧追上来了，我们边阻击边做过河的准备，大部队过完，敌人也追到河岸，我们立即把搭浮桥的船只炸毁。我团一个营没来得及过河，营长把队伍迅速撤到一座小山上隐蔽起来，禁止一切响动，等敌人撤走以后，晚上才下山。过了几天，他们随红五军团从另一个方向渡过赤水河归队。

过了赤水河，我们已经三天三夜没合眼，部队经古蔺到达扎西（今威信）休整待机。中央红军在扎西休息了三天。鉴于部队伤亡较大，军委决定精简机关，缩编各军团的战斗单位，充实加强连队的战斗力；扔掉笨重辎重和不急需的东西，提高部队机动作战能力。缩编以后，中央红军包括干部团在内共17个团，除红一军团编两个师六个团外，红三军团取消了师的编制。红三军团原四师编为红十团、十一团、十二团，原五师编为红十三团，师的领导干部到团任职。红十团团长张宗逊，政委黄克诚，参谋长钟伟剑，政治处主任杨勇；红十一团团长邓国清，政委张爱萍，参谋长蓝国清，我为政治处主任；红十二团团长谢嵩，政委钟赤兵，参谋长卢绍武，政治处主任苏振华；红十三团团长彭雪枫，政委李干辉，参谋长李天佑，政治处主任黄春圃（江华）。

根据中革军委命令，红三军团缩编后抽调四百余人由原五师政委徐策和十八团团长曾春鉴及肖斌等带领，留在扎西地区，开展武装斗争，创建川滇黔边根据地，后来因为叛徒出卖，部队被敌人消灭，这些干部全部牺牲。

红军在扎西地区活动了十来天，川军、滇军、黔军和湘军薛岳主力都逼近扎西地域，企图在金沙江东岸地区围歼红军。总部决定红军分三路向古蔺及其以南地域前进，把敌人主力甩在川南，然后回师向敌人力量薄弱的桐梓、遵义进攻。2月19日，红三军团经大村、鱼洞沟地区进抵二郎滩，准备第二次渡赤水河。

红三军团前卫是红十二团和红十三团，他们进抵二郎滩即以工兵搭浮桥，另以三只小船陆续将掩护部队送过对岸。两个团刚刚各渡过一个营，黔敌侯之担师的一个团就上来堵击，轻重机枪和迫击炮一齐向我军射击。我军两个营背水一战，勇敢地向敌人冲杀。敌人见我军冲来，扭头就跑。红三军团二渡赤水，即占领了桐梓以南的胡坝地区，红一军团同时攻占桐梓。

红三军团继续向南推进，接近通往遵义的大门娄山关。娄山关雄踞在娄山山脉的高峰，大路从此通过。门楼是两间茅屋，一通石碑刻着"娄山关"三个醒目大字，关的周围尽是悬崖峭壁和直插云天的山峰，相当险要。若占领娄山关，遵义便无险可守。

据侦察报告，王家烈的四个团从遵义赶来阻击，先于红军占领了娄山关。红军总部指示坚决攻击娄山关，消灭黔敌，并乘胜夺取遵义。红十三团一个营在2月26日凌晨迂回攻占了娄山关右侧背的点金山，从那里俯射娄山关隘口，守敌仓皇南撤，红十三团主力几个冲击占领了娄山关。下午，集结在娄山关南面板桥的黔军向娄山关反攻，红十二团协助红十三团从正面向南冲击敌人，红十团和红十一团迂回到板桥的侧后，合击王家烈的四个团，经过激烈战斗敌人狼狈向遵义逃窜。

红军乘胜追击，红十一团变成前卫，军团参谋长邓萍跟着十一团前进。部队冒着毛毛细雨和飕飕寒风，顺着泥泞的公路追歼敌人。从娄山关下到板桥

40 里，从板桥到遵义 80 里，大家连饭也顾不上吃，伙夫班挑着做好的饭菜跟着跑，张爱萍政委带着一个连跑在最前头，与后边部队断了线，他们追到十字坡突然遇到敌人掩护部队一个营的阻击，这个连猝不及防，跟着追击的第一营营长和侦察排排长先后牺牲，这是两位很勇敢的年轻人。我带着一个排跑在后续部队的前边，遇到退下来的连长王忠林，我问他张政委怎么样，他回答说在左边。于是我命令这个连长打了一个反冲锋，张政委后面是悬崖，差一点被迫跳崖，这时也进行反击。这股敌人又调头向遵义逃窜，我团一直追到遵义城下才停住。娄山关一仗，红十二团政委钟赤兵、参谋长孔权负伤。苏振华接任红十二团政委。

遵义城以一河为界，分新城和老城两部分，红军占领了新城的市街，敌人退到老城里死守。老城跟前有 400 米开阔地，不便于部队运动，敌人凭借城墙顽抗，红军准备在 27 日晚间攻城。下午，军团邓萍参谋长带领张爱萍政委、蓝国清参谋长和我去观察地形，我们趴在一个小土墩墩旁用望远镜观察，并指挥侦察排和第三营向城墙边运动接敌。我们迎着太阳，敌人在城墙上看得很清楚，他们在城垛里用"九响连珠枪"乱打。这种枪要是被打着，死不了也得残废，邓萍参谋长蹲在我和张政委的侧后，他的头突然抬了一下，被打中头部，一声没吭就倒下了。邓萍是平江起义的老战士，彭德怀军团长的得力助手，是优秀的共产党员，牺牲时才 27 岁。当晚，红三军团广大指战员们怀着为邓萍参谋长复仇的满腔怒火，发起攻城战斗，经过三个小时拼搏，敌人伤亡惨重，狼狈溃逃，红军再次占领了遵义城。

第二天，天刚蒙蒙亮，彭德怀军团长就命令红十一团出发，向才溪方向追击王家烈溃军。他嘱咐我们，如果遇到国民党中央军吴奇伟部，就采取运动防御，节节抗击，把敌人引到离遵义城 20 里处就地顽强抗击，待红军主力上来围歼该敌。

我们来不及开干部会和党员会，立即通知各营连到城外集合。只到了两个营，还有一个营没出城，我就开始作动员。我还没有作完动员，担任警戒的第三连就和敌人接上了火，接着敌军的机关枪和迫击炮都响起来了。我让一个营上去支援三连，两个营在后面展开。王家烈部队没有轻机枪，听枪声就知道是吴奇伟部队上来了。敌吴奇伟部来了两个师，企图和周浑元部、王家烈残部夹击红军。老鸦山是控制遵义城西南的一个制高点，红十一团在老鸦山左侧的红花岗坚决阻击敌人，不让敌人突进城。朱总司令在电话里给我们讲："中央机关在城里，背后是乌江，这是背水一战，你们一定要打好。如果敌人进了城，我们都得到乌江喝水。"我十一团在兄弟部队支援下，打了四个多小时，将敌一部击溃，并追至乌江。我团伤亡了400多人，先任继任的六个营长，三个教导员和团特派员、总支书记都英勇牺牲。

我和邓团长在临时挖的一个坑里用望远镜观察指挥战斗。突然一发子弹击中邓团长的手，把望远镜打到一边。我感到号兵在我们附近吹号有危险，就命令通信排带开，我刚回过头来，一颗子弹从后脑勺擦过，破了点皮，要是不回头，子弹就正中我的前额，真是命大不该死呀！

与此同时，红十团在老鸦山高地也与敌人激战正酣，团参谋长钟伟剑牺牲，团长张宗逊负重伤。老鸦山高地一度被敌人占领。在这紧要关头，红十、红十一、红十二、红十三团和彭素带的炮兵营协同作战，战士们喊着："缴枪比赛呀！捉俘虏比赛呀！"冲向敌人，红三军团又夺回了老鸦山高地。红一、红五、红九军团和干部团自遵义城东南方向，向敌人背后攻击，敌人阵脚大乱，全线动摇，向乌江方向逃窜。红军一边追一边喊："追呀！不顾一切疲劳猛追！追得敌人到乌江喝水！"

敌人被打得七零八落，有的迷失了方向，混在我们追击队伍里跟着跑。红军把吴奇伟残部围歼在乌江边。敌人的后勤辎重在刀靶水，他们还不知道发生了什么事情，正在挑水、烧火做饭，我们把他们包围了，他们还以为是开玩笑呢。

中央红军从桐梓、娄山关到遵义一直打到乌江边，消灭黔军王家烈部八个团，吴奇伟两个师，缴枪2000多支，俘敌3000余人，使得围攻红军的其他敌军不敢再前进了。这是长征以来打的第一个大胜仗，全军获得物资补充，士气受到很大鼓舞。红十一团在这场恶仗中打垮敌人一个多旅，发挥了既能进攻又能防守的特点。

遵义战役结束，敌人一时组织不起新的进攻，红军得到短期休整。红十一团仍驻鸭溪。此时，陈云和刘少奇先后在红三军团团以上干部会上讲过话。陈云是中央组织部长，他讲了当前国内外的形势和红军的任务，还讲了党的工作、解决好党内关系。他讲话条理清楚，给我们印象很深。他告诉我们，中央派他到苏联去，适当时机就离开红军。后来，红军到达天全、芦山，准备过草地时，陈云便离开了。少奇当时跟着红三军团行动，没有具体职务。袁国平回红三军团任政治部主任，他就不代理了。他曾专门召集政治工作会议，讨论如何做好政治工作。他讲话的时候，喜欢离开讲台，到听众跟前，不时地问个"对不对？"，"是不是？"别人发言的时候，他喜欢插话，有时发挥起来，讲个没完，大家都愿意听。他过事不忘，记忆力很强。他在红三军团的时间不长，但到以后抗日战争在晋察冀军区再次见面，一眼就认出了我，并记得我在红十一团的职务，真使我感到惊讶！

少奇在红三军团召开的政治工作会议，主要研究贯彻总政治部的指示，进行作战鼓动，提高战斗情绪；向指战员做好解释，行军是为着寻找机会消灭敌人，而每次战斗都要与敌人决战。解释和鼓动工作要利用各种机会，采取各种方法，反复进行，并要充分发挥党支部在连队的领导作用和党团员的模范作用。

遵义战役刚结束，蒋介石立刻飞抵重庆，调兵遣将，策划对红军新的围攻，并拟定了封锁乌江的计划，妄图在遵义、鸭溪地区围歼红军。

3月中旬，总司令部决定红军向西转移。红军以红一军团主攻，红三军团的十团、十三团配合，突击驻在鲁班场的周浑元部。由于周部早有准备，修筑了工事，激战4个小时，打成对峙的态势。为了避免受到援敌夹击，红军撤出战斗，向仁怀、茅台转移。

16日，彭军团长跟随我十一团行动。出发前，他专门向我交代，要走快些，至少走60里才能休息，不然敌人飞机来了就麻烦了。当时细雨濛濛，道路泥泞，路越来越窄，行军队伍拉得很远。彭军团长骑着马已经走到前面第一个营的后头，他传来口令："再走快点。"我们急行军走了40多里，邓团长、张政委和我一道走在前面，张政委提出让部队休息，我说：不是彭军团长交代要走60里才能休息么？张政委看着部队很累，便传令停下来吃饭。部队刚拿出饭要吃，彭军团长骑马跑到前边来批评："谁叫你们休息吃饭的？"说我们不顾大局。我们急忙命令部队把饭收起来，继续往前走。彭老总走在我们后面，中间就隔一个通信排，他骑在马上絮絮叨叨地说个不停，我们听不太清楚，也不理会他。又走了30多里，他才传令来："休息吃饭。"

部队休息吃饭，彭军团长独自坐在路边吃，我们几个团干部蹲在道旁一棵树下吃。彭军团长看我们不理睬他，珊珊走过来，乐呵呵地风趣地说："你们吃什么好东西还躲着我呀！"，他在路上批评我们那个严肃劲儿早已烟消云散了。我说："你看啊，就这点辣椒和豆瓣酱。"他的菜盒里面有点腊肉，递过来招呼我们和他一块吃。他一边吃，一边告诉我们明天部队要向茅台前进，总部的意图是要三渡赤水河，摆脱敌人的包围。他还兴致勃勃地讲起了醇香味美驰名全世界的茅台酒，讲得有声有色，有滋有味，使大家恨不得立即带领部队奔往茅台。

第二天，红三军团乘夜经潭厂、两路口，袭取仁怀县城，推进到茅台。茅台位于赤水河东岸，红一军团已经先从茅台过去。我动员部队收集门板，连河边的小庙也拆了，到赤水河搭浮桥。红三军团于 17 日中午全部第三次渡过赤水。

中央红军到了河西，以红一军团一部向古蔺、叙永方向前进，佯装逼近长江的样子，把敌军调到赤水河西来。有一天，我十一团行军想抄近路，但是走错了，翻过山遇上军委直属队的队伍。我们这一插，军委直属队被截断，走不动了。毛泽东主席上来问："这是哪个的队伍？"我跑过去报告，他说："你们停住，先不要走，我给你们一个任务，山沟那边有敌人一个师，他们可能要侧击中央纵队，你们过去警戒，掩护中央和军委机关通过，红五军团上来以后接替你们。"他还说："你们先去执行任务。我负责通知你们军团部。"我团立即赶到指定地点，刚爬上山顶还没顾上吃饭，敌人就上来了。这是事关党中央安全的重要而艰巨的任务，全团指战员拼命抗击。原来这股敌人只是些杂牌军和民团，一打即垮。第二天，红五军团上来，我们移交了阵地，就去追赶红三军团大部队。

红军三渡赤水，把敌人搞蒙了，几十万大军又匆忙赶到赤水河西岸。川南敌军紧急调往长江沿岸，阻止红军渡江。总司令部乘敌军大规模调动之际，命令部队秘密迅速调头折转向东，出敌不意地在二郎滩、九溪口地段四渡赤水河。这时赤水河地区乱糟糟的，敌军西进，我军东走，各走各的，彼此情况都互相摸不清。有个晚上，军团下令突破敌军一条封锁线，规定团长、政委、参谋长、政治处主任分开走，每人带一部分连队。有的部队穿着国民党军队的衣服，在国民党军队中来回穿插，有些掉队伤员还到国民党军队里上药。我团司号员赵国泰是个小机灵鬼，他弄了顶国民党军帽子戴上，混过敌人耳目，到敌人炊事单位打饭。敌人的散兵也有不少走到我们的队伍里来的。就在这样的混乱中国民党军队几十万人被调到赤水河西，中央红军却乘虚向东南疾进。

中央红军四渡赤水，突破了敌人的包围圈，又一次粉碎了敌人围歼红军的计划。此时，蒋介石自重庆飞到贵阳，亲自督战，再次组织指挥包围红军。

转进川西

3月底，红军通过遵义和仁怀之间的封锁线，迅速抵达乌江。这时乌江上空连日风雨不停，云层很低，敌人飞机无法起飞，一时不知红军的行踪。红军利用老天爷赐予的美好良机，红三军团在对门寨架浮桥渡过乌江，其他军团也都迅速再次渡过乌江。

渡过乌江以后，我军采取声东击西的战法，迅速进到贵阳东北地域，占领了牛场、狗场、猫场，直逼贵阳。部队扛着梯子行进，装着攻打贵阳的架势，到处书写"打到贵阳去，活捉蒋介石！活捉王家烈！"的标语，大造声势。贵阳地区的国民党军队只有四个团兵力，用于贵阳城防的部队不足两个团，在贵阳督战的蒋介石大为恐慌，急忙电令滇军赶往贵阳保驾。当蒋介石上钩以后，红军却在贵阳和龙里之间穿过滇黔公路，向西南直奔云南而去。红十一团担任前卫，一天走100多里路，很快通过公路，最先通过马场。

人说贵州"天无三日晴"，未免有点夸张，但阴雨天气多却是事实。这时又遇到细雨，整天下个不断。泥土公路，人踩马踏，翻浆很厉害，行军格外费劲。红军过滇黔公路往西走，滇军继续往东赶，为避免接触，有时要抢道，有时又要让道，紧一阵慢一阵，走走停停，有时几个部队挤到一起，有时一个部队又拉得很长，大家都疲劳得很。彭军团长负了点伤，头几天和他联系不上。到了长顺，彭军团长带着很少几个警卫人员赶来，他指示红十一团作为先遣团，带上电台和工兵，在两天之内强行军180里，赶到北盘江的白层渡口，控制渡河点，并架设浮桥，准备掩护中央红军全部从那里渡过。

第二天，天色微明，红十一团出发了。4月的云贵高原，晨雾霭霭，凉风阵阵，使人浑身打颤。我们翻过一座座低矮的山头，越过一条条沟涧，下午通过一个布依族聚居的地区。这里有两三百布依族团丁控制着山道，向导告诉我这是"王司令"的区域。部队已经走90里路，我们下令就地休息，我和特派员吴信泉去跟王司令谈判。

这个王司令告诉我，前几天国民党周浑元部的代表曾来谈判，要求他堵截红军。我向王司令宣传红军的政策，说明我们只是借路到北盘江渡口，保证不侵犯他们的利益。王司令犹豫了一会，答应了我们的要求，他派他的副官给我们作向导，负责和沿途的各布依族关卡交涉，并交代对红军后续部队也不要阻拦。王司令还慰劳红军许多白米、猪肉。部队安全通过该地区后，我们再三感谢王司令对红军的友好态度。可是，后卫其他部队通过时，不了解我们原先谈判的约定。把一些布依族团丁缴了械，这是很错误的。

经过一天一夜的急行军，红十一团于第三天中午到达北盘江。北盘江是珠江的上游，水面约有 200 米宽，水不深，流速平稳，河对岸有 20 多里长的高山。我们看水势可以徒涉，于是侦察排和第三营的勇士们脱得光光的，一手举着枪，头顶着子弹、衣服和背包向对岸徒涉过去。

刚登上对岸的山头，侦察排就发现敌人正从山的背面拼命往山顶上爬，他们立即用机枪向敌人扫射。真是险啊，如果我们过河晚一步，山头就被从贞丰开来封锁渡口的敌人一个团占领了。第三营渡过江也从山上冲下去，敌人一个个被打得滚下山去，掉头就跑。这时侦察排和三营的同志们什么也顾不上了，连衣服也来不及穿就从山上压下去，光着身子追出 20 里地，老百姓看到这种情景都感到很惊奇。

据布依族王司令派驻江边的连长讲，要到白层渡口才有渡船。白层渡口在离第三营渡河点下游 50 里，蓝参谋长带第一营前往占领渡口，以保障军委直属队和第五军团渡河。

白层是比较热闹的一个渡口，是江西岸贞丰和兴仁县的门户，敌人一个营在对岸把守，商船和渡船全弄到了对岸。第一营在黄昏时分赶到白层渡口，准备在第二天拂晓时强攻。到晚上 11 点，守敌营长派副官乘条小船过来谈判。敌营长慑于红军的声威，不敢和我们打，答应借船给红军渡河。那个副官说：上级命令我们防守，你们还是假打一下，让我们好有个交代。深夜，一营朝天打了一阵枪，对岸放过船来。红军控制了渡口，大部队顺利地渡过北盘江，占领了贞丰县城。

北盘江上游有座盘江铁索桥，对岸关岭有一个师的敌军驻守。为了封锁铁索桥，迟滞关岭、安顺出来的追兵，保证红军顺利通过贞丰、兴仁等地越过七磐山进入云南，军团命令红十一团率第二、第三营经者相、坪街向铁索桥前进。我们于次日中午逼近坪街，经过半小时战斗，占领了该地。坪街和关岭有电话联络，张爱萍政委和关岭的敌人通话，那边问情况怎样了？张政委说："没有什么，来了几个土匪扰乱，被我们打跑了。"下午 5 点钟，关岭的敌师长又来电话，我拿起话机，敌师长说："关岭县长报告坪街到了共匪，你们说没有，究竟是怎么回事？"我说："哪有的事，什么情况也没有。"

"狗县长就会造谣。"敌师长在电话里骂了一句。

以后我们从电话中监听到龙场的一个敌军团长向关岭报告,坪街早被红军占领了,驻坪街的两个营被击溃已跑到山上。关岭的敌师长惊慌地问:"到了多少共匪?"

敌团长说:"有一两千人……机关枪还不少咧……"

我团乘夜向铁索桥前进,夺取了守桥敌人的两处阵地。我们守住桥头,敌人摸不清红军情况,不敢贸然前进,就这样与敌人对峙了一天两夜。

我们到了坪街以后,在这关键的时候,电台出了毛病,只能收报不能发报,光听到军委询问军团:"红十一团现在什么地方?"后来又听到军委让军团找我们,我们急得坐卧不安,怎么也和军团联系不上。第三天早晨,电台收到军委一个电报:"中央红军已经向云南前进,陈赓率干部团殿后。干部团现在兴仁,到中午 12 点撤走,如果红十一团赶不到就自行归队。"

看了这个电报,深感我团所处形势严峻,如果干部团撤走,国民党军队占领了兴仁,我们就可能过不去了。当时是早上 6 点钟,到兴仁有 120 多里路,我们立刻集合部队,命令全体轻装,把伙夫担子挑不了的东西、多余的枪支弹药全部扔掉,只留下一个排在后边收容病号,实在走不动的就留下。

部队像赛跑一样,疾行如飞。我带着前卫营在 11 点钟赶到了兴仁县城附近,远远看去山上有部队在活动,我骑着马跑上去联络。干部团团长陈赓已经出城,只剩一部分人员没有撤走。我让他们先等一下,待我们团赶到一块走。中午 12 点,红十一团全部跑步通过兴仁。这次红十一团六个小时跑了 120 里,出发时一个人没有留下,路上也没有一个人掉队。

4 月下旬,中央红军进入云南,再次跳出敌人重围,争取到更大的机动区域。

中央红军向昆明方向挺进。红三军团以红十一团为前卫,逼近沾益县白水镇。白水镇城墙已经坍倒,我军击溃守敌顺利地进占该镇。为了掩护红三军团大部队在白水镇宿营,红十一团到北面平彝(今富源)方向和被击溃的敌人对峙,并警戒宣威的敌人。

红十一团出镇没走多远,敌人飞机就来白水镇周围盘旋,我们立即命令全团隐蔽在路旁小树林里。红三军团直属队正行进在开阔地,没有地方隐蔽,因而遭到敌机轰炸扫射,损失较大。军团杨尚昆政委和组织部长欧阳钦、宣传部长刘志坚等多人也在这次敌机扫射中负伤。

第二天，红三军团从白水向沾益前进，红十一团成了后卫，我带一个营在警戒阵地继续监视敌人，掩护主力行动。宣威方面敌人两个师经平彝向白水奔来。4月27日中午，我们在山上看到敌人的前卫部队，国民党第五十三师稀稀拉拉，探头探脑，慢慢地向前移动。我们把一个营摆了三里地的正面运动防御阵地。敌人前锋三个团发现我们以后不敢前进，他们在我军阵地前面展开，其后续部队上来也跟着展开，偌大一个师九个团的兵力想与我们一个营打一场正规阵地战。敌人用大炮、机枪轰扫，我们立即隐蔽起来，敌人冲上来，我军就全力阻击，把敌人打回去。我们一个营与敌人一个师对峙了两个多小时，得知军团主力已经全部走完，阻敌任务胜利完成，于是我们迅速收拢部队主动撤走。而敌人好半天才小心翼翼地将展开的部队集结起来，慢慢地搜索前进，更谈不上追击我们了。

白水这个地方也出产火腿，比宣威的并不差，红军打土豪缴获不少火腿，带上它顶干粮慢慢地吃。过沾益以后，我带着一个营在寻甸赶上红三军团大部队。这时，中央红军以红一军团为左路，占领嵩明、杨林，佯攻昆明；红三军团及中央纵队、红五军团为右路，离昆明稍远；红九军团单独走一路。红军逼近昆明，市内陷入一片惊恐慌乱之中。龙云紧急电令云南所属部队赶回滇东、昆明堵截红军，这就完全打乱了敌人"围剿"红军的部署。滇军这一调动，金沙江沿岸敌人兵力空虚。中央决定利用这个机会，渡过金沙江进入川西。

红一军团在昆明以北转向西北急进，直奔龙街渡。

红三军团在出发前对部队进行了动员，向广大指战员说明，红军后面有十万追兵，若抢不到金沙江渡口，红军就会陷入前无去路，后有追兵的绝境。抢渡金沙江这是关系红军生死存亡的问题。

动员以后，红三军团以红十三团为前卫赶往金沙江洪门渡找渡河点架桥，掩护大部队过江。红十一团为后卫，担任阻击敌人三天的任务。

在向金沙江开进中，前边的部队急行军，我们在后边，每天只走30里，敌人没上来，一路上可以宿营，可以打土豪，比较从容。走到距金沙江还有一天路程时，我们打开了一个法国天主教堂，那里边贮存了许多物资。有些铁桶饼干和罐头，当时我们也不知道是什么东西，大部分让当地群众拿走了。张爱萍认识点外文，他拣起一桶罐头看了看就打开来吃，我一看黑糊糊的，问他是什么东西，他说："果子酱，你尝尝。"我怕上当不敢吃，他笑我是土包子。走在路上，我的马夫拿着桶饼干边走边吃，我拿了一块尝尝，倒是挺好吃的，我后悔没让部队多带一些。

红十一团接到军团命令，要求我们急行军110里，在第二天拂晓前必须赶到红十三团所在的金沙江下游洪门渡过江，晚一点就过不去了。我们刚集合部队动员准备出发，又接到命令：红十三团已从洪门渡过去，那里水流湍急，不能架桥，只有一条小船渡江太慢，要红十一团改为军团前卫，到上游绞平渡随中央直属队一起过江。红十一团立即改道，直奔绞平渡。

金沙江水深河面宽，全部渡河点都不能架浮桥，更不能徒涉。江上的船只几乎全被敌人沉掉了，除了洪门渡搞到一条小船外，只有干部团在绞平渡搞到六只渡船，中央决定全军都从绞平渡过江。我们赶到绞平渡口，刘伯承、陈云等同志在那里等着过江，张爱萍把我扔果子酱罐头的事当笑料讲给陈云听，陈云开我的玩笑："王明同志，以后再缴到什么好吃的东西，你不要就把它丢在路边，好让我们在后边的也捡个便宜，开开胃口啊！"

过江以后，中央说红一军团在龙街渡没过去，命令红三军团派一个营去接应，通知他们也赶到绞平渡过江。张爱萍政委带着红十一团一个营沿着左岸急行军前往龙街渡。他们夜间行军打着火把，在龙街渡附近看到对岸有大部队也打着火把在活动，估计就是红一军团，但是水流声响，隔江传话对岸听不见，指战员非常焦急，在江岸上到处搜索，终于在一个悬崖下找到一只小艇，几个战士划着小艇过去，传达了命令。红一军团赶到绞平渡，当晚中央红军全部胜利渡过金沙江。

中央红军过了金沙江，进入四川的西南，向会理挺进。会理处于大凉山区，在四川来说是偏僻的县份。但是出人意料，这一带山谷之中，田陌交错，有不少村庄，据老百姓讲会理城内商业相当繁荣，还有些轻工业。会理城原有川军刘元塘师几千人防守，最近还从西昌调来一个旅增援，他们为预防红军逼近城墙进行坑道作业，把城墙周围的全部房屋付之一炬，然后紧闭城门死守。红军进到会理附近就看到满天红光，烈焰冲天，可恶的川军不顾老百姓死活，正在烧城外的房子。

5月8日，由红三军团和中央干部团主攻会理城，红三军团以红十团和红十二团主攻，红十一团为预备队。由于红十一团缺一个营，军团教导营临时归红十一团指挥。教导营营长是彭绍辉，政委李志民。我们占领了城外制高点，但见城里一片死寂，很少有人走动，高高的天主教堂也没有动静。部队开始用迫击炮和机关枪攻城没有奏效，以后还是用挖坑道爆破的办法炸城墙。红十一团调到城西北角担任主攻，坑道爆破只炸坍了城西北部的一块城墙，城砖倒下来形成一面斜坡，红十一团的突击队立即往上冲，军团追击炮营掩护，但是炮没有打准，一排炮弹正打着我们的突击队，突击队员全部牺牲。军团命令再组织突击队，可是城墙缺口已被敌军堵上了。红十团攻南门也没打开，团参谋长邱卓成牺牲。干部团方向也没有得手。敌人以逸待劳，红军长途跋涉极度疲劳，难以攻坚，况且会理城对我军继续前进不构成威胁，军团向军委建议，改为围而不攻。军委同意放弃攻打会理，只派部分部队监视敌人，其余部队在城外就地休息。

5 月 12 日，中央政治局在会理城郊的一个铁厂召开会议。除中央政治局成员以外，各军团军团长和政委也参加了会议。会议研究了强渡大渡河的部署；对林彪反对毛泽东领导，写信给军委建议毛、朱、周随军主持大计，请彭德怀任前敌指挥，以及反对机动作战等问题进行了严肃批评。毛泽东同志在会上指出："林彪的信是彭德怀同志鼓动起来的。"事实上，彭军团长不知道林彪写信的事。林彪曾给彭军团长打过电话，请他代替毛泽东任前敌指挥，彭军团长严厉地指出林彪这种想法是错误的。在会上，彭军团长以大局为重，认为大敌当前，当务之急是摆脱追敌，因而对毛泽东同志的批评没有申辩。会议情况当时没有向下传达，我是以后才知道的。

会理会议以后，总政治部据杨尚昆政委建议，下令调我到红十三团任政委，红十团刘随春接替我的政治处主任工作。我觉得，红十三团团长彭雪枫是我的老上级，文化知识、资历水平都比我强，在关键时刻我不便于对重大问题作最后决定，张爱萍政委的条件比我好，他去十三团工作能配合得好，况且我是老红十一团的，继续留在这团工作比较顺手。于是，我找袁国平主任反映了我的看法，这样张爱萍调红十三团任政委，我接任红十一团政委。

中央红军渡过金沙江以后，终于跳出国民党几十万大军的围追堵截，取得了战略转移中具有决定意义的胜利。中央红军从会理北上经西昌、冕宁准备渡大渡河。

红三军团进到西昌的时候，袁国平主任主持召开团以上干部会议。总书记张闻天来作报告，批评黄克诚是老右倾机会主义，要求大家对黄展开批评。黄克诚究竟犯了什么错误，不光是我，恐怕对绝大多数领导来说都是个谜。我只是听有人讲，在行军休息闲谈的时候，有人问，"红军这样走不知要走到哪里去"，黄克诚说："大概要走到喜马拉雅山吧。"我想为这类事也不至于点名批判吧。这次会议后，军团教导营营长彭绍辉接替黄克诚的军团侦察科长。教导营政委李志民调保卫局当科长，黄克诚任教导营政委。教导营一直归红十一团指挥，黄克诚多次对我说："你对我不要客气，归你指挥，该下命令就下命令嘛。"我说："你是老首长，怎么好下命令啊！还是多研究商量。"

从冕宁到大渡河，一路上都是军委参谋长刘伯承率干部团为全军的前卫。过冕宁之后，进入越西彝族地区，刘伯承和头人小叶丹结拜为兄弟，彝族兄弟欢迎红军过路。

越西县城和越西地区，一半是汉人，一半是彝民，地瘠民贫，文化落后，民族之间经常发生械斗。红十一团部队经过越西时，汉人和彝民都向红军送状子，互相指控对方。团政治处经过调查，召开群众大会，指出军阀、地主豪绅为了压迫剥削劳苦大众，挑动彝汉群众械斗仇杀，彝汉的贫苦工农都一样受压迫受剥削，应该戳穿坏人的阴谋，团结起来，共同对付军阀、土豪。这样越西群众更加拥护红军，汉彝青年踊跃要求参加红军，仅红十一团在此地就扩兵七百多人，其中有一百多彝民。

这一带彝族大都住在山上，风俗习惯落后，服饰也很简单，头上缠着布、插根鸡毛，身上就披些麻布和毡子，光着脚，吃东西都吃生的，特别喜欢喝酒。由于长期过原始散漫的生活，彝民青年参军以后，也不顾红军的组织纪律，行军路上看到小摊贩的东西就拿，我们还得派人跟在后边给人家付钱，赔礼道歉。部队天天行军打仗，对这些彝族战士实在没法管，也没时间管，为减轻部队负担，军团政治部把他们临时接收了过去。后来彝族战士觉得生活不习惯，跟着红军没走多远，许多人陆续回家了，最后红军长征到达陕北时只剩下十几个人。

过了越西，红军开始强渡大渡河。刘伯承总参谋长担任先遣支队司令员兼政委，率领红一军团一师一团为前卫，杨得志是团长。他们先行抵达大渡河边的安顺场。安顺场对岸有川军一个营驻守，那个营的营长在红军先遣支队到达的头天，坐小船到安顺场来赌钱、玩女人。红军一到就抓住了这个营长，然后一部分先遣队员装扮成他们的人，坐船过去，经过激烈战斗占领了河对岸的阵地。先遣队员把渡船从对岸放过来，刘伯承、聂荣臻等领导和红一团都坐船过了河。但是，大渡河水凶猛，流急浪高，河水咆哮声很远就能听到，根本无法搭浮桥。这里船只少，每天只能渡过一个团。军委决定大部队行军走100多里，到上游的泸定桥过大渡河。

红一团循大渡河右岸前进，红军大部队循左岸前进，协同夺取泸定桥。泸定桥的敌人着了慌，放火烧桥。这是一座铁索桥，上面铺着木板，敌人放火不久，红军就赶到攻占了桥的两端，稍加修理全军从这里过了河。

红十一团在赶往泸定桥时，抄了条近路。我们沿着河边走，经过一些小村庄，比别的部队少翻越两座山。那天正遇着大雨，泥浆陷到脚踝以上，两脚被泥浆裹着像两个大秤砣一样，很是难走。河水轰响听不见敌机的声音，白天容易遭到敌机袭击，晚上打着火把走比较安全。红十一团晚间到达泸定桥。以前没有走过铁索桥，也没有经验，过桥的时候，怕把桥压坍了，稀稀拉拉地走，人先过去，牲口最后过，其实过桥时人越少，桥身晃动得越厉害。我在赶往泸定桥途中，因为道路泥泞，就把鞋子脱了拴在牲口屁股上，过桥以后牲口过不来，光着脚走了 30 里路，牲口赶上来才把鞋子穿上。

中央红军强渡大渡河成功，打破了蒋介石妄想把红军变成第二个石达开的迷梦。昔日太平天国翼王石达开，在安顺场被清军围困而全军覆没，今天中央红军却变天险为通途，甩掉了敌人。

翻雪山会师懋功

6 月初，中共中央为达到红一、红四方面军会合的目的，决定继续北进。天全、紫石关由杨森部夏炯旅防守，红三军团在红九军团策应下，渡过天全河，攻占天全城。红一军团攻占芦山。川敌杨森、刘文辉部约三个旅向芦山、双河场进攻，彭德怀、杨尚昆指挥红十一团和十二团将敌击退。中革军委动员全军备足七天干粮，准备和红四方面军会合。

总政治部发出《关于一、四方面军会合后加强政治工作的指令》，指出两军会合是历史上伟大的事件，要提高全体指战员的战斗情绪，会合后要促进两军的团结，互相学习、交流战斗经验，并准备盛大的联欢和慰问活动。军委的动员和总政的指令我们及时向部队作了传达，指战员们非常振奋。红十一团和红十二团继续阻击敌人掩护主力北进。

6 月 11 日，杨森、刘文辉部三个旅在邓锡侯两个旅的协助下，攻占芦山。红十一团和红十二团撤出战斗，经泡桐岗向夹金山前进。泡桐岗是原始森林区，树高林密，需要砍树开路前进，骡马很难过去。红三军团的骡马在此地基本上都丢掉了，军团首长只有彭德怀、袁国平和刘志坚的马带过来了；红十二团的骡马全部丢光；红十一团除了我和邓团长的，还有一匹驮机关枪的马随我们过来了。

再向前就是夹金山。夹金山位于宝兴县西北，海拔虽然有4000多米，但从下仰望高耸入云，正像有的同志形容的，它像一把锐利的长剑，直插万里高空。整个大山被冰雪覆盖，在阳光照耀下，光芒四射，使人眼花缭乱。这是红军要翻越的第一座大雪山。

从云南转入川西南已是夏季，红军都只穿着单衣，原先没估计到要过雪山，仓促补充棉衣已来不及，只得多带点酒和辣椒御寒。夹金山山脚和山顶气候差异很大，山顶每天下午就暴风骤起，大雪纷飞，积雪常年不化，天气异常寒冷，加上空气稀薄，呼吸困难，爬起来感到非常吃力。在翻越雪山之前，我们向部队作了动员，要求指战员发扬阶级友爱精神，使每一个战友都能安全越过雪山。翻越雪山时，同志们互相帮助，你拉我，我拉他，一步一步终于胜利翻过大雪山，下到懋功的达维镇。

进入达维以后，就是藏族居住区。这里和汉族地区完全不同，有高大的喇嘛庙，两层平顶石板建筑的藏民楼，衣着服饰起居生活都与汉族迥异。红一方面军和红四方面军的先头部队在这里会合后，只休息了一天就开往懋功。

懋功有三四百户人家，几十个大小商店，是这一带比较热闹的小镇。镇上的喇嘛庙讲经堂很宽大，足可以住一个团。红三军团在此就住在几个大喇嘛庙里。军委刘伯承参谋长住在我团，晚上他躺在一扇门板上给我们讲笑话，大家听着笑得肚子痛，虽然很累却没有一点睡意。

红四方面军的第九军和第三十军住在懋功，一、四方面军的部队连日举行联欢会和篮球赛，并互相赠送慰问品。大家互相学习，互相鼓励，充分体现了团结友爱。九军军长何畏和三十军政委李先念一起请红三军团的团以上干部吃饭。他们打了几只牦牛，做了十几种牛肉菜招待我们。这是我第一次见到李先念同志。红九军团政委何长工也到红三军团来看望，我们开会欢迎他，请他讲话。何长工过去是红三军团的老军长，是位宣传鼓动家，几年前在阳新我就听过他的演讲。他讲话很有艺术性和鼓动性，大家很爱听。

红军在藏族地区遇到的第一个问题，是饮食不习惯。这一带主要农作物是青稞和玉米，饮的是雪山上流下来的雪水，许多人引起肠胃不适。其次，由于过去军阀官僚迫害少数民族，造成藏民仇视汉民的心理，加上语言隔阂，藏族群众不了解红军，在我们到来之前都逃跑了，我们有钱也买不到粮食。再是，地形险恶，山上常年积雪，山下是原始森林，河流交错纵横，没有道路。天气恶劣，变化无常，六月里一忽儿晴空朗朗，霎时间又乌云密布，雨、雪、冰雹铺天盖地而降。这给红军在这一带行动带来极大的困难。

红一、红四方面军会师后，张国焘和党中央在战略方针上存在严重分歧，党中央主张红军前进方向向北向东，张国焘却主张向南向西。在懋功休整期间，中央政治局在两河口召开会议，张国焘也参加了。会议讨论决定，红军的战略方针是向北进攻，在运动中大量消灭敌人，首先夺取甘肃南部，创造川陕甘根据地，进而争取在西北各省以至全中国的胜利。当前首先集中红军主力消灭与打击胡宗南部队，夺取松潘以北地区，然后向甘南前进。

6月底，红三军团继续前进，翻越第二座大雪山——梦笔山，这次过雪山有了经验，大家喝点辣椒水，用盖的毯子把身体上部包得严严的，很顺利地就过去了。

7月初，红三军团经卓克基、刷经寺，又翻越第三座大雪山马塘梁子，又称长板山，随即抵达黑水寺。这时，徐向前率部从理县地区沿黑水河北岸向毛儿盖进军。军委命令彭德怀、杨尚昆带三军团沿黑水河南岸到石碉楼，迎接徐向前率领的红四方面军主力第四军和第三十一军过黑水河。彭德怀军团长率部前行，红十一团在后边担任警戒，维护芦花至石碉楼一线的交通，并进行筹粮。我团沿黑水河布防，以排为单位，差不多拉开有100多里。黑水河河面宽仅三四十米，可以把石头打到对岸，但是波涛汹涌，水流很急，犹如千尺瀑布，声响如雷，不能徒涉。沿河两岸都是悬崖峭壁，山道崎岖狭窄，只容一个人通过。这里的藏民曾消灭过国民党军队的一个团，所以有不少枪支弹药。这些藏民枪法相当准，他们隐蔽在崖上打冷枪，加上水声响，听不到枪声，稍不注意就会吃亏。我们在这里警戒，每隔几里或十几里就用石头垒一些碉堡据点，以防御他们袭击。

到亦念，彭军团长率我十一团先后接引了红四军和红三十一军领导和徐向前总指挥。红三军团派管理科长唐延杰在亦念的石碉楼一带设兵站负责筹粮，红四方面军第四军政治部主任洪学智也在这一带搞粮食，从此我和洪学智才认识。这时红四方面军决定拨一个团给红三军团，派我去交涉接收。

红四军这个团不过500多人，多半是四川籍新兵，不少人还染有抽鸦片烟的恶习。原来军团打算把他们编为一个直属团，我去之前又决定分编到各团去。我看了人员情况以后，觉得不好分，不如全编到红十一团，我向袁国平主任请示，他不敢决定。第二天，我又跑了几十里路向彭军团长汇报，他同意了我的上述想法。

这期间，我的痔疮又开了一次刀，就要准备拆线的时候，山上跑下来两个战士，报告一个排在山上被藏民包围了。我连忙带上身边仅有的警卫排和侦察排上山解围。这个山很高很陡，一爬山手术缝线又迸开了。我们冲上山后，藏民就跑散了。战斗中藏民的子弹打中我旁边的山岩，一块石片蹦到我头上，打进去一厘米深，我当时就昏倒了，至今还留下一个伤疤。

一天晚上，彭军团长来到我的住处，他说："你睡你的，我要在这里写写文章。"他写什么呢，主要是写少数民族的特性，写藏族群众的强悍。为什么要写这些呢？原因是头两天发生了这么一件事，部队要进驻一处有三栋房子的藏民院子，房子里的年轻人全跑了，只剩下一个七八十岁的老人看院子，围墙和门都很厚实，谁靠近院子，他就在围墙上打石头，他不懂汉语，我们喊话也没有用。部队再也找不到别的房子，都很着急，我说："给他一枪算了。"彭军团长不让打，我说："部队没有房住怎么办？"我用手枪打了一枪，想吓唬一下，他仍然不动，邓团长用步枪把他打倒。结果，这位老人从墙上爬下来把门打开了，还竖着大拇指，意思是称赞团长枪打得准，他佩服。

那天晚上，彭军团长写到凌晨两点才结束，他叫醒我给他弄点吃的。我起床给他搞了点面糊糊、牛肉和酒。他就边吃边和我谈起来。他知道我是阳新人，称赞阳新的群众斗争精神强，对红军感情深，打仗、抬担架、养伤兵、慰劳红军，热情都很高，为革命做出了很大贡献。他提起红五军打阳新的经验教训时说，老百姓的话不能不听也不能全听，他们鼓动红军打阳新，有意把敌情缩小，把敌人守城的兵力两个团说成一个团，结果红军攻城时遭到不应有的伤亡。他还对我讲了红三军团的历史和当前的形势，对革命胜利充满信心。他打趣地说，革命胜利了，形势稳定了，你们都可以娶老婆咯。他一直谈到天明，兴致还未减。

由于张国焘要官要权，拖延红四方面军执行中央的松潘战役计划。中央在黑水芦花连续召开了两次会议，着重解决红军组织问题。会议决定中革军委主席朱德仍兼红军总司令，任命张国焘为红军总政委，部队进行了整编，红一方面军的第一、第三、第五、第九军团依次改为第一、第三、第五、第三十二军，并从红一方面军调一些干部到红四方面军工作，红四方面军则拨给红一方面军一些部队。会议要求张国焘指挥红四方面军迅速到毛儿盖集中。

7月下旬，红军继续北进，红三军（即红三军团）又翻越了仓德、打鼓两座雪山，进入松潘县的毛儿盖。从芦花北上以后，由于藏民都跑光了，部队得不到群众支持只能吃炒青稞，青稞粒到肚里难消化，基本上吃下去是啥样拉出来还是啥样，弄得体力极其衰弱，许多同志过雪山倒下去就再也没有起来。为了恢复体力，部队在毛儿盖休息的时间比较长。

由于在黑水芦花拖延了时间，红军已失去松潘战役的有利时机。敌胡宗南部已集结到松潘地区，薛岳部已进抵文县、平武一线，川军先后进占懋功、茂县等地。中革军委根据敌情的变化制定了夏洮战役计划，决定红军主力出阿坝，北进夏河流域，突击敌主力的包围线右侧，争取在洮河流域消灭遭遇的敌主力，创造甘南根据地。

8月初，中央政治局在毛儿盖附近的沙窝召开会议，讨论了当前的政治形势和任务，重申了两河口会议的决定是正确的，并对张国焘进行了耐心的争取教育工作。

中革军委为贯彻《夏洮战役计划》，决定将红一、红四方面军混合编组，组成左右路军。右路军由毛泽东、周恩来率领，徐向前为总指挥，陈昌浩为政委，叶剑英为参谋长，杨尚昆为政治部主任，率红一方面军的一军、三军和红四方面军的四军、三十军，以毛儿盖为中心集结，向班佑、巴西地区开进。左路军由朱德总司令、张国焘总政委率领，刘伯承为总参谋长，傅钟为总政治部主任，率总司令部，红一方面军的五军、三十二军和红四方面军的九军、三十一军、三十三军，以马塘、卓克基为中心集结，向阿坝地区开进，到阿坝后东进，在班佑地区向右路军靠拢，共同向甘肃南部进军。

过草地北上抗日

毛儿盖会议之后，中央北上抗日的战略方针才得以付诸行动。8月中旬，右路军以红一军为前卫，以中央领导机关，军委纵队一部，红军大学，前敌总指挥部，红四军，红三十军的序列向茫茫的大草地行进。红三军担任后卫，周恩来、王稼祥因病随红三军行动。从此，右路军踏上艰难的征途。

红三军以十三团、十二团、十一团、十团的梯次行动，口号是"团结一致，战胜困难，渡过草地，北上抗日"。刚走出毛儿盖，原野上还稀稀落落有点灌木林，再往前走便是茫茫无际的泽国。从毛儿盖向东北走出草地需六七天时间，绵延约 500 里。我们十一团直属队走到一处林子发现一匹死马，他们也不知道马是怎么死的，有没有传染病，弄来就吃。军教育科长孙毅掉了队，他挂根棍子，跟我们走在一起，他本来不吃羊肉，更不用说马肉了，这时闻到马肉他也觉得格外的香，还吃得津津有味。

部队进入草地，但见无边无际的遍地是茂密的杂草甸子，上面是一丛丛野草，下面是一个个泥潭，到处是散发着腐臭气味的黑色污水。人踩在草甸上就像荡秋千一样，晃来晃去，稍不注意或一脚踩空，就陷进泥潭，人和牲口便不能自拔，越是挣扎陷得越深，以致没顶。

草地大部分地区的水含有毒素，不但不能饮用，走路时刺破了脚，伤口被水一泡，就红肿溃烂，难于医治，有些同志因此成了残废。还有的同志干渴难忍，喝了两口污水，肚子立刻发胀，因此发病死亡。草地的气候恶劣，天气一日多变，中午还是烈日曝晒，汗流浃背，午后便乌云遮日，狂风骤起，一忽儿大雨滂沱，一忽儿雪花飞扬，气温急剧下降，冷得发抖。在漫漫草地里，晴天无法遮日，阴雨没地方躲避，身上老是汗渍渍、湿淋淋的，衣服发出一种霉味。部队无法宿营睡觉，大家困了就背靠背地坐在草甸上打盹，互相依偎取暖，下雨时撑起床单，坐在下面过夜。

战士们在这像弹簧似的草甸上小心翼翼地一步一跋涉，一天走下来真是疲劳极了。没有柴火做不了热饭，青稞炒面被雨淋成一个个硬疙瘩，缺少油盐，很难下咽，然而，为了第二天不掉队，大家像完成一项艰巨的任务一样，坚持硬往肚里咽，有时把眼泪都憋出来了。

越往草地深处走，行军速度越慢，饥饿、疲劳时刻袭击着人们，许多同志走着走着就倒下，再也起不来了。我们团部的一位小通讯员，饥饿折磨得他一点力气也没有了。开始同志们扶着他走，他不忍心拖累大家，坚持自己走，实在走不了，他就在地上爬。他说，我多爬一步，就离走的目标近一步，离中国革命胜利近一步。我真想把他带出草地，眼看他走不动了，我赶紧把他往马上扶，结果一扶他就倒在我怀里咽了气，我心里难过极了。红十一团过草地时，因为疲劳、冻饿而掉队、死亡的有将近 200 人。

红三军在草地里走了整整七天，终于进到班佑。走出草地这一天，天气不但没有下雨，还露出一线阳光，好像专门欢迎我们这些冲出死亡线的幸运儿似的。红军指战员们踏到坚实的草原上，个个欢欣雀跃，喜笑颜开。

　　红十一团过班佑河的时候，抬着周恩来副主席的担架也赶上来了。他患着伤寒病，发高烧昏迷不醒。班佑河河面虽然不宽，但水流很急，怎样才能保证周恩来安全渡河呢？大家一商量，决定把我和邓团长的骡马连起来，把担架放在两匹马背上，用牲口来抬，战士们互相用绑腿带联结着，在马的两边组成人墙，保护着担架，就这样把周副主席安全地护送过河。

　　红十一团过了河，已经走出70多里，彭德怀军长对我说，班佑河那边还有几百人没有过来，命令我带一个营返回去接他们过河。刚过草地再返回几十里，接应那么多掉队的人，谈何容易。我带着一个营往回走，大家疲惫得抬不动腿。走到河滩上，我用望远镜向河对岸观察，那边河滩上坐着至少有七八百人。我先带通讯员和侦察员涉水过去看看情况。一看，唉呀！他们都静静地背靠背坐着，一动不动，我逐个察看，全都没气了。我默默地看着这悲壮的场面，泪水夺眶而出。多好的同志啊，他们一步一摇地爬出了草地，却没能坚持走到班佑，他们带走的是伤病和饥饿，留下的却是曙光和胜利。我们怀着沉痛的心情，一个一个把他们放倒，一方面是想让他们走得舒服些，一方面再仔细地检查一遍，不能把一个还没有咽气的同志落下。最后发现有一个小战士还有点气，我让侦察员把他背上，但过了河他也断气了。由于时间紧迫，我来不及掩埋这许多烈士的遗体。

　　我们满含泪水，脱下军帽，向烈士们默哀、鞠躬告别，然后急忙返回追赶大部队。

　　彭军长老远就看见了我们，焦急地迎上来抢先问，带回来多少人？我沉痛地说，一个人也没带回来。他听完详细汇报，脸色低沉下来，愤愤地说："这都是张国焘的罪过，他耽误了战机，没能打开松潘，逼得我们走这条路，如果不走这条路，哪会牺牲这么多人。"

　　8月底，右路军到达巴西、包座一带，红一军和红三军的十二团和十三团已经走到前边，红十一团和红三军其余部队以及中央直属队一起住在牙弄，这时谭甫仁调到我团当总支书记，余非当俱乐部主任。右路军以三十军和四军一部在徐向前指挥下，全歼企图堵截红军的胡宗南部第四十九师，攻占了包座，为实现中共中央北上的战略方针创造了有利条件，打开了向甘南进军的大门。

　　右路军部队在上下包座一带休息，红三军派刘志坚带火线剧社和各团宣传员一起去红三十军慰问，李伯钊也应邀去红四方面军的部队教唱歌，组织文化娱乐活动。

就在慰问团走的当晚1点钟，彭德怀、王稼祥、李富春找邓团长和我去军部，彭德怀带着沉重的心情告诉我们：张国焘给右路军总指挥部来电，要红四方面军的部队不要跟中央北上，还要说服红一、红三军一起南下，右路军返回阿坝与左路军会合，如果不听就缴他们的枪，用武力解决，把毛、周、张、博抓起来。叶剑英参谋长连警卫员都没带，连夜从包座赶到牙弄，向党中央报告。党中央接到叶剑英的报告以后，为了免出意外，决定率红一、红三军先行北上。彭军长命令我们红十一团马上出发开到中央机关驻地附近20里一线警戒，掩护中央和军委机关及红三军直属队通过，等红十团也过完以后，再尾随红十团前进。

我们立即通知部队紧急集合，急行军进入指定地域警戒。当时气氛很紧张，也很秘密。军首长要求，不作动员，三天以后再向部队传达。所以，上级的意图连参谋长和政治处主任也不知道。

中央机关直属队天不亮就出发了。太阳出来时，毛泽东经过我们设在小山上的警戒阵地，把我和团长叫过去，问前面有没有动静，我回答说没有什么情况，只是警戒部队曾经听见一个人喊："红一方面军的同志，你们不要走啊！"说明有人已经知道红一方面军出发了。

我们问："要是有人拦阻怎么办？"毛泽东说："要做好宣传工作，告诉他们，我们先走，你们随后来。"

"万一他们开枪怎么办？"因为怕红军内部冲突起来不好办，我钉问了好几次。

毛泽东反复地说："要做宣传教育工作。"

部队向北走了三天，抵达俄界宿营时，才向部队宣布，张国焘在阿坝按兵不动，并再次提出南下的方针，拒绝中央命令其北上的电令。左路军进到嘎曲河（白河），张国焘排斥朱德、刘伯承对左路军的领导，借口嘎曲河水涨，不能徒涉，率部西返，并电令右路军中的红四方面军部队挟持中央南下阿坝地区。右路军在对部队进行宣传教育时，强调指出中央北上抗日的方针是正确的；张国焘要搞分裂、坚持南下是没有前途的，红四方面军和左路军终将要返回来的。要求各级领导稳定部队情绪，对四方面军的同志多做团结工作。

红四方面军派到军委总部的一个工作队，共有几十个人，队长是个瘸子。他们不愿北上，也要南下，毛泽东亲自写了封信给他们作路条，让我们后续部队放他们过去。他们路过红十一团时，天正下着小雨，他们一边走，一边宣传红一方面军的同志不要走……我当时很生气，叫他们集合起来蹲到路边去，等我们全团过完以后再请他们走。我对他们讲，党中央的路线是正确的，北上抗日是全国人民的愿望，你们将来也会返回来的。

刘志坚、李伯钊和剧社一部分队员被留在了红四方面军。还有其他分配到左路军工作的红一方面军的干部和部队都没能和我们一道北上，有的在南下作战和到西路军作战中牺牲了，余下的随朱总司令返回陕北。

到达俄界以后，中共中央政治局召开了紧急会议，通过了《关于张国焘同志的错误的决定》。决定指出：张国焘公开违背中央的指令，分裂红军，并号召红四方面军的同志团结在党中央周围，同张国焘的错误作坚决的斗争，以巩固党和红军。

红一、红三军在俄界集结休息了四天，即沿着白龙河往俄碛寺、旺藏寺前进，到达黑拉地区。红一军攻占天险腊子口，击溃甘肃军阀鲁大昌一个旅。接着中央红军越过岷山。岷山是青海、甘肃、陕西和四川分界的名山，上山下山五十余里，前卫部队在山腰上遭到敌机的袭击，幸而没有什么损失，下了岷山进入大草滩，红军脱离了藏族聚居地区。

9月20日，先头部队攻占哈达铺，进入甘南。红一、红三军在哈达铺休息了几天，红十一团在距离哈达铺三十里处向兰州方向警戒。这时红军按中央政治局俄界会议决定，把军委直属队和红一方面军主力整编为抗日先遣支队，对外称工农红军陕甘支队，彭德怀为司令员，毛泽东为政治委员，林彪为副司令员，王稼祥为政治部主任，杨尚昆为政治部副主任。下辖三个纵队：第一纵队以红一军为基础共编五个大队，把红三军十三团编入第一纵队；一纵队司令员林彪，政委聂荣臻，参谋长左权，政治部主任朱瑞。第二纵队编三个大队，纵队司令员彭雪枫，政委李富春，副司令员刘亚楼，参谋长肖劲光，政治部主任罗瑞卿，保卫分局长张纯清，作战科长姚喆，侦察科长李天佑，通讯科长谢嵩，训练科长孙毅，管理科长唐延杰、副科长周文龙。第十大队（原红十团）大队长黄珍，政委杨勇；第十一大队（原红十一团）大队长和政委仍是邓国清和我；第十二大队（原红十二团）大队长文年生，政委苏振华。军委直属队编为第三纵队，司令员叶剑英、政委邓发。红三军教导营编入第三纵队。每个大队基本上是原来团的建制，取消了营级建制，每个大队五个步兵连，一个机关枪连，团的侦察排、工兵队和卫生队全部集中到纵队。当时十一大队有1100人，十大队、十二大队各有600多人。

彭德怀在离开红三军时，召开了团以上干部会，他在会上讲话很激动，讲着讲着眼泪就掉了下来，他说：红三军团从第一次反"围剿"时的几万人，至今天长征到甘南，只剩下两千多人，让错误路线快折腾光了。今天剩下这点人，都是精华，是中国革命的骨干和希望。他要求大家再接再厉，争取全国革命的胜利。他在会上作了自我批评。他讲，我的脾气不好，骂过许多人，请同志批评和谅解。他还说，我过去对你们这些团以上干部要求很严格，有时甚至苛刻一点，这都是对你们的爱护；否则，有的同志可能活不到今天，这也可以是"骂"出来的吧！

彭德怀的讲话，使大家对他更加敬重。会后，我们这些团的干部回顾了红三军团几年来的战斗历程和彭军团长及其他首长呕心沥血，为三军团建设所作出的重大贡献。

红三军团自 1930 年 6 月成立以来，在彭德怀军团长和其他首长的领导指挥下，经过了各种各样的严峻考验，进行了数百次战斗，逐渐成长为一支能吃大苦，耐大劳，作战勇猛，作风顽强，主动啃硬骨头，能打硬仗恶仗的坚强部队，成为红一方面军的主力之一。彭军团长要求干部打仗讲究战术，反对蛮干；他不主张团以上指挥员带头打冲锋，认为这样是降低了指挥员的作用。他要求团以上干部坚守自己的岗位，调动部队的各种积极因素，去完成作战任务。在彭德怀等军团首长的带动影响下，红三军团的干部养成了一种勇于坚持真理，敢于直言，能够抵制各种错误倾向的高尚品质；以身作则，艰苦奋斗，不搞特殊化的优良作风。

陕甘支队在哈达铺休息了两天，国民党军队一时摸不清红军情况，没有来进攻。红军从哈达铺出发，向天水佯动，国民党军队发觉，便将主力集结在天水一线防堵，红军以急行军继续向北，日行百里，从新寺、武山附近全部徒涉过了渭河，驻武山和漳县的部分敌军赶到河边，打了一阵枪炮，没敢追击。

过了渭河进入榜罗镇，部队休息了一天。红军在当地小学校发现很多报纸杂志，上面刊载有关日本帝国主义侵略我国北方的报道，也有陕北红军和根据地的消息。党中央根据这些情况，在榜罗镇召开政治局会议，决定向陕北苏区进军，建立抗日前进阵地。

过哈达铺以后，完全脱离了藏民区，沿途村寨增多，猪羊鸡鸭的价格都比较便宜。另外缴获了鲁大昌的大米、白面、食盐等诸多食品，红军伙食得以改善，体力逐渐恢复。

　　红军接着向通渭前进。通渭城驻军一个团，闻风而遁，红军开进城里。通渭平房较少，大多是窑洞，城墙也是黄土夯成的，我们南方人初次看到黄土高原的景象，觉得挺新奇。在通渭我们发现了红二十五军路过时张贴的标语和传单，大家看了都非常振奋，我们和陕甘红军越来越接近了。

　　从通渭出发，陕甘支队分左、中、右三路前进，越过西安到兰州的公路。我们第二纵队为左路，为了免遭国民党空军的袭扰，天不明部队就出发，一路比较顺利。在静宁和会宁的国民党军队曾出来骚扰，我们没有理睬他。

　　过了界石铺，红军走上通往平凉、固原的大路。在这里开始遇上东北军的骑兵部队。十一大队是第二纵队的后卫。我们用过去在闽西打大刀会的办法，对付尾追的敌人骑兵，即队伍集中，以排为单位占据有利地形，集中火力向敌人射击。这种办法打敌骑兵很有效，左路第二、第三纵队在青石嘴歼灭敌两个骑兵连，俘获一百余人，战马一百匹，子弹、军衣十余车，顺利通过平固公路封锁线。东北军四个骑兵团一直尾随骚扰，我们一有机会就打击他们。红军过雪山草地以后马匹所剩无几，这一段时间利用缴获，支队成立了一个骑兵营。

　　为了摆脱敌人追击，红军离开平凉、固原、海原大道，向东过六盘山。翻过六盘山，地势向东渐渐低缓，红军向环县前进，再经老爷山、陕甘两省交界的子午岭，进入陕西省保安县（今志丹县）的范围。这里是陕北根据地的边缘区，当地的共产党支部书记和乡政府主席热烈欢迎我们中央红军，帮助筹备粮款。

　　10月19日，红军进入保安的吴起镇（今吴旗镇），这里有几十户人家，算是保安县人口比较稠密的一个小镇。

　　我们在吴起镇停留后，紧紧跟随红军的东北军白凤翔的骑兵师从西北面向吴起镇发起攻击，陕甘支队以第三纵队在正面阻击，第一、第二纵队从侧面反击，将敌人的一个先头团击溃，敌垮下来的人马将敌后续部队冲散。这次战斗，进行了两个小时，歼敌约一个团。至此，蒋介石的"追剿"计划破产，中央红军胜利地结束了万里长征。

　　由于张国焘分裂红军，危害党中央，红一方面军北上途中，部分领导干部产生了一些过激情绪，特别是哈达铺整编以后，原红三军团的一些干部和部队受到了不公正的待遇。整编时，从中央和红一军团调了一部分干部到第二纵队担任领导工作，这部分干部对红三军团的干部战士印象不好，看不起三军团的同志。从哈达铺到吴起镇一千多里的急行军中，二纵队一方面要同尾追的敌人打仗，一方面还要部队不断整顿纪律，弄得干部情绪不高，部队苦不堪言。

红三军团在过草地以前，由于去黑水迎接红四方面军主力，战线拉得很长，结果没有获得其他部队那么长的整训和物资准备时间。过草地时担任后卫，困难就更多一些。所以到哈达铺的时候分外狼狈，人人衣衫褴褛，除了枪支弹药以外，就背着一个烧得黑黢黢的脸盆或喝水缸子，像叫花子一样。在哈达铺休息时间太短，体力没有得到应有的恢复，接着又长途行军，掉队人员增多本属正常现象。但是，红一军团来的干部和政治保卫机关却认为这是情绪不振，甚至怀疑掉队的人会投敌叛变。这是原因之一。

红三军团在彭德怀军团长的言传身教下，始终保持艰苦奋斗的本色，领导干部和士兵的伙食完全一样，形成一种上下一致，官兵平等，同甘共苦的传统，外单位调来的干部对此很不习惯，总想单独搞点吃的，这样红三军团的同志也看不惯，有时在下边议论，讲几句怪话。这样就被一些领导抓住不放，成了要整顿纪律，审查干部的一个理由。这些本来通过教育可以解决的问题，一些"左"倾思想严重的人却看成是丧失革命信心的表现，说什么原来红三军团的干部是"右倾"，是"十足的机会主义，要重新武装头脑"。后来，彭德怀同志听到这些话，非常气愤地说："讲这些话的人才是十足的机会主义。"可是，中革军委只听一部分人的意见，还是决定在第二纵队整顿纪律，并派罗迈（李维汉）来审查干部。罗迈来了解情况以后，在一起行军时他对我说："反映的情况不大对头。"他给原红三军团的干部都逐一做了结论，认为三军团的干部年轻力壮、工作积极、作战勇敢、革命坚决……

在哈达铺整编以后，从原红一军团调到第二纵队的团干部在各大队担任副职或政治处主任、总支书记等。这样安排是有用意的，是准备将来接替我们这些需要"重新武装头脑"的干部的。十一大队政治处主任，就是从一军团来的，大队的许多事情，他不向我报告就直接向纵队汇报，有时还拿纵队领导的指示来压我。他抓整顿纪律很积极，连长阮亭的连里有两个战士开了小差，他就提出应该开大会批斗阮亭。我给他说，战士开小差不能全怪连长。他不满意就去向纵队汇报。纵队领导打电话找我，我很生气，在电话中我讲，是政委领导主任，还是主任领导政委？要么把我调走，要么让他当政委，我当主任，我服从他的领导，像现在这样，这个政委我当不了。后来彭雪枫对我说，你们还是开个会，把开小差的问题讲讲。谁知在我们开批评会时，纵队副司令员亲自来参加，他在会上点了阮亭拿老百姓鸡蛋不给钱的事，并且说着说着就要把阮亭逮捕起来。我认为问题没有那么严重，但是副司令员坚持己见，带着命令的口气说："你是政委，你来宣布。"我不客气地说："你是上级领导，你来决定。"他火了，让人把阮亭逮捕起来押走。彭雪枫打电话问我："开始让你开会批评一下，你都不太赞成，现在怎么又把他逮捕了呢？"我向他报告了开会情况。这些事实反映了在当时的一部分领导干部中"左"的倾向是比较严重的。

中央红军从吴起镇出发，到达甘泉以南地区和陕北红十五军团会合，中央红军和红十五军团合编为红一方面军，下辖红一、红十五两个军团。方面军司令员彭德怀，政委毛泽东，参谋长叶剑英，副参谋长张云逸，政治部主任王稼祥，副主任杨尚昆。陕甘支队改编为红一军团，军团长林彪，政委聂荣臻。军团下辖三个师，一师师长陈赓；二师师长刘亚楼；原红三军团的部队编为红四师，师长陈光，政治委员彭雪枫，参谋长陈士榘，政治部主任舒同，特派员许建国，供给部长邱创成。第十、第十一、第十二三个大队分别编为三个团，红十团团长肖桂，政委杨勇；红十一团团长邓国清，我仍任政委；红十二团团长文年生，政委苏振华。军团直属还有两个独立团，由陕北红军和十三大队编成。

这次改编没有再恢复红三军团番号，这是彭德怀向军委提出的。但在干部安排使用上原红三军团的同志是有意见的，如把熟悉三军团部队的一些干部调走，像张爱萍这样有能力的干部被安排到军团政治部当干事，而把红一军团被撤职的一名干部安排到红四师当副师长，都是不合适的。

第五章　奠 基 陕 北

巩固扩大苏区

中央红军到达陕北以后，蒋介石调集兵力对陕北苏区进行第三次反革命"围剿"。党中央和中革军委根据敌我形势，确定总的方针是：向南作战，集中兵力，各个歼灭敌人，力争初冬解决"围剿"，尔后向洛川、中部（今黄陵）、宜君、宜川、韩城及关中、陇东一带发展，以扩大苏区和红军。11月中旬，敌军以一个师沿着洛川、富县北上，四个师从西边由甘肃庆阳、合水沿葫芦河向陕北富县前进。西北革命军事委员会主席毛泽东决定集中红军，在直罗镇一带，给敌人一个迎头痛击。

为了打好直罗镇战役，中央在下寺湾召开两个军团的团以上干部会议。毛泽东、周恩来、彭德怀在会上作了动员，分析了敌情，讲解了红军的作战部署，要求抓准战机，狠狠打击敌人，保证战役胜利。这次作战的对象主要是东北军，因此还提出了："宽待东北军！""欢迎东北军掉转枪口打日本"的口号。部队经过认真动员和准备，战斗情绪高昂，决心打好奠基陕北的第一仗。

战役发起前两天，毛主席组织两个军团的团以上干部在张村驿会合，到直罗镇看地形。直罗镇是个不足百户的小镇，三面环山，东西大道从镇中间穿过。红军在山上设伏，敌人从大道进来，就像进了口袋一样，地形十分有利。

11月19日，东北军五十七军一〇九师师长牛元峰带着部队进到黑水寺，其他各师进到张家湾。红军派出小分队到黑水寺"惹牛""牵牛"。20日晨，牛元峰在六架敌机掩护下，被牵着鼻子来到直罗镇。毛主席即令红十五军团由南向北，红一军团从北向南，以急行军包围直罗镇，预定第二天拂晓发起攻击。

红十五军团由彭德怀司令员指挥，红一军团由林彪指挥。伏击部队按部署和规定时间进入预定地域。初冬的西北高原，气温已是零下好几度了，在山上设伏的部队指战员冻得浑身发抖。眼看天快亮了，军团还没有发出攻击的命令，这时，毛主席走上山来，问我们林彪军团长在哪里，我们也回答不上来。于是，毛主席亲自下令，红一军团发起攻击。

战斗打响了，两路红军从南北两面的高山上冲了下来，敌人从梦中醒来，被打了个措手不及。红十一团进攻中正好遇着一〇九师的后勤单位和辎重，我们把敌军医处、军需处和伙食单位全歼灭，俘虏了100多人，缴获不少军衣和物资。按原来部署红十一团应继续向直罗镇攻击，而此时师长、政委命令我们到黑水寺一个土寨子支援红十团。我们正要改变前进方向的时候，传来军团的号音，要红十一团向直罗镇去，我们按军团的命令行动。红十二团在直罗镇只有三四百人作战，正和敌人一部相持不下，敌人拼死要往外冲，在红十二团快要顶不住的时候，我们正好赶到，协同他们消灭了敌人。

战斗进行到中午12时，敌人虽然有几架飞机在空中助战，也挽救不了一〇九师覆灭的命运。牛元峰率残部几百人撤到镇东破寨子，固守待援。到当晚12点，牛元峰见待援无望，向西突围，被红十五军团一部跟踪歼灭，牛元峰自杀身亡。

红十一团没在直罗镇停留，马上又返回黑水寺方向参加迎击前来增援的敌一〇六师。红十一团很快攻占了敌人设在一个山包上的工事。东北军有个习惯，打仗的时候把大衣脱下来堆在一起，这个山包上就堆着不少军大衣，我们统统把它收走了。随后，红十一团连夜追击敌人。由于没有和林彪军团长联系上，最后遇到红十五军团，我们就跟随他们到王家村附近休息。

陕北到处是深沟，道路忽上忽下，沟上看不到沟底。红十一团在万家村休息了一夜，第二天清早准备出发，我走到沟边去小便，隐隐约约听到有人骂了一句，我向沟下一望，发现有动静，立即命令部队把沟包围起来。原来，沟里有一个敌军营长带着二三百人在沟里过夜，他们隐蔽在树丛里，我去小便正好撒在他们头上。我们意外地俘获了这些敌人并得到不少捷克造的新枪。

这次战役，我团在上级命令不一致的情况下，依据实际情况作出正确决断，并取得了显著成绩，受到了军团首长的表扬。

直罗镇战役，红军消灭了敌一〇九师全师和一〇六师一个团，共俘敌5300余人，缴步枪3500余支，轻重机枪176挺，迫击炮8门，彻底粉碎了蒋介石对陕甘根据地的第三次反革命"围剿"。直罗镇战役的胜利巩固和扩大了陕北苏区，使红一方面军在长征之后，有了一个可靠的立足点和夺取革命胜利的出发点，"给党中央把全国革命大本营放在西北的任务，举行了一个奠基礼"。

战役结束，部队在杨泉塬举行了祝捷大会。11 月 30 日，红一方面军在东村召开了营以上干部大会，毛主席作了《直罗镇战役同目前形势与任务》的报告，提出"从现时起，用极大努力争取与积蓄更加充足的力量，迎接敌人新的大举进攻，而彻底粉碎之。"

直罗镇战役以后，部队到套同休整。这次战役，红十一团缴获武器和军需物资较多，全团每人都发了新的棉衣、大衣、挂包，武器也换了，还剩余一部分存在供给处。有一天，彭雪枫政委到红十一团来，看到部队服装和装备很整齐，他很高兴，问我缴获了多少东西。我如实地向他作了汇报。他说："你们至少要抽出三分之一支援十团。"我说："三分之一有困难。"事后，我们把存在供给处的 100 多套棉衣和 100 多条枪给了红十团。当时我也有本位主义思想，应当多支援他们一些才好。

在套同休整期间，红一军团开了个运动会，彭雪枫政委给红四师作动员时强调："开运动会主要是搞训练，不要弄虚作假，不要搞本位主义，不要搞锦标主义，要实事求是。"我们认真贯彻这个指导思想，要求部队按这个精神正确对待竞赛。

运动会的项目有军事训练、政治训练、文化训练、搞墙报、唱歌比赛，还有射击、各种队列动作的测验竞赛。谭政当时是红一军团政治部组织部长，管政治测验，他对我讲，这次测验，红十一团平均 90 分，分数最高。唱歌、墙报也是红十一团评分最高。杨勇的红十团射击成绩最好，但是红四师参谋长陈士榘把分数算错了，总分比例多算了百分之零点几。被军团领导抓住这个问题不放，说是搞锦标主义。结果不但把红十团的射击第一取消了，而且把红十一团政治测验成绩压到 80 分，只给了个文化娱乐（唱歌、墙报）的第一。那时，领导方法简单，没有很好做思想工作，就在军团的报纸头版上刊登报道，大字标题是："四师搞锦标主义，企图夺取大会优胜。"报纸发到四师，我一看就火了，我们红十一团、红十二团都没有什么锦标主义表现，怎么能点整个红四师呢？我当着师政治部主任舒同的面把发来的报纸全烧了，我对他说，这报纸发到部队不会引起好结果。我遇到军团长林彪也谈了自己的看法，后来军团政治部主任朱瑞专门向我们作了解释。

1936 年元旦，红四师奉命到韩城去搞敌人一部电台，路过军团部的时候，陈光和彭雪枫去给林彪军团长和聂荣臻政委拜年，部队就地休息了一天。到了韩城没搞到电台，部队返回宜川。来时红十一团是前卫，往回走时变成后卫，我和团长各带一个主力连在后边走。

从长征到湘桂边，团长就开始动摇。到陕北以后他又对胜利信心不足，对编到红一军团很不满意，所以我一直对他比较注意，尤其是他单独带部队行动，我更放心不下，因此坚持让他在前边走。在半路上，我遇到彭雪枫政委，他向我交代明天上午休息，中午吃过饭再出发。我在天黑以后才赶到团的宿营地，吃过饭以后，天已经很晚了，我看到团长邓国清还在烤火，便问他为什么还不睡，他搪塞地说在等我，我告诉他师部规定的出发时间和路线，就去睡觉了。第二天，天大亮我才起床，我叫警卫员请团长来吃饭。警卫员说，听站岗的战士讲，团长一夜没睡，快天亮时他告诉警卫他到一连去看看，说一连打了土豪有肉吃。我立即给一连打电话，才知道他根本没有去。我一想这可坏了，准是开小差了，但他已经走了几个小时，早进国民党统治区，派人找也来不及了。后来，我们才知道他在前一天从供给处要了100块现洋，跑回湖南老家做买卖去了。过了不长时间就混不下去了，西安事变以后叶剑英到南京，他又到南京去找叶剑英介绍他回延安。他在陕北公学学习了一段时间，分配到山东军区罗荣桓处工作，不久又跑到国民党那边当特务，1950年镇压反革命时被处决了。

回到宜川上级调我到红四师政治部当副主任兼组织科长，师政治部组织科长李志民接任红十一团政委，罗开桂任红十一团团长。后来军团派郭林祥来红十一团任总支书记。

参加东征战役

陕北革命根据地，人口有限，物产不丰，经济落后，交通不便，中央红军和十五军团会合后，部队的给养和供应很困难，陕北革命根据地需要扩大和发展。但是，向哪里发展，根据共产国际的意见是向北发展和靠近苏蒙边境，这样可以打通国际联系，取得武器装备和技术上的援助。毛主席主张党中央和中央红军不应脱离中国中部地区，他指出向北发展，进入内蒙古，可能被国民党军队切断党中央和中央红军与其他苏区红军及全国革命运动的联系，脱离全国日益高涨的抗日救亡民众运动。毛主席提出了巩固陕甘苏区，然后向东进入山西、绥远发展的方针。

1935年12月中旬，中央政治局在瓦窑堡召开扩大会议，确定了党的抗日民族统一战线的政治策略和军事战略，实行"反蒋抗日"的方针，决定实施东征战役。当时，对于红军主力东征，有些领导同志有疑虑，觉得红军刚到陕北落脚，环绕苏区的敌人有170多个团的兵力，时刻威胁着中央和苏区的安全，虽然党中央对东北军、西北军和高桂滋等部队进行积极的统战工作，但还没有达成有效的协议，如果主力东渡，东北军再来进攻，岂不把陕北苏区也丢了。后来，周恩来副主席根据他掌握的情况，分析张学良是不会进攻陕北的，争论才算统一。

中央红军经过40天准备，进行了政治思想动员和战术技术训练，收集制作了大批木船和皮筏等渡河器材。在组织方面，以红一方面军主力部队组成"中国人民红军抗日先锋军"，彭德怀为总司令，毛泽东兼总政委，叶剑英为参谋长，杨尚昆为政治部主任，下辖红一军团，红十五军团和红二十八军。

毛主席亲自给东征部队团以上干部作动员，明确提出东征的任务是：到外线打击阎锡山，并调动他在陕北的四个旅的兵力，借以粉碎敌人对陕甘边区新的"围剿"，配合"一二·九"学生抗日爱国运动和全国反内战高潮，壮大自己的力量，促进抗日民族统一战线的实现。

1936年2月20日晚8时，红一军团以红二师为前锋，红四师、红一师、红十五军团八十一师随后，从沟口实施渡河，迅速突破晋军黄河防线控制了河东滩头阵地，并积极扩大渡河场。到23日，红军全部控制辛关到三交镇之间的渡口，占领了三交、留誉、义牒各镇。

红军东渡黄河以后，阎锡山急调进占绥德、米脂的晋军四个旅回防山西柳林、离石、中阳地区，从而减少了对陕北根据地的威胁。

红一方面军领导为了打破晋军防堵，决定主力迅速进占柳林、离石、中阳、孝义、隰县、永和这一弧线内的有利阵地，并开展地方工作，争取群众的支持。根据部署，红十五军团向隰县急进，红一军团在2月26日进攻关上村。驻守关上村一线的是晋军独立第二旅旅部和两个团，该旅是阎锡山的机动旅，号称"满天飞"。红军在下午发起攻击，该旅即被击溃，旅部和第四团由石板上向汾阳溃逃，第三团溃散在关上村附近山上，军团主力向汾阳追击，红四师负责围歼山上敌人。我当时随红十二团行动，团长文年生，政委苏振华。那天，天气很冷，又下着大雾，我们围住这座山向上搜索，一一歼灭了溃散的敌人。红一军团主力追歼了敌独二旅旅部和第四团以后，推进到汾阳西南的兑九峪、三泉镇地区。战后我写了一篇战地报道，题目就叫《把"满天飞"打成"满山钻"》，登在军团的小报上。

阎锡山面对红军的攻势，一面向蒋介石请求派兵增援，一面把晋军的机动部队编成四个纵队，分路反击。3月10日，红一方面军领导决心集中两个军团主力，打击推进到兑九峪地区的晋军第二、第三两个纵队。当日凌晨，红一军团由郭家掌出动，红十五军团从大麦郊地区出击，7时许就将兑九峪的晋军第一线部队击溃。敌主力依托阵地顽抗，敌第三纵队在第二纵队的配合下，向郭家掌攻击。红军两军团主力奋起还击，将敌两个纵队击溃，歼灭两个多团，粉碎了阎锡山的第一次反击。

为了扩大战果，红一方面军领导决定分兵南下北上。红十五军团为左路军，从灵石以西北上，由岔口经娄烦进到兴县曹家坡，转到康宁镇一带休整，扩军做群众工作。中途派出一个团和骑兵连袭击晋祠镇，威胁太原，阎锡山急令加强太原城防和守敌兵力。中路由红十五军团一个团又一个营、新组建的陕北红三十军和山西游击队在石楼、中阳、孝义、隰县、永和之间的广大地区吸引、牵制反击的敌四个纵队主力，控制黄河渡口，保障后方交通运输。

红一军团八十一师为右路军，3月19日由霍县地区南进，迅速占领霍县、赵城、洪洞、临汾、襄陵、曲沃等县的广大农村，破坏同蒲铁路100余公里，消灭敌人正规部队和民团各一部。主力部队在临汾、洪洞、赵城各县机动，派出许多小分队，在霍县等六个县的大村镇发动群众，扩大红军，筹集资金，建立抗日游击队和地下党组织、抗日群众团体。

红一方面军东渡黄河之时，中央就提出"猛烈发展红军"的口号。同时还流传一个消息，准备把陕北的八十一师和红四师合并，东征到山西后恢复红三军团。原红三军团的干部听了都很高兴，我们还以红四师政治部名义，提出"猛烈扩大红军，恢复红三军团"的口号，并向部队作了动员，从干部到杂务人员都要积极参加扩红运动。到山西以后红四师积极扩军，吸收不少地方优秀青年加入红军。

3月下旬，红一军团在霍县等六县活动期间，我带一个连在洪洞县东南的苏堡镇开展群众工作，我们张贴《中国人民红军抗日先锋军布告》，宣布红军东征的目的是准备对日作战，呼吁停止一切内战，号召当地群众参加红军、组织抗日游击队，发动贫苦农民和地主豪绅算账，进行筹款。一天，一个老长工悄悄向我们报告，某地主家有一个暗窖，里面藏了很多东西。我们找到这个暗窖，打开一看，物资堆积很多，光皮袄就有 100 多件，还有不少价值很高的字画、古董。有一个铜盆，用手在盆边磨擦就会飞起水花，据说价值十几万元。这个地主还开了个当铺，我们打开这个当铺，让老百姓凭当票取回典当的东西。我们在苏堡镇一带筹款数万元，扩军 100 多人。

随后，红四师攻击洪洞县城，我随红十团行动。洪洞县城防坚固，部队久攻不下伤亡很大。这时，师的两位主要领导发生了意见分歧，彭雪枫政委在前边命令吹收兵号，陈光师长却命令吹冲锋号，两个人就发生争执。事实上，红军只靠机关枪掩护，是不可能打下洪洞县城的，最后还是撤出了战斗。当然，洪洞县比较富足，是山西省中心地区，红军如能打开洪洞，在山西就有了个立足点，东征可以坚持时间长一些。

3 月下旬，蒋介石五个师已进入山西参加向红军进攻，另外的五个师和一个旅已在同蒲路南段和晋东南集结。敌军企图先夺取红军控制的晋西黄河各渡口，封锁黄河，尔后围歼红军于黄河以东地区。4 月初，红一方面军领导决定各路红军向中间靠拢，沿途歼灭围堵的敌军。右路军由稷山、河津地区向北转移，15 日攻占吉县，歼俘敌 300 余人。接着一部进到大宁、蒲县、隰县之间阻击晋南敌军，一部绕过大宁扫除了黄河沿岸平渡关到清水关 40 余公里的敌军据点。左路军由康宁镇地区南下，中途红二十八军攻击三交镇，军长刘志丹不幸牺牲。17 日左路军到达康城镇附近和方面军总部会合。

5 月 2 日，方面军总部下达渡河命令，规定全军分批经清水关、铁罗关西渡黄河。5 月 5 日，红军全部安全西渡黄河，回到陕北根据地休整，避免了和优势敌人决战，使蒋、阎企图围歼红军于黄河东岸的计划完全落空。党中央在 5 月 5 日发表了"停战议和，一致抗日"的回师通电，将过去"反蒋抗日"的策略改为"逼蒋抗日"的策略。

这次东征战役，历时 75 天，歼敌约 7 个团，俘敌 4000 余人，缴获各种枪 4000 余支、炮 20 余门，子弹几十万发，电台一部，扩充红军 8000 余人，筹款 40 万元；组织地下游击队 30 多支；在沿途所经 32 个县宣传了党的抗日主张，扩大我党我军的政治影响，推动了抗日民族统一战线和抗日救亡运动的发展。

经过东征，阎锡山损兵折将，他权衡利弊，如果继续和红军作战，就得将蒋介石的中央军留在山西，他觉得蒋介石更为危险；只有和红军讲和，才能将蒋介石的军队挤出山西。因此，他决定接受共产党停战议和的主张，同我党建立起民族统一战线关系，这为后来我党的力量在山西的发展，提供了十分有利的条件。

5月14日，一方面军在延川县大相寺召开了团以上干部会议。

毛泽东、周恩来、张闻天、博古、彭德怀等中央领导出席了会议。毛主席作了关于形势和任务的报告，总结了东征的经验，部署了西征的任务。会议号召全军指战员迎接抗日民族革命战争高潮的到来。

大相寺会议还批评了红一军团的本位主义。因为刚到达陕北，各师团干部尽量保存实力，都避免部队过多伤亡，另外中央要加强陕北红军和红十五军团，只有从红一军团调干部，红一军团领导不愿意给。因此，聂荣臻政委带头作了自我批评，我们也都作了检讨。打仗时有些同志瞻前顾后，争打硬仗恶仗的思想不如以前。

在红军大学学习

1936年5月，大相寺会议决定，利用全面抗战开始之前的时机，抽调大批团以上干部进红军大学学习，提高军事政治水平，以适应形势发展的需要。上级决定我参加红军大学第一期学习。

6月1日，在瓦窑堡米粮山红军大学校部门前的场地上举行开学典礼。毛泽东、周恩来、张闻天等党中央领导同志出席大会并讲了话。毛泽东主席说："我们党创办抗日红军大学，是为准备迎接民族革命战争的到来；我们的干部需要重新学习，重新训练，将来毕业之后能够担负独当一面的工作。"他详细阐明了办校的目的意义，规定了红军大学的教育任务。他的讲话给全校工学人员很大鼓舞，指明了方向。

红大的学员编为三个科，一科是团以上干部，二科是营连干部，三科是班排干部。我被编在一科。一科科长陈光、政委罗荣桓。学员有罗瑞卿、谭政、彭雪枫、张爱萍、王明、耿飚、贺晋年、杨立三、赵尔陆、张达志、张经武、杨成武、黄永胜、刘亚楼、苏振华、陈士榘、谭冠三、莫文骅、郭述申、张纯清、符竹庭、刘惠农、宋裕和、彭加仑、边章武、张树才、杜理卿、吴富善、罗保连、肖文玫、童小鹏、贾立夫、邓富连、武亭、洪水。一科和校部住在一起。

毛主席兼红大校长，政委是林彪，教育长罗瑞卿，训练部长刘亚楼，党总支书记莫文骅，没有政治部主任，校领导既是工作人员也是学员，边工作边学习。中央领导机关的领导干部有时也参加听课，算是旁听。

6月下旬，蒋介石严令张学良的东北军进攻瓦窑堡。经东北军和红军双方秘密交涉，红军主动退出瓦窑堡。东北军进到什么地方都随时向我方通报。预定红军的伤员暂不撤走，连同医院交给东北军代管。当中央机关安全撤出瓦窑堡时，红军大学还没有离开，东北军距离瓦窑堡还有一段路程。这时驻陕北的国民党军第八十六师高双成部两个营却钻了个空子，乘虚袭击瓦窑堡。红军大学正在集合，突然子弹从空中飞过，一时搞不清情况，林彪和罗瑞卿带着警卫部队上山掩护，红军大学从一头撤出，高双成部从另一头进入瓦窑堡。

红军大学经过几天行军，于7月初到达保安（今志丹县）县城。这里地瘠人稀，极端贫困。保安说是个县城，却只有百把人口，县政府是一个破窑洞，县衙内只有四五个人，除了县长，有一个收发兼秘书，一个伙夫，还有一两个干杂事的人。站在保安高处四看，一望无际的高原上点缀着几座破庙和屈指可数的破窑洞，以及夏季仅有的星星点点的绿团，真是名副其实的穷窝窝。

红军大学来到了保安，首先清理废弃的破窑洞，安排好宿舍和课堂。窑洞连门板都没有，门口挂个草帘子，这地方人贫狼恶，饿狼经常在夜间跑到村子里找食吃。我们睡觉时人人枕头旁边都放一根棍子，门口搁个凳子和洋瓷盆，狼进来碰倒瓷盆，我们听见响声，就起来打狼。当作课堂的大窑洞，可以坐百把人，只有一张破桌子，给教员作讲台，学员在石头上或膝盖上做笔记。在紧张的战争年代，条件虽然艰苦，但能够坐下来学点东西，真是难得，也是幸运。我们都非常珍惜这一机会，学习特别认真，休息的时间都抓紧看书，晚间一个班只发一根洋蜡，我们就着烛光如饥似渴地索取知识，洋蜡燃尽，大家就摸黑进行讨论。

中央领导常来讲课，给红大一科讲政治课的有：毛泽东、张闻天、博古、徐特立、李维汉、何凯丰、杨尚昆、陆定一、吴亮平等；讲军事课的有王智涛、伍修权、李德等。毛泽东讲了《论反对日本帝国主义的策略》《中国革命战争的战略问题》。他讲的战略课，原来计划还有政治工作和后勤工作两个部分，因为发生了西安事变抽不出时间就没讲。杨尚昆讲《政治常识》，主要是讲社会发展史；陆定一讲《国际共运到反法西斯统一战线》；李维汉讲《党的建设》；博古讲《联共党史》和《列宁主义问题》；张闻天讲《中国革命基本问题》和哲学；吴亮平讲《政治经济学》；周恩来每月到学校讲一次政治形势。军事课由林彪讲《战役学》，李德讲《兵团战术》，伍修权为他翻译；何堤舟讲得最多，他是国民党军队解放过来的，专门学炮兵的，他讲了《河川战斗的防御和进攻》《村落战斗》《高山战斗》《沙漠战斗》以及工兵、装甲兵知识，各种气候季节的战斗等等，我们还学了六个小时简易测绘。

党中央对红大一科很重视，很关心。周恩来副主席规定一科的伙食费每天一角钱，还可以实报实销（当时部队是每人每天五分钱，机关是三分钱）；吃肉问题，用现洋到农村去买猪和羊，买回来自己养着。每星期可以会餐一次，还吃几次羊肉。我所在的那个小组三个人，谭政是组长，还有张树才，他俩都不吃羊肉，我一个人吃不了就叫中央机关《苏维埃报》编辑向仲华来吃。中央机关一些同志，如廖承志等等，打听到红大什么时间吃肉，也跑来打牙祭。那时，中央机关较为清苦。

当时红军干部个人都没有多少零用钱，特别是红三军团的干部更困难，过去彭老总抓得紧，一切缴获上交，养成干部生活简朴的良好作风。在我去红大时，供给部给我结算伙食尾子，发给我14元陕北币，我放在皮包里，不知怎么搞的丢了10元还不知道。一次，我请几个人吃饭，最后一算账要付5元钱，我一掏包只剩4元钱了，还让别人垫了1块钱。这件事传到了中央，毛主席说："哈，请吃饭没有钱，要脱裤子啊！"后来，周恩来副主席作了些调查，干部们要抽烟，还要买牙膏、肥皂等等，决定给我们每月发5元零用钱。可是有些烟瘾大的。每月发一条25盒的山西五台烟也不够抽，还要到处讨要。原先规定学员不准带骡马，只有师以上干部可以带，周副主席了解这个情况以后，通知把个人的牲口和马夫都调到红大来，紧急时乘骑，平时作运输用。

10月份，一、二、四方面军会师以后，总司令部来到保安，红军大学参加列队欢迎朱总司令和张总政委，一科排在队列最前头。朱总司令在队前讲话，他说：我回到中央，见到你们很高兴……说着他掉下了眼泪。队列里很安静，停了一下他接着说：我这是激动的热泪，人伤心时掉泪，高兴时也掉泪，我这是高兴，是无产阶级的感情，我现在的心情无法用语言来形容，眼泪才是真挚感情的流露。队伍里爆发出雷鸣般的掌声。接着张国焘拖着长腔也讲了几句，说什么有人反对党中央，说党中央是机会主义，那是不对的啦！最后大家呼口号，"热烈欢迎总司令！""热烈欢迎总政委！"

　　三大主力会师，大大增强了红军和陕甘根据地的力量，迅速促进了第二次国内革命战争的结束，推动了全国抗日高潮的到来。三大主力会师以后，中央组织了一次山城堡战役，沉重打击了胡宗南部，促使了西安事变的爆发。

　　我们在红大学习总结党的历史经验，讨论如何认识遵义会议以前党的路线的时候，有的认为军事路线是错误的，政治路线是正确的；有的则认为军事服从政治，由于政治路线错了，军事路线也必然是错的。两种观点争论不休，党中央也不作解释。一次，毛主席来讲课，我们问他哪种观点对。他说，这个问题你们可以研究。因为当时党中央没有作出决议，毛主席个人也不好回答这个问题。朱总司令回来之后我们问他，为什么遵义会议只讨论军事路线问题，他解释说，当时最迫切的是红军如何行动的问题，解决政治问题需要时间，也需要一个适当的时机。当时党内思想比较混乱，如果讨论政治问题，中央路线问题，会议也许开不成，时间也不允许讨论那么多。

　　12 月 12 日西安事变爆发，张学良、杨虎城要求抗日，对蒋介石实行兵谏，将蒋扣押。这一事变在共产党和红军中也引起了很大反响，一时成为议论的中心。在白区工作的同志主张把蒋介石杀了，认为他改正不了，不能对他抱任何幻想；苏区的同志也众说纷纭，不少同志也主张把他杀了。毛主席到红大来讲课时，大家围着他问："现在捉到蒋介石，怎么办？是杀还是放？"有的同志喊道："他是人民公敌，应该杀。"毛主席说："我和你们的想法不一样，蒋介石恶贯满盈，千刀万剐都应该。但我要给你们提个问题，你们是想继续打内战呢？还是想休整一下，缓和一下呢？"大家说："我们都想休整一下！"毛主席说："这就对了，有'暂时休战一下'这句话，这个文章就好做了"，"如果把蒋介石杀掉，南京政府有人会高兴，这样内战就要继续打下去，如果把蒋介石放了就可以停战缓和一个时期。为什么呢？因为何应钦是个亲日派，他希望我们把蒋介石杀掉，他来掌握大权，就会集中力量来对付共产党。你们想想看，会不会这样呢？"大家听了以后，高兴地说："主席站得高，看得远，比我们想得全面。"学员们很快统一了认识。临走时，毛主席很满意地说："我们的红军同志虽然不大会讲道理，但是懂得道理。"

　　西安事变后，抗日民族统一战线开始形成，各方面都迫切需要派干部去开展工作。我们在红大已经学习了半年，初步掌握了一些马列主义基础理论知识，军事知识也得到充实，为以后担负更重要的工作打下了基础。中央决定，我们这批学员立即毕业，分赴各个工作岗位，开展工作。在正式毕业之前，有些领导同志因为工作需要已经先走了，如罗瑞卿、彭雪枫等。另外，党中央筹备成立抗日军政大学，需要有一部分学员留下来当教员。

在正式分配之前，毛主席又来红大作动员，他讲："在红大开学时，我说过，你们在红大学习多久，什么时间毕业。要看形势的发展，革命大风暴到来之际，就是你们毕业之时。现在革命大风暴到来了，红大的同学该毕业了。你们都要出去，迎接革命的新形势。"他宣布一部分学员到前方去，一部分留在后方，一部分参加筹办抗日军政大学。

毛主席还没有离开，学员们就议论开了，大家请求毛主席批准自己到前方去。毛主席说："你们有的人不愿意留在后方，谁能给我讲出个道理来，把我说服了，我就批准你走。什么事都要人去干嘛，前方要人，后方也要人嘛！前后方都得有人，这是革命的分工"，"谁不愿意在后方我就偏偏把他留下，愿意留的可以走。"这下子大家可傻了眼，谁也不吭气了。谭政和苏振华讲过不愿留在后方，毛主席点了他们的名，把他们留下了。当然，留下的是一批人。

苏振华被留下来当教员，他对我说："以后再不能提意见了。我文化程度低，当教员有困难，应该留你们更合适。"我们从红军大学毕业。分赴各自岗位，担负起"巩固国内和平，争取民主政治，实现对日抗战"的新任务。

延 南 剿 匪

红军大学毕业的时候，林彪和我谈话。他说，过去对红三军团的干部不太了解，经过这一段时间接触，觉得红三军团的干部作风正派，生活艰苦朴素。他问我回红四师当政委怎样？我说我在那个部队太久了，能分到一个新单位，到一个新环境去锻炼锻炼更好。他同意了我的意见。中央确定杨勇去红四师当政委，我到陕北红二十七军当政委，贺晋年当军长。

1936年12月下旬，我和贺晋年一起去见毛主席。我对主席说，我要改名。毛主席说话既风趣又幽默，他说"叫王明这个名字很好嘛，国际代表啊！"我不好意思地说："正因为这个，别人才拿我开玩笑。""那好吧。"毛主席当即拿起毛笔，在一张白纸上写了"命令贺晋年任二十七军军长，王平任二十七军政委。毛泽东"。

这是我第二次改名字，王平这个名字是张爱萍给我起的。毛主席的亲笔命令，我一直保存着，后来在冀中过唐河时，突然遇到河水陡涨，连同皮包被水泡坏了。

贺晋年原是陕北红八十一师师长，调红大学习后，由文年生接替他。直罗镇战役以后，陕北红军逐渐扩大，新编了红二十八军、红二十九军、红三十军和两个独立师。红二十七军是由红八十一师和关中红一团、陕北红一团等合编而成的，李寿轩任参谋长，李志民任政治部主任。

我和贺晋年去上任，顺路到延安。延安刚解放，江华（黄春圃）任延安警备司令，我们在延安住了两天，便前往驻延安以南二十多里的红二十七军军部，在那里过 1937 年元旦。

1 月初，为支援东北军、西北军对付何应钦从河南进逼的"讨逆军"，红二十七军奉命开到澄城、白水一线，归红二方面军指挥。红一军团在正面布防，我们为侧翼。西安事变和平解决，仗没有打起来，红二十七军撤回洛川。

1 月中旬。党中央机关从保安迁到延安。红二十七军仍驻洛川，维持西安到延安的运输线。那时进步人士和青年学生纷纷奔赴延安，过往的人很多，我们负责他们中途食宿。洛川是边区南部的最前线。基本上是国民党统治区，专员和县长都是国民党的人员。我们在这里要站得住脚，首先就要做好统一战线工作。红军经常和国民党驻军开联欢会，当地的老百姓都来看热闹，国民党军队着装整齐，红军穿的棉衣有的破得棉絮都露在外头。但是国民党军队出不了什么节目，而红军却很活跃，唱歌，演节目，组织啦啦队，样样都比国民党军队搞得好。所以当地老百姓说："国民党军队中看不中用，共产党军队中用不中看。"

那时，宜川、延长、富县三县交界的三角地带是无人区，后来解放区的大生产运动就是首先在这一带的南泥湾搞起来的，方圆有二三百平方公里。东北军有一股散兵游勇跑到这里当土匪，陕北一个兵站叛变也成了土匪。这两股土匪与这一带的地痞流氓、乌合之众纠合在一起，为非作歹，他们主要抢劫来往于延安和西安之间的客商和商车，有时也到远处的村寨打家劫舍。这些土匪很狡猾，一般忌讳打军车。

4 月下旬，周恩来副主席从延安到西安，路过甘泉的劳山遇到土匪袭击。土匪误认为是商车，就打了个伏击，幸亏周副主席迅速撤到附近隐蔽起来没有受伤，张云逸来不及隐蔽受了点轻伤，副官陈友才牺牲，警卫人员也伤亡了一些。土匪一看打了军车，在我附近驻军赶来之前慌忙撤走。周副主席的手枪丢在车上，被土匪掠去。这支手枪是西班牙式的，还是我在中央苏区第四次反

"围剿"时，从罗卓英部队缴获的。西安事变以后，周恩来要到西安谈判，需要自卫武器，就把我和杨成武等的手枪调去挑选。我这支手枪，口径稍大一些，被周副主席留下了。

事件发生以后，军委命令红二十七军剿灭这两股土匪。这个地区塬峁遍布，沟梁纵横，林莽丛生，人烟稀少。进入4月，草木生绿，更便于土匪出没隐身。在这样的地形地貌上剿匪，难度是很大的。受命之后，我们召开会议，分析土匪出没区域，活动特点和规律，研究制定剿匪方案。我们采取了路边设伏，分片搜索，集中合围和军事打击与政治分化相结合的方法进行剿匪。第一步我们的方针是七分军事、三分政治，重点在公路两侧设伏，首先以军事手段打击土匪的猖獗活动。第二步在土匪活动减少，逐渐退居老窝之后，我们的方针改为，三分军事、七分政治。把他们围起来，发动政治攻势，充分利用土匪之间的矛盾和斗争，做分化瓦解工作。从东北军拉出来的那股土匪人多一些，是哥老会的变种。贺晋年参加红军前曾加入过哥老会，懂得他们一些暗语，我们通过各种关系做他们的工作。后来他们发生内讧，头子被杀，有100多人在临镇投诚。到7月初，这一带的土匪基本被肃清，消除了延安至西安一线的隐患，保障了来往车辆和人员的安全。

七七事变以后，军委命令我们派一个团到洛川担任警戒。红二十七军只有三个小团，全军不足3000人。李志民带一个团去洛川后，贺晋年带一个团去富县，李寿轩带一个由十几个干部组成的参观团去前线部队参观，我带军直属队和一个团在原地区做剿匪收尾工作。土匪除了投诚者外，大部分被我们消灭，周副主席的手枪也找回来了。这支枪很有纪念意义，只可惜我没有把它保留下来。

抗日统一战线开始形成，红军改编为八路军的时候，上级命令我们到正宁，接防黄永胜的红二师。从富县到正宁要在国民党统治区里走三天，沿途只能买粮食吃，而我们军直属队和两个团，总共只有100元钱。没有粮食，怎么办呢？我们给中央发电报请示，中央回电说没有钱。我又给毛主席打电话，请求给红二十七军3000元，没有3000给2000，没有2000给1000也行。

毛主席说："没有，我一块钱也没有。"

"没有怎么办呀？"我又问。

毛主席说："那就想办法嘛，一个人想不到就两个人想，两个人也想不到就三个人想，还想不到就睡觉，睡起来再想。"

毛主席有令，只好苦苦地想吧！

我们驻地有个联保主任，他有个土围子，专门囤积粮食，当地百姓和驻军都向他买粮。他有个规定，买粮先交钱，还不能进土围子，只能在吊桥上接，不然他们的人就开枪。于是，我们派上士去向他买粮。上士往吊桥上走，他们就鸣枪警告。这下我们可抓住他的把柄了。我正告他：我们是抗日军队，你打枪就是汉奸，帮助日本人打我们，该当何罪？

我和贺晋年去富县问县长："红二十七军要买粮上抗日前线。他打枪是什么意思，你县长管不管？"县长见军长、政委亲自上门来了，吓得直哆嗦，连连说："这是他的不对，他不对，请二位放心，我一定管，好好教训他"。县长立刻派人把那个联保主任叫来。贺晋年和我一个唱"黑脸"、一个唱"红脸"，贺晋年严厉地训斥了联保主任一顿，还打了他一记耳光。县长忙打圆场说："军长息怒，军长息怒。"我在一旁连忙插话："这事本应严办，鉴于这件事是他手下人干的，我想联保主任也是不愿当亡国奴的，还是宽大处理吧。"县长接着我的话说："你是认打，还是认罚？"联保主任连说认罚、认罚。最后，由县长担保，罚他500担粮食和5000块钱。三方签约，联保主任如数交付了粮款。

这一下子问题解决了，我高兴地打电话向毛主席报告。毛主席哈哈笑了，接着说："钱你们不能全带走，你原来不是说1000元也行嘛，剩下4000给延安送来，我们这里也没有钱用哪。粮食你们能带多少就带多少，剩下的全给中央，我派人来接收。好不好？"

我一听赶忙说："主席呀，那可不行，我们只留1000元，太少了解决不了当前的困难。"

毛主席说："好吧，你们带2000吧。"

结果我们上交了3000元。党中央那时正和国民党谈判拨款问题，经费也确实困难。

在这期间，朱总司令和彭雪枫、张纯清曾路过富县，在我们军部休息。朱总司令是去南京和国民党当局谈判的，他和我同住一个房间，晚上他给我谈了许多事情，谈他个人的历史，怎么到德国去找党的，等等。他还向我介绍了一个情况，蒋介石向苏联要蒋经国，苏联没给，我们党帮他要了回来。蒋经国是苏联共青团员，我们对他寄予希望，想争取蒋经国做蒋介石的工作，这个希望也许能兑现或许不能兑现，没有把握。他还给我讲了许多事情，时间长了也记不清了。彭雪枫则是中共驻太原办事处的负责人，他是路过到山西去；张纯清是到湖南去。他们都是坐汽车先到西安，然后转车到目的地，因为途经富县遇着大雨，公路是沙土铺的，一下雨就翻浆，很不好走，所以才在我们军部住了两天。

红军改编为八路军，国民党只同意给三个师的编制，其他部队概不承认。红二十七军开到正宁以后，对外只给了个留守处工兵营的番号，实际上是个大团的兵力，后来编为留守兵团警备一团，钟汉华当政委。这样红二十七军就直属总部领导，归彭德怀副总司令指挥。我不想继续留在后方，就给彭老总发了个电报："抗日战争开始了，我愿意上前方去"。这大约是 8 月中旬。过了两天，彭老总回电："要来就马上来，迟了我们就出发了。"

彭老总的指挥部设在西安北边的三原县阎良镇，我接到电报第二天就出发，贺晋年送我 50 元现洋作路费。我带着一个马夫和一个警卫员在国民党统治区走了三天，经过好几个县。那时我们已经穿上国民党军队制服，戴着青天白日帽徽，一路比较顺利。到了阎良，我给彭老总打电话，他要我立即过去，因为下午他要出发到洛川开会去。我跑步到彭老总住处，他简要地向我讲了一下当时形势和部队改编情况，告诉我："要到前方就到敌后去，喜峰口马占山要抗日，平北的赵侗，河北保定万福麟的部队，他们都请求我们派人去帮助工作。组织敌后抗日，哪里都要有我们的人。你到那边以后再说。"说完他就准备动身去洛川。

彭老总没有具体讲我去哪里工作，他走后，我就上八路军总政治部去见邓小平和黄克诚，他们告诉我，队伍还要等十几天才出发，叫我先在总政治部临时做点工作。当时总政治部主任是任弼时，邓小平是副主任兼宣传部长、黄镇是宣传部副部长，黄克诚是组织部长，傅钟是民运部长，唐天际是副部长。组织部组织科长空缺，黄克诚让我先当组织科长。组织部还有调查科长杨启青，青年科长王宗槐。组织部的干事有谢振华、张广才、谢友法等。那时由西安到延安的青年学生和零散的西路军归来人员都要从三原县路过，组织部负责给他们开介绍信。

我到组织部没两天，黄克诚部长去西安处理西路军被俘人员。邓小平副主任吩咐我带一个工作组去驻富平县的红三十一军了解改编中的思想情况。三十一军军长肖克，政委周纯全，参谋长李聚奎，政治部主任王新亭。这个军编入一二〇师，在改编过程中部队思想波动很大。广大指战员对组成抗日民族统一战线，同国民党军队一起抗日，是坚决拥护的，但对取消红军番号，编入国民党军队序列，却感到不可思议，许多同志对戴国民党军队的军衔、帽徽非常反感，还有少数同志因想不通而产生离队回家的思想。工作组协助军领导做了大量政治思想工作，问题基本得到解决。回总部以后，我向邓副主任详细汇报了情况，他听了很满意。

我回到三原休息了两天，总政治部随部队开赴太原前线，从此八路军开始了艰难的八年抗战。

第六章　开辟敌后抗日根据地

初 到 阜 平

1937 年 8 月下旬，八路军第一一五师和第一二〇师主力部队开始从陕西省韩城和芝川镇东渡黄河，开赴山西抗日前线。

9 月 4 日，总政治部机关接到中央军委命令，从陕西省三原县云阳镇出发东渡黄河，开赴山西五台地区。因为邓小平副主任已经先行去了山西，黄克诚部长去西安接收被俘的西路军人员未回，八路军总部直属队和总政机关的行军队伍由我和总司令部科长谢嵩负责。谢嵩为总指挥，我为政治委员。朱德总司令和任弼时主任随队到山西。

经过连续七八天行军，中央军委直属队到达韩城。在这里黄河水的呼啸声已经隐隐可闻。对我来说，这是第二次东渡黄河，虽然有些经验，但远非上次可比。这次负责朱总司令、任主任和总部机关渡河，自觉千斤压肩，责任重大，务必做到周密细致，万无一失。我和谢嵩先到黄河渡口，找到负责人，详细询问情况，又认真地踏勘了一遍。好在先遣部队已从这里渡过了黄河，渡河器材不需要我们重新准备。我们仔细地检查了每只渡船，与船工商定了渡河路线，除了给首长们挑选了一只比较好的船外，其余人员按船的大小分别编组。一切安排妥当之后，我们组织机关过河。黄河水由北而南，沉重地咆哮着奔腾而下，河水混浊，水势浩大。由于船工有丰富的经验，一只只小船绕过峰谷浪尖，激流险滩，顺利地到达了对岸。安全过河以后，我深深地出了一口长气，忐忑的心情才平静下来，浑身如释重负一样轻松多了。

渡过黄河以后，继续徒步行军到侯马。因为朱德总司令是统管山西、绥远两省的第二战区副司令长官（阎锡山为司令长官），所以每到一个村庄宿营，联保主任都请他吃饭；每过一个县城，县长和专员均出面宴请。朱总司令每次出去都要我和谢嵩陪同。我们对这些国民党地方官员虚情假意的奉承，繁文缛节的客套很是反感，尤其对他们搜刮民脂民膏，花天酒地的糜烂生活深恶痛绝。细心的朱总司令看出了我俩有情绪，他对我们说："他们拿的都是冤枉钱，我们去吃他一点有什么不可以呀！去吃饭，这是送来的机会，我们要利用它宣传共产党抗日的主张，做统一战线的工作。他们请，我们不去，就背理了，他们就可以编造出各种各样离奇的谣言来。"朱总司令这么一说，我俩顿时醒悟，看来应该是有请必到了。

到了侯马改乘火车。我们每经过一个站台，都看到站台上挤满热血沸腾的群众，他们高喊欢迎八路军抗日的口号，双手捧着干粮和慰问品，争先恐后地往车厢里塞。尤其使人感动的是那些从东北来的流亡学生，他们一群群、一队队，手挽着手，高唱着救亡歌曲，欢送八路军上前线。每当列车进站，不等车停稳，他们便拥上车厢，哭诉日本侵略军的罪行，这些远离故乡的青年人，生活本已濒于饥寒交迫，但他们还是把自己仅有的一条围巾、一副手套，送给战士，表示对抗日战士的一片热忱和希望。

9月21日，总部直属队到达太原，在成成中学暂住。这时，周恩来、彭德怀、徐向前等领导同志正在和阎锡山谈判。太原市的大街小巷，到处可见有关团结抗日的标语和誓师抗日的群众集会，抗日气氛空前高涨。刘少奇、邓小平、杨尚昆也在太原，彭雪枫任八路军驻太原办事处主任；程子华在太原组织"中国民族革命战争战地总动员委员会"，负责发动群众，组织群众的工作。程子华和彭雪枫都希望我留在太原工作。邓小平副主任对程子华说："这不行，现在总部直属队就靠王平带队，他的工作安排到五台以后再说。"

从太原出发，我们随邓小平副主任一起行动。中途邓小平派我到总部特务团了解情况。特务团政委是邱创成，政治处主任肖文玖。该团在改编以后思想有点混乱，对改编换装存在许多模糊认识，不少同志以为接受改编就和国民党军队没有什么区别了。后来小平专门去特务团召开了一次活动分子会，针对问题反复讲明党在抗日民族统一战线中的政策和立场，我党我军在抗日战争中的地位和任务。他说："换装只是形式，我们人民军队的本质没有变，红军的优良传统没有变，八路军仍然是人民的子弟兵。"

9月23日，八路军总部直属队随朱德、任弼时、邓小平、左权等领导同志进驻山西五台县东冶镇。彭德怀副总司令在太原参加北方局会议后，也赶到五台。八路军总部到五台后，在随营学校召开了直属队的部、科长以上活动分子会。会议由我和随营学校政委韦国清主持，任弼时主任在会上传达了洛川会议的精神。洛川政治局扩大会议在 8 月 22 日到 25 日召开，会议分析了全国抗战形势，指出抗战胜利的关键是实行全面民族的抗战路线和艰苦的持久战。要求我党我军站在抗战最前列，坚持抗日战争中的无产阶级领导权；确定我军开赴敌后，在敌后放手发动独立自主的游击战争，使游击战争担负配合正面战场、开辟敌后战场，建立敌后抗日根据地的战略任务；在国民党统治区放手发动抗日的群众运动，争取全国人民应有的政治经济权利；以减租减息为抗日战争时期解决农民问题的基本政策，等等。任弼时主任还传达了会议通过的《关于目前形势与我党的任务的决定》和《抗日救国十大纲领》。

开会的这天下午，黄克诚部长来到五台。晚饭后他找我谈话，传达了北方局会议关于组织晋察冀临时省委的决定。临时省委由李葆华任书记，刘秀峰任组织部长，我任军事部长，鲁贲任宣传部长。他对我说："目前形势发展很快，原来组织上曾考虑派你到喜峰口马占山部队做统战工作，但是张家口已经失守了，你将有新的任务。明天总部的几位首长和你谈话，具体向你交代任务。"黄克诚部长说完以后，默然无语。我望着这位尊敬的老领导、老战友，恋恋不舍，千言万语一时不知从何说起。我俩沉默了好一会儿，黄克诚部长接着深情地说："我们要分手了，也没有什么可送给你的。北方冬天冰冷彻骨，天气马上凉了，我有件皮背心，你拿去吧，到时也好御御风寒。"说着，便解开包袱，把皮背心取出来递给我。他想了想，又把他那支心爱的左轮手枪从腰里抽出来送给我，"你到前方去，带上它吧。"我捧着这两件非同寻常的礼物，一股热流在全身涌动，盈眶的泪水滚落下来，往事又一幕幕在脑海中浮现。

从 1930 年中央苏区第一次反"围剿"开始，直到红军长征到延安，大部分时间黄克诚是在逆境中过的。他一方面在思想上和精神上忍受着极大的痛苦和压力，一方面在身体上受到很大的磨难。黄克诚是一位有马列主义水平，对中国革命中的重大问题有主见的人。他对红军"肃反"搞"残酷斗争、无情打击"一直持反对态度，几次冒着被杀头的危险保护无辜受害的同志。他对临时中央的"左"倾错误路线、军事冒险主义始终有看法，有意见，并在力所能及的范围内进行了抵制。他性格直爽，胸怀坦荡，不唯书，不唯上，也不盲目从众，对重大问题敢争敢辩，毫不隐瞒自己的观点，在五次反"围剿"期间，就红军"肃反"、军事行动等重大问题，多次与中央、军团和军的一些领导争辩。正因如此，他一直被一些人认为"右倾"，不能重用，几次被撤职或降职。在连续的长期的转战中，他由于身体虚弱，眼睛高度近视，几次丢失眼镜，要比其他同志付出加倍的艰辛。我记得在陕甘支队北上的途中，因为他的骡子背上有溃疡不能骑，步行很困难，我请他随十一大队一起走，把我的马给他骑。他骑了两天，又还给我，他说："我这个样子越来越不行了，我死了没关系，你还要带部队打仗，不能把你拖垮。以后行军我在前头先走，如果我走不动，躺倒在路边，你们上来把我捡上就行了。"我俩认识以后，他一直关心我、帮助我，想到他的情况，我觉得黄部长比我更需要皮背心，他年龄比我大，身体比我差，我绝不敢接受，只把手枪收下了，这也本不该收，然而这是他的一点心意，我又怎好拒绝呢！这次分手以后，直到全国解放，我们才又见面。

这时，李葆华和鲁贲在定襄，只有我和刘秀峰在五台。第二天，我俩一起来到一间普通的民房，见到朱总司令、彭副总司令、任弼时主任、邓小平副主任和左权副参谋长。弼时主任招呼我们坐下，亲切而严肃地说："根据党的洛川会议精神，决定派你们到冀西山区的阜平县去发动群众，组织人民武装。你们一定要按党中央、毛主席提出的《抗日救国十大纲领》和'独立自主放手发动敌后山地游击战争'的方针进行工作。毛主席十分关心华北战局，再三指示，整个华北的工作，应以游击战争为唯一方向；一切工作，都应环绕着游击战争，并要全华北的党借着八路军抗战的声威，动员群众，收编散兵散枪，普遍组成各种游击队。"

弼时主任双目凝视着我们，强调说："最根本的一条是发动群众抓武装。你们下去，要大刀阔斧地干，不要像妇女绣花那样。再一条是抓政策，团结一切抗日力量。"

任弼时主任讲完以后，彭副总司令挥了挥手说："你们去的这个地区很重要，你们去了要放手发动群众，搞统一战线，动员群众有力出力，有钱出钱，有枪出枪，对地主实行减租减息。"他接着讲了抗日战争中党的基本政策以后，又说："你们的眼光要看得远些，我们不仅要把这个地区搞成抗日根据地，将来还要把这个地区作为社会主义阵地，作为夺取全国革命胜利的前进阵地。"

最后，朱总司令专门给我们讲解山地游击战争的战略和战术。他嘱咐我们："你们这次行动，就是毛主席提出的'山雀满天飞'的办法，以后还准备分批分组不断地派干部深入华北广大敌后。现在一一五师政治部主任罗荣桓带着一一五师政治部和教导大队，就驻在阜平，杨成武带一个支队挺进察南，刘云彪率骑兵支队挺进平汉线，那边形势很好。你们人手虽然少些，到阜平之后，遇到困难可以找罗荣桓主任商量。党中央正考虑从——五师留下一位负责同志，统一领导晋察冀地区的对敌斗争。"

最后，彭副总司令叮嘱我说："你当前的任务主要是搞武装，有了武装才能站得住脚，——五师是要走的，如果你没有武装，只好脱下军衣做秘密工作。"他的话含意深远，我牢记心中。

临别，在座的首长依次和我们握手，从他们那热切而充满希望的目光中，使我们感到了一种力量，相信在党的领导下，一定可以在华北敌后燃起熊熊的抗日烽火。

我和刘秀峰告别首长出来，两手空空，一没有地图，二地形不熟，怎么办呢？我找到八路军总部副官长唐延杰，要了一本三十万分之一的地图和一本译自苏联的《游击战争》。这时从晋东北平型关传来——五师首战告捷，歼灭日军板垣师团1000余人的捷报，八路军总部一片沸腾，人们欢欣鼓舞，奔走相告。

下午，我和刘秀峰就动身上路。我带一个警卫员、一个马夫和一头牲口，刘秀峰什么也没带。我们4个人，一共只带了40元钱。从五台到阜平是二百多里山路，当天我们走了60里路，到耿镇宿营，第二天过龙泉关，第三天上午赶到了阜平。

我和刘秀峰在地下党员石德义开的骡马店住下后，随即到县城西关外的一个小庭院里，看望——五师政治部罗荣桓主任。罗主任见我们来到非常高兴，他笑着说："你们来得正好。根据党中央和毛主席的部署，——五师主力还要向豫鲁方向发展。现在的局势是，国民党在前面丢，咱们在后边捡。我们向他们要装备、要地盘，他们不给，可是他们却丢给日本人，咱们把它捡回来。他们就不说什么了。"接着，罗主任又详细地向我们介绍了阜平地区的情况，附近国民党驻军的情况，当地群众的抗日情绪等等。他说："希望你们抓紧时机，甩开膀子干。"他讲完以后，我们向他汇报了总部首长谈话的情况，然后请他支持我们一些干部。他有点犹豫，我们便向他透露："总部首长考虑要——五师留一位负责同志，在阜平领导敌后工作。"他听了以后，答应考虑我们的要求，并立即决定先派政治部民运部的张毅忱帮助我们工作。

阜平县地处正太线以北，平汉线以西太行山的怀抱里，是冀西山区的腹心，距铁路线较远。县城背靠大牌山，西面和南面有大沙河流过，东北有条小河，一下雨就涨水，水退河就干。阜平是一个很不起眼的小山城，城里只有东西两条石板街，不到一刻钟就可以走遍。全县人口不多而地域辽阔，在抗战开始时，只有9万多人，而面积却有2400多平方公里，人口居住分散。境内山岭连绵，沟壑纵横，道路崎岖，交通不便，不通民船和汽车，连大车也难以通行，运输全靠人背牲口驮。全县耕地不足十万亩，大部为贫瘠的山坡旱地，且多为少数地主、富农所占有，广大农民无地或少地，是有名的"糠菜半年粮"的穷乡僻壤。

阜平人民有着光荣的革命传统，1931年盂县兵暴，谷雄一带着一部分队伍同地方党建立了"中华阜平苏维埃政府"和工农红军。后来暴动失败，阜平县党组织遭到了严重破坏。破坏暴动的主谋者，就是现任阜平县国民党县长张仲孚。当地的党员和群众一谈到张仲孚其人，无不咬牙切齿。尤其可恨的是，在这民族危亡之际，张仲孚依然骑在人民头上作威作福，苛捐杂税名目繁多，动不动就罚款。此地又曾是直奉军阀混战的战场，民间流落了不少枪支弹药，这是创建抗日根据地的有利条件。但由于张仲孚的欺骗和压制，加上附近王快镇驻有国民党军朱怀冰的第四十七师，群众还没有真正发动起来。阜平城里只成立了一个所谓"抗敌后援会"，还是张仲孚当主任。根据这些情况，我和刘秀峰简单地作了分工，由他来抓党的建设，我抓组织武装。

9月27日，也就是到阜平的第二天，我独自去找张仲孚。走到城里大街上，但见一一五师政治部的同志在做宣传，街头呈现一片热气腾腾的抗日景象，街道两旁的墙上写满了大幅抗日标语和漫画，一群群的人围着我军宣传员，听讲抗日道理。可是一走进县政府，却是一片死寂，这里空气似乎都冻结了。我等了一会儿，张仲孚出来迎接。张仲孚40岁出头，个子不高，穿着一套中山装，两只细小的眼睛在八字眉下闪着狡诈的光。我特别响亮地告诉他，我是第二战区司令长官派来组织"阜平县战地动员委员会"的。他上下打量着我，满脸堆笑，连连称是，却又推说什么阜平这个地方太穷，老百姓没有受过教育，"动委会"成立后怕没有经费等等。我严肃地告诉他：不管怎么样，现在华北已是前线，而不是什么"后援"的问题了。太原已经成立了"总动委会"，阜平的"后援会"必须立即改组为"动委会"。要动员人民起来抗战，有力出力，有钱出钱，组织自卫队、游击队、义勇军。接着我向他一一交代了八路军的基本政策。张仲孚看我的口气和态度，马上假意恭维地说："王先生，你讲得很好，很对。我提议你来当'动委会'主任。"我便来了个顺水推舟："那好，就由你当副主任。"张仲孚皮笑肉不笑地点点头："一定鼎力协助。"

回到住处，一群"抗敌后援会"的青年学生早已挤在屋里等候我。当地有一所设在关帝庙里的简易师范学校，张仲孚把学生都遣散回家了。——五师政治部来了以后，不少学生返回县城参加抗日宣传工作，有一些在外地读书的学生也回来了。他们的抗日热情很高，早已不满意"抗敌后援会"的工作表现，听说要组织"动委会"，都表示热烈拥护，并纷纷诉说张仲孚加给他们的种种限制。耳闻目睹这些青年学生的革命热情，想起洛川决议指出的"相信群众是拥护我们党的"，我的信心更加提高了。

28日，我们召开有共产党代表、国民党代表和当地青年学生及士绅参加的"动委会"筹备会。我即席讲话，说明"动委会"的性质是半政权半群众组织，并把预先议好的组织细则和统一对敌斗争的任务，提请大家审议通过。我讲话湖北口音太重，当地有些人听不懂，青年学生李耕涛主动做"翻译"。经过筹备会选举，我当"动委会"主任，张仲孚和张毅忱当副主任。

10月初，一块白底黑字的"阜平县中国民族革命战争战地动员委员会"的牌子挂在阜平简易师范学校的门旁。"动委会"号召抗日的布告一贴出去，群众竞相传诵。特别是那些年轻人纷纷从四乡涌向县城，要求参加"动委会"。"动委会"下设的宣传、组织、武装、妇女等七八个部，两天工夫，就健全起来了。

在广大群众积极起来抗日，我们正需要干部的时候，罗荣桓主任调给我们十几名经过八路军随营学校短期训练的东北流亡学生，其中李荒、贾其敏、吴旗峰是中共党员；佟磊、王肃、赵乃禾已经填写入党登记表，我和他们谈话后，即介绍他们入党；其余还有佟静、丁铁石、王文、李静、刘易清、赵灵修、傅克东等。

"动委会"除主任、副主任外，还有秘书长韩德三，组织部长李耕涛，宣传部长刘贞文，武装部长张毅忱兼，副部长霍嘉霖；妇女部长耿春涛，总务处长张修吾，办公室秘书郑景先。

原来空荡荡的简易师范校舍，这时热闹起来了。"动委会"开始办公的头一天，我们几个人在街上买点馒头就解决吃饭问题了；第二天，就赶快成立伙房；第三天，人更多，需要分批吃饭了。新来的同志热情很高，布告、宣传品都自己动手油印。人手多了，我们还出了一份油印小报，取名《抗敌》。记得第一期上除了宣传"动委会"成立以外，还登了一篇揭露日本侵略军暴行的战地通讯，很受群众欢迎。后来，成立晋察冀军区时，这个小报便由军区政治部接过去办，不过已不是油印，而是石印、铅印的报纸了。

"动委会"一成立，首先宣布取消苛捐杂税，实行减租减息，停付100元以上债务，得到贫苦大众的拥护。

罗荣桓主任对"动委会"的工作给予大力支持，陆续派部队干部来参加"动委会"工作，其中有七八位是参加过长征的红军干部。他们一来，我便安排他们下到各个区组织区"动委会"，发动群众抓武装。我记得派下去的有：王紫峰到龙王庄；郗晓峰、张毅忱、霍嘉霖到城南庄，以后张苏又带张毅忱、霍嘉霖到吴王口一带开展工作；辛力生、李金才、贾其敏在陈庄、灵寿一带开展工作；李荒等到行唐口头镇；赵乃禾先在城厢，后又到董家村；丁铁石、耿毓桂在王快镇一带；李博元到平阳一带；朱仰兴、佟磊、李静、吴旗峰在曲阳、完县、新乐一带，后来张毅忱也到这边来；刘秀峰、王肃到完县、满城、望都一带。同时，罗荣桓主任命令王紫峰带一一五师的28个连排干部去完县一带扩兵。他们去了不几天，就纷纷写信回来报告工作。几天工夫，阜平县六个区全成立了"动委会"，并着手组织抗日义勇军、自卫团、儿童团。

在我们到阜平之前，国民党县政府早已名存实亡。县城之外到处是土匪、兵痞，他们勾结在一起，夜聚昼散，假抗日之名，抢劫绑票，横行乡里。不仅各区区公所里没有人办公，连警察都吓得躲在外面不敢回来。我们的工作组一去，马上在区公所的大墙上贴出县"动委会"的布告，向群众宣传党的抗日主张；并领导一些青年惩办了几个罪大恶极的土匪头子，安定了社会秩序。那些区长、警察所长马上把一切工作都交了出来，成了"一切权力归动委会"的局面。这样一来，抗日的烈火，如同干柴遇到了火苗，轰轰烈烈地在广大群众中点燃起来了。许多老百姓把掩藏的枪支弹药交出来，不少青年踊跃要求参加抗日武装。

一天深夜，我刚外出开会回来，一个老汉背了一个口袋找到我的住处，瓮声瓮气地说："王主任，我给你们送东西来了！"说着，把口袋往炕上一倒。好家伙，原来是两支德国造的驳壳枪，还有各色各样的子弹。为了把这些东西交给我们，老汉不辞辛苦地跑了50多里山路。我忙向他道谢，他却把手一摆，说："不用谢。这些物件，都是当年晋军和奉军在我们这一带打仗时丢下的。庄稼人留着没有用，还怕叫坏人拿去。你们来了就好，把枪交给你们打鬼子去吧！"临走时，老汉拉着我的手说："王主任，我们老百姓拙嘴笨舌，讲不出道理，可是好人、坏人，心里比谁都清楚。你们可是百里挑一呀！"老汉走后，我激动得半夜没能入睡。

有了广大人民群众的觉悟和支持，敌后抗日武装就像雨后春笋一样拔地而起，没几天工夫，这里来信说扩大了一个班，那里报告编成了一个排。一一五师在城南庄恢复了党支部活动，几天时间便组织了脱离生产的"义勇军"一个连；吴王口区也组成了一个有几十人的游击队……省委会决定，阜平所有的游击队暂时都叫"抗日义勇军"。

刘秀峰搞党的建设也取得了很大成绩，在青年学生中积极培养发展党员，很快打开了局面。

在阜平县"动委会"的影响下，周围曲阳、唐县、望都、灵寿、涞源、平山等几个县都派人来"取经"。这些县的国民党县政府人员早就跑光了。仅一个多月，各县的"义勇军"发展到4000多人。看到这些情形，我不由得高兴地想到：洛川会议的决议，已经开始在这块新开发的土地上生根、发芽了。

这期间，日军主力部队从大同一线沿同蒲路南犯。另外，沿平汉路南犯的敌军在10月10日进攻石家庄，然后沿正太路西犯。第二战区副司令长官卫立煌任前敌总指挥，组织忻口会战，阻击沿同蒲路南犯之敌。同时，在晋东娘子关以数万兵力设置防御阵地，阻止沿正太路的敌军西进。为了挫败日军锋芒，八路军总部率一一五师驰援正太路。林彪带了一个团单独从阜平路过南下，我们在石德义的骡马店请他吃了一顿中午饭。杨勇当时是一一五师三四三旅六八六团副团长，他受了点伤，也从阜平路过。在敌后抗日前线，我们老战友见面格外激动。杨勇是湖南浏阳县人，比我小四岁，我们同年参加红军，同在红三军团战斗成长。我和他及苏振华（湖南平江人）我们三人，在红三军团几乎同期任团政治处主任、团政委，经常在一起开会并肩作战。杨勇直爽忠恳，打仗勇敢，军政兼备。长征到延安以后，我和苏振华入红大学习，我们才分开。这次重逢，相叙离情，说个没完。相见时难别也难。杨勇走的时候，我去送他。我们俩沿着弯弯曲曲、高低不平的路，说呀走呀，走呀说呀，恋恋不舍，一直送他向西走出8里路。

随着革命形势的迅猛发展和抗日武装的日益壮大，张仲孚再也沉不住气了。一天，他召集一些学生讲话，说什么"共产党、八路军在阜平待不长。一一五师政治部没有兵，日本人一来，他们就得跑，不要相信共产党那一套。阜平这么小，几炮就轰平了。搞这么多光吃饭的义勇军干什么？都是乌合之众，打不得仗。你们要抗日，到王快投朱怀冰去。"他这篇蛊惑人心的讲话我们马上就知道。他上午造的谣，我们下午就以"动委会"名义召开群众大会，并请他"出席指导"。在会上，我们列举抗战以来我党我军的政策主张、平型关的胜利、杨成武支队收复察南，以及骑兵支队在倒马关击退日军等事实，说明共产党是坚决抗日的，只要全面动员起来，日本帝国主义并不可怕，我们一定能打败它。我们针对张仲孚所造的谣言逐条反驳，驳得他在主席台上脸红一阵白一阵。而广大学生和居民却越听越起劲，一再鼓掌，喊口号，我们的讲话屡屡被打断。这个会变成了一次总动员大会。城区的"义勇军"，当晚就从一个班发展成一个排，没出三天又扩大到一百多人，编成一连。

10月12日，平汉线上的日军侵占了石家庄。一向驻在王快镇不动的朱怀冰，连夜撤到阜平。我们挽留他在河北抗战他不干，准备继续向山西退逃。张仲孚也惶惶不安，要跟朱怀冰一快逃跑。他手里有一两万元公款，还想把县保安队拉走。我立即向罗荣桓主任报告，罗主任说："他要跑就让他跑嘛，死狗总也扶不上墙。他人在阜平，成抗日之事不足，败抗日之事有余，走了正好。钱我们不要，人和枪是必争的，要是他单枪匹马跑了，也就算了。"

按照国民党政府的规定，县长是兼保安队长的。为防止张仲孚把保安队拉走，我直接找保安队队副谈话，宣传我党的抗日政策，希望他不要跟张仲孚跑。这个队副原是宁都暴动部队的一个排长，起义之后跑回了老家。谈话后，他立即表示坚决留下来，并保证保安队一人一枪都不会跟张仲孚走。

张仲孚果然带着他在阜平搜刮的民财，连夜偷偷地跟朱怀冰跑了。他跑了之后，罗荣桓主任对我说："我看，就由你当县长好了！"第二天，阜平县城贴出一张醒目的布告："奉第二战区司令长官阎锡山命令，任命王平为阜平县县长兼保安队队长。"布告的措辞是罗荣桓主任商定的，是郑景先用毛笔写的。

为了严防汉奸和坏分子的破坏活动，加强"动委会"的安全保卫工作，我从城厢的义勇军中选拔了一部分人组织了一个警卫连。我们取消保安队编制，将其改为抗日义勇军，编成一个支队，百多人百多条枪，任命原来的队副当支队长，调离阜平县城，留待以后再整顿。

曲阳县城的国民党县长也跑了，罗荣桓派一一五师政治部宣传部宣传科长潘振武去当县长。

罗荣桓主任和我商量，应该适时地把冀西地区几个县的抗日义勇军组编成大队、支队，在阜平县城成立统管冀西抗日义勇军的"抗日义勇军第二路总指挥部"，我很同意罗主任的意见，马上就决定了。说干就干，第二天我们就在文娴街刘英家成立总指挥部并挂起了醒目的牌子。罗主任指定由我任总指挥，张毅忱任政委，另派红军干部朱仰兴任参谋长。"动委会"主任我仍兼着，但主要精力转向组织抗日义勇军方面。

组织抗日义勇军需要经费。根据"有人出人，有钱出钱"的原则，我派人找当地的大地主袁葆初捐钱，他只答应捐2000元。我们觉得他不光是吝啬，主要是对抗日的态度问题。正在这时发生了一件事情，我抗日部队的两名战士因不愿戴国民党军队的帽徽，准备开小差。这两个人找朱葆初要路费，袁葆初给了他俩30元钱。我们抓住这件事，把袁葆初传到县政府。他是个六七十岁、头发全白的老头。我说："袁葆初，你勾引抗日部队士兵开小差，该当何罪？"并把那30元法币扔到了他的面前，他顿时吓得满头大汗，跪在地上连说："我该死，我该死。"他请求用一万元钱赎罪，我们对他给予了宽大处理。后来这一万元全被罗主任拿去了。

我以"动委会"和县政府的名义，召集全县的士绅来开会筹款。会上，我用骑兵营打曲阳日军兵站缴获的日本罐头、饼干和香烟招待与会士绅。这些士绅吃得高兴，就随便议论，有人对我说："我们不怕八路军，就怕红军。"因为过去阜平一带的红军打过土豪，他们仍心有余悸。我笑着问："你们看，我像不像红军？"他们纷纷摇头，以为我在开玩笑。我告诉他们，我就是红军，八路军就是红军改编的，全屋的人一听，个个大惊失色，目瞪口呆。我说："你们听信谣传，都把红军说成是青面獠牙、共产共妻的怪物，可你们看看，我是不是这样的怪物呢？"他们听了哄地一声都笑了，会场很快又恢复了原来那种高兴、和谐的气氛。我接着向大家解释共产党团结抗日的政策，宣传党的《抗日救国十大纲领》，还宣传八路军取得的胜利，报告了当地抗日义勇军发展的情况，希望他们协助解决经费问题。他们立即表示"国家兴亡，匹夫有责"，一定"竭尽绵薄，慷慨输将"。当场认捐了四万多元法币。那时物价很便宜，按法币计算，一斤小米三分一厘钱，一斤大米四分二厘，一尺棉布五分至六分。我们有了这些钱，暂时解决了义勇军的经费问题。

有了经费，"动委会"总务处供给股组织了被服组，动员两名裁缝工人，从当地购买黑布作面料，以各种廉价花布作里子，专门为抗日义勇军缝制棉军服和军帽。

随后，我下去组织改编部队。当时八路军威信很高，各地的义勇军、游击队都很听话，服从统一指挥。罗玉川在满城组织了一支一两百人的游击队，他不愿带也交给我们。最后，我们把抗日义勇军整编为三个大队：

第十大队，由王紫峰任队长，后来刘秀峰去任政委。以完县峰泉、寨子一带的义勇军编为第一中队，中队长刘清堂、政委窦相成、副中队长许步瀛；以完县县城一带及下邑、常庄的抗日义勇军编为第二中队，中队长邓南风、政委陆正国；以完县大悲、神南一带的义勇军编为第三中队，中队长陈宗坤、政委任移山、副中队长侯克福。

第十一大队，大队长朱仰兴，政委张毅忱。以经过整编的阜平县保安队，城南庄、吴王口、平阳一带组织的义勇军各一个连（即由郝玉民、陈惠忠带的阜平营），以及曲阳县的义勇军编为第一中队，中队长陈惠忠（程方），政委佟磊；以唐县马庄一带的义勇军编为第二中队，中队长李金才、政委贾其敏；以曲阳县下河镇、罗庄一带的义勇军为第三中队，中队长牛应芳、政委吴旗峰、副中队长王士芝。

第十二大队，大队长辛力生，政委李光辉。以陈庄一带的义勇军和灵寿县保安队编为第一中队，中队长刘金山、政委赵国泰；以灵寿的义勇军三个连编为第二中队，中队长王元发、政委刘德胜；以行唐、灵寿一带发展的义勇军编为第三中队，中队长宋维藩、政委邱先通。

此外，我们还给曲阳县、行唐县、新乐县、定县（定南、定北）、唐县、完县、望都县的其他游击队发了旗帜。

阜平县"动委会"，工作仅一个多月，各条战线很快打开了局面。这段时间我们虽然夜以继日地工作，很苦很累，但心情却无比喜悦，因为群众已经充分发动起来了，有了县政权，成立了武装委员会、农会、工会、妇救会，为下一步工作奠定了基础。

后来，在边区党政军机关的领导下，全县广大人民群众的共同努力下，阜平成为晋察冀边区唯一的"完整县"（即全县没有一个敌人的长期据点），被誉为"模范根据地的模范县"。

11月上旬，黄敬、侯薪带领平、津的一批大中学生来到阜平，其中侯薪担任"动委会"副主任，成立第三军分区时，我将"动委会"的工作交给了侯薪。

组建晋察冀第三军分区

1937 年 10 月 26 日，正太路要隘娘子关失守，山西抗战形势急转直下。11 月 2 日忻口失守，11 月 8 日太原失守。在晋中的几十万国民党军队，纷纷向南、向西南溃退。至此，华北以国民党为主体的正规战宣告结束，以八路军为主体的游击战争转入主导地位。

一一五师主力驰援娘子关以后，聂荣臻奉命留在五台地区，创建敌后根据地。当时留下的兵力有一一五师独立团、骑兵营和另外两个连，加上司令部、政治部、供给部和卫生部、随营学校一些干部，总共不过 3000 人。11 月 7 日，八路军总部电令，成立晋察冀军区，聂荣臻任司令员兼政委，唐延杰为参谋长，舒同为政治部主任，查国桢为供给部长，叶青山为卫生部长。

10 月底至 11 月初，骑兵营在阜平一带很活跃，他们向东收复唐县，并一度攻进定县城厢。他们在战斗的间隙，以班排为单位分兵发动群众，扩大武装。那时，阜平"动委会"的权力很大，部队收复一个县，我们就指定一个县长；收复一个区，我们就指定一个区长。当时由我们指派的有：阜平县长张苏，后仇友文、侯薪；曲阳县长潘振武，后李耕涛；唐县县长张冲（张林池）；完县县长马淑乾，后李桂森；望都县长贾培。因为定县跨平汉铁路，我们只管到路西，就没有指派，直到 1938 年 5 月该县分为定北、定南后，才任命了定北县长赵建庵。新的抗日政权逐步建立后，从阜平到五台一线和附近几个县就由我们控制起来。

一天，我正在曲阳整编队伍，忽然罗荣桓主任派人来通知，要我立即赶回阜平。从曲阳驻地到阜平有 110 里路，我骑着马整整跑了一夜。第二天去见罗荣桓主任，他正在整理行装。原来一一五师主力奉中央军委命令南下，准备协同一二九师开辟晋冀鲁豫抗日根据地，罗主任要率政治部去和主力会合。罗主任说，上级确定骑兵营随他一块走。他还让我通知正在完县的王紫峰和他派去的 28 名干部马上赶回来随政治部一起走。我说："这么远，怎么来得及呢？你们先走吧，我写信让他们随后赶去。"后来我也没有写信，把这批干部留下，作为第三军分区的骨干。

与此同时，聂荣臻司令员从五台打来电话。他告诉我，中央决定以五台地区为中心建立晋察冀军区，下设四个军分区。他让我立即交代阜平的工作，然后协同陈漫远筹组第三军分区机关。我提出，第三军分区没有老部队作基础不行，建议把骑兵营留下。聂司令员立即请示，中央军委同意把骑兵营划归晋察冀军区建制。骑兵营接到命令又从龙泉关返回，并归第三军分区指挥。

晋察冀军区包括平汉铁路以西，同蒲铁路以东，正太铁路以北，平绥铁路以南的广大地区。

第一军分区包括灵丘、广灵、浑源、应县、山阴、怀仁等县，杨成武任司令员、邓华为政委兼政治部主任。主力有杨成武的独立团。

第二军分区包括五台、代县、繁峙、崞县、定襄、盂县等县。赵尔陆任司令员兼政委，主力有一个团部和两个连。

第三军分区包括阜平、曲阳、唐县、完县、定县、望都、满城、易县、涞水等县，陈漫远任司令员、我任政委兼政治部主任，黄永胜任副司令员。主力为骑兵营。

第四军分区包括井陉、获鹿、新乐、平山、灵寿等县，周建屏任司令员、刘道生任政委。主力有刘道生带来的两个连为骨干。

这时，李葆华、鲁贲从山西过来，鲁贲接替刘秀峰管党的建设，刘秀峰去完县工作。我把阜平县县长的工作交给张苏。我去灵寿，把原先组编的抗日义勇军两个营带回唐县。

11月18日，聂荣臻司令员率军区领导机关从山西五台移到阜平县城。我向聂荣臻司令员详细地汇报了到阜平以来，一个多月间各方面工作的进展情况。聂司令员听完以后，非常高兴，对于我们的工作给予了很高的评价。我们把在阜平筹款4.5万元，留给聂司令员2万元，给晋察冀临时省委5000元。另外把阜平警卫营留下一个连保卫军区机关。我们把军分区机关搬到曲阳县灵山镇，驻在外号叫庞拐子的大地主的几个大院里。

军分区司令部最初组建时干部比较缺乏、组织很不健全。当时我们任命完县原县大队长刘少伯为参谋长，并不是想重用他，目的是把他调离，以便改编他的大队。后来因他有通敌嫌疑送回原籍被处决。参谋处有秘书佟静、郑景先、苏祝三、刘清堂、杜化仁等；机要科长谭寿生，有罗荣桓主任留下的一部电台和五六名机要人员；管理科有副科长陈守田和管理员、司务长等十几人。一直到1938年6月司令部机构才充实健全，作战科长姚之一、侦察科长刘清堂、教育科长王铁城、通讯科长戴金海、机要科长谭寿生，参谋若干人。

军分区政治部吸收了阜平"动委会"一部分骨干入伍，人员组织比较健全。邱先通任政治部副主任。下设组织科，科长先由邱先通兼，后佟静；宣传科长韩德三，后李荒；民运科长李博元；干教科长王龙文；锄奸科科长杨廷章；敌工科科长王文。直属队党总支书记陈一鸣。政治部还设收音员，负责收听新闻广播。当时，政治部的任务很重，开辟根据地初期的大量群众工作主要由他们来做。

军分区政治部一组建就组织了一个宣传队，队长耿翼洲、后霍嘉霖，副队长赵辛培、后李树楷，政治指导员陈镜吾。宣传员有 20 余人。以后逐渐扩大，分为歌舞队、戏剧队、艺术组，达到 50 人左右。到 1938 年冬改为冲锋剧社，霍嘉霖任社长，陈陇任副社长，增设音乐队，全剧社发展到 110 余人。

军分区供给部初成立时，只有副部长陈守田和庞占双、邢竹三、胡展民、孙云生、冯昌隆、苗玉田（李潜）等几名干部。他们负责保障军分区直属队的供应。人员少，工作十分繁忙。各大队自筹自给，由当地"动委会"协助供给，粮款 90% 派缴大户。枪支大部分是从民间收上来的，大多数是国民党军队溃退时扔掉的；一部分是缴自土匪和地主武装的。1938 年军分区供给部人员增加到 50 余人，部下设科。供给部长肖直久、后梁玉振，政委郝玉民；会计科长庞占双，粮秣科长邢竹三，军需科长胡展民、后冯昌隆，军械科长孙云生，出纳科长庞忆昔。并成立监护辎重连（三个排）共 100 余人。下属单位也逐渐增多。从清苑县请来修械师汪金满，成立修械所，汪任所长，以两台修械机床起家，发展到包括木工、铁工、机工、枪工 100 余人。开始由唐县裁缝工方师傅、曲阳县陈师傅等自带缝纫机组成被服组，以后逐步发展成拥有缝纫机 150 余台，陆续建立了染厂、鞋厂、织带厂、炸药厂。1938 年初，部队实行口粮、菜金、津贴临时标准，粮食每人每天一斤半，菜金每人每天五角钱。但这个标准基本上没有执行，仍然是随吃随要，"动委会"随要随给。部队津贴费不分新老战士每人每次发一元，连排干部两元，营团干部三元，师以上干部五元，作为零用钱。边区政府成立以后，停止各部队就地征粮筹款。部队给养、生活费用，被装和军械弹药等军用物资，由边区政府统一发放。

军分区卫生部最初有部长尹明亮，医生王维汉、马振华和一个看护排、一个担架排。以后设立了孙峰为科长的医务科和管理科。各大队都设卫生队，有医生、看护和担架排。1939 年成立后方医院，院长孙峰、副院长杨根；下设三个休养所。卫生部通过举办看护、卫生员、医助和司药调剂等训练班，为部队培养了许多医务药务骨干。

军分区直属队有一个警卫特务营，营长罗祖生、政委赵乃禾。全营共有三个连，第一连是警卫连，第二连是骑兵连，第三连是特务连。以后又扩编了警卫二连、工兵连、通讯连、自行车侦察排。

司、政、供、卫四大机关和直属队组成以后，我们首先抓机关的建设，建立各种制度，进行军政教育，如制式教练，武器使用，早晚点名、查铺、查哨，请假制度；建立党的支部、小组，发展党员和会议汇报制度。使机关为各大队做出榜样。

年底，晋察冀军区决定各军分区所属部队编为支队（师），辖三至四个大队（团），每个大队辖三至四个中队（营），每个中队辖四个连。第三军分区部队改为第四支队，所有军人佩戴白底蓝框的"独四D"的臂章。

日军侵占太原以后，为确保其后方交通安全，他们趁晋察冀抗日根据地创建不久，于1937年11月24日，集中2万多人，在飞机、坦克掩护下，从平汉、平绥、同蒲、正太四条铁路线出动，分八路向晋察冀边区进行首次围攻。中央在太原失守后发出指示，华北的正规战争基本上已经结束，以八路军为主的游击战争阶段已经开始，各根据地应立即转入游击战。晋察冀军区在聂荣臻司令员指挥下，全体军民迅速进行反围攻的准备。在敌人开始围攻以后，以少数部队采取灵活的游击战术和敌人周旋，破坏敌人的交通；主力则转到日军侧后，采取袭击、伏击，打击敌人。

在反围攻中，第三军分区部队经受了战斗锻炼，在老部队带领下，新部队进行了初战。骑兵营在平汉线上全面展开破击战，先后在保定、于家庄、方顺桥、望都车站、下叔（完县）等地给敌人以很大杀伤，钳制了敌人行动，打击了汉奸、伪军，缴获重机枪1挺、轻机枪1挺、长短枪190余支，毙伤敌人90余名，俘敌5名、汉奸100余名、马60匹。接着又在望都以东的杨城镇和保定西北之奇村伏击敌军，歼敌数十人，缴获枪支19支、战马6匹，俘日警10余名。

进犯曲阳县的敌军，遭到第十一大队和兄弟部队痛击，狼狈地退回定县县城。其他各路敌军亦遭到军区各部队的打击。到12月21日，围攻晋察冀边区的各路敌军遭到军区部队打击后，除占领了蔚县、广灵、繁峙、定襄、盂县、平山、行唐几座县城外，主力相继撤退到铁路沿线。敌军的"八路围攻"，以伤亡1000余人而告终，使初创的晋察冀抗日根据地经受了考验和锻炼。人民更加信赖和支持我军。

抗战初期，汉奸土匪蜂起，他们趁火打劫，社会秩序相当混乱。边区成立以后，汉奸土匪勾结日军，捕杀我抗日军政人员，绑架抢劫无恶不作。我军本着"团结抗日"的原则，曾多次耐心说服他们，但争取工作无效。为了巩固抗日民主政权，军区决定展开肃奸剿匪斗争。

在唐县山羊庄盘踞着土匪张殿甲部400余人，有枪百余支，经常外出绑票、抢劫，我军争取其共同抗战，他们却甘当敌伪走狗，反而变本加厉地伤害地方群众。1937年12月23日，第十一大队第二营由马庄、店头出发，以迅速隐蔽的动作，将张匪包围。张匪由村东突围，却又闯入我军预伏地段，战斗进行了两小时，张匪一部分被击毙，其余被生俘。12月30日，第十大队和骑兵营将盘踞在完县靠山庄的土匪白玉明部百余人解决，缴枪七十余支。1938年1月5日，第十一大队又将唐县歇马土匪李守敬部歼灭。完县和唐县地区以及平汉铁路附近的散匪游勇在我军武力威胁和团结政策感召下陆续投诚，军分区内社会秩序渐趋安定。

1937年12月15日，我参加了晋察冀军区召开的政治工作会议，会议由聂荣臻司令员兼政委主持，主要是总结前一阶段工作和研究如何整训、巩固部队的问题。各军分区成立以来，各地义勇军和游击队纷纷升格，还大量收编了旧保安队和各类地方武装，部队发展很快。这些部队在第一次反围攻中发挥了很大作用，大部分表现比较好。如第三军分区第十二大队攻击望都时做到秋毫无犯，取得了群众的拥护和信赖。但是，随着部队扩大，成分变得复杂，自由散漫，无组织无纪律的不良习气也带进了革命队伍；除此之外，一些兵痞、流氓的混入，也造成了组织严重不纯。加之干部缺乏，党员数量少，党的领导薄弱，使各种不良倾向得不到及时有力地纠正和克服，严重影响部队战斗力的提高。为此，会议决定全军区部队从1938年1月起集中整训。要求健全各种传统制度，建立各级党组织和开展政治思想工作。深入进行党的教育，提高党员质量和数量；加强敌工工作等。

1938年1月2日，我回到军分区召开政治工作会议。我传达了军区政治工作会议精神，总结了军分区部队创建以来的工作，并要求各部队坚决贯彻军区政工会议所有规定，加强党组织建设和各种制度建设，制定教育整训计划。

会后，军分区将第十大队集中在完县陈侯一线；第十一大队集中在曲阳县东旺一线；第十二大队集中在唐县北店头一带整训。军事方面没有统一的教材和训练计划，由各大队自行进行制式教练，练习瞄准、刺杀、投弹等，进行单个战斗动作、技术与夜间动作，班战斗动作及防空、纪律条令、内务条令等教育。

这些队伍，有些是我们派出的干部亲手搞起来的，政治质量比较好；有的是地方上自动组织起来或各县旧保安队改编的，这一部分成分较差。在集中整训中，我们按照毛主席建立红军的办法，在连队建立了党支部和政治工作制度，进行我军优良传统的教育，严格要求所有的人员遵守"三大纪律、八项注意"。

同时，我们着手改造部队成分，洗刷坏分子、兵痞、流氓，共淘汰了300名。对其他新成分也进行了一次严格的审查，有些年龄大的退回地方。

在连队建立党的支部，配备政工干部。政工干部从哪里来呢？主要靠我们自己培养。当初，我们放手使用随营学校派来的那批经过短期训练的东北流亡学生，还从阜平的进步学生中选拔了一些。不是党员的，经过谈话考察，发展入党，取消候补期。经我亲自介绍入党的就有不少人。我给他们上课，讲红军政治工作的传统，教他们怎样当指导员；怎样给连队做时事报告、讲政治课，什么是启发式、问答式等等，一边讲一边给他们做示范。党支部建设方面，我教他们怎么开支部大会、支委会、小组会，怎样考察发展党员，怎样发挥党支部的战斗堡垒作用和党、团员的先锋模范作用，等等。集训后，就派下去当指导员、教导员、组织科长、政治处主任等。他们年轻有文化，思想敏锐，接受新事物较快，下去以后，据群众普遍反映都干得不错。经过一段实践之后，我们再集中他们总结交流经验教训，提高一步。经过整训，各部队的政治思想工作队伍普遍得到加强，新发展的党员占25%，建立了会议、汇报制度。

军事干部的配备主要以红军老战士为骨干。连长、营长、大队长多数由红军干部担任，他们是军事训练、作战指挥的骨干。他们严于律己，以身作则，带思想，带技术，带作风，使部队严格执行各项制度和组织纪律，做到指挥统一，令行禁止。

部队经过第一期整编训练以后，认真贯彻执行党中央关于"在晋察冀三省边陲地区开辟工作，创建敌后抗日根据地，开展独立自主的游击战争"的指示，放手发动群众，组织群众，建立民主政权，实施抗日民主的政策法令。肃清汉奸土匪，安定社会秩序，提高人民抗日情绪，支持游击战争，大力发展部队，并广泛组织人民自卫队和游击队，积极向敌交通运输线出击，破坏、钳制敌人，配合正面战场作战。

在第三军分区成立以后，分区范围内除了共产党领导的八路军外，还有一些五花八门的地方杂色武装。他们一人一把号，各吹各的调，互相磨擦倾轧、争夺地盘。如何把这些队伍组织起来，引导到团结抗日的正路上来，变消极因素为积极因素？晋察冀军区明确提出了团结、争取、改造、改编的方针。军区要求在边区范围内不能有杂牌武装存在，一切武装统由共产党领导。

从 1938 年 1 月起，我们就着手解决这些杂牌武装。

曲阳县有个大地主叫李树林，手下有一支 2000 多人的队伍，自封司令。这个人表面上打着抗日的旗号，暗地里干尽欺压百姓的坏事。我们决定整编他们。李树林得到整编消息，在我去的那天，他把队伍全副武装拉出来，在大道两边摆成长蛇阵，既打着旗帜，又架着机枪，名曰欢迎，实则示威。面对这刀枪林立、杀气腾腾的架势，我神态从容、坦然自若，在队前满腔热情地向士兵们宣传党的抗日主张，做团结争取工作。到了住地，我正式向李树林宣布，我是代表军分区来和他谈判的。对付这种人就要软硬兼施，我直截了当地向他传达晋察冀军区的命令，让他接受改编，列入八路军的建制，队伍整编以后仍由他来领导。李树林听了虽然心里不大愿意，但又说不出口。我又抓住他官迷心窍的特点，借用第二战区司令长官的名义，委任他为曲阳县副县长，并特地为他设宴，恭贺高升，他也觉得挺得意，连连道谢。就这样，我们用一个空头官衔，换来了一支 2000 人的抗日队伍。

对于有些靠谈判解决不了问题的杂牌武装，军分区坚决用武力予以解决。完县的何清源匪部，打着"抗日第四支队第二大队"的旗帜，到处奸淫抢掠，无恶不作，民愤极大，严重影响抗日队伍的声誉。我们多次揭穿他的画皮，向其提出警告，他却置若罔闻。王紫峰和他谈判，准备将他编入第十大队，他却不同意合编，并且偷偷将一些武器转移到满城去，甚至派人在过往路口上拦截检查我们的内部信件。对这样不堪争取挽救的坏蛋，只有采取武力将其解决。一天，王紫峰以商谈抗日要事为名，把何清源和他的亲信请到第十大队大队部扣留起来。第十大队同时以迅雷不及掩耳之势将何部包围，双方没有开枪，何部一百〇五人全部被俘，缴枪 50 余支，炮 1 门，炮弹 40 发。解决了何清源部，清除了冒牌的抗日武装，平息了民愤，进一步调动了完县人民的抗日积极性。

在成立晋察冀军区以后，北方局将晋察冀临时省委改为晋察冀省委，

11月中旬由黄敬任书记，省委机关设在阜平。各地相继成立了和军事区相适应的特委，县以下各级党的组织也先后建立起来。不久，为适应根据地发展的需要，党中央又将晋察冀省委改为晋察冀区党委和冀中党委，刘澜涛为晋察冀区党委书记，黄敬为冀中区党委书记。军分区建立之后，地方也先后建立了与军分区相适应的地方党政组织。分区地委。当时地委不公开，对外叫民运部。第三分区地委书记（部长）是厉男、副书记刘杰，我是地委常委。不久厉男调走，刘杰接任。地委机关设在曲阳朱家峪。

搞好军地、军民关系，是军队得以存在和发展、根据地得以巩固和扩大的一个重要方面，也是红军的一条重要经验。三分区地委、专署成立以后，我们特别注意与地委、专署工作的协同配合，做到互相关心，互相支持。每当敌人来围攻、"扫荡"的时候，我们首先考虑的是地委、专署的安全，有时把他们接来与军分区一起住，有时带领他们一块转移。三分区军地、军民关系密切，因此，开辟发展根据地工作、统一战线工作、敌工工作、群众工作、支前工作等，都做得比较好，后来曾被日军称作不容易立脚的"政治区"。

第七章　巩固抗日根据地

三 次 出 击

　　日军主力攻占太原以后，接着会攻临汾。蒋介石命令阎锡山趁日军南下，反攻太原。朱总司令命令八路军主力配合正面战场进行反击。一二〇师在平社、高村、太原东山一线出击；一二九师袭击娘子关，在长生口伏击出逃的敌军。晋察冀军区也命令各军分区部队向平汉路进行第一次出击。

　　2月9日，晋察冀军区要求全区部队一齐出动对平汉、正太、同蒲线进行大破袭。第三军分区的任务是出击平汉路新乐到定县段。具体部署是：以骑兵营一个连配合第一军分区一个连袭击满城，该营主力向保定活动，钳制增援的敌人；第十大队主力袭击望都，其余部队破坏铁路、桥梁、电线；第十一大队主力袭击新乐县城，以一个营向定县活动，一个连向行唐警戒；第十二大队主力袭击清风店车站和王站京车站，以两个连破坏唐河桥与铁路，并阻滞定县向北增援之敌。

　　部队经过第一期整训，情绪高涨，指战员们磨拳擦掌，要在出击中一试锋芒。

　　2月9日黄昏，第十一大队三营由曲阳县赵得村出发，第一、第二营从西诸村出发，向新乐、定县开进。第一营在10日凌晨爬云梯登上新乐城头，第一连迅速冲进城里包围了伪维持会，生俘日军1名，伪军政人员24名，缴枪40多支，子弹5万多发。第二营向新乐车站攻击，部队很快占领车站，用手榴弹炸毁机车1辆，7个敌人在票房顽抗，战士们点燃票房将敌烧死。这时从正定开来援敌一部，第一、第二营进行阻击，毙伤敌70余名，随即在拂晓前撤出战斗，第一、第二营伤亡18人。

　　第十一大队第三营攻击定县，第九连在凌晨攻入车站，消灭守敌数名；第十连、第十二连由定县西关攻入城里，包围了伪县政府，正准备攻击大院，突然敌人乘 6 辆汽车前来增援，向我军进行反冲击。第三营三个连与援敌激战了 3 个小时，毙伤敌 30 余名，击毁汽车 1 辆，然后撤出战斗。第十一连掩护群众在定县附近拆毁铁路 10 多公里。10 日拂晓，第十一大队全部安全返回。

同日，第十大队袭击望都县城。望都车站驻有日军 80 多名，伪保安队 100 多名。部队在下午 5 点到达望都附近的西朝阳，晚 11 点进入攻击位置。午夜 12 点，爬城的第七连秘密而又迅速地突进城内，守城的伪保安队吓得扔下枪就跑。大队一部与车站守敌发生激战，打了约两个小时，击毙敌人约 50 余名，俘获 10 多名，缴获步枪 42 支，子弹 1800 余发，电话机两部。另外一部破坏铁路一段和电线杆 50 多根。天亮以后，各营自行撤出战斗，到达西高昌一带休息。

第十二大队破坏了清风店到定县之间的一段铁路，敌火车一列在黑夜中通过当即出轨。望都南北和定县至新乐之间的铁路和电线，被边区群众破坏 30 余里，收电线 1 万多斤，致使铁路好多天不能通车。

骑兵营在满城、方顺桥、保定方向，配属第一军分区部队作战，毙伤敌军 220 余名，缴获子弹 50 余箱。

第三军分区部队在一天一夜的初战中，初步显示第一期整训的成果。部队攻击勇猛，撤退迅速；服从命令，听从指挥，表现了较好的组织纪律性，基本上能够担负起对敌作战的任务。但是也暴露出一些问题，有些干部的随机应变能力较差；一些新战士战斗中不够沉着冷静，不注意保护自己；战后收集战利品不迅速，有些物资被破坏了。

日军遭到晋察冀军区各部队攻击之后，非常震惊，为了保护其后方和交通线的安全，接着调集了 1.2 万多人的兵力，在飞机掩护下，由易县、保定、望都、定县等地出动，向冀西根据地进犯，企图寻找我主力决战。第三军分区第十大队和第十一大队、第十二大队在望都和定县、曲阳方向，运用"敌进我退，敌驻我扰，敌疲我打，敌退我追"的游击战术，连续袭击敌军侧后，破坏敌人交通线，前后共进行大小战斗十多次，毙伤敌军数百人。其中有几次较大的战斗。2 月 18 日，驻望都之敌 500 余名，乘汽车 90 余辆，于当晚到达高昌，19 日凌晨进占唐县。第十二大队由东杨庄一带出发，分两路打击该敌，一路由唐县西门攻击县城，一路在县城以东的山南庄埋伏。拂晓，我军发起攻击，敌军果然仓皇从东门撤出向东逃窜，我方攻城部队紧跟追击。敌人逃到山南庄，遭到我方预伏部队侧击，敌人腹背受击，伤亡100余人，十分狼狈地向东败退。

2月20日，驻定县之敌1000余人，汽车50余辆，分两路向曲阳进攻。一路500余人，汽车30余辆，经高门、南杏村，在东旺与我第十一大队二、三营接触，激战3个小时，敌人突进曲阳县城。另一路经燕赵进入曲阳县城，次日又从曲阳县城向苏家峪进攻，第十一大队二营在中途给敌人以迎头痛击，毙敌100多名。二营教导员吴旗峰在指挥这次战斗中英勇牺牲。当夜，第十一大队突袭该路敌人宿营地，给其重大杀伤，敌人仓皇向定县撤退。

2月26日，望都敌人1200余名、汽车120余辆，拖着多门大炮，浩浩荡荡，向常庄进攻。行至下叔，石桥已被我军破坏，敌人强迫当地群众替他们架桥，迟滞了两个多小时。敌人进到常庄时，遭到军分区第十大队一营的正面打击和二营的侧击，双方战斗持续一昼夜，敌人伤亡100多名后龟缩回营，第十大队也随之撤出战斗，这一仗第十大队伤亡68人。

3月6日，驻定县敌军2000多人，经曲阳向阜平进攻。我军为避免在平原地区与敌人决战，遂将主力集中在机动位置，只以小部队节节抗击，当日敌人占领孝墓一带。7日，敌人分两路向王快镇进攻，一路1500余人经党城攻击前进，我第十一大队三营在贾口伏击该敌，毙伤30余人后，敌人推进到王快镇；敌另一路500余人，为钳制灵山镇方向我军主力，经赤涧向王快镇进攻。3月8日，敌人在飞机、大炮掩护下，两路敌人一起从王快镇向阜平县城进攻，中午进占阜平。在敌人进攻阜平之前，军区和边区机关都暂时搬到山西五台山区。敌人进了阜平县城以后，情况不明，两眼摸黑，不敢贸然进屋休息，夜里哨兵不断打枪壮胆，折腾到半夜又分两路向曲阳退却。敌人退走时，在阜平县城纵火焚烧，并沿途大肆烧杀抢掠。阜平县城被大火烧了两天，大部房屋被烧毁，几乎变成一片瓦砾。3月9日，一路敌军的辎重部队退到党城西北时，遇到第十一大队三营伏击，敌人死伤100余人。另一路敌人绕经平阳向党城撤退，两路敌人在党城会合后，便马不停蹄，连夜向曲阳逃去。我尾击部队在南庄赶上敌人，激战5小时，杀伤敌人200多人。10日，敌军在曲阳县城稍作休息，于11日退回定县。我军终于粉碎了敌军寻找我主力进行报复的企图。

毛主席从延安向晋察冀军区发来嘉奖令，祝贺晋察冀军区出击所取得的胜利，要求我们再接再厉，争取新的胜利。

担负配合任务的我军节节胜利，而担任反攻太原正面战场作战任务的蒋介石国民党军队，却光打雷不下雨，竟然毫无动静，岂非怪事？谁是真抗日，谁是假抗日，在事实面前明明白白的。在日军顺利攻占临汾之后，国民党军队便纷纷向黄河以西溃逃。

4月，晋察冀区党委在山西五台县金刚库村，召开第一次党代表大会，各军分区的领导都参加了会议。会议着重讨论晋察冀边区党的建设和斗争任务，以及进一步巩固扩大抗日民主根据地等中心内容。中央北方局的代表彭真出席了会议，并作了《关于全国抗战形势和争取抗战胜利方针》的报告。聂司令员作了《几个月来支持华北的抗战总结与我们今后的任务》的报告。聂司令员的报告总结了晋察冀军区在洛川会议精神的指导下，发动群众，扩大武装，建立党和民主政权的成就；以游击战配合正面战场作战，粉碎敌人围攻的经验；广泛团结抗日民众，巩固和加强统一战线的具体做法。聂荣臻司令员这个报告，批判了王明提出的"一切经过统一战线，一切服从统一战线"的错误主张，坚决反对把抗日领导权拱手交给国民党的右倾投降主义。他明确指出在抗日民族统一战线中，应保持共产党的独立性，严密党的组织，提高党的纪律性和警觉性，加强党的无产阶级成分和马列主义教育。党在统一战线中，必须加紧两条战线的斗争。他针对晋察冀边区的形势，特别强调，要加强党对军队、政权和人民团体的领导，坚持抗战，扩大根据地，使游击部队的回旋区域增大。同时，大力发展新的游击队和游击小组，加强人民自卫队的组织和训练，以便广泛开展独立自主的游击战和有利条件下的运动战。

在1938年1月，边区政府刚成立的时候，上级指示各抗日根据地成立各级国民党党部，我当时就觉得不好理解，本来国民党政府都逃跑了，还要由共产党来帮他恢复国民党党部，岂不是咄咄怪事？结果又发展了许多国民党党员，不少国民党党部书记长是由我们不公开地派去的。1942年群众反对国民党特务的时候，我们又不便向群众讲明，反而把自己弄得很尴尬。例如阜平县的国民党党部书记长邓子忍，就是我们派出去的，他原来曾当过地下党阜平县委书记。反特的时候，群众说他是"国特"，要整他。当时我们不便讲明他的身份，只得将他保护起来秘密送到延安。起初，建立"三三制"政权是党中央提出来的，但是受右倾投降主义路线影响搞偏了。这次会议以后，才逐步得到纠正，"三三制"政权才真正由共产党员（工人阶级和贫农代表）、进步分子（小资产阶级的代表）、中间分子（中产阶级和开明士绅的代表）组成，防止了国民党特务和豪绅地主把持政权。

晋察冀军区党代会，澄清了思想，明确了任务，极大地鼓舞了战斗在敌后的广大军民，把风起云涌的抗日运动进一步推向高潮。我们根据聂荣臻司令员的指示，一方面放手发动群众，发展武装，扩大军队，一方面整顿各级政权。我们采取大会号召，自由报名，群众团体选送等多种形式，动员广大群众参军参战，很快在各地掀起了"妻子送郎上战场，母亲叫儿打东洋"，"保家卫国保田园，好儿男英勇上前方"的热潮。第三军分区的部队很快就扩大到1万多人。

随着抗日武装的不断扩大，接踵而来的问题是怎样巩固这些新建部队，怎样提高新建部队的军政素质，提高部队的战斗力。形势的发展也要求我军，必须由重视数量的发展，转为注重质量的提高，以便担负起更艰巨、更重要的任务。当时，尽管战斗非常频繁，条件十分艰苦，环境相当恶劣，聂司令员还是果断地做出了整军的决定。他多次在会议上反复强调，我们目前虽然打的是游击战，但有游击习气的军队是打不好游击战的。一支军队，没有铁的纪律，就如同一盘散沙，打起仗来就会放羊，就会丧失战斗力，丧失军队的生命。第三军分区坚决贯彻聂司令员的指示，从3月起进行第二期整军。我们按照毛主席为红军制定的建军原则，逐项进行整顿，整顿中贯彻了从战争中学习战争的思想，边打仗，边学习，边提高。

为了适应斗争需要，我们着重加强初级干部的培训。分区于1938年5月、6月间，在下苇子地区成立了分区教导队。教导队队长成少甫，总支书记肖平，下设军事、政治、民兵三个队，培养连排干部和民兵骨干。

在整顿期间，除了行军打仗，部队的文化生活也搞得很活跃，在战斗间隙经常举行篮球赛、军事表演，编排丰富多彩的节目，大大鼓舞了军民的士气。通过一系列的整顿，部队的军政素质明显提高，各项工作出现了新面貌。

这里值得一提的是，当时的通讯联络搞得很好。在1938年初，晋察冀边区利用国民党丢弃的，以及拆收日伪军的电话线，把它架设到远离交通线的高山上，隐蔽在丛林山崖里，建立了一套摧不垮、打不烂的有线通信网络。我们的部队和机关无论转移到哪个山头，都可以迅速沟通联络，就是在日军"大扫荡"的非常时期，边区的电话也始终畅通无阻。另外我们第三军分区机关还搞到一部发电机，1938年在灵山曾一度点上了电灯。

4月间，日军调集兵力会攻徐州。为了配合国民党军队进行徐州会战，八路军向敌人发动第二次出击。晋察冀军区主力挺进雁北，攻克代县，第三军分区部队再次出击平汉铁路。

4月上旬，进犯涞源的敌军遭到第一军分区部队打击后，准备向易县撤退。我们得到情报后，即组织第十大队、第十一大队和第十二大队主力伏击这股敌军。4月9日夜里，第十大队迅速开到易县以西的小河村预伏地区，三营于小河村以南高地，一、二营在韩家庄、大会川地区，第十二大队一部进抵肖家峪。10日上午8点，800多个敌人带着辎重，经浮图峪缓缓向我预伏地区行进。由于我们的警戒部队隐蔽不好，被敌人前哨发觉，第二营营长李金才当机立断，指挥全营趁敌人还没有来得及展开的时候，抢先向敌人勇猛地发起冲击。敌人仓促应战，而且处于不利地形，被我军密集的火力大量杀伤。敌军转向北面突围，又遭到占领高庄以北高地的我第十二连迎头痛击，敌人不敢恋战，急忙掉头原路退回。我军紧追不舍，第十大队三营迂回到敌人的左翼，断其归路，第十二大队一部也从右翼投入战斗，激战了将近一天，敌军伤亡惨重，拼命向西北方向突围，逃回涞源，一路上丢下不少军用物资。这一仗，我军毙伤敌300余名，缴枪30余支，战马20余匹。

小河村伏击战之后，各大队分散袭击敌军的据点和交通通信线路。4月18日，第十一大队南下袭击了定县和寨西店的敌人。5月5日，各大队抽出部分主力，共同袭击保定西关车站至安庄小站一段铁路。战斗中，我军曾一度攻进保定西关，毙伤敌人80多个。6月15日夜里，第十大队第十二连和四十余名自卫队在望都西南破坏铁路，收割敌人的电线。这时，一列军用火车呼啸而来，风驰电掣地驶进被我军拆毁的齐庄路段，旋即出轨翻车，第十二连以猛烈火力向列车射击，并趁敌军混乱之际冲入车厢，毙伤敌人100多名，缴枪10余支，子弹千余发。由于望都县城的敌军火速前来救援，我军来不及搬运物资，便撤出战斗。

4月上旬至6月中旬，各大队主力共作战十余次，毙伤敌800多个，缴步枪100余支，并拆路、收割电话线和铁丝网多处，取得了第二次出击作战的胜利。

6月间，国民党一支100多人的别动队，打着抗日旗号，从冀鲁豫地区进入晋察冀根据地。他们经灵寿、唐县进入第三军分区，沿途攻击抗日政权，残害进步人士。我请示分局收拾他们，分局怕影响抗日统一战线，没有同意打。我又向军区聂司令员请示，他同意我的意见，但嘱咐我不要声张，事后也不要向军区写报告。于是，我们组织部队，在大沙河边搞了个伏击，将他们全部消灭。

5月19日国民党军队放弃了徐州，又展开了"保卫大武汉"的作战。为了配合正面战场作战，纪念七七事变一周年，晋察冀部队分别向平汉、平绥、正太铁路沿线的敌人发动第三次出击。

7月4日，第十大队四连、十二连由下河镇出发破路，敌人派兵追击，四连退到东旺。这时，大队长王紫峰带一、三营赶到东旺，他们采用声东击西的战术，派骑兵排奔袭燕赵，吸引100多名敌步骑兵驰援燕赵。敌高门屯营地只留下80多人，4辆汽车、1门炮、4挺机枪。第十大队主力突然将高门屯敌人营地包围，激战两个小时，毙伤敌人30余名，残敌在援兵接应下撤走。7月6日夜间，第十一大队主力在兄弟部队配合下，猛攻定县县城，打了30分钟，即从西关突入城里，与敌人巷战一整夜，毙伤敌百多人。第十大队占领定县车站4小时，缴获一些物资。

7月23日，第十一大队配合第十二大队袭击保定，攻占了车站并突入西关，毙伤敌200余名，收电线数万斤，炸毁两辆机车。

在此期间，骑兵营越过平汉铁路，通过冀中，向津浦铁路出击，沿途打击日军和汉奸。第一连在交河战斗中俘伪军50多人，徐（水）东的五村战斗，消灭伪治安军一个连。第一、第二连在任邱的石门桥战斗中，袭击日军一个骑兵大队，打得敌人丢盔卸甲，抱头鼠窜，骑兵营缴获不少马匹，除了自己补充以外，一部分留给了冀中部队。

晋察冀部队的三次出击，扩大了我党我军的影响，鼓舞了边区军民的斗志，有力地配合正面战场，消灭敌人有生力量，钳制了敌人的兵力，曾一度使敌人的交通运输和通讯联络瘫痪。新部队在实战中学会了攻坚、伏击、袭击、防御等战术，丰富了指挥经验。

在我军的不断打击下，驻保定、满城的伪警防队，士兵消沉，军心动摇，军官们各自拉一帮人，加之民族仇恨，日伪军矛盾日益尖锐。我们为了争取这些队伍成为抗日力量，派遣敌工干部打入他们中间，利用他们的矛盾，展开工作。在我们反复宣传、耐心说明和政策感召下，保定、满城伪警防队2000多人在8月间全部反正。该部在唐县店头一带改编为晋察冀游击军，直属军区建制，归第三军分区领导。司令员李允声，副司令员王博。编有司、政、供、卫机构，直属队有特务连、追击炮连、通讯连、侦察连和电台。下辖三个支队，支队辖三个大队，每个大队140多人，轻机枪三至九挺，步枪都是"三八"式，武器装备较整齐。

8月间，为了适应斗争需要和加强主力部队建设，军区根据游击队发展情况，指示第三军分区扩建两个支队，我们以定县、曲阳、行唐、新乐等县大队为基础建立第一游击支队；以行唐、定唐、望都等县大队为基础组建了游击第二支队。

深入敌后十个月来，从阜平"动委会"成立，到第三军分区组建初期，我接触比较多，感受比较深的是青年知识分子。过去我对青年知识分子不大信任，不敢大胆使用。到阜平以后，聂司令员多次强调要大胆地从知识分子中选拔和培养干部，让他们在战斗中锻炼成长。在当时干部十分缺乏的情况下，我开始积极大胆地使用知识分子。经过一段时间的接触了解，我感受到，当时的青年知识分子面对祖国山河破碎，国破家亡的命运，有着强烈的民族自尊心和责任感，他们不甘于祖国沦为殖民地，更不愿当亡国奴；他们对日军的惨绝人寰的暴行义愤填膺，痛心疾首，对国民党军队的消极抵抗、节节败退，强烈不满，他们把希望寄托于共产党、八路军。我们深入敌后，他们纷纷投奔我们，愿意在共产党、八路军领导下，做好收复国土、振兴祖国的工作，有的直接参加了八路军，有的在抗日团体里工作。他们热情高，干劲大，头脑敏捷，接受新东西快，只要正确引导，的确可以培养成我党我军优秀的指挥员和党政领导干部。后来，这些知识青年干部无论在军队或是到地方，都干得不错，能够很快打开局面。一系列的事实，扭转了我对青年知识分子的偏见，深深地体会到，根据地的发展和巩固离不开知识分子，军队建设离不开知识分子，中国革命更离不开知识分子。当然，对青年知识分子干部，不能恨铁不成钢，要允许他们有个适应、习惯和锻炼提高的过程，允许犯错误，也允许改正错误。

总部随营学校分配来的吴旗峰，我把他安排到第十一大队第二营当教导员，他第一次带兵打仗的时候，当敌人的枪弹"嗖嗖"地贴着他的头皮飞过，他竟吓得晕了过去。别人以为他负了伤，把他从火线抬下来救治，才发现他没有受伤。大队长朱仰兴和政委张毅忱说他是怕死鬼，临阵逃脱，要撤他的职。我对他们说，对一个初上战场，没有作战经验的年轻人，出现这种情况并不奇怪，不能过于责备，要给他锻炼的机会。我给他们讲了前面已提到过的，在中央苏区第五次反"围剿"中，我团一位新任指导员第一次参加战斗的故事，最后大家同意了我的意见，吴旗峰继续留任原职。后来，他表现很不错，作战英勇，不幸在战斗中光荣地献出了年轻的生命。

从此，我在各项工作中，尤其是在重要工作岗位上比较重视起用知识分子，并努力为他们施展才华提供和创造便利条件。

冀 中 整 训

在冀西北岳地区的抗日斗争如火如荼、迅猛发展的时候，冀中地区的游击战争和抗日根据地也逐步发展起来。

七七事变后，中共中央派孟庆山到河北组织抗日武装，开展游击战争。孟庆山是蠡县万安村人，曾参加过宁都暴动，长征后是红军的团长，他到石家庄和河北省委接上关系，被委任为保属特委的军事委员。孟庆山和侯玉田在 1937 年 9 月初到达冀中，在高阳、任邱、安新一带秘密收集武器，开办游击战争干部短期训练班，培养武装斗争的骨干力量。同时，一些县也积极恢复过去遭受破坏的党组织，成立人民自卫武装和救国会等抗日群众团体。

10 月初，原国民党东北军第五十三军六九一团，在团长、共产党员吕正操率领下，于南撤途中回师北上。10 月 14 日，在晋县小樵镇举行抗日誓师大会，改称人民自卫军，吕正操任司令，共产党员李晓初为政训处主任。全团 1000 多人，编成三个总队，由共产党员赵承金、于权伸、沙克分别担任各总队长。他们经深泽、安国、蠡县到高阳，每经过一地都帮助地方成立抗日政权和抗日救国会，委派县长和救国会主任。在 11 月 1 日打开了高阳，人民自卫军司令部和中共保属省委即设在该县。

随后，吕正操、孙志远也派人向聂司令员报告了冀中的情况，从此，晋察冀军区同吕正操领导的人民自卫军正式建立了关系。

12 月中旬，吕正操率人民自卫军主力到冀西阜平县王快镇一带整训，留下一部成立游击司令部。之后，人民自卫游击司令部改为河北游击军司令部，由孟庆山任司令员，阎九祥任参谋长，侯平任政治部主任，统一领导冀中的抗日武装斗争，游击军迅速扩大到 1 万多人。那时，冀中存在许许多多杂色武装，有爱国人士和农民组织的自卫团；有地主士绅、旧军警人员组织的保安团；有封建会道门组织的大刀会；有青年学生组成的救国会；还有国民党顽固分子、汉奸、土匪、地主组织的联庄会等等。这些武装总共有八九万人，其中一部分是真正抗日的，一部分是打着抗日的旗帜见风使舵捞油水的，还有一部分是假抗日、真反共的。这些队伍各霸一方，头头自封司令，有枪便是草头王。人们把这种局面形象地称为"司令赛牛毛，主任遍天下"。游击军团结争取了上述一些真正愿意抗日的武装，在一个多月里，又发展到3万多人。

1938年1月，人民自卫军整训完毕，回到冀中与河北游击军会合。离开冀西时，聂司令员向吕正操等交代了冀中的工作方针：树立冀中中心区，改造杂色武装，肃清反动势力，有计划地扩大武装力量，改造旧政权，广泛发动组织群众，安定人民生活，建立抗日秩序。中共晋察冀边区党委指派晋察冀省委书记黄敬到冀中任区党委书记，鲁贲任副书记，加强党的领导，争取很快打开一个新局面。

5月间，中央军委命令，把冀中的人民自卫军和河北游击军等主力部队，改编为八路军第三纵队并成立冀中军区。吕正操任纵队司令员兼军区司令员，孟庆山任副司令员，孙志远任政治部主任。军区下设四个支队和军分区，第七支队兼第一军分区司令员赵承金；第八支队兼第二军分区司令员于权伸；第九支队兼第三分区司令员沙克；第十支队兼第四军分区司令员由孟庆山兼。同时，按晋察冀边区政府的指示，成立了冀中行政公署，统一全区政权组织，吕正操兼行署主任，李耕涛为副主任。

7月下旬的一天，晋察冀分局书记彭真和聂荣臻通知我到五台。那时正值连日大雨，洪水肆虐，河水暴涨，途经一二百米宽的大沙河，我在人民群众的护送下，坐在笸箩里，冒着被洪水吞没的危险泅了过去，走了两天才到五台。见到彭真和聂司令员，他们微笑地望着我说："中央派程子华到冀中军区任政委，他在延安一时还来不了，想先派你去当政委，将来程子华来了你再回冀西，怎么样？"冀中的情况复杂我是早有耳闻，那里和冀西山区不同，全是平原。在平原打游击我没有经验，能不能挑起这副担子，心里没底。但是中央电报指示，指定另一位同志或我，派一人去冀中。那位同志已表示不去，这是组织需要，我有什么可说的呢。我向聂司令员谈了我的想法，他鼓励我说："你在冀西把部队整编得不错嘛，到了冀中，也是一定可以完成任务的。"他并答应我的要求，"程子华一来我就回冀西。"彭真和聂司令员详细地向我介绍了冀中地区情况。聂司令员反复向我交代任务和宗旨，主要是消灭土匪汉奸，争取和改造杂牌部队，进一步整顿部队，改造政权，发展群众组织，开辟新区。他们还告诉我，冀中的"托派"活动猖獗，"肃托"的任务很重，准备派军区政治部主任舒同去抓这项工作。

我返回曲阳第三军分区机关，立即打点行装，于第二天带着警卫员、马夫和三个宣传队员动身去冀中。晋察冀军区政治部主任舒同和我同行。我们一行到唐县，遇到瓢泼大雨。雨停后又继续东行到西大洋过唐河。唐河发源于西部山区，流到唐县东部河槽逐渐加宽，平时水深齐胸，水流平缓，可以徒涉。在河西岸，随行人员将马具、行李卸下顶在头上，手拉着马过河，我和舒同及一个公务员随后。巧得很，当我们三人行到河汊中间一个小沙岛时，洪峰翻卷，头大的石头咆哮而来，霎时把小岛吞没，我们欲退不能，欲进危险。眼看着洪水越来越大，来不得半点迟疑，舒同个头瘦小，我和公务员拉着他斜向对岸游去，已过河的同志在东岸接应我们。这次过唐河损失了我最珍贵的东西，是在江西五次反"围剿"中缴获的一个非常精致的皮文件包，包内装有毛泽东主席亲笔签署任命我为红二十七军政委的命令，还有《列宁主义问题》和《中国革命基本问题》两本书，这两本书不但是我的思想指南，还曾在五次反"围剿"中挡住了射中我的子弹，使弹头掉在皮包里，救了我一命。

1938 年 8 月 1 日，我到达任邱县青塔镇的冀中军区司令部，时已黄昏。我刚坐下，还没有吃晚饭，军区政治部的同志就递来一张字条，上面写着明天要处决一批罪犯，请我签字执行。我仔细看了一下名单，整整 28 个人，据说都是些"托派""汉奸"。我说："我刚来还不了解情况，怎么能随便批准处决人呢？"

政治部的同志说："说好明天处决的，布告都贴出去了。"

我说："那明天就暂不杀嘛。"

吃过晚饭，我细细一想，哪有这么多该杀的"托派"和"汉奸"呢？于是我决定立即提一个犯人审审看。不一会儿，押进来一个穿着黑土布衣服、敞胸露怀，蓬头秽脸儿的十几岁小孩。他冲我跪下来，连叫饶命。我让他站起来，问："你当过汉奸吗？"他摇摇头。

"那你为什么被抓起来呢？"

"因为我偷东西。"他不好意思低着头。

我想试试他的手段有多高明，对他说："你当着我的面，能偷到这间屋子里的东西吗？"

我这一说，他就来了精神，嘿嘿地笑了。"长官，不瞒您说，我已经偷过了。"

"你偷了什么？"

"刚进门时，就把桌上的牙膏偷了。"说着，他把藏在身上的牙膏递给我。

真是又好气又好笑。我严肃地训斥他："小小孩子，学会偷鸡摸狗，搅得四邻不安，这可不好，你一定要改。"

就这样，我逐一经过审查，什么"托派""汉奸"全对不上号，这28个罪犯全部免除了死刑。这件事老百姓反映很好，都说："真八路来了！"

冀中究竟有没有"托派"，谁是"托派"，说不大清楚。军区保卫部余光文就说过："我可以整汉奸，就是不会整'托派'，我是国共合作派。"后来，我才得知，由于"左"的思想倾向影响，加上各种土政策，把一些无辜的群众戴上"汉奸"帽子。甚至有些党员、党的干部，因为不赞成国共合作，思想不通就被打成"托派"，有的因此被处决了。

冀中位于河北平原中部，地处平汉、津浦、北宁三大铁路之间，南边沧石路接冀南平原，西边平汉路接冀西北岳区，北有日军在华北的战略要点北平、天津两大城市。面积约3.6万多平方公里，人口800多万，有近40个县。冀中平原没有山，但河流沟汊纵横交错，到处是湖泊水洼。我到冀中时正值仲夏，一眼望去，是无边无际的青纱帐。这时，日军的进攻矛头，已指向黄河以南的正面战场，在冀中投入兵力不多。但是冀中交通便利，有铁路、公路，敌人有骑兵、汽车和装甲车，运动快速，他们曾到高阳等县城袭击过我抗日武装。冀中军区的部队进行破路、拆线，分散打击敌人，进行了上百次的战斗，对冀中抗日根据地的初步形成作出了贡献。

冀中部队和北岳部队有很大不同，主要是缺少老红军战士作骨干，党的领导和政治工作还没有在部队中扎下根。部队成员中，除农民和青年知识分子外，有不少是从旧军队和杂色武装过来的，这些人带有不同程度的旧习气。我到冀中以后，立即着手抓部队政治工作体制的建立，按红军的政治工作制度和作风来整顿部队。我从上到下一级一级地抓，要求领导干部身体力行，做好表率，对他们的问题，毫不客气地提出批评。如孟庆山副司令员第一次来开会，带着40多匹马的警卫排。我批评他为什么这样讲排场，他辩解某某都这样，我指出别人带100匹马都行，你是老党员、老红军，应该保持和发扬党的优良作风。我请他马上把马匹送回部队去，不然就别进我的门。孟庆山毕竟是位老同志，马上就把战马打发回去。

吕正操、孙志远、孟庆山等领导同志，在收编杂色武装方面做了大量工作。他们采取政治上争取改造，分化上层，争取下层的政策，经过宣传，只要愿意抗日的，一般不用武力解决，陆续收编了不少杂色武装。人民自卫军在冀西整训时编为两个步兵团、一个特种团和一个特务营；河北游击军发展成十二路、三个游击师、三个直属团和一个模范营。冀中的部队连续配合晋察冀军区主力，进攻平汉铁路沿线各城镇、破坏敌人交通运输，使收编的部队得到锻炼。

冀中的部队发展迅猛，干部缺乏，不少团政治处主任、连指导员不是共产党员，也没有党的基层支部。我感到整顿部队的担子很重，工作开展困难很大，需要增加力量。于是给聂司令员打电报，请求调王紫峰到冀中工作。王紫峰调冀中任第四军分区政委以后，我和他商量，先把这个军分区整顿好，作为冀中军区的试点和示范。第四军分区以河间为中心，辖河间、大城、任邱、文安、新镇、雄县、新城七县。第四军分区的部队为第十支队，共有 1.4 万人，完全由地方抗日武装改编。干部主要来自四部分人，一部分是高蠡暴动的老党员或参加者，一部分是旧军官，一部分是旧保安队，一部分是学生。编制上头重脚轻，官多兵少，成分复杂。部队基础有的好一点，有的很差。部队成员年龄相差很大，爷爷孙子同伍。有个团长六七十岁了，他的通信班十几个人，平均 62 岁。

我和孟庆山、王紫峰首先从加强党对军队的绝对领导入手，按照红军的政治工作制度，根据八路军的正规编制，运用冀西第三军分区整军经验，对部队的军事，政治、编制、制度和作风等方面进行全面整顿。集中培训政工干部，大力发展党的组织，从上到下建立比较配套的部队政治工作制度。冀中地区文化教育较发达，部队的政工干部和指导员大都是青年知识分子。我们首先把他们编成学习支部进行集训。我给他们详细讲解红军的一整套政治工作原则、规定、制度、方法和加强党支部建设的经验，做示范。不是党员的，在集训中经过考察，够条件的就发展为党员。这些干部有文化，又在实践中锻炼了一段时间，经过集训，进一步掌握了理论，总结了经验教训，政治思想工作水平有了很大提高，回到连队基本上能胜任指导员工作。在普遍整训的基础上，我们将第四军分区的部队整编成三个大队，即第二十八、第二十九、第三十大队，另编一个特务团和独立第一团、独立第二团。

我们总结推广了第四军分区整训的经验，接着其他军分区的整训工作也都轰轰烈烈地开展起来。通过整训，部队的政治工作得到加强，不纯成分逐渐减少，游击习气和不良倾向得到纠正，部队建设逐步走向正轨，指战员的精神面貌焕然一新。

　　1938年10月以前，是冀中抗日根据地发展的黄金时代。这段时间，日军没有进攻冀中，如安国、蠡县、博野、高阳、任邱、肃宁、安平、饶阳、安新、霸县、容城、深县、深泽等县敌人都没有到过。那时我们还有部小汽车，到各处开会办公都可以在公路上跑。秋天以后发大水，坐船也都很安全。

　　那时，在冀中地区影响较大，实力较强的一支地方武装，是高士一的第五路抗日游击军。高士一是个大地主，他的儿子高万德及其好友杨琪良原是雄县史各庄、任邱县苟各庄的进步教员、共产党员。七七事变以后，他们宣传群众、组织抗日武装，在和保属特委取得联系后，几个月就发展了几千人，17个支队，编为第五路，高士一在他的儿子和杨琪良推动下出任总指挥。冀中军区成立时，编为独立第四支队。这支部队的士兵大部分是青年农民，基础不错，但大小头目则有不少是当地的狗腿子、兵痞，实际上军区指挥不了他们。我决定去改编这支队伍。使其真正成为我党领导下的一支抗日武装。

　　如何改编这支部队，我考虑最关键的是做内部核心的分化瓦解工作，争取群众。我带一个警卫班，从白洋淀坐船到大清河北岸高士一驻地，首先和高万德见面，向他郑重地传达了聂司令员关于整编部队的指示，共同研究具体对策，然后又分头做一些士兵骨干的工作，在各大队初步形成核心。在时机成熟以后，我们在一个大场院召开全支队大会，把三个大队共5000多人按编制序列站队，班长以上的大小头目都坐在队伍前面，把枪都架起来。队伍集合好以后，我站在队前讲团结抗日的重大意义和统一指挥的重要性必要性，最后我说："你们赞成编入八路军的人举手！"话音刚落，后边的士兵们齐刷刷地举起手臂，前边的军官们回头一看这阵势，心里同意的也好，不同意的也好，一个个也都无可奈何地举起了手。接着，高万德讲话，希望给他们发八路军臂章。我立即宣布："今天晚上派人送来，明天发给你们。"其实我已经把臂章带去。第二天早上集合，部队全都戴上了八路军的臂章。两天以后，我把这支第五路抗日游击军带到大清河以南，分驻三个地方，进一步加以整顿。

　　大清河以北还有魏大光的独立第五支队和柴恩波的独立第二支队。独立第五支队是在霸县以东的信安镇组织起来的，驻在靠近天津的地区，我们去那里改编有困难。后来，我决定不给他们送冬装，通知他们过大清河以南再发。魏大光把部队带过来，我们通过谈判协商，他表示愿意接受军区改编。

柴恩波的独立第二支队有四五千人。柴恩波原是六九一团的一个排长，他不愿意接受改编。吕正操认为柴恩波过去是他的部下，讲义气，不会有什么问题，可以暂时不予改编。我给他讲，旧军队的义气是建立在升官发财的基础之上的，现在当八路军既不能升官又不会发财，他就没有什么义气可讲了，不进行整编，柴恩波的队伍是不可能真正抗日的。后来，黄敬也跟我商量是不是等他们将来开到大清河以南再说。这样，我们就没有改编柴恩波部，只派张毅忱去当政委，加强党的领导和政治工作，另外又派去了一个地区专员。

9月间，大清河以北地区成立第五军分区，以独立第一支队兼军分区，机关设在霸县县城，由朱占魁任司令员，刘秉彦任政治部主任，下辖五个大队和三个游击团。

除了整编冀中军区已经收编的影响较大的地方武装以外，我们继续收编其他零散的杂色武装。一种是地主组织的联庄会。联庄是军阀混战时代的产物，由数村或数十村联合组织的地主武装，目的是保护自己地盘内的财产。七七事变后冀中的地主豪绅又大量组织联庄武装，多的上万人，少的也有两三千人，他们的口号是"不抗日、不投日、防土匪、保村庄"，实质上是看风使舵，视机投日。联庄的成员政治态度是复杂的，我们的方针是争取改造。我们一方面向他们广泛宣传"大敌当前，中国人不打中国人，只有团结抗日才能保家救国"的道理；一方面派整顿较好的部队驻扎到他们附近，再派人打入其内部，掌握群众，发展进步势力，孤立反动势力，最后对其加以收编。对敌视我军的联庄，适时给予军事打击。这样，我们争取改造了大部分联庄，编入八路军的有近2万人。对会道门组织的武装，我们认为是一种反动武装、迷信组织，基本方针是坚决予以瓦解。冀中的会道门武装主要有大刀会和天门会，我们向群众宣传教育，破除迷信，揭穿他们的欺骗行为，经过细致的工作，将他们大部分瓦解。对杂色武装的争取和改造，使冀中的局面渐趋稳定，地区也逐步恢复扩大。

1938年秋，国民党成立了冀察战区，委任鹿钟麟为河北省政府主席，张荫梧为省民政厅厅长。鹿钟麟想统一河北省政令，由他委任各县县长，目的是和我党我军争夺抗日根据地的领导权。吕正操司令员曾到冀南南宫县和鹿钟麟谈判，他严正地向鹿钟麟指出冀中军区是归晋察冀军区领导的，冀中行署也是晋察冀边区政府领导的，鹿钟麟给冀中的"公文"，一律要请示晋察冀边区政府。

鹿钟麟碰了钉子，张荫梧又出来捣鬼。张荫梧在七七事变以后，以他在博野开办的四存中学等几所学校的学生为骨干，组织了河北民军。平津沦陷后，张荫梧率河北民军南逃，这时又企图卷土重来，向八路军"收复失地"。张荫梧先派他的副司令王长江、政治部主任张存实（共产党员）到冀中来接洽，要把三个主力团开回博野来。吕正操司令员找我和孙志远商量后，答复他们："要来可以，但一定要由我们来安排驻地和供给，服从冀中军区的指挥，张荫梧本人不能随便到博野去。"

张存实单独和吕正操、孙志远会见，介绍了张荫梧的情况。张荫梧野心很大，自诩"南蒋北张"。张荫梧和王长江有矛盾，王原是保定军校毕业生，有民族感，是主张抗日的。随后，吕正操和孙志远找王长江谈话，指出张荫梧是要来抢地盘，破坏统一抗战，我们是决不允许的。王长江当即表示，如果张荫梧破坏抗战，他一定站在冀中人民一边。

后来，张荫梧不理睬我们的答复，派他的三个主力团进犯博野，我们决定用武力解决。我们从第二军分区调来部队悄悄地把他们包围，另派一支小部队以执行破路任务为名，向张部驻扎的村庄借路，张部不但不让通过，而且还向我们的部队打枪。第二军分区的部队立即发起攻击，将张部的三个团全部缴了械。张荫梧得到消息，赶忙逃跑。我们随即以冀中军区司令员吕正操名义，给鹿钟麟发了电报，并通电全国，通告张荫梧抢占地盘，破坏统一抗战，袭击我军的罪行。

不久，鹿钟麟派了一个姓邱的代表带着十几个人来冀中调查。他们从冀南到任邱，途经几个县，所到之处，我们一面用大红纸贴出欢迎的标语，让群众敲锣打鼓，造成热烈隆重的气氛；一面又用白纸贴出"查明真相"，"惩办凶手"的标语，使他们感到舆论的压力。他们先后走过深县、安平、饶阳、任邱四个县，每到一地，我们都召开群众欢迎大会，专请邱代表讲话，主持会议的同志带头给他鼓掌。邱某受宠若惊，满口称赞八路军好，他每次在大会上的讲话，我们都刊登在报纸显著地位。有一天，邱代表拿着报纸找到我，不安地说："王政委，鄙人的讲话，不过是随便讲讲，今后是不是不登报为好？"我坦然笑了笑，"登报问题是记者的事，新闻自由嘛，我无权干涉。再说，他们登你的讲话，是对你的尊重，也是对你的信任和希望，你应该高兴才对啊。"这个邱代表听了，不知说啥才好，苦笑着点点头。最后，吕正操司令员和孙志远主任与邱代表正式谈判，邱代表只得承认是张荫梧的不对。对于邱代表提出归还张荫梧被俘的民军问题，我们告诉他，可以归还，但是王长江、张存实两人坚决要求留在冀中参加抗日，需另派人带走这些民军。实际上张荫梧手下已无人可派，这事就不了了之。

随后，我们把河北民军三个团的人员重新整编为冀中民军，共两个团，由王长江任司令员，张存实任副司令员，边冠三任政治部主任。王长江代表冀中民军给张荫梧发了个电报，宣布脱离河北民军。

冀中的战略地位十分重要。冀中抗日根据地的日益发展巩固，对日军华北方面的大本营以及日军的运输干线构成了严重的威胁。因此，日军在实施"治安肃正"计划时，首先指向冀中。在冀中周围原有日军一个半师团，在进入相持阶段后，又从华中调来一个师团。1938年11月，日军开始对冀中地区进行战役围攻。一方面想确保华北大本营的安全，一方面企图把地广粮丰，人力雄厚的冀中平原变成日军"以战养战"的物资供应基地。敌人围攻来势凶猛，很快占领了一些县城。冀中军区动员全区军民积极投入反围攻的斗争。冀中地域广大，我军有充裕的回旋活动余地。农村村庄一般都有四五百户，大的有七八百户，这给反围攻斗争带来了便利条件。时常是，敌人来了，他们从一头进村，我们才从另一头出村也出不了问题。为了隐蔽地开展游击战，从那时起军民就开始挖地沟，作为村与村之间的交通壕，便于部队活动和群众转移，以后逐步发展成为村与村之间，村落内部的各种各样的地道。从1938年11月到1939年1月，日军对冀中进行了两次围攻，占领了雄县、霸县等五座县城。冀中军区部队在反围攻中毙伤日军伪军近千人，俘伪军千余人。11月间，党中央决定派贺龙师长、关向应政委率一二〇师主力到冀中活动，一是帮助粉碎日军的围攻，巩固冀中抗日根据地；二是推动和影响冀中部队正规化进程；三是争取扩大一二〇师部队兵员。

我在冀中有一部电台直接和晋察冀军区联络，一些重大机密问题都通过这部电台收发，有的特级密电军区指定我本人翻译。关于一二〇师来冀中的电报，晋察冀军区首先发给我，尔后又发给冀中军区。吕正操在司令部也收到电报。他对一二〇师到冀中来发生了一点错觉，凌晨两三点钟来找我，开门见山地说："我有个提议，贺龙师长来了让他当冀中军区司令员。我是东北人，可以带支小队伍开辟冀东，打回老家去。"我向他解释："你这个想法不对。你在冀中影响很大，贺师长来这里并不是代替你当军区司令，而是中央另有考虑。晋西北人口少，扩兵困难，一二〇师来这边一方面可以扩大一些兵员，另一方面帮助我们粉碎敌人的围攻。"吕正操司令员听我这么一说，误会消除了。他很干脆地说："拨给他点兵员没问题，要多少给多少。"第二天他就拟了一个调拨预案。

12月底，程子华来到冀中，就任冀中军区兼第三纵队政委，我改任副政委。随后，中央从延安又派来一批红军干部，有周彪、帅荣、旷伏兆、李天焕、谭冠三等，到冀中各军分区、各团任政委或政治部主任，加强对部队政治工作的领导。

1939年1月，晋察冀边区召开第二次党代表大会，地点在冀西第四军分区的平山县蛟潭庄长延沟，所以也叫长延沟会议。我带冀中党代表团去参加会议，冀中区党委书记黄敬因为有些事情未处理完，去得晚一点。彭真传达了中共中央六届六中全会精神，宣布中央撤销晋察冀分局，成立中共中央北方分局的决定，以彭真、聂荣臻、关向应、程子华为委员，彭真任书记。北方分局代表中央和北方局对边区党、军队、政权和群众工作实行全面领导。会议学习了毛主席在六届六中全会上所作的政治报告。报告明确了党在新阶段的总任务是：坚持抗战，坚持持久战，巩固与扩大统一战线，以便克服困难，停止敌之进攻，准备力量，实行我之反攻，达到最后驱逐敌人之目的。要求共产党及其领导下的军队站在抗日战争的最前列，成为团结全民族共同抗战的坚强核心，发挥先锋和模范作用，为实现新阶段的抗战任务而奋斗。同时，纠正了"一切经过统一战线"和只讲联合不讲斗争的迁就主义的错误，正确地坚持独立自主原则，强调放手组织人民抗日武装斗争，重申把共产党的主要工作放在战区和敌后，并作出"巩固华北，发展华中"的战略部署。中共中央六届六中全会主席团对晋察冀军区的工作给予充分肯定，并专门致电聂荣臻司令员，称赞"你们的经验将成为全党全国在抗战中最有价值的指南。"

边区党代会一直开到1939年春节前才结束。在返回冀中的头天晚上，我路过阜平，在韩德三的家里和该县妇救会主任范景新结婚。范景新同志原是阜平简易师范的学生，一一五师政治部到阜平后，她就参加了抗日宣传工作，我到阜平就认识了她。"动委会"成立后，她在妇女部当宣传员，当时她才十八九岁，无牵无挂，工作热情高，干劲大，不分昼夜，不辞辛苦，在县城走街串巷，到山村挨家挨户，宣传群众，组织群众，为子弟兵缝军衣做军鞋。和她一起工作的几个青年学生，好学上进，给我留下了很好的印象。1937年11月，第三军分区成立，我离开了阜平。1938年5月，范景新被选为阜平县妇救会主任。以后在书信来往中研讨党的方针政策，并逐步建立了革命的感情和友谊。我们结婚的第二天，我就赶到王快镇，同关向应政委和黄敬书记一起过路东，回到冀中。

1月下旬，一二〇师主力到达冀中，与冀中军区领导机关会合。2月，一二〇师主力协同冀中部队作战，粉碎了日军对冀中的第三、第四次围攻。战斗间隙，一二〇师和冀中军区在滹沱河河北献县、饶阳、肃宁交界的湾里村，联合召开政治工作会议。会议根据八路军总部2月10日发出的整军训令和晋察冀军区有关指示，确定加速"现代化、八路军化"为目标的整军方针，分期分批地创造主力兵团。会议期间，根据中央指示，组成了冀中区军政委员会，以贺龙为书记，统一领导冀中的党和军队的工作。

正当广大军民奋起抗击日军围攻的时候，冀中独立第二支队司令柴恩波叛变。柴恩波一直不接受整编，千方百计想脱离八路军的领导，程子华到冀中以后，决定把该部拨给一二〇师。柴恩波听到风声后，一面勾结日军，一面和国民党新镇县长作交易，捞到一个"冀察游击军第一师师长"的官衔后，便公开叛变，扣押了第二支队政委、参谋长和专员等党员干部100多人。贺龙师长闻讯，当即派一二〇师一部和冀中第三军分区部队把柴部包围，把被扣押的人员救了出来。柴恩波带部分人投靠了日军。因为他熟悉本地情况，后来成为冀中地区为害极大的一支伪军。柴恩波叛变事件的发生，再一次证明整训部队的重要。

为了增强一二〇师的兵力，军政委员会决定，将冀中高士一的独立第四支队和一二〇师七一五团合编为独立第一旅，旅长高士一，政委朱辉照；将魏大光的独立第五支队和一二〇师七一六团合编为独立第二旅，魏大光任旅长，王同安任政委。不久又将独立第六支队和一二〇师独立第三支队合并，将张仲翰的津南自卫军也拨给一二〇师。同时还决定，由一二〇师担负冀中的主要作战任务，冀中部队分批抽出整训。

按照军区的决定，第一批抽调九个大队，由我率领到路西整训。记得有二十、二十一、二十二、二十四、二十八、二十九大队和四军分区的独立二团等。

带领这九个大队近两万人，到冀西第三军分区完县一带山区整训，要穿过敌人的许多据点、碉堡群、封锁沟墙和平汉铁路。部队绝大多数干部战士没有离开过冀中，乡土观念比较严重，有的班排全是同一个村子的人，干部也不大好管。要安全到达冀西，困难是可以想象的。出发前，我们针对情况，进行了深入的思想动员，讲清整训的重要性，明确告诉大家整训结束还回到冀中，并规定了纪律。我们事先通过地方关系，弄清楚敌情和行军路线，然后利用暗夜越过敌人封锁线和平汉路。这次组织得较好，一枪未放，一个人也没丢，安全地通过了敌人封锁线。但是，到西部山区的时候，有些人思想又发生动摇，开小差往回跑，个别同志过铁路时被敌人打死了。

到达目的地以后，我们成立了整训指挥部，并从晋察冀军区第四军分区抽调副司令聂鹤亭来负责军事训练。我们把九个大队，按照建立主力团的编制要求，整编成第十六团、第十七团、第十八团、第三十团（缺一个营）。一般是两个大队合编为一个团，营与营、连与连尽可能保持建制。人数过多过少的予以适当调整，部分老弱病残和不适宜在部队工作的人员做了适当安置。为了便于作战时的弹药补充，对杂七杂八的武器也进行适当调整，尽量做到一个连队枪支口径一致。这项工作比较困难，有些人使用的好枪不愿意换给别人，有些人的枪是个人参军时随身带来的，具有纪念意义，有些人的手中枪是立过功的，也都舍不得调给别人。我们通过深入的思想工作，使大家自觉地服从了建设正规部队这个大局。

整编以后，聂荣臻司令员和军区政治部舒同主任来到驻地接见团以上干部，对搞好下一步整训提出了希望和要求，并传达中共中央六届六中全会精神。

在整编的同时，我们整顿了连队党组织，健全了党支部，对党员专门进行了短期训练，使党员增强了党的观念，加强了党员的模范作用。并适时地发展了一批新党员。

在整编中，各团建立了政治委员制度，选任了政委；健全了政治机关，政治处都设组织股、宣传股、除奸股（特派员）、敌工股、民运股和宣传队；各营设正副教导员，各连设正副指导员和文化教员。在政工干部配齐以后，我分别到各团召集连长、指导员上课，传授红军连队政治工作经验，现身说法讲解怎样做政治工作，怎样当连长、指导员，连队应该有那些管理教育部队的制度和方法，怎样做党支部工作等等。要求政工干部注意发挥模范作用，注意工作方式方法，搞好军政团结。在整训期间，确立了干部在职学习和战士政治课制度。进行了关于六中全会精神教育，人民军队的光荣传统教育和阶级教育，当前形势和任务的教育，各级机关和干部的职责教育等，提高了干部的政治思想水平，提高了战士的民族觉悟和对敌的仇恨，为巩固部队，提高战斗力，打下了初步的思想基础。

在连队普遍建立了青年队。负责组织青年学习，开展文娱活动，进行各种比赛，起到党支部助手作用。各连都布置了救亡室，作为活动场所，并在各连建立经济委员会，定期公布账目，改善伙食。

冀中地区的文化教育条件较好，干部都有一定文化水平，可以记笔记。但是来自农村的不少战士还不识字，所以各级还调配了专职的文化教员，建立文化教育制度。

在军事训练方面，部队在制式教练和射击技术上有一定基础，主要是改革训练方法和训练制度，着重抓射击、投弹、刺杀三大技术的训练和队列教练，克服部队的军容风纪不整、农民习气和懒散作风。

在行政管理方面，进行了纪律条令和内务条令教育，建立了班务会、排务会、连务会等会议制度和各级汇报制度，以及请假、点名、查铺、查哨等行政生活制度。部队按作息时间生活，照课程表进行训练。

在整训中还进行了反对不良倾向的斗争，整顿了纪律。干部中的军阀残余作风；战士中的同乡、家族亲戚观念及其形成的封建残余、相互包庇、自由主义，个别干部战士打骂群众，侵犯群众利益等问题得到克服。

经过半年整训，部队政治素质有所提高，军事技术和战术训练也有显著进步。奠定了"正规化、八路军化"的初步基础。9月份，整训完毕，部队开回冀中。

我按照聂司令员原先的许诺，留在了冀西。

政　治　整　军

1939 年 10 月以后，聂司令员找我谈话，准备安排我到晋察冀军区任政治部副主任。我向聂司令员建议调资历深、年龄也较大的第三军分区朱良才政委任政治部副主任，我仍回第三军分区任政委。朱良才是 1925 年大革命时期参加革命的老同志，1928 年 1 月参加朱德、陈毅领导的湘南暴动，上了井冈山，之后当过红军军政委、军委卫生部政委，抗战开始当过八路军驻兰州办事处秘书长。聂司令员同意了我的意见，我又回到第三军分区任政治委员，仍兼第三分区地委常委。司令员仍是陈漫远，副司令员黄永胜，参谋长肖思明，政治部副主任邱先通。不久晋察冀军区政治部组织部长王宗槐来当主任。在我到冀中去的一年时间里，冀西各军分区的工作有了较大的发展。从1938年9月到11月，晋察冀军区军民连续作战，歼灭日伪军5200余名，粉碎了日军5万余人、号称二十五路的第二次围攻。

1939年3月，冀西各军分区部队，根据八路军总部和晋察冀军区关于整训的命令，也进行了整军，以统一编制，统一指挥，创建主力兵团，提高部队战斗力。冀西各分区的大队整编成六个主力团，即第一团至第六团。

第三军分区辖第二团，团长唐子安、政治委员黄文明、副团长刘兴隆。另外还有游击第一支队，支队长赵国泰、政委杜文达；游击第二支队，支队长成少甫、政委李振声（后李光辉）；游击军，司令员王博、政委康建生、参谋长罗润。骑兵营仍归第三军分区指挥，营长刘云彪、政委蔡顺礼。

1939年10月中旬，敌人集中了约2万人的兵力，对冀西北岳区进行大规模的"扫荡"，企图歼灭我军主力，摧毁我军后方机关和各种设施。

11月2日，涞源的日军分几路合击第一军分区易县的管头地区。军区命令我军集结主力在外线机动位置，以优势兵力歼敌一路。第二团配合第一军分区部队和一二〇师特务团，参加了在涞源和易县交界的雁宿崖、黄土岭歼灭战。这一仗歼灭日军900多名，击毙"蒙疆驻屯军"最高司令官兼独立第二混成旅旅团长，号称"名将之花"的阿部规秀中将。

黄土岭战斗结束以后，从唐县、完县增援的敌人继续北进，保定、易县、涞源等地也出动了4000多敌人，分路向第一军分区腹地及第三军分区部队进行报复性进攻。第三军分区紧急命令各主力部队迅速脱离敌人，转移到外线，以骑兵营和游击军在完、唐地区破坏交通，打击敌人运输，袭击敌人据点。11月7日，由完县出动的敌人在大悲、葛公、张各庄一带被我军袭扰侧击，死伤近百人；由唐县出动的敌人，沿途遭我军分区部队截击，三天之内死伤250余名。敌人从11月7日到18日为期12天的"扫荡"，连遭我军各部队截击、伏击，其捕歼我军主力的企图完全失败，终于不得不退出我区腹地。

11月20日开始，北岳区四周的敌人约2万人，又分路向北岳中心区阜平进攻。日军吸取了以往失败的教训，这次分路进攻，每路分若干小路，彼此呼应，辎重夹杂在部队行列中，防备我军截击。我军除一部控制内线各要点外，主力转到外线，以广泛积极的游击战内外夹击敌人。这期间第三军分区第二团活动在灵山以北的郎家庄地区，游击军仍在完县、唐县地区活动。11月

26 日，敌人各路合击阜平，部队和机关早已脱出敌人的包围圈，敌人扑了个空，其主力先后退到王快、党城，留下一部在阜平建立据点，修筑公路。12 月 1 日，敌人再次"扫荡"第一、第三分区，企图以军城地区为目标合击我军主力，以配合阜平的敌人实现建点修路计划。

军区决定逼退深入北岳腹地的敌军，并在敌军撤退中歼灭其一部。军区部署以一部活动在曲阳、党城、阜平、五台、龙泉关、神堂堡之间，积极袭击建点修路的敌人；各地游击队则活跃在敌后各交通线上，钳制迷惑敌人。

第三军分区的第二团活动在灵山以北的上、下跑、葡萄口、虎山地区，阻击由军城西犯的敌人，歼敌一部。骑兵营和游击军不断出击，破坏公路，袭击敌伪据点。游击第一支队向平汉铁路寨西店到定县之间进行破袭，破坏铁路 10 多公里，收割电线 5000 多斤；袭击了定县和寨西店车站，毙、俘日伪、汉奸 60 多人。游击第二支队积极配合主力，扒铁路、割电线，袭扰敌人据点，使敌人日夜疲于奔命。在军区各部队共同努力下，终于把进占阜平的日军逼退。

12 月 3 日，在蒋介石策划下，阎锡山部署山西旧军 6 个军的兵力，向隰县、孝义地区的决死第二纵队和八路军晋西支队进攻，掀起了国民党第一次反共高潮，即"十二月事变"。党中央指示各根据地坚决打击国民党投降派和顽固派的军事进攻。1940 年 1 月，军分区指挥骑兵营于完县、满城交界的大固店歼灭了国民党一支 300 多人的别动队，缴获各种枪支 400 多支。与此同时，骑兵营和第二团二营配合第一军分区部队，把满城地区对我阳奉阴违、暗中与日军勾结的游杂武装孟阁臣的"第七路军"解决了，共俘 1200 多人。

1939 年夏末秋初，冀西山区连降大雨，持续 20 多天，山洪暴发，滹沱河、沙河、唐河河水猛涨，泛滥成灾，人民生命财产遭到无情浩劫。大沙河、胭脂河沿岸的滩地、梯田大部被冲毁，仅阜平县被洪水冲走溺死达千人以上。加上日军连年烧杀抢掠，人民陷于无衣无食无房、饥寒交迫的困境。当时能吃的各种树皮、树叶和玉米核、荞麦皮全都吃光了。树无皮、枝无叶的惨景到处可见。第三军分区机关部队积极投入救灾工作，一方面号召群众迅速开展生产自救，互助互济，渡过灾荒；一方面部队和县、区机关干部每人每天节约口粮二至三两，两个月内部队支援灾区 23 万余斤粮食和部分被装、药品及其他物资。灾后，各部队抽出大量人力、物力帮助群众修房盖屋，恢复生产，重建家园。在抢险救灾中，部队不仅帮助灾区人民战胜灾荒，而且进一步密切了军民关系。

共产党领导下的抗日部队迅速扩大，由于形势紧迫，有的没来得及整训，就投入紧张的战斗，有的虽然经过整训，但时间短，许多新问题没有很好解决。主要是：部队新成分的大量增加，新干部的大量提拔，政治素质有些下降；由于长期分散活动，政治工作放松，部队中的游击习气和军阀主义等不良倾向又有所滋长；干部的组织指挥能力和部队的技术战术水平低；新建部队在政治上、军事上需要提高；新收编的部队还没有得到彻底改造等等。面临斗争任务将更加艰巨、更加繁重的形势，认真搞好政治整军，加强党在部队中的绝对领导，加强政治思想工作，及时解决部队存在的这些问题，已成为当务之急。

根据中央军委关于整训部队工作的指示、训令，以及北方分局1939年10月组织会议的决定，1940年1月晋察冀军区召开党代表会议，聂荣臻司令员及时提出晋察冀军区各部队在1月初到3月底、4月初到6月底，分两期进行政治整军。整军的内容主要是审查干部，创造"四模"（模范党员、模范班、排、连）。

根据军区的指示，我们对第三军分区的部队，分期轮流进行整军。首先利用战斗间隙在主力第二团中开展政治整军，重点抓了党组织的整顿，对支委、小组长进行培训，加强了党的路线教育和阶级教育，党员标准和修养的教育。对原有的党员进行政治审查，洗刷了混入党内的阶级异己分子、投机分子和敌探奸细；在整军中发展的新党员严格根据入党条件衡量，严格入党手续。健全党的生活制度和各种政工制度。提出了"一切经过支部"的口号，加强党支部在连队的堡垒作用。上级下达的命令、训令、指示、计划，都先经党支部研究讨论，保证实施。通过整顿，党内民主、批评和自我批评等优良传统得到进一步发扬，以行政干部的身份来处理党内问题的倾向得到克服。在整军后期，通过调查评比涌现了一批模范党支部和先进党员，如第三连党支部战斗堡垒作用强，有37名党员被评为模范党员，他们带领群众出色地完成了各项任务，被评为"模范党支部"。

党组织的整顿，带动了其他各项工作的开展。部队的政治思想教育进一步加强。深入进行形势任务教育、阶级教育、革命传统教育以及统一战线的政策教育，使干部战士的政治觉悟得到提高，树立了长期进行艰苦卓绝斗争的思想；政治工作更加紧密联系实际，重视解决干部战士的思想问题和对敌斗争的具体政策问题。在整军中还进行了反奸细、反贪污腐化、反逃亡的斗争，纯洁和巩固了部队，违法乱纪和各种不良倾向大大减少。部队普遍建立健全了学习、操课、会议、报告、清理等各种制度，有效地克服了游击习气，巩固了部队的组织纪律。

继第二团之后，军分区其他部队运用第二团的经验，也都进行了政治整军。

骑兵营在政治整军的基础上，根据军区指示扩编为晋察冀军区骑兵第一团。刘云彪为团长、蔡顺礼为政委、范昌标为副团长，包镇为参谋长。骑兵团辖四个营，第一营营长范昌标兼，政治教导员王景舟；第二营营长陈信忠，政治教导员洪静海；第三营营长李盛才，政治教导员张维华；第四营营长童锡奎，政治教导员温学文，该营为补充营。骑兵团还有被服厂、装具厂、修理厂，全团3000多人。

游击军自成立以来，正值频繁的反"围攻"，未能挤出时间对该部进行改造整顿。部队没有建立起党的各级组织，基层骨干缺乏。部队里一些旧军官仍在暗中活动，发展个人势力，"三青团"组织也依然存在，贪污腐化、暗中聚赌、敲诈勒索、逃亡等不良现象屡有发生。军分区党委研究决定，利用这次政治整军机会，彻底改造这支部队。

我们首先将军分区游击一支队六个连，分散编入游击军，加强基层骨干，在各支队、大队中配备政治教导员和指导员，加强部队中党的领导。进而在部队中开展诉苦教育，控诉日本侵略军的罪行，在揭发批判原警防司令员李允声阴谋叛变活动的同时，打击一切非法活动和不良行为。随后，取缔"三青团"，建立党的基层组织和军人委员会等群众组织；清洗一些不堪改造的人员，补充了几百名新兵。通过整军使游击军的指战员懂得了党的政策和人民军队的性质，普遍提高了政治思想认识和阶级觉悟，从而逐步成为真正的抗日武装。

这次政治整军的另一项主要内容，是加强干部的政治学习，提高干部的政治质量。各级干部按不同水平进行编组，加强在职的政治理论教育。文化水平较高的学习《中国革命与中国共产党》，学点政治经济学、哲学知识和联共党史；文化水平较低的，学习文化课本和通俗教材。规定所有干部都必须经常研究时事，要求军事干部要经常研究总结对敌军事斗争经验，政工干部经常研究总结政治工作经验。整军期间，军区由聂司令员挂帅，成立了干部教育委员会，以加强干部教育的组织领导。各军分区政治部加强干部教育科，团一级部队设立学习指导员或干部教员，掀起了轰轰烈烈的学习运动。

在政治整军的同时，各部队还认真进行了军事技术训练；利用间隙开荒种地，养羊、喂猪，改善部队生活，减轻人民负担。这次历时较长的政治整军，调换了一些基层干部，培养了大批积极分子，扩大了骨干队伍，部队在政治质量上发生了根本变化。

在部队进行政治整军的时候，三分区地委根据边区领导指示，进行了党的巩固工作和政权的民主改造。从1939年底至1940年7月，对全区支部以上党员干部，进行普遍的政治审查；对各级领导机关的工作进行检查。清除了少数混进党内的阶级异己分子、投降分子、国民党特务和敌探奸细。第三分区的党组织发展很快，农村中几乎消灭了白点。通过审干、整顿支部和健全领导，使边区群众运动深入发展、空前活跃，带动了组织人民救灾生产，继续贯彻减租减息，进行扩军补兵，开展反投降反顽固斗争和民主选举运动等各项工作，这对于巩固根据地，起了极大作用。

参加百团大战

在第三军分区的领导之间，我尽量做维护团结的工作。但是在反"围攻"中，陈漫远和黄永胜之间发生了矛盾。黄永胜是从战士、班排长一级级上来的，在作战方面比陈漫远经验多一些，他对陈漫远司令员的意见不大尊重，因而两人经常争执。我从中做了不少疏通调解工作。后来，军区考虑陈漫远做政治工作较久，决定调他到肖克领导的冀热察挺进军任政治委员，黄永胜接任第三军分区司令员。但陈漫远未到挺进军，调到晋西北军区当参谋长。

1940年7月中旬，晋察冀军区在唐县娘子神召开高级干部会议。彭真代表北方分局作《目前政治形势》的报告，聂荣臻作了《关于军事问题》的报告，朱良才作了《政治工作问题》的报告，吕正操作了《坚持平原游击战争战术问题》的报告。会议总结了抗战三年来，晋察冀军区发动群众建立根据地，建设人民武装部队及作战方面的问题，确定了今后对敌斗争的方针和任务。各军分区司令员、政治委员都参加了会议，对以上报告进行了热烈的讨论。最后由聂荣臻司令员作了总结，他着重指出：要加强战略区的统一领导与各个区域独立战斗的精神；要加强各地区的协同动作，开展交通战，打破敌人封锁分割和"囚笼"政策；在作战手段上，要多采取伏击、袭击，事先要有准备，动作迅速果敢，速战速决；对在游击区或深入敌占区活动的部队，要加强政治教育和党的政策教育，密切配合地方党、政权，开展工作，争取群众，孤立敌人；在敌人围攻时，要灵活机动，能打就打，打不了就走，走也是为了寻找更好的时机打击敌人。关于部队今后的建设，聂司令员指出：应巩固现有的基础，巩固政治整军的成果，更大地发挥政治委员制度和党支部工作的作用；要抓紧部队的政治思想教育和文化教育，提高全体指战员的政治思想觉悟和文化素养，增强内外团结；要加强部队军事训练，不断提高部队的战术技术水平，进一步提高部队的战斗力，提高干部的指挥能力，加强指挥机关各部门的工作效能；要继续改善部队的管理教育。这次会议，是晋察冀军区创建以来具有重大历史意义的会议。在讨论中，我们总结交流了对敌斗争经验和整军中政治思想工作的收获，从而提高了理论政策水平。

到这年上半年，德、意法西斯已经侵占了欧洲许多国家。英、美对日采取"绥靖政策"，我国西南部的交通被封锁，国民党统治区笼罩着悲观、妥协投降的气氛。日军对国民党政府实施诱降，同时对各抗日根据地实行分割封锁的"囚笼政策"。

7月22日，朱德总司令、彭德怀副总司令和左权副参谋长签发大规模破袭战的预备命令，指出："为打击敌之'囚笼政策'，击破敌进犯西安之企图，争取华北战局更有力的发展，决定乘目前青纱帐与雨季时节，敌对晋察冀、晋西北、晋东南'扫荡'较为缓和，正太线较为空虚的有利时机，大举破击正太路。""战役目的，以彻底破坏正太路若干要隘，消灭部分敌人，收复若干重要名胜关隘据点，较长时期的截断该线交通，并乘胜扩张战果，扫除该线南北地区若干据点，开展该路沿线两侧工作，以致截断该线交通。"这就是著名的"百团大战"的开始。

接到总部命令之后，晋察冀军区各部队进行了深入的思想动员和周密的准备，补充粮弹物资，并组织攻坚、防空、防毒等训练。我们向部队讲清，交通是日军维持其反动统治和施行"囚笼政策"的重要条件，要打破敌人的"囚笼政策"，首先就要破坏敌人的交通动脉，使其瘫痪。我们还提出了"铁路是我们的敌人""破坏铁路要敌人和我们徒步赛跑"等口号。经过动员教育，部队指战员在作战准备中情绪极为高昂。

7月31日，八路军总部给晋察冀军区下达作战任务：破击石家庄到平定段，破击重点为娘子关到平定段。对平汉路元氏到卢沟桥段，北宁路的北平到山海关段，津浦路的德州到天津段，以及石德路到沧石路实行广泛的破击，阻击平汉路敌人向正太线增援，并监视边区西、北两面的敌人，一部分部队向盂县敌占据点积极活动，相机攻克某些据点。

根据预定任务，战役开始前，军分区政治机关和各级政工人员，研究了各种复杂情况下如何正确地开展工作，巩固部队的战斗情绪；组织好战地鼓动、纪律检查；组织参战群众进行救护、收集战利品。为了防止泄露战役企图，除在部队中进行保密教育外，还专门召开了锄奸会议，加强了部队活动地区和集结地域的保密工作，保证战役发起的突然性，把敌人打个措手不及。

8月20日晚，第一阶段交通总破击战开始，重点破击正太铁路。晋察冀军区以十几个团的兵力，组成了左、中、右三路纵队，负责破击正太路石家庄至平定段。其余各部队分别破击平汉、同蒲北段交通线。

第三军分区的第二团和骑兵团归军区统一指挥，其他部队由黄永胜和我率领，前进到唐县平汉铁路附近活动。在认真周密侦察的基础上，部队、民兵和群众密切配合，人不知鬼不觉地突然出现在事先选好的破击路段，快速攻击据点，拆扒铁、公路，当敌人还在晕头转向、不知所措时，我军民已经撤得无影无踪了。

游击军袭击唐县县城的敌人，攻克北罡子据点，掩护民兵破坏了唐望、唐定公路20多公里，拆毁望都到清风店的铁路150米，炸坏黄庄铁桥。并在北渠河、七里庄两地击退向我军进犯和掩护修路的敌人。

游击第一支队指挥三个地方游击队，同定北、曲阳、新乐各级党政工作人员一起，动员群众，在北起王京东站，南至新乐的平汉线上破袭。拆毁铁路20多公里，破坏公路30多公里，收割电线1万多斤，并对王京、定县北关、寨西店、新乐等火车站进行连续袭击，捣毁了车站的维持会，歼灭了部分日伪军和汉奸，使平汉铁路和曲阳到定县的公路一度不能通车。

游击第二支队在平汉铁路保定到王京的40多公里间，连续出动，扒毁铁路，剪断电线，袭击车站和敌人据点。在伏击方顺桥车站时，第三大队打开了车站的仓库，缴获了许多面粉、被装等军需物资，还活捉了车站的伪站长。

完县大队发动群众，破击保定附近铁路，破坏了保定南北地段铁路，平毁封锁沟，有力地配合了主力作战。

到9月10日，第一阶段作战胜利结束，晋察冀部队歼灭近千敌人，正太路沿线的路轨、车站、桥梁、涵洞、水塔等全部破坏，沿途敌伪重要据点，如娘子关、阳泉都被我军攻克，严重破坏了井陉煤矿；同蒲、平汉、石德、北宁等铁路均被切断，几条主要公路也被破坏，敌人在华北的主要交通陷于瘫痪。

同一天，八路军总部下达第二阶段作战命令。中心任务是扩大战果，作战的主要目标是攻占交通线两侧和深入根据地内之敌军据点。总部要求晋察冀军区以主力破击涞源、灵丘境内的公路，夺取涞源、灵丘两县城。

涞源、灵丘地区守敌为日军独立第二混成旅团，涞源县城有日军800多人，灵丘县城有敌人600多人，外围据点有1000人左右，较为分散，力量薄弱。晋察冀军区主力部队发动涞灵战役，于9月20日对涞源县城和附近十几个据点，同时发起攻击，到23日将外围据点攻克，守敌大部消灭。28日，日军3000多人从张家口来援，我军遂放弃攻打涞源，改攻灵丘，再克南坡头、抢风岭、青磁窑等据点。涞灵战役打了18天，共歼灭日伪军1100多人，而我军伤亡1400多人。

第二阶段作战中，第三军分区的游击军负责破击望都至王京铁路段。北杨村和北罡子、黄庄有敌人的炮楼群，对游击军组织军民破路的威胁很大，我们决定先拔掉这个炮楼群。20日晚，游击军第二、第三支队向望都、王京的敌人攻击，第二支队突入王京车站，第三支队攻占望都南关，炸毁铁桥，破坏了通信线路。第二支队趁夜暗悄悄逼近北杨村炮楼，不料被敌人发觉，偷袭不成便改为强攻。第一、第三大队攻击北杨村炮楼，第二大队攻击北罡子、黄庄炮楼。游击军各支队战斗到午夜，烧毁了三个据点的炮楼，全歼日军一个分队，伪军一个小队，缴获部分武器和物资。

游击军胜利完成任务后，返回田家庄地区休息。21日拂晓，天空下着毛毛细雨，唐县日伪军300多人，企图袭击游击军。游击军警惕性很高，当敌人出动不久，游击军第一支队的警戒哨就发现了敌人。支队领导一面向上级报告，一面指挥部队抢占制高点。军分区接到报告，立即命令游击第一支队配合游击军的三个支队迅速围歼这股敌人。游击军第一支队节节抗击，引诱敌人进入伏击圈，而敌军误"诱"为退，越发起劲地向我军扑来。游击军第一支队进入田家庄以后，立即抢占制高点，坚决阻击敌人。这时，游击军第二支队和游击第一支队，在迫击炮、重机关枪掩护下向敌人两侧发起攻击，敌人遭受三面夹击，惊慌失措，扭头就跑。游击军第三支队绕到敌人后侧阻截，大量杀伤敌人。这次，日伪军偷鸡不着蚀了米，损兵又折将，摇头顿足，怏怏而回。

10月6日，进入第二阶段后期，中心任务是反"扫荡"作战。

日军为稳定局势，恢复和巩固其占领区，在第二阶段我军作战还没有结束之机调集了华北境内所有能够调遣的兵力，对华北抗日根据地进行疯狂的报复性"扫荡"。日军所到之处，大肆烧杀、奸淫掳掠，残暴至极。

日军"扫荡"首先从晋东南开始。聂司令员判断，敌人随后可能"扫荡"北岳区腹地，于是指示北岳区各部队抓紧时间休整，做好反"扫荡"的准备。

此时，我三分区第二团已经归建，回到唐县的百合、父子三、歇马地区休整。接到军区指示以后，我们第三军分区立即进行反"扫荡"的思想动员，组织群众进行坚壁清野等准备工作。军分区抓紧时机，举行胜利品展览，宣传百团大战的胜利，提高群众抗战必胜的信念；各部队进行战役战斗总结，广泛奖励有功人员，宣传英模事迹；对参战群众和战区受损失群众进行慰问和抚恤。这些活动有力地推动了广大军民迅速做好反"扫荡"的工作。

11月9日，日军开始"扫荡"北岳地区。日伪军一路6000多人，由保定、涞水、易县合击第一军分区，随即转向第三军分区；完县、唐县、行唐、定县、正定日伪军7000多人，也在15日分别进入第三军分区。两路敌人连续合击店头、父子三、军城、和家庄、台峪等地区。敌人疯了似的，见房就烧，见人就杀，见东西就抢，他们对着冲天大火、杀人现场，号叫不绝，狂笑不止。

起初，我们有少数部队对敌人的凶残认识不深，在反"扫荡"中也遭到一些损失。游击军由于游击活动不够积极，对敌情判断研究有误，侦察警戒疏忽，16日在张家峪遭到党城、灵山和武家湾等四路2000多敌军的合击。游击军苦战了一天才突出重围，虽然杀伤部分敌人，但自己却损失了近200人。司令员王博、政治部主任郝玉明等33名干部英勇牺牲，17名干部负伤，大队长以下干部84人被俘。血的教训，使游击军广大指战员清醒地认识到，敌后斗争不能有一丝一毫的麻痹大意。

19日，军分区第二团袭击了贾口、党城、王快的敌人。21日，大营、台怀、王快的敌人合击阜平，侵占县城后，除留下一部据守外，其余又协同深入根据地里的其他敌人，由内向外实行所谓"分区清剿"。在敌人"扫荡"中，边区地方干部始终不脱离本区村，敌人来时他们率领民兵掩护群众上山，敌人一走立即回村救火、捉汉奸。我军主力部队和游击队在各地连续打击敌人，第二团再次袭击了党城敌军，并在23日袭击了灵山附近王家村的敌人据点。在

第三军分区各部队和游击队、民兵的不断袭击下，敌交通线被打断，敌人主力被迫在 25 日开始撤退。

在我军民的英勇打击下，到 12 月 3 日，敌军的"扫荡"告一段落，其主力基本上从第三军分区退走。但是在党城、王快、灵山、阜平四处仍有 1000 多敌军留下来修路建据点，企图长期盘踞，将我基本区分割为两半。军区决定集中第二、三、四、六团组织阜（平）王（快）战役，逼退阜平和曲阳的敌人临时据点。

第一、三军分区的游击队首先积极袭扰敌人的交通运输，以迷惑、消耗、疲惫敌人。12 月 14 日各主力部队开始向阜平、王快一线发起攻击。第二团主力向党城、王快活动，一面掩护群众破路，一面配合第六团攻取东庄。骑兵团在曲阳、唐县、完县地区发动群众破路，打击敌人，摧毁伪组织，破坏道路 35 次，每次破路长度多则十多里，少则五六里，使敌人一两天不能通车。第二团和游击军一度攻入党城和灵山，其他部队连续袭扰、围困和破坏交通，使敌人疲惫不堪，惶惶不可终日。26 日，王快出动敌步骑兵 130 多人押送 100 多驮子的军需品，接济孤守在阜平城的敌人，被第二团和第三团各一部在王林口包围歼灭，缴获了全部物资和山炮一门。27 日，阜平城和东庄两处敌人出动 1200 多名，被第三团第一营在罗峪、上门一带毙伤 130 多人。1941 年元旦，敌人终于撤出阜平和东庄，4 日又撤出王快，阜平战役遂告结束，从而彻底粉碎了敌人这次大"扫荡"。

敌人这次"扫荡"，纠集了日伪军 3 万多兵力，分 13 路进攻，北岳各部队在军区指挥下，同敌人作战达 32 次，毙伤日伪军 4400 多人。

百团大战从破击正太路开始到反"扫荡"结束，晋察冀参战部队达 46 个团，作战 970 多次，毙伤并俘虏日伪军 1.3 万余人，伪军反正 120 多人，攻克娘子关、井陉矿区等敌据点 109 处，破坏铁路 78 公里，公路 1890 公里，取得的战果是重大的。不仅如此，更重要的是严重打击了日军的"囚笼政策"和"以战养战"的计划，钳制了日军的兵力，减轻了正面战场的压力，遏止了国民党政府妥协投降的暗流。日本华北方面军承认"此次袭击，完全出乎我军意料之外，损失甚大，需要长时期和巨款方能恢复"。因此，日方惊呼"对华北应有再认识"。

百团大战，锻炼了八路军参战各部队，提高了作战能力，取得了大规模作战的丰富经验。抗战初期军分区的部队一般只打小规模的游击战、伏击战，这次不但打了伏击战，也打了破袭战、攻坚战、阻击战，提高了干部的指挥能力和部队的军事素质，发扬了我军艰苦奋斗、连续作战的光荣传统和战斗作风。部队在战斗中间，学会了应用政治攻势，争取和瓦解伪军。

百团大战消灭了敌伪军4.6万余人，其中日军达2.06万余人，对制止日军对大后方军事进攻的战略企图和政治诱降阴谋起了重大作用。这次战役极大地振奋和鼓舞了全国人民的抗日热情，坚定了抗战必胜的信心；提高了中国共产党和八路军的声威，用事实粉碎了国民党顽固派对八路军"游而不击"的污蔑。当时党中央和八路军总部的领导同志对百团大战的战果和重要意义都给予高度的评价，中央曾指示新四军和山东部队要学习百团大战的经验，适时组织一个战役，以扩大政治影响。

后来，人们对震惊中外的百团大战有不同看法和评论，甚至有人持否定和批判的态度。我认为应该以历史唯物主义的观点，实事求是地作具体分析。比如，有人认为没有百团大战，华北抗日根据地就不会出现1941年和1942年的困难时期，由于百团大战过早地暴露了我军的实力，促使日军加紧对华北根据地的军事打击。对这个问题需要从根本上去看。日本花了那么多的人力、物力和财力，把那么多的军队开到中国国土，绝不是来玩的，也不是来吃干饭的，他要掠夺比他投入多几倍、几十倍甚至上百倍的东西。你刺激他也好，不刺激他也好，他都要侵略欺负你，这是由军国主义本性决定的。绝不会因为你不刺激他，不打他，就会立地成佛。中国人民不愿当亡国奴是早就定了的，日本军队要用武力使中国人民屈服于他的压力也是早就定了的。实际上百团大战之前，日军对华北抗日根据地已经进行了激烈而又频繁的"扫荡"，有"囚笼政策"，有"灵活进剿"的所谓"牛刀子战术"，说明日军是决心不断增加力量来对付八路军的。因此，日军的"扫荡"是必然的，绝不能说是由于百团大战才引起的。

对百团大战从根本上应当给予肯定，当然也有错误和不足。在抗战期间，彭老总曾经说过百团大战在战术上是很大的胜利，在战略上尚可研究，他指的主要是对日军进攻方向的判断和时机的选择。他认为主要是对日军当时进攻方向估计有误，当时我们判断日军主要进攻西安，怕日军进占西安后截断延安和大后方的联系，后来才弄清日军为了配合太平洋战争，主要想进攻中原打通粤汉铁路和湘桂路，这样待日军进占长沙、桂林以后，兵力更分散时，再举行百团大战，战果可能更辉煌，政治影响会更大。另一点，在条件不具备的情况下，强攻日军坚固的据点，打了一些本可以避免的阵地攻坚战，部队伤亡过大，增加了以后斗争的困难。

在百团大战进入第二阶段后期，第三军分区在迷城召开会议，总结参战的战绩和经验教训，布置反"扫荡"的任务。我在会上突然生病，高烧达40摄氏度，仍坚持作报告。那时候熟悉军分区的各方面情况，没有准备稿子，讲了两三个钟头。会议结束，我返回驻地，途中又遇上大雨，被雨一淋，病情更加严重了，经检查确诊为伤寒病。

我得伤寒病以后，由于病情严重，医疗条件差，加之反"扫荡"准备工作紧张，前前后后拖了很长时间。曾经有一段时间体温高烧达40摄氏度，持续不下，除了吃点奎宁外，什么药也弄不到，头发、眉毛、汗毛全都掉光了，浑身瘦得皮包骨，一米七几的个子体重还不到100斤，自己连站都站不起来，活动需要两个人架着走，身体虚弱到极点。敌人开始"扫荡"的时候，我的伤寒病还未痊愈，只能坐在担架上打游击。当时，我虽然高烧得耳朵都聋了，但神志还清楚，为了不拖累部队，我单独转移。跟着我的有赵金池等八个担架员，四个警卫员和马夫。军分区卫生部长尹明亮和机关总支书记陈一鸣随我行动。一天，敌人进到山里，我们晚上转到山外，走到完县的坛山、齐各庄、筒笼一带，遇到骑兵团蔡顺礼政委带着骑兵团特务连和第一、第二连在那里活动，他看到我们很疲劳，劝我留下明天再走。我说："不行，完县和望都县城都增加了敌人，进到山里的敌人扑了空之后，也会很快转出来，看样子要合击我们。不但我不能留在这里，你们也要马上转移。"蔡顺礼再三劝阻我说："王政委，有我们在就有你在。"我说："我不拖累你们，我走了以后，你们要执行命令，立即转移。"我连夜径直向完县东边的山里走去，我们走了40多里到了山里，还没有宿营，骑兵团的一个排十万火急地跑来报告，蔡顺礼政委和部队遭到合击，经过苦战才部分突围。蔡政委负伤，损失人马100多。我们继续转移走到完县大岭后，正好冀中军区卫生部在那里，顾正钧部长给我吃了一点退烧药，病情有所好转，直到1941年2月才痊愈。

第八章　度过艰难岁月

反"蚕食"、封锁

抗日战争进入战略相持阶段以后，为了应付新的局势，日本统治集团改变其侵华方针，由初期重视国民党轻视共产党，对国民党采取军事进攻为主，政治诱降为辅的方针，而改变为重视共产党而轻视国民党的方针，逐渐转移主要兵力打击共产党领导的军队，置重点于华北。对国民党则改为以政治诱降为主，军事进攻为辅的方针。

从1940年下半年开始，日本侵略军为要发动太平洋战争，使华北成为其"大东亚战争兵站基地"，达到"以战养战"的目的，一方面继续加紧对国民党的诱降、逼降活动；一方面急于消灭我敌后抗日根据地，以其64%的日军和90%的伪军对我敌后抗日根据地进行频繁、残酷的"扫荡"。从此敌后战场成了中国的主要战场。自1940年至1943年，是敌后斗争最为艰苦困难的时期。

华北日军首先对抗日根据地进行号称"百万大战"的空前大"扫荡"，实行了残忍毒辣的"三光政策"，继而进行"蚕食"、封锁。在敌占区则连续施行所谓"新交通政策"和五次"治安强化运动"，发动了综合军事、政治、经济、文化、交通各方面力量的"总力战"。而国民党顽固派在"反共第一"的方针下，由片面抗战变为消极观战，并趁机掀起一次又一次的反共高潮，一部分国民党军队以所谓"曲线救国"的名义投降日军，改编为伪军，配合日军包围封锁进攻我敌后抗日根据地，形成了抗战以来反共投降的危险局面。在日伪军和顽军的夹击下，我敌后抗日根据地进入空前危险和空前困难的时期，使敌后斗争更加复杂、激烈。

1941年初，日军调冈村宁次任"华北方面军总司令"。这个刽子手一上台就提出"治安强化运动"和"总力战"方针，把华北敌后划为"治安区"（敌占区）和"准治安区"（敌我争夺的游击区）、"非治安区"（根据地解放区）。敌人对"治安区"以"清乡"为主，强化"保甲制度"和联坐法，进行严密的殖民统治；对"准治安区"以"蚕食"为主，恐怖和怀柔政策并用，推行伪化，大修封锁沟墙和炮楼据点，限制我军活动，使之逐步变成"治安区"；对"非治安区"则以"扫荡"为主，实行残酷的"三光政策"，企图消灭我军，摧毁我抗日根据地。

1941 年上半年，日伪军在晋察冀边区周围增修据点、公路和封锁沟墙，控制要点，并连续在边沿地区进行"分区扫荡"。军区领导指示全军区军民做好反"扫荡"的准备。第三军分区各部队积极加强部队的政治思想工作，搞好武器弹药的补充，分散储备和坚壁各种物资，组织群众破坏敌人的公路，填平封锁沟，拆毁封锁墙。我们的口号是："叫敌人据点搬家，公路开花，电话成哑巴。"

敌人在实行第一次"治安强化运动"的同时，对晋察冀边区进行全面的分割与封锁。在北岳区东部、平汉路西侧，北至涞水，南至平山的山沿地带，修筑封锁墙 150 多公里，增设据点八百多处，修筑汽车公路 1500 多公里，挖封锁沟 500 多公里，并在原来据点之间修筑了碉堡，以打下大规模的"扫荡"前进有利阵地。

5 月间，我军先敌出击，保护群众抢收麦子，打击了从新乐、曲阳出来抢麦的敌人，并破坏敌人的主要交通线和通讯设施，平毁了一部分封锁沟墙。

8 月中旬开始，日军集中华北机动兵力 6 万多人，伪军 1 万多人，在冈村宁次的指挥下，对晋察冀边区进行空前规模的秋季大"扫荡"。敌人扬言要在四个月之内，将我军主力合围聚歼于长城两侧。当时，仅第三军分区当面之敌就有 2 万多人。在 8 月 29 日，从保定、望都、定县几个方向，先后进入边区。敌军采取"纵深配备""层层紧缩包围"的战术进行合击，其目的是企图寻找我主力作战，重点是摧毁边区的经济，施行灭绝人性的"三光政策"。9 月 1 日，日伪军将晋察冀边区党政军领导机关和一部分部队包围在阜平以北雷保地区。9 月 2 日，军区和边区领导机关巧妙地跳出合围圈，转移到常家渠地区。9 月 2 日，敌军 5000 多人合击台峪，7000 多人合击城南庄。3 日，1000 多名敌人合击阜平。敌人从四面八方沿着每一条道路，每一道山脊和山沟，以鱼鳞式逐步压缩，进行所谓的"梳篦式扫荡"，妄图一举歼灭晋察冀各部队，摧毁根据地。这时，冀中部队和一二〇师、一二九师分别向平汉路北段、同蒲路北段、正太路沿线发起进攻，严重地威胁了敌人后方，迫使敌人一部在9月7日向五台、石家庄撤退。北岳腹地尚有敌人1.7万多名。

敌人在"扫荡"中很快占领了边区内各主要城镇，交通要道和产粮区，在平原地区修筑起林立的炮楼，挖了纵横交错的深沟，密布的观察哨，组织伪政权，派出空中侦察、特务渗透。一时，汉奸特务活动猖獗，形成了"抬头看炮楼，低头望深沟。黄狗（指敌人）到处跑，人们躲家中"的局面。敌人对边区施行灭绝人性的"三光政策"，制造了多起屠杀全村村民的惨案。如"沟里惨案"，日军1000多人包围了曲阳县沟里村，将来不及撤走的男女老少分别赶进两个大院里，然后锁上大门，先在房上架起机关枪，向院里无辜的群众扫射，然后连人带屋放火焚烧，这个村子有150多人惨遭杀害。就在曲阳县境内，同时还发生"野北惨案""北管头惨案""下陀惨案"等，全县被害群众近万人。日军在根据地的中心地区，还多处施放细菌，干部、群众因中毒患病致死者很多。加上艰苦的生活条件，伤寒、痢疾、疟疾普遍流行。阜平县有的区发病率高达90%以上，因而致死的群众数以千计。敌人的血腥屠杀，吓不倒抗日群众，各县、区人民纷纷集会，愤怒声讨日军的野蛮暴行。他们掩埋好父老兄弟的尸体，化悲痛为力量，想方设法打击敌人，誓死为死难者复仇，抗日的怒火越烧越旺。

在这次反"扫荡"中，根据中共中央要保持骨干和有生力量，部队不要过多伤亡的指示精神，晋察冀军区部队避敌主力，主动转移到外线作战，抓住有利时机打击消灭敌人。第三军分区机关率主力部队转移到外线，其余部队在"分散坚持地区，广泛开展游击战争和积小胜为大胜"的方针指导下，以营连为单位和民兵结合，积极伏击敌军，袭扰敌人主力，迟滞消耗敌人。

在这一段时间，部队由于战斗频繁，得不到休整，加上环境艰难，营养不良，非战斗减员严重。第二团因患痢疾、回归热的病员多达总数的三分之一，而未能组织起较大的战斗，常以小规模的伏击消灭敌人。骑兵团团长刘云彪因病休息，蔡政委受伤，我们派李钟奇任团长。李钟奇带领团部和骑兵二、四连在唐县的大洋、蔡庄、坡上、坡下一带活动；范昌标副团长带步兵营在下苇子、枣儿沟一带活动。骑兵团先后进行大小战斗数十次，毙伤敌人数百名。

游击第二支队经常在完县、唐县地区活动，打击袭扰日伪军。游击第二支队的三个大队，在一天深夜里，冒着大雨，乘敌不备，以突袭的方式，攻进完县县城，城里200多守敌，缩进堡垒中固守。原在城北修碉堡的也多日不敢出来。这次战斗活捉了一批罪大恶极的汉奸。接着，日军又集中部分兵力修筑唐县境内山区前沿的封锁线。游击第二支队曾海廷政委率领两个大队，在一天夜里，摸上山阳庄村一侧山头，用手榴弹将修筑碉堡的日军炸死大半。这一仗，缴获一挺歪把子机关枪，还缴获一些步枪、望远镜、图囊等物品。

就这样，各游击支队不断破坏日军的交通运输，袭击敌人孤立而又守备薄弱的据点，破坏敌人的通讯线路、公路、铁路，平毁了许多封锁沟。

由于敌人的反复"扫荡"和封锁，加上连年的自然灾害，部队的供应很困难。第三军分区在反"扫荡"中，还派出部队担负从冀中向冀西运粮、运布的任务。有一次，游击第二支队在支队长成少甫指挥下，掩护2000多民工从路西过封锁线到路东的阳城、侯陀、白陀、曹家庄一带运布。队伍到达路东后，不知怎么走漏了消息，敌占区的报纸马上作了报道，日军立即在定县到保定的铁路沿线增加了兵力。我运布军民返回时，发觉敌人防范很严，铁甲车在铁路沿线昼夜巡逻。运布的队伍在铁路附近等了几天，没法通过封锁线返回路西。后来经过周密的侦察，发现望都火车站北侧和公路交叉的路口没有挖封锁沟。于是，游击第二支队领导决定在车站附近敌人警戒较为松懈的地方通过。一天夜里，支队派出掩护部队，监视敌人的铁甲车，运布队伍排成十几路纵队，在选定的地段迅速跑过铁路。等敌人发现时，我们的运布队伍已经全部到了路西跑得无影无踪了。有时，运输的队伍是在冀中部队和人民掩护协助下，秘密通过铁路和封锁沟，顺利完成运布、运粮的任务的。这期间运的布，保证了北岳部队的当年的冬装供应。

晋察冀军区和边区领导机关，都住在三分区范围内，敌人小"扫荡"时，机关一般不动，大"扫荡"时才转移。第三军分区部队还担负着一部分掩护军区和边区领导机关、医院、抗大分校和群众团体的任务。部队掩护边区机关，利用山区有利地形和敌人周旋，使敌人到处扑空。敌人找不到边区机关和我军主力，就出动飞机侦察，我们则采取分散活动，疏散隐蔽使敌人摸不着我们的动向，在几次大"扫荡"中，军区和边区领导机关基本上没受到损失。第三军分区机关人员少，比较精干，在"扫荡"中转移过许多地方，待得最长的是迷城、史家河、和家庄等几个大的村庄。

晋察冀边区军民在其他战场的配合下，连续作战，迫使日伪军全线撤退。在敌人主力陆续退出边区之时，边区主力部队杀了一个回马枪，在9月26日，相继将阜平等地的敌人赶了出去。10月17日，留在内线的敌人害怕被围歼，除留守新建各据点的敌人外，纷纷退出边区。敌人的"秋季大扫荡"，持续了两个多月，以失败而告终。在反"扫荡"中，我军毙伤俘敌军共 8000 名，其中第三军分区各部队毙伤俘敌军 800 多名。虽然我们取得了这次反"扫荡"的胜利，但是敌人在边区内增建了一些新据点。当时，我们部队的装备只有步枪、机关枪和手榴弹，还难以对付敌人这些新据点的炮楼和碉堡，因而根据地面积相对缩小了，在第三军分区内只有阜平县是个完整的没有敌人据点的县。由于敌人新据点的阻隔，各军分区和县之间的联系受到限制。

艰难困苦的反"扫荡"斗争，锻炼了抗日军民。当时联大文工团的丁里、陈强等编了一个名叫《钢铁和泥土》的戏剧，在史家河等地演出，很受广大军民欢迎。这个戏剧反映反"扫荡"斗争中，有些人表现得像钢铁一般坚贞不屈，而有些人却像烂泥一样没有骨气。这个戏剧对号召人们做抗日勇士有鼓舞推动作用。

日军在"扫荡"根据地的同时，大力推行"蚕食"政策，以"扫荡"掩护"蚕食"，再以"蚕食"占领的点线为"扫荡"的依托，相辅相成，逐步压缩抗日根据地。日军对晋察冀边区"蚕食"的重点是第一、第三、第四分区的边沿地区。起初，我们对敌人推行"蚕食"政策的阴谋认识不足，没有引起警惕，及时采取对策，致使北岳区被敌人"蚕食"掉 1000 余个村庄。敌人在边区边沿平均推进了 15 公里，在边区周围修筑的炮楼、碉堡由 864 个增加到 1876 个。敌人在边区周围不但大修点碉，还不断增修公路，挖筑几米深、几米高的封锁沟墙，逐步把各碉堡、据点联结起来，实行其"深沟筑垒"政策，对边区形成一个包围圈，进行严密的"封锁"。敌人同时在敌占区内推行法西斯的"治安强化运动"，施行血腥恐怖统治，实行物资配给制度，企图切断敌占区和边区的一切联系，窒息我根据地军民。

当时，日军在第三军分区正面和周围形成三道封锁线：第一道在平汉铁路，第二道在平汉铁路西侧平原地区连接各县的公路，第三道以平原各城镇为支点，伸向我山区边沿和腹地。这三道封锁线之间有公路和封锁沟墙和各据点联结，实行"逐块分割"，"守点攻面"、"由点到线"的"蚕食"，妄图以碉堡为依托，封锁沟墙为屏障，对小块地区进行"梳篦式"的"清乡"和"扫荡"。此外，日伪军还派遣特务、汉奸打入我根据地，拉拢落后分子，培植爪牙，搞秘密组织，发展"维持会，散布失败情绪，破坏抗日组织和军民关系，捕捉抗日干部，迫害抗日家属，掠夺群众财物。在敌人的"蚕食"、封锁下，第三军分区所属几个县，被敌人侵占了 70%，第二团、第四十二团、骑兵团等各部队不得不机动到阜平至太行山南部山区活动，分区机关、医院、抗大分校和群众抗日团体也转移到这一带。

日军的"蚕食"和封锁，使我根据地遭受极大灾难。日军所到之处，杀人放火，人民被撵走，财富被抢光，房屋被拆毁烧光，到处是残垣断壁，田地荒芜。根据地粮食、棉布、医药、子弹和日用品都极端匮乏，有些地区的抗日军民不得不以野菜、树皮充饥，有的部队甚至在严冬仍穿着单衣训练、作战，有的部队每人只能有几粒子弹和两三颗手榴弹，伤病员时常没有药品治疗。我们的粮、油、盐、布匹以及医药器材供应已到了山穷水尽的地步。毛主席在谈到当时困难情景时说："我们曾经弄到几乎没有衣穿，没有油吃，没有纸，没有菜，战士没有鞋袜，工作人员在冬天没有被盖的地步。"我们第三军分区的部队，开始每天还能吃两餐饭，一餐干的黑豆窝头，一餐稀的黑豆玉米粥，到后来，有时只能用野菜树叶充饥。

为了粉碎敌人的"蚕食""封锁"阴谋，边区领导提出："平沟破路，摧毁封锁墙，展开封锁线内外游击战争，以巩固我原有地区，保护我根据地物资，完成公粮的收运任务，彻底粉碎敌人'经济封锁'"的作战方针，各部队迅速展开大规模的破击战。

在破击战中，各部队派出得力干部，组织小分队，分散到各地，动员组织群众。在平沟破路之前，搞好侦察，摸清敌人活动规律，搞好行动方案。破路时，派出警戒，围好敌人据点，控制好我方退路，以防敌人袭击，保护群众的安全。平沟时，派出专人协同地方干部掌握群众；平沟后，留一个小分队打击修沟的敌人。

晋察冀军区从 1941 年 11 月 10 日至 12 月 20 日，在北岳区发动了一次大规模的群众性破击战役。第三军分区的任务是破击定县至曲阳县一线。在这次战役中，军分区第二团先后袭击了庞家洼、燕川、河东、岗北等据点，消灭部分敌人，掩护群众 8000 多人平了唐县至岗北、温家庄以西的封锁沟，运回公粮 1 万多斤。军分区游击军先后对灵山、岗北、白塔、田辛庄、曲阳、唐县等敌据点，进行袭击和围困，掩护六千多群众破坏了曲阳至七里庄、曲阳到晓林、唐县到白塔和田辛庄之间的封锁沟共 25 公里，破坏公路 6 公里，运回公粮 5 万多斤。

破击战是对敌人的全面反击。经过破击战，平毁了唐县、曲阳等地区大部分公路和封锁沟壕，保持了沟内外的联系。但是，一些重要地段，在我们破路和平毁沟墙之后，敌人费了很大力量又修复了。这样我们组织群众反复破除，敌人又拉夫反复修，吃苦头的却是群众。1942年以后，我们就不再平沟了，而采取过沟搭梯子的办法，即过即搭，过后就撤，这样就使群众免遭劳役之苦了。

1941年12月，太平洋战争爆发后，日军陷入空前的孤立，兵力严重不足，大量利用伪军担任守备。军区决定发动一次大规模的对敌政治攻势，使日军下层官兵看清他们失败的命运，加深反战厌战情绪，促使伪军伪组织人员更加恐慌动摇；同时也使敌占区和游击区人民认识当前形势，坚定胜利信心，团结对敌。

各级地方党组织和部队政治机关，通过敌工人员、外线工作人员和武装宣传队、游击队以各种各样的方法，散发宣传品。有的利用黑夜，在街道和敌伪机关门口张贴传单，有的通过伪军家属转给伪军人员，有的夹在生活用品内由伪村长情报员带到碉堡里。另外，武装宣传队和民兵，经常在天黑以后逼近敌人据点碉堡喊话宣传；剧社小分队在武装宣传队掩护下，也到游击区进行演出宣传。在我军的政治攻势下，伪军、伪组织人员在政治思想上、精神状态上发生了明显变化，开始考虑自己的后路，有的在行动上有所收敛。敌占区和游击区的人民群众受到我党我军的宣传教育后，增强了胜利信心，情绪极为振奋。

（这年年底，骑兵团原团长刘云彪，由于长期在异常艰苦的环境下作战，积劳成疾，身患肺病，医治无效和我们永别了。）噩耗传开，三分区军民极为悲痛。他的不幸去世，使我们失去了一位好战友，骑兵团失去了一位好领导，是三分区的一大损失。刘云彪是江西人，很小就当了红军，参加了二万五千里长征。八路军一一五师骑兵营成立时，他是第一任营长。抗日战争开始以后，他带着骑兵营最先到敌后，第三军分区成立时，骑兵营是基本队伍。他率骑兵营打了许多好仗，为开辟和巩固根据地做出了贡献。他去世后，第三军分区和地委决定，把他经常战斗过的望都县改为云彪县，号召广大军民学习他的革命精神，继承他的革命遗志，打败日本侵略者，建设富裕强盛的新中国。

破"囚笼政策"

1942年，太平洋战争爆发后，日军为了进一步控制华北，对华北敌后抗日根据地进行更加频繁、野蛮、残酷的"扫荡"。敌人由每年对我边区"扫荡"一次，变为两次，而且多是在农忙播种和收割的春秋两季进行，有时长达三个月之久，根据地的人力、物力遭到极为严重的损失破坏，抗战进入更为艰苦困难的阶段。

上半年，日军为了分割和"蚕食"根据地，继续强化其"囚笼政策"，利用铁路、公路为封锁的干线，沿线密布据点，沿点线修筑封锁沟墙，然后扩大支线，向根据地穿插延伸，逐步构成封锁体系。

针对敌人的"蚕食"政策，我军继续展开政治攻势，同时组织军事出击。比如，我第三军分区的第六区队打进了敌人控制极为严密的曲阳县南部地区，严惩了一批罪大恶极的汉奸特务和叛变投敌分子，打击外出抢掠的敌人，并协助恢复了曲阳县党的工作和部分村庄的抗日工作。1月间，敌人设在燕赵的炮楼换防，调来伪治安军一个团，这个团的团长自恃装备好，扬言要和第六区队较量一番。第六区队决心惩治这股伪军，由刘福、赵其昌指挥第三大队和区小队，从南北官头出发，穿行地道，在夜里12点突然包围了燕赵炮楼。他们用两个掷弹筒、四个枪榴弹和三挺轻机枪、20多挺冲锋枪，向敌炮楼一齐开火。正在呼呼鼾睡的敌人一下被打蒙了，爬起来乱跑乱叫："快跑呀！土八路有炮呀！"夺路向定县逃跑。第三大队和区小队冲进炮楼，缴获不少物资。3月间，刘福和代理指导员邱玉芝率领第三大队在辛庄子包围了日军一个小队，一举毙伤日军十几名。正要结束战斗的时候，突然从远处开来不少装甲车，第三大队赶紧撤退。恼羞成怒的敌军尾追了几十里，第三大队退到嘉山凭险阻击，敌人的装甲车上不了山，打了一阵枪炮扭头开跑了。我军小部队的出击，造成点碉里的守敌惶恐不安，迟滞了敌人的"蚕食"行动。

1942年，敌人对冀中进行了一次最残酷的"五一大扫荡"，投入日伪军5万多人，"扫荡"了两个月，使冀中平原出现了"无村不戴孝，到处闻哭声"的凄惨景象。这时，程子华政委带着冀中军区和行署机关转移到我们第三军分区，主力部队也过这边来休整，避敌锋芒，寻机出击。他们的被服粮食全部由第三军分区负责供应。

第三军分区部队为了配合冀中军民反"扫荡"，在完县、唐县、定县地区广泛出击，积极活动，进行平沟、破路，钳制了平汉路西侧敌人的"蚕食"活动，消灭了大量敌人。五月中旬，我们根据侦察，发现完县县城敌力量较为薄弱，决定以第二团和第七区队一部向完县攻击。部队隐蔽地包围了完县县城，部署第二团第一营攻城北，第二营攻城西，第七区队攻城东，第三营为第二梯队并准备阻击望都方向援敌。攻击在午夜开始，第二营在团直追击炮和重机关枪的掩护下奋勇攻城，迅速登上城墙，攻入城厢和守敌展开巷战；第一营和七区队也随即突入城里，加入巷战。战斗在拂晓前结束，我军共毙伤敌中队长以下 82 人，并在城关附近掩护群众运回粮食 3.8 万多斤。拂晓，部队撤出完县县城，第二团第一营第一连和骑兵团一部进到完县西南的大白尧、岳烟地区钳制敌人，掩护群众运粮。这时望都和唐县的敌人 200 多人，在四辆坦克、装甲车掩护下，前来增援完县守敌。这股敌人遭到第一连的阻击，便展开向第一连阵地进行连续冲击，还在进攻中施放毒气。第一连顽强地阻击敌人，连续打退敌人的多次冲击，坚持战斗了三个多小时，最后在副指导员带领下突出重围。第一连伤亡很大，掩护部队撤退的九班长等三名战士，最后用手榴弹和敌人同归于尽，壮烈捐躯。

与此同时，第四十二团强袭了上素、西城子、岗北的敌人据点，破坏了唐县以西的封锁沟和公路，打死打伤日伪军数十人，运回公粮 1 万多斤。这些活动有力地配合了冀中反"扫荡"。

冀中军民在其他部队的配合下，奋力抗击敌人，主力部队和游击小组相结合，运用地道战，神出鬼没地打击敌军，使敌人伤亡 8000 多人。到 7 月初，"扫荡"晋察冀边区的敌人主力撤出，向晋冀鲁豫的太行山区转移。

经过多次的反"扫荡"，根据地军民掌握了敌人"扫荡"的一些规律，积累了反"扫荡"的经验教训，在战术上、斗争艺术上有许多创造。各主力部队大都以营连为单位分散活动，既不易被敌人发现合围，又能机动消灭敌人；地方武装和民兵配合主力积极活动，以突击战破坏敌人所控制的公路、铁路、桥梁、通信设施，使敌人交通受阻。为了避免遭到敌人合围，保障军民安全，主动伏击敌人，在当时缺少通信设施、通讯联络困难的情况下，群众创造了一些办法来通报敌人动向。如"消息树"，民兵在山岗上派出瞭望警戒哨，立一棵小树作为联络、报警的信号，发现了敌人就把树放倒，树倒的方向表示敌人来去的方向。这样可以从一个山头向另一个山头迅速传递消息，指挥员根据信号，及时采取对策。

地道战，也是在这个时期创造并发展完善的。第三军分区地道战在冀西地区是很有名的。靠近铁路的完县、曲阳、望都、定北等县开展地道战最早，这一带地势高、土质好。挖地道经过了由简到繁，由低级到高级的发展过程。起初，我们的人员深入敌占区，遇到敌人"清乡"搜捕的时候，只得躲到群众的菜窖或山药窖里，一旦被敌人发现就只有血战到底。在血的教训面前，群众将菜窖挖通，连到自己住房和其他人家里，改造成能通风排烟的地道。这种地道还比较粗糙，仍然是只能消极躲藏。以后，在残酷的斗争中广大军民逐渐认识到要保存自己，首先要消灭敌人。这样就将地道加宽加高，还设秘密孔道连通水井，既能通风排水，又能作闸门；地道里还设有便所，解决了清洁卫生问题；同时备有粮食和水，必要时可以长期坚守；如果敌人闯进地道，可主动打击敌人。这样，地道由一个个的死胡同逐步发展成为户户相连，村村相通的大地道；由单纯防御的藏身洞发展到保存自己、消灭敌人的地下工事。地道通到屋角、碾盘、坟包下面，在地面构筑瞭望射击暗孔，建成地道和地面工事相结合的立体战斗设施，到处神出鬼没地打击敌人。日军来"扫荡"，他在明处，我们在暗处，他看不见我们，我们却能看见他们，打得敌人懵头转向，张皇失措躲没地方躲，藏没地方藏，在根据地再也不敢乱窜乱撞，乱翻乱搜了。

由于敌人的"扫荡""封锁"，造成冀西边区的物资供应相当困难，特别是粮食供应更为困难。冀西边区的粮食一直供应不足，有一段时间要到敌占区去买粮。1941年，聂司令员在军区供给会议上指示：今后不要再用大批钱款去敌占区买粮了，要想尽一切办法把平汉铁路以东群众交纳的公粮运到路西根据地来。要用大力，克服一切困难去完成运粮计划。根据这一指示，军分区供给部建立了多处运粮站，由部队掩护运粮。在1941年敌人进行"秋季大扫荡"之前，第三军分区组织几万人次，从路东运回小麦200多万斤。1942年初，第三军分区又组织了一次运粮，在部队掩护下，发动群众破路、平封锁沟、摧毁封锁墙，从封锁沟外的平原地区向山区根据地运送了100多万斤公粮。

在敌人日益严密、频繁的"封锁""蚕食"下，晋察冀军区机关以及大部分抗日军民被迫退到阜平和太行山南部山区，这一带一时形成人多地少，人口密集的局面。加上天灾人祸，房屋被烧，农具被毁，衣食无着，军民陷于极度困难的境地。有的地方逃荒要饭的成群结队，饿殍载道。许多部队露宿山头，领导干部带头挖野菜吃，部队人员体质普遍下降。

为了长期坚持敌后抗日根据地的斗争，我们必须采取对策打破敌人的"封锁"。首先是要千方百计解决粮食供给问题。我们第三军分区不仅要解决自身的机关、部队的粮食供给，还重点保证晋察冀军区机关和其他机构的供给，有一个时期还要运粮给雁北的第五军分区，负担是很重的。而且，我们的粮食供给越困难。敌人越是加倍疯狂地和我们争夺粮食，企图将我们饿死困死。这样，与敌人争夺粮食成了一个时期内斗争的关键。平时我们派出部队伺机袭击敌人的储粮点，将敌人强征暴敛掠夺去的粮食抢回来；在收获季节进行武装保卫群众收割收藏，搞好征粮工作。1942 年秋，庄稼刚成熟，日伪军就全部出动，四处抢收粮食。我们的部队也立即出动，和日伪军进行针锋相对的斗争，经过数十次战斗，终于把敌人赶回据点，掩护了群众秋收、秋藏，没让一粒粮食落到敌人手里。秋收以后，部队协助地方政府搞好粮食的征运工作。在冀西搞到的粮食远远不能满足军民的需要，大量的要靠我们到冀中敌后产粮区去征运。

经过"五一大扫荡"，冀中地区的斗争更加残酷，在冀西和冀中之间，敌人设有三道封锁线，架着机枪的装甲车和汽车不停地在铁路、公路上巡逻，晚上探照灯把铁路两侧照得如同白昼。鉴于这种情况，必须寻隙找缝，巧于运筹。我们的部队经过侦察，摸清敌人守备力量较为薄弱的结合部，利用这些地区开辟运粮食通道，在附近炮楼和村庄安插内线，掌握时机掩护征运粮食的地方干部和群众顺利过往。当时成千上万的群众，无论年老的，还是年轻的，包括不少女同志，为不使山区的抗日军民挨饿，冒着生命危险积极参加背运粮食，粮袋不够，不少同志就把裤子腿扎起来装粮。运粮队像接力赛一样，一点一点、一站一站地由冀中背到冀西，再由冀西平原地区背往山区，山区军民吃到这来之不易的粮食，进一步感受到人民群众支援抗战的一颗颗火热的心，更加坚定了抗战到底的决心。

敌人对抗日根据地实行经济封锁是全面的，不但禁运粮食，还严禁钢铁、铅、钨等各种金属材料，羊毛、麻、棉纱、食盐、煤油、布匹、糖、煤、电料、医药、文化用品及其他各种必需品运进根据地。敌人还竭力缩小边币市场，扩大伪钞市场，贬低边币，提高伪钞的币值，企图使根据地经济陷入绝境。同敌人争夺物资，是反"封锁"斗争的一个重要方面，边区政府的对策是明令严禁粮食、棉花、布匹、各种油料（包括动植物油）、各种皮毛、铁器等物资出境，使敌占区的交通沿线和城镇农产品供不应求。这样，边区的各级贸易局和合作社暗地里和敌占区的私商打交道，利用他们唯利是图、渠道较多的特点，促使他们把敌占区的工业品运来换取边区的农产品和土特产品，以解决边区部分紧缺的物资。在敌我地区贸易中，因为一些地方杂钞和法币已经停用，所以边币和伪钞之间的斗争激化。我们的方针是坚持边币阵地，掌握边区的物资来打击伪钞，用兑换来的伪钞套取敌占区的粮食和各种物资，达到调节边区市场，使边币流通保持平衡。

由于根据地日益缩小，物资供应极端困难，而部队和政府脱产人员过多，远远超出根据地人民的负担能力，由此产生了军民之间的新矛盾。为减轻人民负担，渡过难关，也使部队指挥更加灵便，适应敌后残酷斗争的需要，晋察冀军区领导根据中央军委实行"精兵简政"的方针，决定把北岳区所有部队划为主力军和地方军。主力军以大团和小团组成；地方军以地方区队和县基干游击队组成。第三军分区遵照这一决定，对部队进行第一次整编。第二团编为大团，成为北岳区六个主力团之一，团长肖思明，政委黄文明。游击军三个支队编成第四十一团和四十二团两个小团，第四十一团团长伍生荣、政委赵乃禾；第四十二团团长李进才（后包震）、政委熊光焰。地方军的游击第一支队改为第六区队，队长赵国泰；游击第二支队改为第七区队，队长成少甫、政委曾海廷。

骑兵团的大量马匹在敌后活动越来越困难，我曾和黄永胜商量撤销骑兵团。百团大战反"扫荡"之后，黄永胜到军区参加总结反"扫荡"经验的会议，他向聂荣臻司令员建议撤销骑兵团。由于他没有把撤销的理由陈述清楚，聂司令员听了将他批评了一顿，并非常生气地说："你们不要，那我就把骑兵团调走，不归你们指挥了！"黄永胜碰了个钉子，回来以后好长时间情绪不高，工作也不太积极。这时，我对他讲，这个建议还是得提。我起草了一个电报稿，说明撤销骑兵团的原因，建议保留骑兵团的番号，把两个支队合进去，改编为三个大营的步骑团，并提出马匹分配的具体方案。我拿着电报稿请黄永胜签字，以我们两人的名义报给聂司令员。黄永胜说，可别再提这件事了，如果你一定要报就用你一个人的名义。我只好以我的名义将意见报上去。没过多久，聂司令员复电表示同意，并指定我代表他去改编骑兵团，改编后归第三军分区建制。就这样，我们取消了骑兵团的马匹，将第四十一团并入，改编成为一个正规的大步兵团，保留骑兵第一团的番号，保存了骑兵团的声威。改编后的骑兵团团长李钟奇，政委曾海廷。

请示改编骑兵团，这本来是一件平常的事情，下级向上级请示问题，上级可能批准，也可能不批准；就是同一个问题，第一次请示没批准，第二次请示就批准了，这都是很正常的事情。因为领导需要有一个调查研究，反复考虑的时间。但是，黄永胜对这件事曾一度耿耿于怀，不但对聂司令员有意见，而且对我也很有意见。他看到聂司令员的复电，非常不高兴，说："我黄永胜吃不开，聂司令员是不会听我的意见的。"我劝解他说："你这样看问题的方法不对，如果你把原因陈述清楚，提出改编办法，聂司令员也是会考虑的。"从那时起，黄永胜开始和我闹矛盾，散布不满意的话。不久，李湘来接替肖思明任第二团团长，黄永胜对李湘说："你要注意呀，你们第一军分区是司令员'专政'，我们第三军分区可是政治委员'专政'。第一军分区的军事干部吃得开，第三军分区的政治干部吃得开。"李湘过去和我不熟悉，他工作一段时间以后，感到情况并不像黄永胜说的那样，他对我说："黄永胜这个人不正派，我经过几个月的观察，他说的话不对。"

1942年下半年，敌人的封锁线逐渐向山区推进，企图切断山区和平原的联系。同时敌人更加疯狂地对我根据地进行"蚕食"和沟线内外的"清剿"，我军处境更加恶劣，斗争更加残酷。这时，晋察冀军区指示："主力休整，地方武装积极活动，以支持长期游击战争。"并实行"精兵简政"，对部队进行第二次整编，裁减机关的非战斗人员，多余人员充实连队，将老弱病残人员作退伍安置。

第三军分区根据军区指示，将第二团、骑兵团和第四十二团缩编为小团，第二团第三营和骑兵团第七、第八连补入第四十二团。这样，每个团都编五个步兵连，一个侦察连和一个特务连。第六区队改为曲阳支队，第七区队改为完县支队，各编四个步兵中队（连），一个特务连。云彪县以两个游击队和第二团武工队，分区一个警卫排组建云彪支队，编三个中队。云彪支队队长段志清、后是刘建忠，政委先后是马祥、葛振岳、郝正。

实施"精兵简政"是一项艰苦细致的思想工作，要通过"精兵简政"达到精简、效能、统一、节约，反对官僚主义的目的；使主力部队更加精干、更加坚强，真正成为保卫根据地的骨干和打击敌人的"拳头"。当时虽然条件异常艰苦，但是部队的抗战热情很高，抗战到底的决心很大，撤销哪个单位，精简到哪个人头上，都有很大的阻力，需要做许多说服教育的工作，讲清形势，精简的意义，抗日不分军队地方，不分时间地点，从而使大家自觉服从组织分配。通过细致的思想工作，编余人员都愉快地走上新的岗位。各部队整编后都积极活动，同敌人的"蚕食""封锁"政策作斗争。

当年9月，晋察冀军区在平山县寨北村召开党政军高级干部会议，总结了过去反"扫荡"、反"蚕食"、反"封锁"斗争的经验，针对根据地敌伪据点密布，平原地区公路、封锁沟墙纵横如网，部队机动回旋地区缩小，物资供应奇缺的情况，着重研究如何贯彻党中央提出的"敌进我进"的指示。早在1月晋察冀分局高干会议就提出到"敌后之敌后"去。但是有的同志对敌占区是否还以武装斗争为主有疑虑，在实际行动上缺乏具体有效的办法，因此这个方针没有得到贯彻。这次寨北村会议，进一步肯定了"到敌后之敌后去"展开全面对敌斗争的方针是正确的，并作出"变敌区为游击区，变游击区为根据地，敌进我进，向敌后之敌后进军"的具体部署。针对敌人兵团配备前紧后松，前强后弱的特点，把游击战开展到敌后之敌后去，主力部队和地方武装都要组织武工队和精干的小部队，深入敌后之敌后打击敌人，开展政治攻势，摧毁敌伪组织，建立小块根据地。

这次会议以后，晋察冀北岳区各军分区以主力部队的三分之一到二分之一分散伸展到敌人侧背，开展游击活动，打开了反"蚕食"、反"封锁"斗争的新局面。第三军分区根据军区的部署，明确划分了各团、各区队、支队、武工队活动的区域，便于向敌后伸展活动。武工队到封锁沟外去以前，首先学习了中共中央北方局为武工队规定的五项任务：开展对敌伪的宣传战，收复人心；开展群众工作，发展敌后秘密武装；开展敌伪军和伪组织的下层工作；打击敌人，铲除汉奸；掩护交通联络与进行经济斗争。然后认真进行细致的组织与思想准备工作。武工队的人员和武器都是经过挑选的，并对参加武工队的所有干部战士都进行党的统一战线政策、"两面政权"政策、除奸政策、敌伪军政策，武工队任务以及三大纪律八项注意等教育。

开展这项工作的初期并不是一帆风顺的。由于对敌占区情况不够了解，开始遇到不少困难。1940年在敌人进行大"扫荡"、推行"治安强化运动"的时候，敌占区地方党的干部没有思想准备，一时不知所措，没有及时撤走或隐蔽的村干部几乎都被抓了。平原的游击队撤走以后，群众也陷入恐慌之中，从此不敢和党政干部接触。加上敌人在推行"治安强化运动"中，普遍搞了"清乡"和"自首运动"，还建立了许多据点堡垒、行政村和"模范村"，实行严格的保甲制和供给制，形成针插不进、水泼不进的局面。从此，根据地和敌占区逐渐失去联系。

第三军分区初期派出的小武工队到敌占区去侦察，进行游击活动，由于群众心有余悸，怕有人告密，不敢和我们接触，更不敢接待，使武工队无立锥之地，因而大部分失败了，也牺牲了一些好干部。如1942年冬，第七区队参谋长高暴、大队长裴玉芝、侦察参谋王子鑫带领部分侦察员和通信员，会同分区作战股长姚之一、政治部组织干事黄厚金，组成小武工队深入敌占区作实地调查。他们在完成任务返回途中，由于没有群众掩护，行动也不够隐蔽，领导干部思想麻痹，在望都以北的三堤村，被敌人包围。敌人上到房顶，控制了制高点。武工队突围时由于村子四周都是开阔地，遭到敌人居高临下的猛烈火力杀伤，高暴、黄厚金、姚之一相继牺牲。这次战斗，武工队死伤 14 人，被俘去6 人，裴玉芝等侥幸脱险。

1942 年，"向敌后之敌后进军"的斗争，虽然进展不大，并且付出了不少血的代价，但是通过调查已得到敌占区的基本情况，取得一些斗争经验，为以后开展敌后斗争打下了基础。

在小武工队深入敌占区活动的同时，各部队根据"敌进我进"的方针，积极向敌人出击。第三军分区的第二团、第四十二团、骑兵团积极打击敌人，在阜平、河东、燕川等地区连战皆捷，共毙伤俘敌 500 余名，并运回公粮8 万斤。入冬后，骑兵团又回到店头，在王子山、老虎山与敌人进行了艰苦的争夺战。当时，敌人的封锁线逐渐向山区推进，集中力量在店头和唐县之间道路两侧的王子山、老虎山上修筑碉堡，企图长驻麻黄头山口，切断边区的山区与平原地区的联系。麻黄头山口是敌占区通往山区根据地的咽喉要道，边区通过平原地下党和广大群众筹集的大量食品、药品及各种物资，都是从这里运往山区；骑兵团也经常从这里出击，袭扰唐县和附近的敌据点。所以，我们必须阻止敌人在山口两侧修筑碉堡。但是，敌人用炮火封锁，甚至用毒气弹和多道铁丝网来保护施工，终于在两个山头建起了碉堡。敌人碉堡修起之后，骑兵团采取新的争夺办法，部署一些连队在老虎山对面的高地和敌人对峙，用打冷枪的办法封锁敌人的碉堡，使敌人不敢露头，并多次打退敌人的包围合击，掩护了山口的过往交通。骑兵团团部坚持在店头不动，当地群众受到很大鼓舞，他们高兴地说："只要马桩子（指拴马的桩子，意指骑兵团）不走，我们就放心了。"

1942 年下半年，党中央为了统一各抗日根据地的领导，协调党政军民各组织之间的关系，加强各地区的独立性和灵活性，决定实行各根据地的一元化领导。根据党中央的这一决定，从此我兼任第三分区的地委书记。党的一元化领导有利于党的各项方针政策的贯彻执行，党政军民力量的统一，有利于加强对敌斗争的领导，使抗日根据地的发展和巩固进入一个新的阶段。

最为艰苦的一年

1943 年进入全面抗日战争第七个年头，也是晋察冀边区特别是第三军分区最为艰苦困难的一年。

这一年，日军穷于应付太平洋战争，华北的兵力严重不足，不得不把扩大占领区的方针变为确保城市、交通要道及资源地区，对抗日根据地开始收缩兵力。从年初开始，敌人的基本作战方针以"跃进蚕食"为主，其行动特点是：集中优势兵力，以远程奔袭，实行有目标的合击，尔后控制重要点线，以弥补其兵力的不足。敌人对第三军分区的"跃进蚕食"，从 1 月 20 日到 4 月 10 日，使用兵力 6000 多人。第一步"蚕食"行唐北部，第二步伸向平山、灵寿东部，企图分割北岳区。

针对敌人的行动，第二团在行唐北部打击进犯的敌人，两次夜袭刘库池村建点的敌人，痛击王子山据点的敌人。侦察连攻克江城镇，击毙日军小队长以下 4 人，俘伪军小队长以下 62 人、伪自卫团 20 人、新民会主任 1 人、警察 3 人，缴获部分武器。这些战斗有力地配合了内线反"蚕食"斗争。

2 月以后，第三军分区深入贯彻"向敌后之敌后进军"的方针，到敌占区广泛开展军事、政治、经济、文化各方面的斗争，建立小型的隐蔽根据地。变敌占区为游击区，变游击区为根据地。

为适应"向敌后之敌后进军"这种新的组织形式和斗争形势的需要，军分区决定增强各县地方武装，组编县支队，增大部队的机动灵活性，使之更加适应分散的游击环境。第三军分区一共组编了 7 个县支队，以第七区队和完县大队合编，成立完县支队，支队长任昌辉、政委黄文明，下辖四个中队；以军分区第六区队改编为曲阳支队，支队长曾万标、政委葛士英，下辖六个中队；阜平支队，支队长郝桂月，政委权星行、李一之，下辖三个中队；原定唐支队进行增编，由一个连扩为四个连，支队长苏洪道、政委李济寰；由第二团武工队和原望都县大队、军分区警卫部队各一部，组成云彪支队，支队长段志清、政委刘昌，下辖三个战斗连；定唐支队第五大队后改为铁道支队，定唐支队副队长甄凤山任支队长。以后成立唐县支队，支队长王福岗、李银生，政委张成梅、唐振华，下辖三个连。

铁道支队支队长甄凤山带领的一支 20 多人的队伍，机动灵活，深入敌占区很快打开了局面。甄凤山出身很苦，没有文化，抗战前为生活所迫，曾当过土匪，练就了一手左右开弓、百步穿杨的好枪法，翻墙越沟，飞檐走壁，如履平地，而且很有胆量和魄力。抗日根据地建立之后，李济寰推荐他到第三军分区。1938年11月组织第三军分区第一游击队第五大队，他任大队长。他只身在敌人封锁严密的据点和保定、望都、唐县、曲阳、新乐、定县等县活动，夺枪支，除汉奸，捉特务，摧毁警察所，教育伪职人员，组织发展敌工人员，使敌伪人员极为害怕。人民群众亲切地叫他作"大老甄"，绘形绘色地传颂他深入虎穴进行斗争的故事，解放以后有个电影叫《平原游击队》，就是以甄凤山为原型，加工提炼后产生李向阳的英雄形象。敌人对甄凤山恨之入骨，悬赏300万元买他的头。敌特施行美人计，收买叛徒放毒杀害甄凤山都没有成功。有一回，定县伪警备队队长韩希梦秘密带着特务把甄凤山的妻子王均（共产党员）抓走，严刑逼供，一方面想得到甄凤山和第五大队活动情况，一方面妄图迫使甄凤山就范。王均被关在四面有大钉的木囚笼里，敌人施以酷刑，她始终坚贞不屈。第五大队得知王均被捕的消息以后，通过定县城内地下关系把伪公安局长康翔远的老婆李秀玲等十几个人弄出城外作为人质。一年半以后，敌人不得不以王均换回李秀玲。甄凤山有丰富的敌后工作经验，自有一套对付敌人的办法，他闯进敌人碉堡据点去吃饭、搞情报，如入无人之境。

铁道支队在甄凤山率领下，深入敌后，运用巧妙的战术捉特务，拿炮楼，断交通，拆铁路，攻车站，破水泵，毁机车，炸桥梁，割电线，烧仓库，埋地雷，有效地打击敌人。他们还不断给山区运送粮食和物资，解决山区的供应问题。

其他各支队在不断总结经验教训，进一步摸清敌人情况的基础上，派到敌占区的武工队也都陆续站住了脚。敌后武工队因地制宜，机动灵活，经常活跃在敌人的炮楼据点之间。搞得敌人前边挨打，后院起火，顾前顾不了后，顾头顾不了尾，长期军心惶惶，不得安宁，"囚笼""蚕食""封锁"政策开始瓦解。

武工队在敌占区站住脚以后，积极开展活动，把武装斗争和政治斗争，公开斗争和隐蔽斗争结合起来，狠狠地打击敌人。汉奸、特务是首要打击的对象。对罪大恶极的汉奸头目坚决予以镇压，对胁从分子实行宽大政策，教育他们争取立功赎罪。群众看到汉奸特务遭镇压，消除了顾虑，便积极主动地协助武工队，参加各种斗争。各支队和地方专政机关配合，把原来在地方不太出名，敌特不注意的，没有暴露身份的干部陆续派到敌占区去，站稳脚跟之后，安排他们有的当伪保长，搞"两面政权"；有的抓建立党组织，恢复各村的党支部，使其逐渐担负起领导敌占区斗争的任务。

对敌占区的敌伪政权，我们采取政治争取和武力打击相结合的政策。部队武工队配合地方县区工作人员，到敌占区做敌伪政权人员的工作，启发教育他们要有中国人起码的人格尊严和民族意识，要有基本的爱国心、责任感；教育他们起码不能帮助日本人做损害本国人民的事情，不然就会成为被人民永远唾骂的汉奸、卖国贼；同时向他们指明方向，做"白皮红心"，"身在曹营心在汉"。大多数敌伪政权人员还是有点爱国之心的，经过反复做工作和启发教育，逐渐转变立场成为表面应付敌人，实际为我们做事的"两面政权"。这些伪职人员暗地里为我们提供情报，掩护我方人员，保护群众，为解放区运粮送物，购买药材等等。我们也为他们出主意、制造假象迷惑敌人，给他们的工作创造条件。有一次，我们的部队带领群众夜里去村子里抢运公粮，等粮食拉出村子以后，安排村长去向敌人报告，八路军把征收的公粮抢走了。等到敌人接到报告后再出来追的时候，我们的队伍早已走远，他们只好望尘兴叹了。

对那些少数顽固不化的伪政权人员，我们则给予坚决严惩，使一些三心二意、摇摆观望的人员受到警告和教育。例如，距完县不远有个甘城村，这个村的伪村长等几个头面人物，自恃离县城近，背靠敌人的炮楼，就拒绝向我军交公粮，甚至不让我方人员进村。我们派人到村里把他们抓出来，警告他们："你们甘当日本侵略者的走狗，敢与人民为敌，我们就不客气了。"他们吓得魂不附体连连求饶。从此，他们就老老实实的交纳公粮，我们的人员住到他们村里，他们也保证负责安全，再不敢和我们作对了。赵村庄的地主伪保长，凭借着本村有深沟和敌人碉堡相连，而且靠近县城敌人据点，胆敢连续3年拒不向我军交公粮。我们派武工队在一个晚上突然将他抓来，关起来先饿了他两天，然后问他："你现在最需要什么？"他说，"饿得慌，要吃饭。"我接着问他，"你还知道饿，八路军官兵要不要吃饭？八路军为民保国，抗击日本侵略者，你支持不支持？"他听着没有话可说，站在那里直发抖。我让他当下保证，补交所欠公粮，他老老实实写了保证书，签了字，画了押，补交了3年公粮，以后再也不敢拖欠了。

经过坚决的斗争和深入的工作，敌占区的伪政权很多逐渐变成为我掌握的"两面政权"。我们利用"两面政权"，进行公开合法的斗争，打破了敌占区的一统天下，凡是敌人在敌占区，通过伪政权进行的一切活动，我们都能很快掌握，并及时采取对付的办法。敌人在敌占区实行"良民证"制度，我们就能弄到"良民证"；敌占区实行值夜打更制度，武工队哪天夜里活动，"两面政权"就安排可靠的人去打更。有了"两面政权"，无论敌人玩什么花招，都阻挡不住我方人员来来往往、自由活动。许多在"两面政权"中工作的人员为了民族大义，忍辱负重，为抗战事业作出了贡献。后来，在肃反运动中，有些地方把这部分人当作汉奸、特务对待，这是非常错误的。

在深入敌占区活动中，我们在村镇选择军属、干部家属和苦大仇深积极抗日的群众为依靠对象，建立"堡垒户"，以此为立足点，恢复和发展群众抗日组织。有了群众的支持和掩护，武工队的活动就比较安全了，敌人的据点和碉堡被人民群众包围起来，他们自己也就进了"囚笼"。

我们把敌人的据点和碉堡周围廓清以后，下一步的工作就是发动"攻心战"，从内部分化瓦解伪军。我们的武工队和工作人员抓紧一切机会，通过召集伪属座谈，对伪属进行短期集训，深入到户等形式，做伪军人员的家属工作。伪军人员大多数是劳苦群众，妻儿老小都住在敌占区，他们大部分是由于生活所迫，不得已而为之。我们向他们宣讲抗日爱国的道理，揭露日军欺骗、蒙蔽伪军的种种罪行，启发他们的爱国心和自尊心，增强他们对日军的戒心和离心，并晓以大义，讲明我党对敌伪人员的政策。我们还组织"轻骑文工队"去敌占区宣传演出，当时最受欢迎的有歌剧《刘二姐劝夫》等节目。向他们揭露日军利用伪军"以华制华"、策动"中国人杀中国人"的阴谋，以及日军对伪军采取"拉完磨杀驴"的政策；同时也揭露国民党"曲线救国"的反动实质就是卖国，向他们宣传"忠贞爱国""中国人不打中国人"的道理。伪军家属们受到教育后，纷纷规劝当伪军的亲人，要他们为一家老小着想，安分守己，留条后路。我军的小分队采取各种方式，经常在夜间和节假日向伪军据点、炮楼喊话，散发传单，寻找机会和伪军人员接触，进行个别教育。有的还把宣传内容编成了快板："侵华日军快完蛋，留下你们怎么办，多做好事留后路，早早回头莫迟延。"有的把伪军军官的姓名、身世、家庭情况摸清楚，夜晚跑到炮楼下进行点名教育，还为他们建立了"善恶簿"，把他们做的好事、坏事统统记下。对一些表现不好的伪军人员，我方人员设法向他们提出警告，明确告诉他们，谁干了坏事，在群众那里都有账可查。当时，在群众和伪军中间流传着这样一句话："不怕你们闹得欢，就怕群众拉清单。"在战斗中，我们对被俘的伪军人员按党的俘虏政策，不搜身，不打骂，经过教育，愿留者留，愿走者走，病号用担架送回去。大部分伪军人员被我们耐心教育和我党宽大政策所感动，对我军在敌占区的活动，采取睁一只眼闭一只眼的态度。

敌人的炮楼和据点大致分三种情况，有的全由日军驻守，有的是日伪军共同驻守，大多数是以连排为单位的伪军单独驻守。我们区别不同情况，采取不同的打击办法。因为日军长期受法西斯教育训练，加上语言不通，宣传工作难做；武工队做中国翻译的工作，也只能起到争取内线的作用，达不到分化瓦解日军的目的。因此我们对日军或日伪军驻守的炮楼，采取孤立或伺机坚决打击的方针。敌人的据点碉堡一般距离在几公里以上，敌人害怕挨打不敢离开碉堡，平时靠地方老百姓作"报告员"往返联络、送饭，我们的武工队以"报告员"为内线，常常趁敌人吃饭的时机，突然冲进炮楼，将他们消灭。对伪军单独驻守的炮楼，起初我们靠"攻心战"，成熟一个反正一个，事实上这样做不妥，搞掉一个，日军又建一个或两个、三个。后来，我们改变做法，劝说伪军不要公开反正，继续驻守，隐蔽下来为我军工作，这样我们就控制了一部分敌人炮楼，每逢游击队出来活动，他们就装着没看见，让游击队顺利通过。每当我军掩护群众运粮过路的时候，反正了的炮楼伪军就为我们瞭望警戒，等队伍过完了，他们噼噼啪啪地打一阵枪，用电话向日军报告："八路过路了！"待日军纷纷追来，运粮队伍早已消失得无影无踪。

敌后武工队在敌占区的群众中也进行了大量的宣传工作。通过张贴"告敌占区同胞书"和标语，组织文艺演出，以及拜访士绅名流和知识分子等方式，宣传抗日形势和我党的政策，号召广大群众对敌人实行"不合作运动"，积极支持八路军作战，争取抗战早日胜利。从而在敌占区广大人民群众中扩大了我党和我军的影响，有效地激发了抗战热情，那时候，第三军分区司令部经常驻在离炮楼只有几里地的村庄里，伪军不下炮楼，我军活动自如。一些年岁大的同志和伤病员都转移到敌占区隐蔽下来，这样倒比在根据地里反"扫荡"保险。敌占区的老百姓真是好，敌人一来，就掩护我方人员进地道；自己有点好吃的东西，都留给八路军。1943年以后，我在敌占区活动，只带着一个马夫和一个警卫员，住在村里也很安全。

在向敌后的敌后进军中，军分区除了及时总结推广各支队及武工队的对敌斗争经验外，还非常注意加强思想工作，及时进行形势教育，揭露敌人的欺骗宣传和谣言，使小部队长期分散在残酷的环境中，保持思想健康，严格遵守纪律和制度，不致受敌占区社会上的消极影响，产生思想混乱和违法乱纪行为。在向敌后的敌后出击中，除了各县支队武工队进行活动以外，第三军分区的主力部队，第二团、第四十二团都派出三十到四十人的武装工作队，深入到东、西下素，温家庄、岗北之间，以"由近而远，由点及面，分合自如，昼夜行动，行踪不定"的方法，和敌人展开"明、暗、文、武"的各种斗争。主力部队、武工队、民兵发动和组织人民群众互相配合，在军事上、政治上向敌人展开攻势，揭穿他们的欺骗宣传，打击了汉奸特务的活动，摧毁了伪政权、伪情报网，解散伪合作社，使敌人失去统治、奴役、掠夺人民的爪牙。

在我军的军事政治攻势下，日伪军内部日益分化，日军官兵反战、厌战情绪日益增长，有的暗地哭泣，自杀、投降等现象不断发生；不少伪军的官兵暗地里主动和我军拉关系，表示中立。日军的"扫荡""蚕食"和"治安强化运动"逐步被粉碎。

国际国内战争形势的发展对敌人日益不利，日本侵略者在太平洋战场上连连遭受沉重打击，为挽救其失利的局势，急欲解脱陷入中国战场的军队，以加强对美国的作战。日军为了掩盖其从中国战场抽兵南下的企图，在抽兵以前，对晋察冀巩固的根据地——北岳区，连续进行大规模的所谓"毁灭扫荡"，这些"扫荡"的残酷性是空前的，对根据地破坏也是最为严重的。

敌人"扫荡"的征候，军区已有觉察，及时部署了反"扫荡"的准备工作。军区把主力部队和地方武装分别组成内线和外线部队，划分了活动地区，互相协同，准备寻机歼敌。

5月1日，敌军开始对第三军分区进行局部"扫荡"，主要目标是唐县、完县一带地区。当时，第三军分区机关驻在史家佐，距敌人设在唐梅的炮楼只有十几里地。敌人出去"扫荡"时，我们分两路转移，詹才芳副司令员和政治部潘峰主任带一部进百花山，我和黄永胜带部分主力入下苇子，冀中军区政委程子华随我们行动。

骑兵团驻在定唐，是敌人进攻的重点之一。团长唐子安刚从抗大毕业回来不到半个月，情况不太熟悉，我们命令他向西转移，他们行动慢了一点，没来得及转移就被敌人包围了。唐子安团长和曾海廷政委分开突围。曾海廷率一部突到马耳山，又和敌军遭遇。部队打得很顽强，毙伤不少敌人，自己也伤亡近一二百人，曾海廷政委不幸牺牲，军分区政治部宣传科长佘毅和政治部秘书周明德随他们行动，佘毅在作战中牺牲，周被俘叛变。

敌人从5月1日到8日，对完县西北山区进行了一星期的烧杀抢掠，其野蛮残酷景象，令人目不忍睹。完县的野场是一个只有60来户人家，200多人口的小山村，当时晋察冀军区工业部就驻在附近的神南，冀中军区九分区后方供给部住在野场。日军集中上万兵力"扫荡"，目的就是要摧毁这两个后方机关。但是，我军后方机关早有准备，在群众帮助下，把机器设备、弹药物资全部坚壁清野，人员转移到敌人合击圈之外。敌人扑了空，在山上山下、山里山外搜寻个遍，一无所得。"扫荡"的日军不断遭我隐蔽小分队的袭击，经常挨打，哪里也不敢立脚，甚至连水也喝不上，更加怒不可遏。5月7日，一股日军在汉奸引导下，突然包围了野场东北的石沟村，把没来得及转移的一百多名男女老幼群众赶到庄稼地里，在周围架起三挺机关枪，逼迫群众讲出部队的去向和埋藏物资的地点，供出村干部和共产党员。宁死不屈的群众齐声高喊："我们不知道！"野蛮的敌人就用机关枪疯狂地向他们扫射，他们在高呼"共产党万岁！""打倒日本侵略者！""打倒汉奸卖国贼！"的口号声中倒在血泊里。敌人惨杀了无辜群众118人，但没有从人们口中得到任何东西。这就是华北有名的"野场惨案"，日本侵略者又欠下中国人民的一笔血债。

9月，敌人又纠集了4万兵力，对北岳区巩固的根据地展开了历时三个月之久的、无所不用其极的、全面的残酷"扫荡"。敌人的目的是企图破坏北岳区军民赖以生存的物质基础，图谋首先控制我军民坚壁物资的地区，把所挖掘到的粮食物资，能运走的运走，不能运走的就地烧掉，在撤退时再奔袭我领导机关和主力部队。9月下旬，日军主要突击我边区领导机关、军工厂驻地沙河、唐河、滹沱河之间的地区，两次围攻神仙山。

神仙山位于阜平县城东北约60里，在沙河、唐河、滹沱河之间，是北岳区的中心，方圆百余里，群峰耸峙，山峦环抱，主峰奶奶尖海拔1800米，山区内有金龙洞、天梯子、跑马梁、阎王鼻子、南天门、木耙沟、九里十八弯等天险，到处是悬崖绝壁和天然的洞穴。晋察冀军区党、政、军领导机关常驻在附近，第三军分区机关、华北联合大学、白求恩卫生学校、伯华制药厂，还有炸药厂、被服厂、医院以及军用仓库等也都设在附近。过去日军"扫荡"都不敢轻易进入神仙山，这次他们认为我们的机关和物资都隐藏在神仙山区，便不惜血本冒险闯入，日军陆空配合，由飞机掩护地面部队行动，连阎王鼻子、木把沟那么险的地方都爬上去了。我军分区命令第四十二团坚持内线作战，控制着神仙山，掩护群众坚壁和机关转移，第二团和骑兵团在神仙山外围寻机打击敌人。

敌人自9月20日至29日第一次"扫荡"神仙山。22日，四十二团在神仙山东北的上下马石村和敌人接火。战斗打响以后，四十二团根据侦察情况分析，敌人打算从北面和东面钳制迷惑我们，迫使我后方机关与学校人员向南面靠拢，然后集中主力在山南部消灭我们。该团决定，由熊光焰政委带第一连掩护机关和学校人员从西北方向跳到圈外，团长成少甫和参谋长马卫华留在山区，组织部队和民兵同敌人战斗。25日，日军先头部队400多人，从金龙洞南面向神仙山进攻，企图攻下金龙洞，经九里十八弯直插炭灰铺，再占奶奶尖制高点，然后驻山"清剿"。接着敌人两千多兵力分四路伸进神仙山。四十二团是仅有六个战斗连的小团，熊政委已经带走一个连，要阻住这么多敌人进攻，必须集中主要兵力对付敌人一路。该团决定对准南边来的一路敌人开刀，随即令第四连在金龙洞据险抗击，挫伤敌人。金龙洞山口两边是悬崖峭壁，25日、26日，敌人在飞机掩护下，攻了两天，伤亡60余人，仍然没有攻下。27日、28日两天，日军猬集在金龙洞按兵不动。29日拂晓，敌人纠集1200多人，闯过金龙洞，向九里十八弯前进。日军大队前面有少数伪军赶着一群山羊专门蹚地雷，一进山口，飞机、大炮就向着山崖扫射轰击。敌人先头部队刚爬进第一弯，就被地雷炸得七零八散。日军围着十八弯绕来绕去，踏响了不少地雷，吃了不少子弹，挨了不少石头砸，九里十八弯虽只有九里却整整蠕动了一天。晚上日军占领了炭灰铺，又连续不断地遭到我军小分队袭击，打得他们吃不好，睡不安，气急败坏地架起机枪，对着夜空乱放撒气，一夜没得安宁。日军感到钻进我军控制下的孤零零小山村，形势十分不妙，30日凌晨即逃之夭夭。其他三路日军，同时也都退出神仙山，第一次围攻宣告失败。四十二团在一周的时间内，进行大小战斗18次，毙伤敌200多人。

10月29日至11月初，敌人再犯神仙山。日军调集了4000多兵力，分为九路，用闪击方式从四面八方突然扑向神仙山，企图将我山区军民一网打尽。粉碎敌人第一次围攻以后，边区、分区机关和后方保障单位都刚转回山区，还没站稳脚跟，又被日军围住了。第三军分区仍以四十二团在神仙山坚持，利用高山峻岭和敌人周旋，主力部队转到曲阳、阜平、完县、唐县的外线寻机打击敌人。敌人这次是毁灭性"扫荡"，手段极端残酷毒辣，他们采取"铁壁合围""梳篦战术"，推进时以每个大队为单位摆成三角形阵势，大队与大队之间相距十几里，互相呼应，我们打他一路，其余几路马上就来合围。他们狂妄叫嚣，要"血洗神仙山"，叫"八路插翅难飞"。

那时，为避开敌人"扫荡"，晋察冀军区机关也迁到神堂堡和山西繁峙交界的山里，为了不使敌人发现，有一段时间连电台也不工作了。我们军分区和军区失去了无线电联系。我们指挥军分区机关和直属队，还带着地委机关部分人员和敌人周旋。地委副书记权星垣负责和各地党组织联系，专员张冲（张林池）负责沿途搞粮食，武装部长旬长武负责调动民兵。另外，我们还带着晋察冀军区的文工团、联大文工团和我们自己的冲锋剧社，白求恩卫生学校和许多伤病员。军区副司令员肖克患肺病，由我们负责保护转移。神仙山本来就没有几户人家，敌人第一次进山时把房屋大部分烧光了，部队在山里没处宿营。我们在山里转来转去，设法钻敌人的空子突围。敌人采用的是分进合击战术，如果选不准时机就会与敌人遭遇，我们只有等分进的敌人快合拢时，选准缝隙突围出去，才能冲到敌人背后。一天傍晚，在突围的时机上，我和司令员黄永胜发生了分歧。根据各方面的情报分析，敌人要晚上合围我们，我主张在敌人合围之前趁天没黑往东转移。黄永胜认为敌人不会合围，不同意走。我说："要是真的敌人合围，晚上才转移，在山里黑夜抬担架根本看不清路，是很危险的。如果把肖克副司令员丢掉了，那问题就大了，怎么好向聂司令员交代？"他说："你怕死，你就走。"说罢他就走开了。我立即找到第四十二团政委熊光焰，命令他带一个连从神仙山西南方向护送肖克先行突围，去和骑兵团会合。他们在天黑之前就突了出去，沿着大路走到阜平方向安全地域。随后，我让权星垣、张冲和民兵队长申长虎等直接向黄永胜汇报敌情，黄永胜听了汇报才着了急，跑来找我说："现在走晚了点，怎么办？"对第三军分区范围内的山山水水，沟沟梁梁，大道小路，大小村庄，我都亲自踏勘过，尤其是对神仙山更熟悉。过去我到各县工作经常带着警卫员、马夫过神仙山，每条蜿蜒小路、山梯捷径，每处悬崖陡壁都爬过。我对黄永胜说："让每个人打个火把上山，山上有煤矿，每个班从煤矿弄碗油提着，做个油灯从山背后下山。你带司令部走，我带地委、专署和政治部走。"天没亮之前，我们上到山顶，隐隐约约看到山下的敌人在活动。第二天，敌人已经上到山顶。我们的两路人马下到山背后靠近山脚的一个山坳里会合后隐蔽休息，敌人没有发觉。等到晚上我们下山继续走。我给四十二团团长成少甫打电话，他带一部接应我们突出合围圈。

后来，山下村里的老百姓对我们说，那天晚上，看到山上一条火龙在游动，山下的日军头目嗷嗷叫，像赶羊一样赶着日伪军往山上爬。人们都为八路军捏着一把汗。

我们突围以后，四十二团继续留在神仙山牵制和迷惑敌人，掩护坚壁在山里的重伤员和重要物资。该团组成小分队坚守各个要点，以逸待劳，歼灭敌人，在主峰奶奶尖，二连一排的战士们用机枪、步枪对飞来的敌机猛射。一架敌机尾部拖着浓烟栽到对面的山坡上。二连一排还在马庄附近与五六百的敌人激战一天，打退敌人一次又一次的冲锋，身负重伤的战士刘水儿，拿起最后一颗手榴弹，扑上去和敌人同归于尽。四连一排在小铁矿与近千的敌人苦战了一整天，打退敌人几次集团冲锋，二班全部牺牲，班长、共产党员刘成耀在成群敌人向他冲去时，抱起掷弹筒，高呼"共产党万岁！"纵身跳下几十丈高的悬崖。英雄的四十二团的指战员们以自己的生命和热血保卫了神仙山和人民群众。全团经过八天苦战，打退敌人几十次冲锋，共毙伤敌699人，受到晋察冀军区通令嘉奖。我们军分区授予该团四连"神仙山的保卫者"荣誉称号，机枪手权新法荣获"射击英雄"称号；三连副政治指导员吴占国荣获"民族英雄"称号。

敌人这次"扫荡"长达三个月，使边区群众损失惨重。日军大队长荒井率领五百多名日伪军在阜平的平阳地区反复"扫荡"87天，实行"三光政策"，把村庄烧成废墟，居民的财物被抢掠一空，无辜百姓被杀害近千人，仅平阳街上就有三百多具死难者的尸体，制造了闻名中外的"平阳大惨案"。反"扫荡"结束后，阜平县在平阳村召开了万人参加控诉日军制造平阳惨案罪行、悼念死难烈士的群众大会，建立了平阳惨案死难烈士"千人冢"和烈士纪念碑。

敌人的滔天罪行，激起我军广大指战员无比愤慨。在反"扫荡"中，部队和地方民兵武装结合，分散活动，利用各种战法大量杀伤敌人。当时的民兵组织已很严密，有丰富的作战经验，他们积极开展麻雀战和地雷战，在敌人"扫荡"必经的大道上和村里村外，房前屋后，灶里炕下，猪圈鸡窝，利用不同地形地物埋设地雷，敌人走到哪里，哪里炸，碰到什么，什么炸，处处挨打挨炸，寸步难行。在这次反"扫荡"中，阜平县民兵游击队配合部队、县地方武装，广泛开展了地雷战、麻雀战、游击战。全县有效爆炸地雷875个，毙伤敌伪2200余名，炸毁敌汽车76辆；进行大小战斗370次，毙伤敌伪378名，解救被抓民夫1235名，夺回粮食6万斤。

9月，日伪军五六百人袭入阜平。这时，主力部队已经转移，坚持原地斗争的城厢民兵中队用熟练的技术快速埋雷，巧妙伪装，使敌人进入阜平县城后，走路、搜索、推门乃至抓鸡牵羊，都受到地雷爆炸的威胁，时刻担心有生命的危险。民兵在这次反"扫荡"中还创造了"引诱爆炸""迎头爆炸""尾追爆炸""飞行爆炸"等方法，使敌人死伤累累、仓皇撤退。模范共产党员、中队长李勇带领阜平五丈湾游击小组，将地雷战和麻雀战结合巧妙地打击敌人。三个月内，他一个人就有效地爆炸了62个地雷，炸毁敌人汽车5辆，毙伤敌官兵364人，被授予晋察冀军区"爆炸英雄"的称号。

晋察冀军区和北岳区党委号召开展"李勇爆炸运动"，推广李勇的作战经验，整个北岳区军民积极响应，出现了成百成千个李勇式的人物，他们在李勇经验的基础上，制造了铁雷、石雷、瓦罐雷、拉雷、拌雷、滚雷、连环雷、子母雷，使敌人防不胜防，躲没法躲，屡遭杀伤。在这次学李勇运动中，共炸响地雷3500多枚，毙伤敌人6700多人，炸毁火车12列。当时在军民中间到处流传着："地雷战，显神威，炸得敌人血肉飞，有的脑袋搬了家，有的没了胳膊腿。"地雷战在反"扫荡"斗争中发挥了重要作用。

在反"扫荡"中，部队干部的孩子都交给群众照管，群众把保护干部的后代当作革命任务，他们说："八路军为了抗日，为了国家和人民百姓，连家都不能顾了，保护革命后代是我们义不容辞的责任。"在遇到敌人搜查的时候，不少群众为了保护子弟兵的后代献出了自己宝贵的生命或亲生骨肉。茶叶庄的刘富就是一个典型，他多次冒着生命危险，保护领导干部的孩子。我的两岁小女孩王可立交给完县李乐山夫妇照看，敌人进百花山"扫荡"，他们带着我的孩子，过唐河躲到平原的敌占区，我的孩子小还不懂事，有一次看见拿枪的汉奸特务，她说："我爸爸也有枪。"这可把李乐山夫妇吓坏了，幸亏她声音小敌人没听见。我们怕连累李乐山夫妇赶快把孩子接了回来。在这极其危困的情况下，群众全力支援部队，不但照顾干部子女，更多的是保护照顾部队的伤病员，出现了许多可歌可泣的动人事迹。

日军这次对华北各抗日根据地的大规模毁灭性"扫荡"失败后，又抽走部分兵力增援太平洋战场，从此在华北战场一蹶不振，再也发动不了大规模的"扫荡"了。到1943年底，敌人一些前沿据点开始撤退，龟缩到城里进行重点守备。第三军分区当面的敌人据点，有些已经被我攻克或逼退，有的虽仍在困守，但已成为孤立之点。日军企图用"蚕食""封锁"，配合"扫荡"，摧毁北岳区抗日根据地的政策，在我边区军民长期斗争下，终于宣告破产，我们终于渡过了抗战最为艰苦困难的时期。

在反"扫荡"、反"蚕食"、反"封锁"的斗争中，我体会到一条重要经验，就是要放手依靠各团营单位独立机动作战，放手依靠各县委按党的政策独立处置各种问题。

这样做就要把能力强的干部安排在团长、政委、县委书记、县长的岗位上，一般不要轻易调动，有时把他们提到军分区或地委机关工作，还不如在县团岗位上起的作用更大。回想在土地革命战争时期，红军反"围剿"以至二万五千里长征，一大批优秀的团长、政委起了很重要的作用，他们能独立处理机动作战中所遇到的意想不到的各种问题，从而保证了作战的胜利。在开辟、巩固、发展敌后抗日根据地的斗争中，也正是由于涌现了一批优秀的县团干部，起了关键性的作用，才取得各个阶段的胜利。还有一点体会，就是一定要搞好领导班子团结和处理好军政、军民关系，这样才能在残酷的斗争中，互相协调，配合默契。"团结就是力量"，这充分说出了团结的极端重要性。领导班子也是如此，团结是班子坚强有力的基础。

在各级领导岗位上，我担任正职的机会比较多，时间也比较长，在班子中长期处于"班长"的位置。如何摆正自己的位置，这是随时都能遇到的问题，也是搞好团结的关键。长期以来，我努力按照这样的要求来约束自己：当"班长"，切忌自恃是主官，是"核心"，谨防别人围着自己转；大事讲原则，小事讲风格；严于律己，宽以待人。在班子中，发生误会和隔阂也是常有的事，这就要及时发现和作好解释工作，开展批评和自我批评，认真加以解决。在反"扫荡"、反"蚕食"、反"封锁"的斗争中，我们军分区领导之间也发生过矛盾，有过意见分歧，但处理得比较好，基本上没有影响工作。在晋察冀三分区实行一元化领导以后，我竭力避免事无巨细地管理一切，指挥一切，除了在贯彻执行党的方针、路线、政策上出主意、想办法、抓落实以外，一般工作放手让地方的同志大胆地干，充分发挥党委一班人和军政民组织的积极性、主动性和创造性。

大生产运动

自抗日战争进入相持阶段以后，日军把进攻重点转向华北，对敌后抗日根据地反复进行"扫荡""蚕食"，实行"三光政策"，晋察冀边区的生产经济遭到严重破坏，加之连年旱、涝、虫等自然灾害不断，根据地军民物质生活陷入了极端困难的境地。

1939 年 2 月，毛泽东主席发出号召"自己动手，自力更生，艰苦奋斗，克服困难"。1940 年 2 月，中央军委向全军发出了《关于开展生产运动的指示》，指出斗争已进入更艰苦的阶段，财政经济问题的解决必须提到政治的高度；要求各级军政首长、政治机关努力领导部队的生产运动，开辟财源，克服困难，争取战争的胜利。晋察冀军区部队热烈响应毛泽东主席和中央军委的号召，利用战争间隙从事生产劳动，解决供应不足的问题。

那时，边区农村不少青壮年被敌人抓走，大量牲畜、农具遭到破坏，许多土地荒芜，群众吃、穿、住都出现了严重困难。边区政府财政极为困难，部队油粮供应不上，在每人每天定量不足一斤的情况下，还要节约一到二两粮食支援地方群众。有一个时期，部队缺乏油盐菜蔬，不得不以黑豆、麦麸充饥。战士体质下降，病号增加。

1942 年，困难愈来愈严重。由于营养不良而各种疾病不断发生，如夜盲症、浮肿病和疟疾等比较普遍。军区指示各部队一面抓紧反"扫荡"斗争，一面帮助群众重整家园，恢复生产。为了节省民力，部队坚持自己背粮食、背煤、打柴。

从 1941 年起，部队的生产运动就逐渐开展起来，到 1942 年，有了进一步发展。农忙季节，军分区所有部队、机关、工厂、医院人员都参加突击开荒播种。军区要求各部队除了积极支援群众生产以外，部队平均每人生产 50 斤粮食，100 斤菜。当时的生产运动提出以农业为主，相应发展副业生产，除了解决部队部分粮食，还要解决生活费用的问题。

1943 年 11 月，毛泽东主席高度评价敌后根据地部队生产运动的成绩，号召各根据地军民要进一步组织起来发展生产，军队要"一方面打仗，一方面生产"。他指出："前方处于战争环境，还不能做到'丰衣足食'，但是'自己动手，克服困难'，则是完全可以做到，并且必须做到的。"遵照党中央、毛主席的指示，军区政治部发出指示，指出部队参加大生产的目的是："依靠自己动手，克服困难，改善自己的生活，减轻人民负担，增加社会财富，准备反攻实力。"要求大家动手，各尽其力；"劳武结合，战斗与生产结合"，一手拿枪，一手拿镐，一面战斗，一面生产，因地制宜地开展生产运动，做到生产战斗双丰收。

1943 年日军的毁灭性"扫荡"，在北岳区惨杀了许多群众，抢走了几万石粮食和万余头牲畜，毁坏了多数农具，加上灾荒和疫病流行，给大生产运动带来重重困难。分局和军区决定坚持减租减息、减征部分公粮，发放赈粮和生产贷粮、牲畜贷款，缓解群众困难，并及时制定政策，解决大集体、小集体及个人的农业生产、手工业和运输业生产的分配比例，推动了广大军民参加大生产运动的积极性。

第三军分区广大指战员，坚持战斗和生产结合，武力和劳力结合的方针，进一步推动战斗、生产的发展。军分区和专署以下各级领导都带头参加，以自己的模范行动领导和带动群众。在生产运动中，军分区成立了各级生产经济委员会和生产小组，以后发展成立军人服务社。各部队按照毛主席"自己动手，丰衣足食"的号召，没有土地自己开，没有工具自己造，没有畜力用人力代，坚持不与民争利。当时，我们都是用人力拉犁耕地，军分区和各团都成立了铁工组、木工组、编筐组，自己动手盘炉打农具，上山砍荆条编筐。一面筹措种子，一面拾粪积肥。在当地政府和农民群众帮助下，部队开展开荒播种竞赛，军分区政治部及时总结群众经验，表彰先进，推广群众在生产中的新创造，新办法，进一步掀起竞赛热潮。在生产热潮的激励下，各部队在荒山坡、公路旁、河滩边，甚至封锁沟沿上都种上庄稼。各部队还抽调人员开设粉坊、酱坊、油坊、织布厂，发展养猪、养鸡、种菜、打柴烧炭等工副业生产。

生产竞赛热潮掀起以后，军分区指示各部队，注意劳逸结合，安排适当休息，防止过度疲劳，讲求卫生，防止疾病；要解决群众的困难，巩固群众的劳动积极性。并且指出，生产不仅是为了解决物质困难，同时要在思想上加强劳动观念和群众观念。

军分区和地委要求民兵在本地本村的生产中起骨干带头作用，把游击组织和拨工互助组织合二而一，敌人来了共同战斗，敌人走了又共同生产，既保卫了生产，又活跃了游击战，互助变工发挥了集体劳动的带头示范作用。

在收获季节，部队民兵一齐出动，武装保护群众生产，男女劳动力全部动员参加收割，做到熟一片收一片，边打边藏，地不见捆，场不见垛，家不见粮，使敌人抢不到一粒粮。民兵经常参加打仗和担负战勤工作，参加生产的时间较少，第三军分区提出民兵至少要完成两个半月到三个月的自身战斗储备粮。

到1944年，第三军分区大生产运动取得更为显著的成绩，部队不仅解决了自己缺粮问题，还解决了部队的服装费、杂支费。第二团曾达到每人的菜金全部自给，每人每天供应一两猪肉，六钱油，七钱盐和二斤蔬菜；第四十二团各连办起了油坊和中小型作坊，并利用农闲时间搞运输，办合作社，这些收入解决了全团的开支，生产了大量的蔬菜、肉类、粉条，保障了全团的副食品供应。军分区部队人员体质明显增强，工作战斗精力充沛。

在组织部队开展大生产运动的同时，军分区后勤部的军需生产工厂也不断发展壮大。被服工厂达到年生产单军衣两万多套，棉衣剪裁后发动地方妇女群众手工缝制，还生产帽子、布袜、子弹袋、米袋等军需品。制鞋工厂年产6万双军鞋，可以解决部队用鞋的一半。漂染工厂自己用槐花等作原料，可以染制绿色和少量黑色布，每天可以染100多匹。纺织工厂生产的绑带、腰带基本满足部队的需要。修理所有十多台机床，利用破路弄来的铁轨，制造枪炮零件，维修军械装备。弹药厂有两个，主要制造炸药、手榴弹、地雷和复制子弹，日产手榴弹300多枚。后来，两个弹药厂先后交给军区工业部。

晋察冀边区内的物资转运，起初主要由地方负责建立交通站，一般二三十里设一个站，转运煤、粮、军火原料、布、棉、药品和转运伤病员。后来军区建立了六个兵站，其中第三军分区有一个，任务是计划、组织、协调军用品的运输。

经过大生产运动，政府、部队和广大群众都增加了收入，改善了部队生活，减轻了人民负担，密切了军政、军民和军队内部的关系，活跃了边区经济，粉碎了日军的封锁政策，边区军民胜利地渡过了物质生活的艰苦时期。

各部队除了大力发展自给性生产，减轻政府和人民的负担外，还积极支持和大力保护群众进行各种形式的经济斗争和生产活动。在地方党委统一领导下，积极参加和支持减租减息的群众运动，减轻地主对农民的剥削，使广大农民获得经济利益，生活得到改善。在斗争中，加强农会和武装委员会等组织的力量，树立基本群众在农村中的政治优势。在农忙季节，尽量减少或停止抗战勤务，并抽出人力物力，帮助群众不误农时，搞好生产。另外，还组织部队参加根据地的各项建设工作，克服各种困难，渡过"黎明前的黑暗"。

第九章　迎接抗战胜利

整 风 运 动

1942 年中共中央发出《关于在全党进行整顿三风学习运动的指示》以后，晋察冀军区在边战斗、边生产的同时也开展了整风运动。聂荣臻司令员在传达中共中央指示时指出，这次整风是全党的，不但有地方，还有军队，不但有下级，还有上级，主要与首先的对象是高中级干部，特别是高级干部。在内容上要着重整顿学风，但也不要放松党风和文风的整顿。北方分局作出《关于加强整风领导的决定》，要求各级党委成立整风学习委员会，在全党造成普遍深入的整风热潮。

但是，由于 1942 年和 1943 年上半年的反"扫荡"战斗频繁，第三军分区还不能把整风运动作为中心任务来抓；只能利用战斗间隙组织各级干部学习整风文献，学习党章，对照个人思想，着重检查宗派主义、自由主义、平均主义、本位主义和干部之间闹无原则纠纷等问题，向党交心，开展批评和自我批评。学习中要求领导干部在学习文件时，要写出个人反省笔记。后来，我们采取分期轮训或调进党校、抗大分校集中学习的办法，效果更为显著。经过整风学习，广大党员干部提高了马列主义水平和坚持党的路线的自觉性；增强了党性，进一步明确了军事服从政治、党领导军队、坚持党的一元化领导等原则的重要性，普遍增强了全局观念，加强了团结，增强了克服困难，取得对敌斗争胜利的信心。

1944 年，整风运动继续深入，边区的形势相对稳定，北方分局决定在两年整风运动的基础上，结合学习文件，认真反省，针对党内存在的主要思想倾向，如对敌斗争的右倾情绪，以及官僚主义、军阀主义残余，自由主义等等，进行自下而上的批评，展开思想论战和必要的思想斗争，同时进行一次普遍的审查干部的运动。整风的重点是地委和军分区以上的干部，主要要求解决领导作风；提高干部素质，正确使用干部；巩固与提高战斗力等三个方面的问题。对每一个问题的现状，逐一分析研究，作出结论，提出具体改进措施。军分区和地委以下各级干部多数是在职整风。随着斗争形势的好转，有一部分人盲目乐观，看不到今后还会发生曲折和变化，北方分局针对这种思想倾向，要求在整风学习的同时对党内外干部和人民群众，进行一次深入的时事政策教育，领导干部带头作报告，讲国际国内的形势，揭露国民党反动派的反共反人民阴谋，进行反法西斯教育，并联系边区斗争实际，既要有充分胜利的信心，也要估计到可能出现曲折，更残酷的斗争可能还会出现，要有长期同困难作斗争的精神准备。还联系反"蚕食"斗争的实际，检查有关政策的执行情况。

1944年2月中旬，根据分局、军区的布置，军分区按照毛主席提出的"治病救人"的总方针，结合审查干部，在干部中大规模地展开了群众性的坦白运动，要求每个党员对党忠诚坦白，肃清自己身上的非无产阶级的东西。经过领导做细致的思想工作，交代政策，解除顾虑，使大家向党交心，做到无事不可对党言。在党的政策感召下，许多同志把家庭出身、个人历史、对革命的态度和对领导的意见，以及不良倾向等等问题，都进行了"坦白"，卸下了思想包袱。问题摆出来以后，大家进行讨论，开展批评和自我批评，明确了应该怎样正确认识，怎样改正。在战士中间，除了进行时事政策教育外，还开展了讲"实话"运动，弄清了一些隐瞒家庭出身和个人历史等问题，克服了"义务期满"的临时观念，普遍树立了"不打败日本侵略者不回家"的思想。

整风和坦白运动是我军思想建设的成功经验。通过这一运动，提高了部队阶级觉悟，纯洁了内部，涌现了大批积极分子。军分区的政治工作也有很大改进，对部队的思想领导更加重视了，每进行一项工作，注意从解决思想问题着手，命令主义基本克服；坚持"从群众中来，到群众中去"，"集中起来，坚持下去"等工作方法更加自觉了；领导的民主作风和自我批评精神进一步加强了，上下一致，官兵关系密切，出现了生动活泼的局面。

在整风期间，根据边区的统一部署，我曾在阜平县城南庄主持冲锋、火线、七月、北进等四个剧社，学习毛主席《在延安文艺座谈会上的讲话》和中宣部有关党的文艺政策的决定，搞了个把月的文艺整风。剧社的同志在长期的对敌斗争中，得到锻炼，坚持走与工农兵相结合的道路，创作了许多为人民群众喜闻乐见的作品，作出了一定成绩。但是仍然存在着脱离政治、脱离实际、脱离群众的倾向，甚至有的同志对党和人民群众有二心。这次文艺整风就是要解决"三脱离"和对党一条心、一心一意为广大人民群众服务的问题。过去剧社的同志对共产党和八路军的领导干部有意见。在整风的大鸣大放阶段，他们情绪激昂，言辞偏激，对一些事情捕风捉影，道听途说。还有些同志大谈要"民主""自由"等等，而不谈自己对党对人民群众的态度问题和"三脱离"问题。鸣放阶段小结的时候，我拿了一张报纸，给大家念，不少同志以为自己的鸣放发言登了报，纷纷争着要看，我告诉他们，这是保定地区敌伪出版的汉奸报纸，有些人当场就吓哭了。我对他们讲，整风主要是解决我们革命队伍内部的问题，因此要分清敌我，不能用敌人攻击、诬蔑我们的语言来对待我们革命队伍内部的同志；大鸣大放，不能乱鸣乱放，要言之有理，说话有据；更不能借整风之机，发怨气，泄私愤。我讲了之后，一些同志端正了态度。其实他们一部分人主要是对限制剧社成员之间谈恋爱结婚有意见，对一些领导干部找文工团员谈恋爱结婚不满意，所以借题发挥，利用鸣放机会，发点牢骚；平时有些人也故意让那些领导干部的妻子演反面角色，想借此发泄点怨气。我点出这些问题，批评了一部分人的绝对平均主义和报复心理等小资产阶级思想意识。但是我们没有搞"抢救运动"那一套，所以没有出什么大的偏差。后期重点整顿文艺思想，批判了"艺术至上"，进一步解决了文艺为工农兵服务，文艺为无产阶级服务，以及普及与提高等一系列根本问题。使文工团在面向群众方面迈出一大步，新创作出一批群众喜闻乐见的好节目。

开展大练兵

1943 年 8 月 27 日，聂荣臻司令员前往延安参加整风和准备出席党的第七次代表大会，由肖克代理司令员。不久，肖克也去了延安，程子华代理晋察冀军区司令员、政委和分局书记。

1944 年，党中央决定从晋察冀军区抽调部队组成教导第二旅，黄永胜任旅长，邓华任政委，率军区主力第一团、第五团、第九团、第三十四团、骑兵团、独立团等六个团，3 月启程赴延安。抗大第二分校、白求恩卫校大部及陆军中学、抗大附中等也随之迁往延安。

1944 年初，世界反法西斯战争已经看到了胜利的曙光。在欧洲战场上，德国法西斯军队连遭败绩，已处在彻底失败的前夜；在太平洋战场上，日军节节败退，损失惨重；在中国正面战场上，国民党统治区的人民对蒋介石政府的腐败无能和倒行逆施，愤愤不平，掀起了广泛的爱国民主运动，日军的进攻也不顺利；在解放区战场上，广大军民经 1943 年的全面斗争，给敌人以巨大打击，根据地得到了迅速恢复和扩大，日军被迫收缩防线，实施重点守备。根据形势的变化，中共中央提出 1944 年全华北的方针是："团结全华北人民的力量，克服一切困难，坚持华北抗战，坚持华北根据地，积蓄力量，准备反攻，迎接胜利。"

国内外形势的迅速发展，向部队提出了加强训练，大力提高军政素质的要求。1944 年 7 月 1 日，党中央下达了《关于整训部队和民兵的指示》，指出："要担负最后驱逐日寇出大城市和交通要道，并对付国内可能的突然事变，非有一倍至数倍于现有的军事力量不能胜任。"指示规定，在这一年秋冬两季，要轮番整训主力军和游击队、民兵以及自卫队，要扩大队伍，准备由游击战向运动战发展，要准备反攻。那时北岳区敌人的许多炮楼都撤了，反正的伪军都起义了，县城也开始攻克，敌人转入退守的形势已日益明显。

7 月中旬，北方分局在阜平柏崖村，召开县团以上干部扩大会议。会议对晋察冀边区在对敌斗争、整风、生产、练兵以及城市工作等方面执行中央指示所取得的成绩作了肯定，但是对中央"七一"指示的主要精神认识不够，理解有偏差。对敌后斗争已经发生的重大变化估计不足，因而在指导思想上有些保守，偏重于考虑应付将会出现的形势逆转和困难局面，仍强调长期分散的游击战。而对分散的群众性游击战和集中兵力作战相结合，内线和外线相结合，军事攻势和政治攻势相结合，开展强大的攻势作战，逐步实现从抗日游击战争到抗日正规战争的战略转变重视不够。

我们对会议着重检查晋察冀军区第一、第二、第三、第四军分区在 1942 年精简主力部队不积极的问题，是有看法的。那年，我们是有点舍不得大量精简主力部队，可是到 1944 年，我们的六个主力团已经调到延安去了，冀中军区的六个团也由吕正操率领调到晋绥军区，晋察冀军区实力大减，留下来的主力团全部执行了地方化和分散游击战的任务，地方武装的人数为主力团的两倍还多，这时还提"精兵简政"是否合适，我们是有疑虑的。所以，在会上我们几个军分区的领导开始都不吭气、不表态。这个会开了 83 天，最后没法我们仅检查了一下本位主义。但是，我不隐瞒自己的观点，对这次会议有看法，我还是谈了。我说，第一，这个会名义上是总结晋察冀军区的工作，实际上只检查了北岳的几个军分区的问题，对冀中和冀东的工作根本没有提，有片面性；第二，中央指示扩大部队准备反攻，而这个会却大谈精简，和中央"七一"指示精神不符。过去中央讲天气热了要"脱棉衣，穿夹衣"，是因为处于抗日战争的最艰苦困难时期，提出"精兵简政"无疑是正确的；现在是"天气凉了要加衣服，要穿棉衣"，我们却准备要"脱光屁股"，要精简部队，这样做对吗？当时分局准备把几个军分区的主要领导干部都送延安抗大去学习，我和杨成武、赵尔陆等同志提了意见，这个打算才作罢。

这次会议并没有认真吸取大家的正确意见，会后晋察冀边区继续削弱主力，拆散"拳头"，并认为地区队不应具有主力性质，地方军需要绝对地方化，把一批地区队编为县支队。以至1945年2月间，为了执行扩大解放区的任务，才感到主力军不敷分配，仓促从县支队扩建了一些小团，但是"拳头"仍然不硬。

1947年，刘少奇到晋察冀边区来，听取各方面意见，否定了这次会议关于"精兵简政"的结论。认为这次会议造成了地方和军队的不团结，他说："这个会议只反对部队的本位主义，没有反对地方的本位主义；只检查了部队工作，没有检查地方工作。军队同志作了自我批评，地方同志也应作自我批评。"他主持开了三天会，检查了分局和地方党委的工作。

1944年下半年，军区各部队展开了军事政治整训，掀起了大练兵的高潮。第三军分区遵照上级指示，结合自己的实际情况，制定了军政大整训的计划，对整训的内容、重点和步骤作了具体安排。军分区司、政、供、卫机关齐抓共管，统一领导，互相配合，各项工作都为整训服务。

在政治整训方面，主要学习古田会议决议和1944年4月谭政在西北局高干会议上作的《关于军队政治工作问题的报告》，加强党在军队中的绝对领导，改进政治工作方法，解决集中作战和分散游击活动中的政治工作薄弱问题，加强形势任务教育，进一步树立抗战到底的思想；继续批判军阀残余，克服不良倾向，改善官兵关系，增强内部团结；在部队中普遍开展了"尊干爱兵运动"，干部战士自觉地遵守尊干爱兵公约，部队内部洋溢着民主、平等、友爱的气氛，官兵之间、上下之间达到了空前广泛的团结，群众的积极性和创造性也得到充分的发挥。

军事整训方面，以技术训练为主，战术训练为辅，步兵着重学射击、投弹、刺杀和土工作业等技术；机枪手、掷弹筒手和炮手要熟练而准确地使用手中武器。各部队还根据作战经验，结合对敌斗争任务，进行近战、夜战和村落战、攻坚战等战术训练，把战术训练与实战紧密结合起来。军分区和团的领导干部主要总结练兵、带兵、用兵、养兵的经验，要求熟悉战士的战术、技术动作。

在整训大练兵的高潮中，部队干部、战士起早贪黑，刻苦练习三大技术。连队的炊事员、文书、司号员、卫生员都积极参加。各连队的互学互助和竞赛活动搞得热火朝天，每个人都把个人的进步和连队集体荣誉结合起来，各班排都开展了战斗、练兵、思想生活全面的互助活动，掀起了官教兵、兵教兵、兵教官的群众性练兵热潮。在互助活动中发起了群众性的竞赛活动，个人、班组、排连之间都展开了竞赛，有力地鼓舞了练兵热情，推动了练兵计划的实现。

在整训练兵中，各教导队、团属训练队，分别集训了部分连、排、班干部。我们还选拔一些优秀骨干到军区办的各种专业训练队深造提高。

军分区在整训主力部队和地方军的同时，对民兵和自卫队也普遍进行了整训，肃清了各种混乱思想，坚定了胜利信心，提高了射击、投弹和埋取地雷的技术，在以后的战斗和生产中发挥了巨大作用。

这次整训练兵取得了显著成绩，所有部队和民兵的技术、战术及政治思想觉悟都有很大提高，战斗力明显增强，部队的组织性、纪律性得到进一步加强，内部关系也更加密切，为部队的大发展，为抗日战争的胜利打下了基础。

进 军 雁 北

1944 年 7 月 28 日，中共中央发出关于在晋察冀分局和军区下划分四个区党委及军区的决定。决定指出：因冀中形势好转，冀东已大发展，同时军区、分局直属单位太多，指挥不便，建议在组织上作如下改变：即在分局、军区下划四个区党委及军区。以二、三、四分区及雁北区（雁北改为五分区）为冀晋军区；以一分区、平西、平北（平北改为六分区）为冀察军区；以冀东改为冀热辽军区；冀中仍旧。9 月到 11 月，根据中央指示，晋察冀军区对所属部队进行整编，成立了冀晋、冀中、冀察、冀热辽四个二级军区，并以各区部队为基础组织了新的野战部队。

冀晋军区，司令员赵尔陆，政治委员兼区党委书记兼政治部主任王平，参谋长唐子安。冀察军区，司令员郭天民，政治委员兼区党委书记兼政治部主任刘道生，参谋长易耀彩。冀中军区，司令员杨成武，政治委员兼区党委书记林铁，副政委兼政治部主任李志民，参谋长沙克。冀热辽军区，司令员兼政治委员和区党委书记李运昌，副司令员詹才芳，副政委李楚离，参谋长彭寿生，政治部主任李中权。

冀晋军区辖：

第二军分区，司令员曾美、政委张连奎，副司令员兼政治部主任廖鼎祥，副政委金行生，参谋长周宏，副参谋长刘冠军。军分区辖第四团，团长张正荣，政委张兴灿；第十九团，团长黄永山，政委张明；第四十三团，团长何有发，政委杨世明。

第三军分区，司令员李湘，政委黄文明，副司令员王耀南，副政委兼政治部主任陈宜贵。军分区辖第二团，团长钟天法，政委李植林；第四十二团，团长段志清，政委耿毓桂。

第四军分区，司令员马龙，政委丁莱夫，副政委兼政治部主任傅崇碧，参谋长盛治华。军分区辖第三十团，团长陈信忠，政委张华；第三十五团，团长李锐，政委钟炳昌；第三十六团，团长侯正果，政委林鹤龄。

第五军分区，司令员陈仿仁，政委马天水，副司令员罗文坊兼参谋长，副政委兼政治部主任赵国威。军分区辖第六团，团长范志辉，政委旷显扬。

另外，各军分区还有两至三个支队，各县有县大队。

1944 年底，国际反法西斯斗争的形势发生了重大变化。欧洲第二战场业已开辟，对德决战已经展开，苏联红军把德军逐出苏联国境后，发动了全面反攻，法西斯德国已面临崩溃；美国军队在太平洋战争中，给日军以沉重打击，并开始逐岛进攻。世界人民反法西斯阵线的胜利已成定局。中国人民抗日战争也处在战略大反攻的前夜。

12 月 15 日，毛泽东同志代表党中央在陕甘宁边区参议会上作了《一九四五年的任务》的重要演说。他提出的第一项任务就是"扩大解放区"，号召我们"消灭敌伪，扩大解放区，缩小沦陷区"，"必须把一切守备薄弱，在我现有条件下能够攻克的沦陷区，全部化为解放区，迫使敌人处于极端狭窄的城市交通要道之中，被我包围得紧紧的，等到各方面的条件成熟了，就将敌人完全驱逐出去。"

根据党中央、毛泽东同志的指示，中国共产党领导下的人民武装力量，在广阔的敌后战场上积极开展了攻势作战，迫使日伪军步步退守，解放区不断扩大。我们冀晋军区在晋察冀军区领导下，以部分部队进军雁北，扩大解放区。

雁北地区是指雁门关以北的晋北 13 个县。抗日战争中，由于日军的分割，以同蒲路为界，路西属晋西北（晋绥）边区，路东属晋察冀边区。晋察冀边区的雁北地区山川交叉，由南向北自然形成三线：一线是滹沱河以北的代县、繁峙、灵丘地区；二线是桑干河以南的应县、浑源、广灵地区；三线是桑干河以北的山阴、怀仁、大同、阳高地区。当时，这一地区地瘠民贫，人口只有一百万左右。

抗日战争初期，第一一五师独立团和第一二〇师三五九旅曾先后在灵丘、浑源一带开展抗日工作。一九三九年秋，第三五九旅西调保卫延安，国民党顽固派白志沂部乘虚而入，绑架、杀害我抗日政权的干部，对我地方工作和抗日政权大肆破坏。1940 年 6 月，第一二〇师三五八旅和雁北、察绥支队进入雁北将白顽大部歼灭。这年夏天，晋察冀军区在雁北成立第五军分区，并调第六团来开辟工作。1941 年春，第五军分区撤销，第六团调出，仅有少数游击队坚持斗争。由于武装力量太少，敌强我弱，从 1941 年到 1944 年春，敌人把雁北地区作为蒙疆政府"确保区"，搞过多次"施政跃进"和"治安强化运动"，桑干河以北和应县、浑源的川下地区完全被敌人控制。其间，1942 年组成第一军分区雁北指挥所（后称指挥部），又调回第六团，组织武工队，进行艰苦的反"扫荡"、反蚕食、反封锁的斗争，才把一 二线的繁峙、灵丘、浑源、广灵、应县的山地游击区保持下来。

1944 年春，日军由于战争失利，兵力严重不足，敌在晋察冀地区的兵力采取防守配置。日军大部集结在铁路沿线，以确保交通要道与城市、资源地区，仅有少数分布在县城和山区的前沿要点。一般村镇据点和部分县城只有伪军驻守。敌后形势好转，雁北的形势也随之缓和，敌人主要依托山阴、应县、灵丘、浑源和桑干河北岸一线，阻止我向雁北、察南地区发展，但纵深兵力异常薄弱。当年 7 月下旬，第五军分区的部队除第六团以外，陆续组建了繁峙、灵丘、浑源、广灵、应县 5 个支队。

1944 年 12 月 18 日，毛泽东主席给晋察冀分局领导电示，要求晋察冀边区军民"努力向雁北、绥东、察哈尔、热河和冀东敌占区发展，扩大解放区。"

根据党中央和毛泽东主席的指示。晋察冀分局在 1944 年 12 月 20 日，决定把开辟平绥路两侧地区的工作作为冀晋、冀察区的主要任务。1945 年 1 月 20 日又作出开展雁北工作的指示。2 月中旬，晋察冀分局和军区召集冀晋、冀察、冀中、冀热辽各区党委和军区领导开会，讨论了 1945 年的任务，我和赵尔陆司令员参加了会议。会议制订了扩大解放区的方案。《方案》确定，扩大解放区的主要任务是开辟雁北、察南、绥东、热河、子牙河东、大清河北和津浦路东等地区，要求各地区一面以武工队向敌占区伸展，一面利用有利时机，以主力部队配合多数武工队组织较大规模的游击战争，进行开辟工作。各地扩大解放区的攻势预定在五月份开始行动。我们冀晋军区的主要任务之一，就是开辟平绥路南（冀北）北（绥东）广大敌占区，东至阳高，西到大同、集宁、红格尔图。会议还强调，要扩大人民军队，提高军事技术，加强军队内部和外部的团结，加强指挥机关，加强政治工作，准备干部，调查研究，发动群众，组织武装，并加强后勤工作，完成扩大解放区的一切准备工作，以便按计划进行攻势作战。

　　自分局发出一月指示以后，我们冀晋军区就派出了怀仁、桑干河、天镇三个工委和六七个武工队，调配了许多地方干部，深入怀仁、大同、阳高敌占区进行侦察活动。1945 年 3 月，八路军全面展开春季攻势。冀晋军区各分区部队也分别向附近孤立无援的敌人据点，进行攻击或围困，取得了大量歼敌和恢复扩大解放区的胜利。

　　在这次攻势作战中，第五军分区的第六团、灵丘支队和冀察部队一部，向灵丘地区开展围攻。声威所至，东张庄据点的 41 名伪军带 1 挺机枪和 20 支步枪反正，接着我军又逼退古之河、北水芦、西福田等 5 处据点。灵丘城的日军非常恐慌，害怕城外伪军反正，以"听训"为名，将城外的伪军集中缴了械。于是伪职人员人人自危，关押在灵丘城外的 200 多名伪军趁黑夜全部逃跑了，城里的伪军和伪人员也纷纷越城逃跑。这时，冀晋第五军分区部队又连续攻克了三山镇、北罗、赵壁、东河南等 20 多个据点；冀察部队打下了白矿、年角岭等据点。灵丘城里的日军害怕被歼灭，于 3 月 3 日逃往广灵，留下的伪军 60 多人开城投降。就这样，作为日军进攻我北岳前进基地的灵丘城被我收复，从而扫清了灵丘全境的敌伪军。3 月 26 日，第四军分区的第三十五团也进入雁北，该团一部和繁峙支队利用内线智取小柏峪据点，繁峙以东到大营一线的敌伪军惊恐万分，伪组织、伪警察纷纷逃跑，我军乘势接连逼退大营等五处敌据点。到 5 月 7 日下午 3 时，第三十五团和繁峙支队在内线配合下，一度攻入繁峙县城，击溃两个伪军中队，除毙伤者外，俘伪警 42 人，缴枪 72 支，然后安全撤出。

5月初的国际形势越加对我有利，苏联红军已经攻克柏林，希特勒德国彻底崩溃，日本法西斯完全孤立。敌被迫调华北5个师团到沿海和华南，以防美军登陆。华北日伪军士气低落，采取守势。在战略反攻阶段即将到来的形势下，晋察冀军区势必成为反攻的前进阵地，我们为5月间发动的战役攻势作好了充分准备。

1945年4月12日，晋察冀分局向全区发出指示，指出当前扩大解放区的主要发展方向应放在热辽和雁北地区，对将来配合苏联对日作战有重大意义。指示要求冀晋、冀察两区党委，加速开辟平绥路两侧工作，大力解决开辟地区所需的干部和武器问题，提出5月10日以前，各地应把青纱帐期开辟工作的干部和部队抽调齐全，并进行训练，切实解决物质上的困难。5月1日，晋察冀军区政治部发布了《关于开辟新区扩大解放区的政治训令》，以保证扩大解放区这一政治任务的胜利完成。

按照上级的指示，我们冀晋区党委研究了雁北各方面情况，制订了雁北战役的计划。在春季攻势作战结束后，冀晋军区第二、第三、第四军分区已逼进到各条铁路线边上，把敌人困在平山、灵寿、行唐、完县等几个县城里，剩下少数点碉里的伪军也大都为我军控制。派到雁北的工委和武工队在发动群众、分化瓦解敌伪组织方面也取得很大成绩。因而，在5月的夏季攻势作战，我们可重点发起雁北战役。

当时，敌人盘踞在山阴、应县、浑源、广灵和桑干河沿岸的两道"蒙疆确保区"的封锁线上，包括怀仁、大同、阳高整个地区共有87个据点。有日军3600多人，伪军4000多人，加上大同矿警400多人，从归绥增援来的伪蒙军500多人，敌人总兵力9000多人。针对雁北的敌情，我们的战役目的是解放浑源、应县、山阴地区和桑干河两岸，平绥路大同至阳高两侧地区，建立抗日政府，把这一地区发展成为巩固的根据地，待青纱帐起后再进一步向绥东发展。参加这次攻势作战的共六个团、六个县支队和三个武工队。我们调第三军分区的第二团、第四军分区的第三十团进入雁北，协同已在雁北的第六团、第三十五团和各县支队作战；第二军分区的第四团和第四十三团一部进入代县、崞县、五台以北地区作战；冀西和正太路、同蒲路等方向的部队，则继续挤退敌人，向敌占区伸展。此次战役明确为游击战争性质。

战役发起前，赵尔陆司令员先行到灵丘县东河南建立指挥部，我因兼区党委书记并指挥南线的作战，之后才去雁北。

5月12日，冀晋、冀察两区的夏季攻势作战同时发起，雁北战役也正式开始。各主力团和县支队分别从桑干河南岸、浑源、应县南山出击，向同蒲路北段、岱岳至怀仁间，平绥路大同至阳高间，应县到浑源间，浑源至大同、广灵间、应怀间，在武工队和民兵配合下，攻点的攻点，破交的破交，炸桥梁，掀铁路，倒火车，割电话线，摧毁伪大村公所，没收敌伪义仓（粮库）。霎时间打乱了敌伪统治的秩序，震动了雁北大地。

我们在雁北的部队编成几个纵队作战。第五军分区司令员陈仿仁、政委马天水、副参谋长刘苏指挥第二团、第三十团、第三十五团和应县、灵丘、浑源支队以及山阴武工队，组成第二纵队。该纵队作战地区是广灵南村以西到山阴城，重点在浑源和应县境内，打开浑应川。

5月13日，第三十五团首先对应县小石口据点发起猛攻。这个据点筑有巩固的城墙，城上又有碉堡。当时，我军既无火炮又无炸药，只靠机枪掩护爬梯登城，攻上城又拿不下碉堡，我军伤亡很大。攻坚作战失利，只得改为围城打援。但是，围了几天也没有敌人来增援，据点里的敌人也不出来。我们经过进一步侦察，发现敌人在内长城沿线都修了坚固的工事，每一个口子都有一个工事较好的据点。鉴于这种情况，5月22日，第三十五团和应县支队改以小部队向敌纵深发展，主力转向应县城南的南泉据点。在伪军内部关系接应下，这个据点的伪军中队长率部反正，我军拿下了南泉据点。当夜该团派出连队化装为伪军，在这个据点伪军配合下，一夜之间不费一枪一弹，连续拿下了安东峪、胡峪口、茹越口几个据点。这样一来，把应县、山阴川的敌伪军吓坏了，应县城的敌人紧闭城门不敢出援，西边的口前、马营庄、沙家寺沿线和西北的大营、东北的边耀等点碉的敌伪军都撤跑了。我地方工作人员紧接着组成工作组到这些地方开展群众工作，很多村庄都迅速建立起抗日组织。

5月下旬，第三十团和第三十五团集结到浑源和应县之间。第三十团团长陈信忠、政委张华，第三十五团团长李锐、政委钟炳昌紧密配合，指挥两个团连续拔除内长城边缘的北楼口、小石口、黄沙口、沙圪坨、东尾毛、下町等敌人据点。围攻北楼口据点时，第三十团团长陈信忠带领获得过"战斗模范连"称号的第二连，到北楼口以北10余里的应县东寨乡，在应浑公路上设伏打援。从应县方向开来的一小队日军和一中队伪军，押着100多辆大车。他们大部分坐在大车上，只有40多个伪军在前头开路。第二连的指战员突然发起攻击，机枪、步枪、手榴弹一起向敌人猛打，日伪军被打得懵头转向。第二连的勇士们趁势冲上公路，和敌人展开白刃格斗，不大一会儿日军一个小队全部被歼，伪军大部分投降。从此，应县县城的日军再不敢出动，该城成了一个孤点。

浑应川的民兵自卫队积极参战，部队每攻下一个据点，民兵就迅速拆毁敌据点的碉堡工事。打下町据点时，民兵配合浑源支队打援，用地雷阵炸死了不少从浑源开来增援的敌伪军，打死了日军大队长岩田。配合攻打下町据点的民兵，自制的土炮给敌人很大威胁。民兵们用了一个星期时间在敌人炮楼下挖了一条坑道，埋进火药，将围墙炸开三丈多宽的缺口，使部队很快攻入据点，解决了战斗。在下町据点里，我军活捉了杀人不眨眼，奸污无数妇女的法西斯凶手赤崎指导官，老百姓叫他"毛驴太君"。

到6月22日，第三十团和第三十五团在应县支队，浑源支队和民兵配合下积极作战，把敌伪军自山阴县广武到浑源沿内长城80多公里所设的坚固封锁线全部摧毁，使山阴、怀仁、应县、大同广大地区除应县城几个孤点以外，基本连成一片，同蒲路北段完全暴露在我之侧翼，我军随时可以袭击切断这段交通。应县支队和怀仁武工队还进到怀仁附近炸毁了一座铁路桥。

第二团和浑源支队一部，在团长刘北佛、政委裴永芳、支队长刘得才带领下，对浑源县城南北的敌伪据点进行猛烈攻击，围点打援，消耗敌人的有生力量，并展开政治攻势。自5月20日到6月24日，先后迫退海子、上白羊的抢风岭、寒风岭、孟家窑、苏家坪和浑源北山的殷庄、井上、吴城等据点，拔掉了雁北腹心地区的许多钉子，遏制了敌人在杨庄增修据点的企图，把敌人活动地域压缩到大同至浑源、广灵的公路线上，这样就打通了由灵丘、浑源向大同、阳高挺进的宽广通道，使恒山南北广大地区为我控制。

第五军分区副司令员罗文坊、陈一凡率领的第六团和大同、阳高支队组成的第一纵队，作战地区是平绥路以南、浑广线以北的桑干河两岸。

在此之前，第五军分区派第六团政治处主任葛振岳率领第六团侦察连，号称"五大队"，跃进到平绥路以北的伪蒙疆政府统治下的采凉山地区，积极袭扰敌人，把敌人的注意力引向平绥路沿线，以配合第一纵队主力在桑干河两岸的战斗行动。他们在平绥路时，就袭击了聚乐堡火车站，接着把三十里堡的六孔铁路大桥，连同正在过桥的一列满载着敌人和军用品的火车一起炸飞。没过三天，他们又把阳高附近的王官人屯三孔铁路桥和一列敌运粮火车炸了。连续的袭击爆破活动，使敌人十分恼火，赶忙派了大批护路部队在这段路线上奔忙。"五大队"神出鬼没，使敌人草木皆兵，不得不组织了一支500多名骑兵的"讨伐队"来"清剿"，结果一无所获，其中一小股敌人还遭我伏击，这股"讨伐队"慌忙逃到丰镇去了。"五大队"又转移到阳高附近活动，袭击了云门山云母矿，炸了阳高城东的柳林桥。这个连队还摧毁了聚乐堡、孤山、罗文皂等五个大村公所。由于侦察连的统战工作做得好，帮助群众抢粮度荒，很快就在阳高、大同、丰镇三角地区建立了一块新根据地，在敌人背后插上一把尖刀。

第一纵队从5月30日起，首先对桑干河南岸的大王、友宰堡、大关、老栅等敌据点发起攻击。由于敌人在桑干河两岸布满碉堡、据点，大部队行动困难，六团主力和大同、阳高支队分成若干小部队，由东西册田渡过桑干河，北进大同、阳高川，向日伪统治区纵深发展。部队直插阳高方向，破坏电话线路和铁路，一度袭入阳高城关。6月16日，大同支队奇袭了大同城外飞机场和御河桥头堡。各分队天天打穿插，在敌人据点之间穿来穿去，吓得敌人不敢出据点。对敌情掌握以后，我军就组织小部队向敌人发起攻击。罗文坊副司令员和第六团邱会嵩团长带第六团的两个连，在黄昏时轻装出发，一下子从聚乐堡到阳高中间奔袭了四个车站，打了两个碉堡，缴获大量物资，连夜组织群众运到上深井。他们估计敌人定要来报复，便转移到北坨设伏，这里地形好，沟深路窄敌人不易展开。果然，第二天黄昏时分，开来一个日军中队和一个伪军大队。六团的两个连在敌人后面发起攻击，从黄昏打到次日拂晓，消灭了日伪军100多人，俘虏伪军一部。最后，日军中队长组织了一次反冲击，冲出包围逃向大同、聚乐堡方向。接着，第一纵队又取得阁老山、神泉堡战斗的胜利，并攻克了安家皂和下吾其据点。大白登、张小村、守口堡、镇门堡、贾家屯等据点的伪军纷纷撤走。

大同、阳高川作为伪蒙疆政府的"确保区""治安区""模范区"，当地的汉奸恶霸利用群众的封建迷信思想，一些大村都组织了"大刀会"来维持敌伪的统治。这些"大刀会"除了反动的道首以外，其他都是受蒙蔽的群众，他们迷信在头上绑块红布，再贴上一道画在黄纸上的符，就可以"刀枪不入"。这次我们进军中，开始有些连队对付"大刀会"没有经验，看到多数是群众就不敢打，一犹豫部队就被他们冲散了。其实，我们早在中央苏区进军闽北的时候，就打过"大刀会"。对付"大刀会"，要用打骑兵的办法，以连排为单位集中火力，专打领头的，一排枪打过去前头的倒了，后面的就吓得四下逃跑。

我们把这个老办法告诉部队，一个村一个村地打，把"大刀会"全部打跑了。在阳高、天镇附近我们打死不少"大刀会"头目，一举摧毁了大同、阳高川的日伪统治，我军所到之处都建立了抗日政权。

冀晋部队北进的两个纵队，从5月3日到5月12日连续作战，共攻克和迫退敌人据点40多处，解放村镇783个，人口40多万，扩大解放区面积5700多平方公里。打破了敌人由山阴到广灵和桑干河沿岸的封锁线，平绥路以南已成为我游击根据地和游击区。这就为进一步开辟北路和绥东地区建立了前进基地。战役过程中，共毙伤日伪军710名，俘日军8名、伪军248名，伪军投诚100多人，缴获轻重机枪16挺，长短枪320多支，还有大量军用物资，粮食150多万斤。

在这同时，第二军分区司令员曾美率领由第四团、第四十三团一部和繁峙、崞代支队、五台支队组成一个纵队，围攻沙河、繁峙、代县、崞县、五台地区的敌人。进而攻克义兴、二十里铺、峪口等据点，逼退西天河、白石河等据点，重创台怀、少军梁、沙河等地的敌人。冀晋南线、东线的部队，为配合雁北部队的攻势作战，也纷纷出击。第二军分区第十九团攻克了移穰车站，消灭了日伪军100多人。第四军分区部队积极向边缘地区的西烟、上社各孤立据点围攻。第三军分区在定县和阳曲之间的公路上消灭日伪军100多人，第三军分区地区除曲阳、唐县、完县3个县城以外，其他敌伪据点都已拔除。

在展开军事攻势的同时，部队和各工委、武工队展开全面的政治攻势。首先用多种形式对新区人民宣传国际上反法西斯斗争的胜利，宣传我党我军的抗日主张，揭破敌人对我党我军造谣污蔑的欺骗宣传。其次模范地执行新区的各种政策。各部队都注意严守三大纪律八项注意，如优待俘虏，打击首恶，争取胁从，分化瓦解敌人；进入城镇严禁乱罚款，乱捉人，乱没收，不准私入民宅，不准打人骂人，不准侵犯群众利益。为了迅速安定民心，争取群众，不增加新区群众负担，武工队起初都戴着白布、白洋作为活动经费；每打开一个地方就发动群众摧毁敌伪组织，夺回敌伪抢去的粮食，救济缺粮的群众，帮助群众恢复生产，使人民生活大为改善。在局势基本稳定后，适时进行减租减息和清算恶霸，规定适当的减租减息的比例与数量，使之约束在统一战线的合法范围之内，有利于团结抗战。在需要军队协助组织政权机关的地区，由政治机关选派干部，并吸收当地开明士绅、知识分子出来工作，造成各界人士和我党我军合作协商的局面。我们派去的干部作风正派，处处带头，群众反映很好。战役开始以后，雁北地委就正式把各县工委改为县委，成立抗日县政府，陆续配备了工作干部，以长期坚持各个地区的工作。

挺 进 绥 东

晋察冀军区扩大解放区取得夏季攻势作战的胜利，是在党中央和毛主席"削弱敌寇、发展我军，缩小敌占区，扩大解放区"的伟大战略指导方针和具体指示下进行的。这一胜利，使敌后战场的态势发生了根本变化，打破了敌人长期以来对我根据地分割、封锁的局面。敌人陷于被动，进一步暴露其兵力不足的弱点，其士气空前低落，不得不继续紧缩防线，撤退点碉，固守在交通沿线。雁北的敌人对我军的攻势无力反击，只得加强浑源、应县、阳高及五台、繁峙等县城的守敌，防备我军攻城。此时，冀晋军区在雁北地区的部队转为分散活动，并以武工队协同党政干部开辟地方工作。

1945 年 7 月初，晋察冀军区向我们传达了党中央的指示："令晋察冀派一部分部队和地方工作干部，在平绥路以北开辟一块根据地，务必在今年结冰以前站住脚。"冀晋军区党委研究组织一个绥东战役，打开局面，尔后开展工作。军区决定由第六团抽五个大连 1000 多人，执行挺进绥东的任务。

为了扩大声势，迷惑敌人，挺进的部队用"绥东纵队"的名义，并抽调地方党政干部组成分委随部队前进，担负开辟地方的工作。刘苏任纵队司令员，范志辉任副司令员，陈一凡任纵队政委兼分委书记，葛振岳任纵队副政委，吴靖宇任纵队参谋长，王克任政治部主任。分委机关张柱国任组织部长，宋汝涛任宣传部长，任扑斋负责公安工作，侯千之负责政府工作，刘苏、范志辉、葛振岳都是分委委员。

绥东纵队的部队和分委机关的干部集中以后，经过短期的思想准备、组织准备和物质准备，于 7 月 22 日从灵丘的东河南出发。

为了配合绥东纵队挺进绥东的战役行动，我们命令大同、阳高、浑源、应县、怀仁的各团和各支队，在 7 月 24 日开始行动，扩大夏季战役已取得的战果。第五军分区罗文坊副司令员和陈信忠团长率第三十团及大同、阳高支队，逼近平绥铁路和大同、阳高城牵制敌人。他们拔除了桑干河南岸的大王村、徐堡、团堡的敌据点，采用围点打援、诱敌奔袭的战术，消灭了 200 多名敌军，俘虏了几个日军指导官。他们还奇袭了浑源到大同之间的桑干河公路大桥，迫使守桥的伪军一个中队投降，然后把大桥烧毁。另外，第三十五团李锐团长带三个主力连和怀仁武工队、应县支队，进入应县以北，大同以南，御河桥以西积极活动；张华政委率第三十团、第三十五团各一部及浑源支队仍在浑应川活动，攻击小石口、罗庄、大沟、李峪等敌据点，积极打击大同至浑源之间的敌人交通运输；其他各支队在各地区活动，逼迫敌伪剩余的据点，破坏铁路交通等，都取得一定战果。

7月26日拂晓，绥东纵队抵达大同城东北的马家梁，葛振岳政委率领着活动于采凉山的侦察连前来会合。28日，绥东纵队进到丰镇东山的亮马台，部队和分委一起在亮马台组织了丰镇、兴和两县联合政府，配备了工作干部，迅速展开工作。7月30日，绥东纵队的主力攻击兴和西南的张皋镇敌伪据点，该点只有少量伪军据守。但是由于部队怕在新区伤亡太大，伤员不好处理，攻击不够坚决，没有打下来。然而敌人却也惧怕了，张皋镇和附近的白家营据点的伪军都自动撤走。于是，我们电令绥东纵队继续肃清兴和周围的敌伪势力，扩大我党我军的影响，积极开展工作。

8月8日，苏联政府遵守同盟国雅尔塔协定，决定对日宣战，蒙古人民共和国也对日宣战，苏蒙红军向盘踞在我国东北的日本关东军发动了大规模进攻。8月9日，毛泽东主席发表了《对日寇的最后一战》的声明，号召中国人民的一切抗日力量举行全国规模的反攻。8月10日，朱总司令发布准备接受敌伪投降和配合苏军作战的七道命令。

面临着大好形势，晋察冀分局和军区立即作了全面反攻的部署。我们冀晋军区奉命以第二、第三军分区的六个团配合晋绥军区进攻太原；第四军分区的三个团，协同冀中第六、第七军分区部队，夺取石家庄、保定等城市；第五军分区部队攻占丰镇、集宁、商都等城镇，并相机进攻大同。这时，雁北以灵丘支队等为基础组建了第十一团，团长邱会嵩、政委旷显扬。

8月12日，冀晋军区即电令绥东纵队去商都和苏联红军会师。8月13日，绥东纵队进占兴和。兴和原有日本指导官和几十人的一支日军"讨伐队"，还有100多名伪军，绥东纵队逼近兴和的时候，派人送信敦促日伪军投降，这股敌军接信之后就连夜撤跑了。部队进城后，兴、丰联合政府也进入兴和处理城市工作和善后工作。

8月15日，日本天皇终于宣布无条件投降，党中央急电各军区、各抗日根据地党委，要求党政军日夜集体办公。随时研究应付瞬息万变的各种情况，准备接受日伪军的投降。那时，我们军区的几位领导，又兴奋又紧张，日夜轮流值班，中央和晋察冀军区来了电报，就立即研究处理。

我们反复向部队进行深入动员，指出敌人虽然投降，但尚未解除武装，还可能继续顽抗。我们必须抓紧时机，使军事威胁和政治瓦解密切配合，团结战斗，迫使被围困的敌伪限期向我投降。并在部队深入进行进占城市和交通要道的思想教育与政策纪律教育。

对军区所属部队的部署作了紧急调整。在雁北、绥东方向，我们电令绥东纵队迅速占领集宁，并令陈仿仁、赵国威率第三十团、第三十五团跟进。绥东纵队以葛振岳和第三连留守兴和，协助处理伪政权和缴获物资；侦察连进占丰镇；刘苏、陈一凡、范志辉率三个大连向集宁进军。其他各军分区部队也向各地敌伪据点攻击，逼近大城市和主要交通干线。

正当我解放区军民不断收复国土之时，国民党反动派为了篡夺抗战胜利果实，不惜和日伪合流，提出"寸权必夺，寸利必得"的反革命方针。中共中央、毛主席及时揭露了蒋介石的反革命面目，义正词严地提出，解放区军民完全有权接受被我包围的日伪军的投降，收缴敌伪军的武器和物资，并提出了"针锋相对，寸土必争"的革命方针。

蒋介石密令抗战期间一直躲在河套的第十二战区司令长官傅作义部在日伪军接应下，迅速由河西沿平绥铁路东进，与我军争夺包头、归绥、集宁、大同、张家口等城市。当绥东纵队抵达集宁时，敌伪军已经撤走，傅作义部队尚未来到，城里驻着自称受傅作义部收编的土匪苏美龙部千余人。绥东纵队经过周密的侦察后，决定攻袭集宁城。

集宁城墙是个土围子，只有十几米高，不太坚固。但是，城南有个制高点叫卧虎山，高约百米左右，山上原有日军构筑的钢筋水泥堡垒工事，对我军攻城有一定威胁。8月22日下午，绥东纵队三个大连向集宁城秘密逼近。下午5时，侦察班长王自强率领全班，利用青纱帐和山地死角偷偷摸上卧虎山；山上只有两名敌哨兵，侦察班悄悄摸到敌哨兵身后，一个猛虎扑食把这两个敌哨兵干掉，马上向山下发出信号。纵队即令重机关枪班抬了两挺重机关枪到山腰上猛烈向城里射击，掩护部队攻城。隐蔽在城下的三个连听到机关枪响，立即搭起梯子向城东南发动进攻，一下子就攻进城里。城里的土匪毫无准备，战斗力不强，他们又是骑兵不会打巷战，一时人慌马乱，一部分冲出城外逃跑了，一部分被我军击毙或俘虏。我军首次解放了集宁，这座绥东战略重镇，日伪军长期经营的新兴中等城市，绥东纵队缴获了大量枪支、马匹和烟土、布匹等物资。23日，第三十团和第三十五团赶到集宁，三支部队会合之后，当晚召开了军民庆祝抗日胜利和解放集宁的大会。

8月23日，冀察军区部队解放了察哈尔省省会和伪蒙疆政府所在地张家口市，歼敌2000多人，并在张家口和苏蒙红军会师。8月24日，冀晋军区在雁北方向的部队为防止日军向大同集中，由罗文坊率第十一团围攻阳高县城。阳高城里的大据点有日军一个大队，我军以大车伪装成大炮在城外运动，向敌人发出通牒限时缴械，城里的伪军如惊弓之鸟，吓得当即投降，当天我军解放了阳高县城。

但是，傅作义部队在8月18日占领了即将被晋绥军区部队攻克的归绥，其先头部队继续向集宁推进，24日抵达卓资山。集宁周围的顽匪又逐渐集中达千余人。情况相当严重，光靠三个团恐怕难以顶住傅作义部队东进，我们即电令刘苏带新组成的骑兵连（第一连）迅速到商都与苏联红军会面，请苏军支援集宁、解放大同。

刘苏到了商都，苏军只有一个少校带一个排看守被解除了武装的伪军，师部在张北。苏军少校对我军还不太了解，不让骑兵连进城，他们用汽车把刘苏独自送到张北。刘苏在张北会见了苏军中校，中校表示没有莫科斯的命令，苏军不能随便行动。苏军师部让刘苏向冀察军区郭天民司令员汇报请示，就又把刘苏送到张家口。

8月下旬，傅作义部队主力进入大同，逼近集宁，我军主动退出集宁，并破坏了集宁到大同、大同到阳高之间的铁路。随后，第三十团和第三十五团撤回雁北，绥东纵队三个大连回到兴和。9月6日，马占山指挥号称两个师、一个挺进支队包围了兴和。绥东纵队和马占山部打了一天，因为兵力悬殊，土城墙又不坚固，城里还有一些隐匿的敌伪军出来活动，绥东纵队的三个连坚持到晚上，便秘密撤出兴和城，到城东待机反击。马占山部占领兴和以后直下怀安县的柴沟堡，其前锋进到渡口堡，即被冀察部队包围。马占山部后续部队掉头就跑，冀察部队主力一直追到尚义。9月15日，雁东部队又进入兴和。

这时，根据晋察冀军区命令，各二级军区的主力团扩编成大团。雁北部队编为第四旅，旅长陈仿仁、政委黄文明，辖第五团（三十五团）、第六团、第十一团。团以下辖营，武器装备齐全。9月28日，晋察冀军区决定将兴和划归冀察军区，绥东纵队将防务移交给冀察军区第四十五团，纵队返回阳高地区恢复第六团建制，分委机关也同时调回冀晋区。与此同时，第四军分区组成第三旅，在马龙旅长、傅崇碧政委率领下兼程北上，配合第四旅解放了阳原城和浑源城，歼灭伪军1000余人，缴获1门迫击炮、十几挺轻重机关枪和900多支长短枪。随后，第三、第四旅在平绥铁路要冲的天镇和大同之间运动，以防御傅作义部队进犯解放区。

兵临石家庄

在第五军分区部队挺进绥东的同时，第二、第三军分区部队配合晋绥军区部队威逼太原，在收复盂县县城以后，从东面和东北面进抵太原附近，切断了太原以东到阳泉的铁路。

这时，党中央命令："各解放区任何抗日武装部队均得依据波茨坦宣言规定，向其附近各城镇交通要道之敌人军队及其指挥机关送出通牒，限其于一定时间向我附近部队缴出全部武装……"晋察冀军区命令冀晋军区部队在冀中部队配合下，向南发展，准备接收石家庄市的敌伪政权投降。

我率领第四军分区三个团到南线，这时党中央和晋察冀军区的来电一个接一个，冀晋军区两部电台，一部随赵尔陆司令员留在雁北，我带一部到南线。部队向南开进，冀晋区党委抽调部分党政干部随军行动，以便参加接收城市工作，民兵也在沿途配合部队，担任战勤工作。时值雨季，河水陡涨，道路泥泞，但部队情绪高昂，马不停蹄，疾速前进；路过的大小村镇，男女老幼站满街头，端茶递水，热情迎送。

我军在拔除了石家庄外围多处据点之后，逼近石家庄。石家庄驻有日军独立第二旅团一部1300多人，伪军800多人。我军兵临城下，敌伪军极为恐慌。然而，就在这时蒋介石却开始篡夺抗战胜利果实的图谋，一方面在美帝国主义帮助下向华北、东北敌占区运送军队，一方面命令日伪军"负责维持地方治安"，拒绝向我军投降。我军威逼石家庄，向日伪军发出通牒，令其交出武器和物资。但是，日军却听蒋介石的，拒绝向我军投降。为了拖延时间，日军还两次派特务长作代表向我军接洽投降事宜。我方派冀晋区党委副书记王昭和他们接谈，并向他们提出严正警告。日方代表坚持说："按规定我们只能向国民党军队缴械投降，不能向八路军投降缴械。因为国民党政府才是合法的，你们是不合法的。你们打伪军、打别的地方我们不管，但是我们的防区你们不能乱动，否则我们不好交账。"那个日方代表还说："依我看，你们不要着急，将来中国是你们共产党的，不过还有一个艰苦的斗争过程。国民党部队虽然多，但是他们腐败，军官都想发财找后路，贪生怕死无心打仗。我们投降以后，中国必将发生内战，国民党是不行的，你们终将会胜利的。"这个日方代表倒是把蒋介石看透了，说了一句大实话，以后的事实也证明他的预料是对的。

当时，美、蒋合作，蒋日伪合流的气候已经形成，内战危机严重起来。党中央为了避免内战的爆发，发表了对目前时局的宣言，并向国民党政府提出了避免内战的紧急措施。同时，鉴于形势恶化，我军继续夺取大城市日益困难，党中央及时地改变了军事斗争方针，指示我军：一般应以相当兵力威胁大城市和交通要道，集结必要的兵力，尽量夺取中、小城市和广占乡村，扩大并巩固解放区，发动群众斗争，注意训练军队，准备应付新局面，作长期打算。根据晋察冀军区调整的部署，在围困石家庄几天之后，我冀晋部队便撤围转回雁北。

冀晋部队进军雁北、挺进绥东，扩大解放区，孤立了大同之敌，配合了全军全面大反攻，也为尔后自卫战争中打开从延安到东北的通道作出了贡献。

在主力部队出征，其余部队执行主要方向的战斗任务时，冀晋区的民兵单独展开活动，仅第三军分区的民兵，在一个多月的时间里，打下日伪军据点30多个，毙伤日伪军100多名。

中国人民伟大的抗日民族解放战争胜利结束了。这场战争，是中华民族抵御外侮最光辉的历史篇章。中国人民以威武不屈、英勇顽强的民族精神，经过艰苦卓绝的八年奋战，战胜了穷凶极恶的日本侵略者，赢得了这场正义战争的最后胜利。晋察冀根据地广大军民，在敌后战场上，披艰历险，不屈不挠，前仆后继，浴血奋战，创造了可歌可泣的光辉业绩。

抗日战争的胜利，有很多重要原因和经验，很多史料丛书做了很全面很好的总结，我不再赘述。我想再重复一点，抗日战争的胜利是人民战争的胜利。

一、把日本侵略者埋葬在人民战争的汪洋大海之中。日本法西斯在侵华战争中，耗资之巨，用兵之多，疯狂之程度，手段之毒辣，都是空前的。日军使用了除原子弹以外的一切现代战争手段，对中国实行惨无人道的烧杀抢掠、横征暴敛，企图用速战速决的办法，把中国变成任他宰割的殖民地。然而，中国人民是不可侮的，是不会心甘情愿地做侵略者顺民的。抗日战争爆发以后，中共中央在《关于目前形势和党的任务的决定》中明确指出"争取抗日战争胜利的中心关键，在使已经发动的抗战发展为全面的全民族的抗战，只有这种全面的全民族的抗战，才能使抗战得到最后的胜利。"在中国共产党的领导下，千百万不愿做亡国奴的中国人民，团结起来筑成坚强的钢铁长城，实行人自为战，村自为战，到处摆开了杀敌的战场，这"就造成了陷敌于灭顶之灾的汪洋大海，造成了弥补武器缺陷的补救条件，造成了克服一切战争困难的前提。"有了广大人民群众的支持和参加，就有了"战争的伟力之最深厚的根源"，就有了巩固的抗日根据地，就有了源源不断的人力、物力和财力，就能够克服一个个困难，渡过一道道难关，就能够耳聪目明，信息灵通。就能够创造出克敌致胜的各种战术技术。总之，一句话，人民战争就能够使敌人像过街的老鼠一样，逃脱不了灭亡的命运。

　　二、进行人民战争的基本条件。第一，战争必须是正义的，得道多助，失道寡助，这是一条真理，抗日战争是正义的全民族的反侵略战争，所以得到广大爱国的人民群众的支持和拥护。第二，中国共产党用最有效的方法，动员群众，组织群众，把党政军民的整体力量充分发挥出来。第三，党在领导战争中实行的各项方针政策，完全代表和符合广大人民群众的根本利益。因此，能够发动长达八年的持久的人民战争。

　　三、毛泽东的人民战争思想得到了充分的发扬和发展。在抗日战争中，广泛实行主力兵团和地方兵团结合，正规部队和游击队、民兵相结合，武装群众和非武装群众相结合的形式，形成一套系统完整的人民战争的战略战术，有效地杀伤敌人，创造了人民战争史上的光辉典范和丰功伟绩。

第十章　解放华北

寸 土 必 争

　　日本投降以后，随着民族矛盾的解决，国内矛盾又突出出来，这主要是以蒋介石为首的国民党反动派，同以中国共产党为代表的广大人民的矛盾。矛盾的集中点和实质是建立一个大地主、大资产阶级专政的半封建半殖民地的国家，还是建立一个无产阶级领导的人民大众的新民主主义国家，这是一场关系到中国前途和命运的严重斗争。

　　蒋介石集团坚持独裁和内战的方针是早已定了的。抗日战争进入相持阶段以后，蒋介石集团节节败退，一半以上的部队撤到西南、西北大后方，进而采取"袖手旁观，等待胜利，保存实力，准备内战"的政策，使它的军队发展到440万人。但在日本投降以后，要立即把这些部队调到内战前线，抢占并控制华东、华北的大城市和交通干线，还有许多困难，主要是需要时间。蒋介石为了争取时间，采取了惯用的反革命两手政策，一方面，邀请中共中央主席毛泽东到重庆"和平谈判"，"共商国是"；另一方面，积极进行内战的准备，由美国帮助，运用海、陆、空多种手段，急如星火地从大后方调动大量兵力到华北、华东、东北地区，抢占大城市和交通要道，完成对解放区的包围。

　　党中央和毛泽东主席依据形势的变化和蒋介石集团假和平、真内战的两手政策，采取了"针锋相对，寸土必争"的方针，一方面，高举和平、民主、团结的旗帜，坚决反对内战。8月28日，毛泽东、周恩来、王若飞到重庆和蒋介石谈判。另一方面，在我军和广大人民群众中揭露蒋介石集团的阴谋，认清内战的严重危险，绝对不要依靠谈判，不要指望国民党发善心，而要把一切工作的立足点放在国民党打内战的基点上，做好充分的精神和物质准备，对国民党军队向解放区的进犯，要站在自卫的立场上进行坚决的回击，"人民的武装，一支枪，一粒子弹，都要保存，不能交出"，"人民得到的权利，绝不允许轻易丧失，必须用战斗来保卫"。党中央和毛泽东提出的这些方针，及时而有力地统一了全党全军的思想，为我军投入保卫抗战胜利果实的斗争，发展中国人民革命事业的胜利指明了方向。

自日本宣布投降到 1945 年 9 月中旬，国民党军按照蒋介石的"剿共"密令，源源开向解放区，进占了临近解放区的徐州、开封、郑州、洛阳、太原、归溪等城市，并继续沿津浦、平汉、同蒲、平绥四条铁路对解放区发动进攻。在晋察冀地区，国民党部队在日伪军配合下，先后抢占了平津、石家庄、保定、山海关等主要城市，成立了第十一战区。山西的阎锡山部队抢占了大同、太原等地。绥远的傅作义部队抢占了归绥（今呼和浩特）和绥东、绥南大片地区。

1945 年 9 月 19 日，党中央依据当时的形势，向我党我军提出了"向北发展，向南防御"的战略方针。"向北发展"就是"完全控制热察两省发展东北并力争控制东北，以便依靠东北和热察两省加强全国各解放区及国民党地区人民的斗争，争取和平民主及国共谈判的有利地位。""向南防御"就是收缩战线，集中力量，准备对付国民党的大规模进攻，保证主力向北发展的任务。为了完成上述任务，党中央还作了具体部署，要求晋察冀（除冀东外）及晋绥两区坚决打击国民党军自绥远和可能自北平向张家口的进攻，保证对察哈尔全境、绥远大部、山西北部及河北一部的占领，使之成为以张家口为中心的基本战略根据地之一。

9 月上旬，聂荣臻司令员从延安返回晋察冀军区。一天，他专门通知我到张家口汇报工作。我到他那里，简要地汇报了冀晋军区和区党委的情况，着重反映了一部分人的思想情绪。抗战胜利后，多数同志对形势的认识是正确的，但也反映出不少思想问题。有的同志对蒋介石一手垄断受降感到极其气愤，对我们由夺取大城市转向占领中小城市和广大乡村不理解；有一部分同志就在国民党反动派积极准备内战的时候，却陶醉在一片和平幻想之中，以为抗战胜利了，可以"解甲归田"了；有个别干部被胜利冲昏了头脑，已经着手对部队进行裁减，连兵工厂也要改为民用工厂。针对以上问题，晋察冀军区组织部队学习中共中央《关于日本宣布投降后，我党任务的决定》和《关于目前时局的宣言》，进行了形势任务的思想教育。聂司令员听后，对我们及时抓部队的思想教育表示满意，并指出："对广大指战员的形势教育，要及时搞，反复搞，直至思想问题彻底解决。尤其是干部，对国民党反动派绝不能抱有幻想，对和平烟幕掩盖下面的新的内战危险，要有清醒的认识和充分的准备。要克服和平麻痹思想，随时准备打退国民党的进攻。"他特别强调："你们那里的部队，现在不但不能精减，而且要扩大，决不能丢掉枪杆子。"接着我又向聂司令员谈了部队中流传的一些说法，比如将来要和国民党军队合编等等。聂司令员果断地挥了挥手，说："不管他会不会合编，即使有这种可能，我们也不能放弃革命武装。你就留在自己的根据地，继续发动群众扩大武装，训练部队，打击土匪，搞你的'独立王国'，做你的'山大王'，随时准备应付新的局面。"聂司令员还从张家口拨了一些机器给冀晋军区，指示我们加强炮厂、炮弹厂、弹药厂的生产建设。我回去以后，遵照聂司令员的指示，积极宣传保卫和平民主和胜利果实，动员群众参军，动员民兵集体入伍，并做好入伍教育和新战士家庭救济、优抚、代耕等工作，解决他们的后顾之忧。在壮大武装力量的同时，组织好整训，做好巩固部队的工作，提高部队的战斗力。

9月中旬，傅作义部队在夺取了卓资山、丰镇、集宁、兴和之后，逼近天镇、柴沟堡，准备进攻张家口。中央军委立即指示晋察冀军区和晋绥军区共同发起绥远战役，反击傅作义部队的进犯，收复归绥，解放绥远。

绥远战役由聂荣臻和贺龙同志统一指挥，两个军区集中了39个团5.3万人的兵力，以卓资山为会师目标发起攻击。我们冀晋部队接到军区命令以后，我率第三、第四旅首先出击，接连解放了阳原和浑源，挺进到阳高地区。10月19日拂晓前，各参战部队同时发起进攻。我们冀晋部队兵分两路，一路向聚乐堡攻击，一路向丰镇攻击，经过激烈战斗，攻占了这两个地方。同时，冀察部队攻占隆盛庄，冀中部队攻占张皋镇、官村，晋绥部队占领了凉城、新堂、陶林。当时，我们的部队处于由分散到集中，由游击战到运动战的转变时期。各纵队、各旅的领导机关刚刚组建，部队还不适应大兵团联合进攻的运动战。因而没能趁敌人分散的时候，分割包围、各个歼灭，而是全线平推，结果都打成击溃战，使傅作义得以收拢部队向归绥退却。傅作义为避免遭受我军打击，采取"一触即退"的战法。我军地形不熟，骑兵少，追击不上。我军在集宁和魁盛庄附近两次准备聚歼敌第三十五军军部和一〇一师都未能成功。敌人闻风西逃后，我军于10月24日占领了集宁。为歼灭西逃的敌人，晋绥部队向东疾进，25日在卓资山歼灭了敌六十七军新编第二十六师何文鼎部，以很小代价毙伤俘敌少将副师长以下5000余人。

10月底，晋绥和晋察冀军区部队完成了对归绥的合围。傅作义的两个主力军和一个骑兵师担任归绥城防，三个骑兵纵队担任外围作战。敌人以攻为守，先后对我方阵地进行了五次大规模反扑，但都被我军击溃。敌人付出了3000余人伤亡的代价，被迫转入凭坚据守。归绥城防设施坚固，周围有许多碉堡火力点，城内又有充足的粮食、弹药储备。而我军当时没有火炮，又没有攻坚的经验，攻了几次，都没有成功，因此形成了双方僵持的局面。

为了孤立归绥的敌人，我军以晋绥军区独一旅、骑兵旅和冀察纵队一部沿铁路线向包头推进。该部连破数股敌人，直抵包头，我军控制了绥西一线。11月6日，敌人又从重庆把一个重迫击炮团空运到归绥，我军在兵力上更不占绝对优势，军区领导决定只留晋察冀军区一部分部队围困归绥。冀晋纵队第三旅（欠一个团）并第四旅第六团随晋绥部队主力，乘胜攻取包头。

包头是绥西重镇，位于黄河南岸，城周20里，城墙高近7米，守敌约有1.2万余人。我军从11月9日开始发起攻击，有几个点攻击了两天没能奏效，有四个营虽一度攻进城里，但遭到敌人反扑，伤亡过重，随又撤出。17日，归绥敌骑兵第四师窜出，会合骑兵第四纵队、宁夏敌骑第十师，向包头增援。晋绥军区领导决定先打援后攻城，一经接触，敌援军即溃逃，仅歼灭少数敌人。12月3日，晋绥部队主力向包头城西北面突击，冀晋纵队第三旅在城东南、东北助攻，一天之内数度攻击没有奏效。绥西没有我们的后方补给线，粮食、弹药的前运和伤员的后送都很成问题。时值塞外严冬，大地冰封，土工作业和部队食宿都遇到极大困难。根据中央军委指示，部队遂于12月4日、14日先后撤出对包头、归绥的包围，转入休整。

这次战役历时两个月，歼敌1.2万余人，收复丰镇、集宁、卓资山等城镇，再次解放了绥东、绥南广大地区，打击了傅作义部队的气焰，巩固了解放区。但是战役中也暴露了我军从游击战到运动战过渡时期的许多不足。以我们冀晋部队来说，刚进行扩编，新成分多，训练也差，各方面工作都没有跟上，特别是组织机构还不健全，思想作风、工作方法、战术运用仍停留在游击战争阶段，还不善于打攻坚战和歼灭战，这是抗战胜利后，两个军区组织的第一个大的战役，所取得的经验教训也是非常宝贵的，为以后的战役战斗提供了借鉴。

在冀晋纵队主力于绥远作战时，冀晋军区的地方部队也积极破袭正太、平汉铁路，迟滞了国民党军向北开进。

晋察冀军区为适应在晋察冀和冀察热辽两个方向对国民党军作战的需要，根据中央军委的指示，11月，对全区部队进行了统一整编，抽调冀晋、冀察、冀东、热河、冀中五个军区的主力部队，组成两支野战军。第一野战军由聂荣臻兼司令员和政治委员，第二野战军由肖克兼司令员，罗瑞卿兼政治委员。我冀晋军区主力分编为两个纵队：陈正湘纵队，陈正湘任司令员，我兼政治委员；辖第三旅，旅长马龙、政委傅崇碧；第四旅，旅长陈仿仁，政委黄文明；编入第一野战军。赵尔陆纵队，赵尔陆兼司令员。韩伟任政治委员；辖第一旅，旅长李湘，政委曾美；第二旅，旅长黄方刚，政委覃国翰；编入第二野战军。12月中旬，第一野战军撤销指挥机构；第二野战军指挥机构和冀热辽军区合并。晋察冀军区辖冀热辽军区和冀察，冀中、冀晋军区，野战纵队由大军区直接指挥。

各二级军区主力升编为野战纵队之后，剩余的地方武装也进行了整编，以老部队为骨干，扩充地方团和民兵武装，加强地方部队建设，配合野战军作战和巩固边沿区。在整编过程中，我们特别注重加紧干部的培养和训练，以适应形势发展的需要。在干部使用上，我们克服保守思想，只要政治上可靠，组织观念强，作战勇敢，工作积极，联系群众，爱兵爱民，就大胆提拔使用，使他们在实际工作中锻炼提高。

国民党军向解放区的大举进攻，遭到全国人民的同声谴责和我军的沉重打击。蒋介石从三个月军事较量的失败中，也感到需要争取时间，以便进一步调动军队，完成全面内战的部署。迫于这种情况，国民党不得不于1946年1月10日与我党签订了《关于停止国内冲突的命令和声明》（即停战协定），规定在13日24时生效。

中央军委在停战令颁发前十天，即指示各战略区，警惕蒋介石在停战生效前，疯狂抢占战略要点。晋察冀军区根据自己的情况，将部队部署在东西两线，以迎击进犯的敌人。东面是承德、古北口、叶柏寿一线，西面足康庄、怀来、阳高一线。冀晋赵尔陆纵队前出到古北口，并指挥冀东第十四军分区部队，冀察纵队随时准备东进，配合歼灭进犯古北口的敌人。另一个纵队由我和陈正湘率领，位于阳高、丰镇地区，配合晋绥军区防止傅作义部东犯和大同阎锡山部队的骚扰。部队一边整训、一边注视着敌人的动向。

果然，在东线，敌人分三路，企图夺取承德。一路由敌第十六军二十二师、九十二军两个师及收编伪治安军一个师，共四个师兵力，沿平承线北进，企图夺取古北口，进占承德。1月12日，敌人两个师在飞机掩护下，向古北口攻击前进。冀晋赵尔陆纵队第一旅从永宁出发，急行军及时赶到古北口，展开阻击。部队在民兵支援下，打得十分英勇，连续打退敌军十多次冲击，从正面顶住了敌人。13日，第一旅分两路反击，歼敌于馒头山阵地，毙伤敌3000余人。14日，冀察纵队赶来，敌人发觉有被歼的危险，夺路狼狈而逃，我军取得古北口保卫战的胜利。配合冀东、冀热辽部队挫败了敌人抢占承德的企图。

在西线，大同的阎锡山骑兵第四师、省防军第五军和归绥的傅作义部都在停战令生效前倾巢出动，向我阳高、浑源、左云、丰镇、集宁等地进攻。军区当即令冀晋纵队第三、第四旅配合晋绥军区部队坚决打击进犯的敌人，并调冀中纵队第十三旅从怀来开往大同地区增援。

大同敌军分三路出动，企图抢占我要点。13日，一路敌军2000多人，配属收编的日军，在坦克掩护下，向第四旅十一团驻守的遇驾山阵地进犯。遇驾山位于铁路北侧，控制着通向阳高和聚乐堡的大道，距大同仅23公里。第十一团坚决阻击敌人，以密集火力给敌人严重杀伤。中午，第四旅六团顶风冒雪从大同以北孤山赶来，两个团向敌人发起反击，连续收复了周士庄、倍家皂等村镇，将溃退之敌一直追到大同城下。这次反击，共毙伤俘敌1000余人。

敌人另一路省防军第五军十四师在10日偷渡桑干河，12日晚抢占浑源县城。遇驾山战斗结束，我第四旅五团和十一团以及第十三旅一个团、第五军分区两个团，奉命围歼浑源的阎锡山部队。14日，第四旅进抵浑源城西关，歼敌一个营大部。这一天停战令已生效，敌人顽强巩固已抢占的阵地，并组织反冲击，企图以既成事实，等待执行小组前来调处。当日，应县敌人前来增援，被我五军分区独立第十三团坚决顶住。夜晚时分，敌人见援兵不到，趁黑弃城逃窜，我军追至桑干河边，生俘300余人，收复浑源县城。

大同另一路敌人两千余，绕过孤山，经镇川堡向丰镇攻击，企图在13日24时前占领丰镇。我第三旅旅部和第一团在城北、城东及火车站坚决阻击敌人。13日24时后，敌人绕道从小南门攻入镇里，他们以为丰镇已抢到手，在城里狼奔豕突，劫掠奸淫。我第十团从阳高赶到，内外夹击，敌人仓皇逃窜，我军追击几十里，毙伤敌600余人，俘300余人。敌人抢占丰镇的阴谋终于失败。

傅作义部的第三十五军新编第三十一师和第三十六师分别进占了陶林、和林。在停战令生效以后，又以新编骑四师等部在 1 月 14 日凌晨抢占了绥东重镇集宁。敌人如果在集宁站住脚，就严重威胁张家口和绥东地区的安全。军区命令冀晋纵队第三旅由马龙、傅崇碧率领从丰镇向集宁攻击，绥蒙军区第二十七团在姚喆司令员率领下从卓资山向集宁进攻，冀晋第四旅六团迎着塞外的大风雪，也从驾遇山赶去。晋绥军区原有八个连正在集宁外围和敌军对峙，各部队赶到后，合力紧逼外围敌阵地，很快就扫清外围。

16 日拂晓，我军向集宁城发起总攻。这时，敌人向北平军事调停部执行小组告急，搞了个恶人先告状，妄想得到美军代表的支持，达到强占集宁。当天，北平军调部就派了一个美军军官率领一个小组乘飞机赶到张家口，要晋察冀军区派人陪他们到集宁调查。聂司令员向他们严正指出，傅作义部队企图抢占集宁，我们是被迫进行自卫反击，责任在傅作义。同时，他告诉美蒋代表，集宁是绥蒙军区所在地，归晋绥军区管辖，晋察冀军区不能指挥他们，要去必须先和晋绥军区联系。

这样，军区为部队争取了时间，冀晋第三旅协同晋绥部队发动强攻，在17 日凌晨攻进集宁城里，生俘敌军 2000 多人，缴获战马 1700 多匹，残敌跳城逃窜，部队迅速把战场打扫完毕。17 日 10 时，军调部小组才飞抵集宁。但集宁已经回到人民手中，美蒋代表找不到任何破绽，只得扫兴而回。

通过反击敌人抢夺战略据点的斗争，广大军民认清了美帝国主义支持蒋介石搞假和平真备战的面目，更加百倍警惕，随时准备给挑动内战的国民党反动派以坚决地还击。

1946 年 2 月 1 日，中共中央向全党发出指示，指出："为了保证国内和平，各地应利用目前时机，大练兵三个月，一切准备好，不怕和平的万一被破坏，并须在此期间准备整编军队及精兵简政。"3 月初，中共中央指示晋察冀军区精兵简政，第一期先减三分之一，既可以表明我党我军的和平诚意，又可以减轻人民负担，有利于解放区的巩固与坚持。中共晋察冀中央局发布了《复员工作的通告》。根据这个《通告》精神，晋察冀军区野战部队把年龄偏大和病弱人员作复员安置，地方部队也进行了精简，目的是减少野战部队的数量，以适应机动作战的需要。

冀晋军区在精兵简政中，也复员安置了一部分老弱病残人员。大批战士复员，干部转业，需要做艰苦细致的思想政治工作，我们要求各级领导深入部队反复做思想教育工作，使大家弄清精兵简政与反对内战的关系，反内战中军队与广大群众的关系。蒋介石反共反人民的本质是不会改变的，精兵简政不是刀枪入库，马放南山，而是便于部队超区域远距离跃进，是反对内战的一项重要措施。野战军、地方军是反内战的主力军，民兵和广大群众是反内战的最深厚根源。复员、转业到地方的干部战士，要积极投入边区的各项建设，密切联系群众，做好支持前线的工作。我们还要求各部队一面整编，一面抓紧练兵，准备粉碎敌人的进攻。

经过整编，晋察冀军区原有 9 个纵队 25 个旅的野战部队，缩编为 4 个纵队 9 个旅，共 5.1 万余人。冀晋军区原来两个纵队合编为第四纵队，下辖第十旅、第十一旅。第四纵队直属军区指挥，由陈正湘任司令员，胡耀邦任政治委员。赵尔陆任张家口军调组中方代表，我回冀晋军区主持区党委和军区工作。

赵尔陆调走后，冀晋军区暂时没有任命司令员，其他领导同志还有：参谋长张开荆，政治部主任张连奎，副参谋长刘彬。雁北第五军分区编为第一军分区，司令员盛治华，政委田萍，副司令员刘苏，副政委张华，政治部主任范富山；第二军分区，司令员罗文坊，政委丁莱夫，副司令员刘东记，副政委兼政治部主任杨世明；原第三、第四军分区合并为第三军分区，司令员成少甫，政委齐文俭，副政委陈宜贵，政治部主任钟炳昌。

在精简整编过程中，冀晋军区重新编了两个独立旅，由原冀晋纵队第二旅六团和第二军分区独立十一团合编为独立第一旅，旅长曾美，政委金行生（后丁莱夫），副旅长黄永山，副政委李兆炳，参谋长李克林，政治部主任王卓；由原冀晋纵队第三旅十二团和原第三军分区独立五团、第四军分区独立八、九团组成独立第二旅，旅长马龙，政委齐文俭兼，副旅长阮平，副政委兼政治部主任许诚。从组织上适应由游击战到运动战的新的战略转变。

在部队精简整编的同时，野战军、地方军、民兵，都要利用战争的间隙开展军政练兵。政治练兵主要通过形势教育等活动，提高战胜敌人和保卫边区的决心和信心；同时开展拥政爱民和尊干爱兵运动，增进了军内外的团结。军事训练，着重进行了射击、投弹、刺杀三大技术训练和班排战斗教练，并集训营以上干部，提高干部的指挥能力，使从游击队升编的部队军事素质有了较大提高。

停战以后，党中央的方针是：力争和平民主的实现，争取东北停战，制止全国内战再起；并利用暂时休战的时机，加紧进行练兵、减租、生产三大中心工作。这一期间，晋察冀中央局指示，继续发动群众，进行了减租减息、反奸、反霸斗争，组织群众生产。军区政治部也决定各部队开展生产节约运动，并积极参加边区的土地改革运动，实现"耕者有其田"。这些措施调动了群众生产热情和支援前线的积极性。

签订停战协定，对国民党反动派来说，只不过是一个政治欺骗的手段，为的是取得大规模内战的准备时间。因此，我们党不断揭露其假和平的真面目，以教育人民；并随时提高警惕，随时准备给进犯者以有力的打击。

事实上，国民党军队在停战协定生效以后，也从未停止对我边区的蚕食进犯。从1月到6月，国民党军对冀晋山区的进攻达数百次。初期，敌人主要使用收编的伪军和"还乡团"等地主匪特武装，小股骚扰。4月以后，以正规军搞大规模蚕食进攻，摧毁边沿地区的民主政权，抢粮、建点，向农民倒算，无恶不作。4月，中央军委发布"坚决打击顽伪军的蚕食进犯，进一步发动群众深入减租反霸斗争"的指示。根据这一指示，军区加强地方主力部队，协同边沿县区武装向敌人反击，甚至深入敌占区开展政治攻势，从而扭转了反蚕食斗争的被动局面。

保卫解放区

国民党反动派根本就没想执行停战协定，自1946年1月13日停战协定生效后，至5月底，蒋介石先后向内战前线运送和调动了130万人的兵力。自2月开始，在东北向我军大举进攻，在关内对我各解放区频繁进行骚扰和进犯，造成了"关外大打，关内小打"的局面。

6月26日，蒋介石终于撕毁停战协定，以围攻中原解放区为起点，发动对解放区的全面进攻。从此，揭开了全国解放战争的帷幕。

党中央立即发出号召，全党全军和全体人民要紧张地动员起来，坚决勇敢地投入到自卫战争中去，彻底粉碎蒋介石的进攻。中央军委对晋察冀和晋绥军区提出夺取"三路四城"的战略计划，即两军区及晋冀鲁豫军区部队一部以半年左右时间，夺取平汉路北段、正太路、同蒲路以及保定、石家庄、太原、大同四个城市，使晋绥、晋察冀、晋冀鲁豫各解放区连成一片。

在晋绥和晋察冀军区周围的敌军，有孙连仲的第十一战区，傅作义的第十二战区和阎锡山的第二战区，共计33万人。据当时敌人动向分析，阎锡山和傅作义的部队有向绥东进犯的危险。根据中央军委夺取"三路四城"的战略部署，两个军区司令员贺龙和聂荣臻商议，并经中央军委批准，发起晋北战役，目的是收复同蒲路北段各重要城镇，孤立大同。同时决定，组成晋北野战军司令部，由晋绥军区副司令员周士第任司令员，统一指挥晋绥军区独立第二旅、独立第四旅和晋察冀军区四纵第十一旅，冀晋军区第一、第二军分区部队，从东西两线对敌发起攻击。

7月4日，战役发起后，冀晋第一军分区部队很快就收复山阴县城及岱岳镇（今山阴），逼近怀仁县城。晋绥独立第二旅和晋察冀第十一旅攻克繁峙之后，继续向南发展。敌军在我方3个旅和地方武装的凌厉攻击下，纷纷溃逃。从6月底到8月15日战役结束，两区部队共歼敌8000余人，先后攻克和收复朔县、宁武、崞县、山阴、代县、繁峙、定襄、五台、原平等县城和广大乡村，我军控制了同蒲路忻县以北地段，割裂大同、太原的联系，使大同的敌人陷于孤立。

晋北战役结束后，贺龙、李井泉、聂荣臻等领导同志商议夺取大同，并请示中央军委。7月25日，中央军委复电，同意先取大同，再攻平汉、正太路。8月2日，晋察冀中央局书记，晋察冀军区司令员兼政委聂荣臻在阳高县城召开军事会议。晋察冀军区副政委刘澜涛、罗瑞卿，第三纵队司令员杨成武、第四纵队司令员陈正湘、张家口卫戍区司令员郑维山，晋绥军区副司令员张宗逊参加了会议。会议传达了中央军委关于攻打大同必须精心计划，充分准备，坚决夺取之；并准备对付傅作义部队的增援等指示。会议决定成立大同战役前线指挥部，由张宗逊任司令员，罗瑞卿任政治委员，杨成武任副司令员，统一指挥两个军区的部队。

参战的部队有晋察冀军区第三纵队周彪的七旅、易耀彩的八旅，第四纵队邱蔚、傅崇碧的十旅，李湘的军区教导旅，第二纵队肖应棠第四旅，冀晋第一军分区刘苏率领的两个小团（十二团和十三团），炮兵团；晋绥军区的三五八旅和第五军分区王赤军部两个小团，独立第一旅，骑兵旅，绥蒙军区直属二十七团等，总兵力30个团。

战役计划以十天作准备，十天扫清外围，十天拿下大同。

大同守敌由阎锡山第八集团军副总司令兼四十三军军长楚溪春指挥，大同及其外围的兵力有：暂编三十八师、东北挺进军马占山部骑五师、骑六师、特务营和海福龙团，保安队两个炮兵营、一个特务营和一个工兵连，还有其他县跑来的自卫队总共约1.9万人。

大同前线指挥部组成后，即往聚乐堡部署战役行动。我们冀晋军区立即动员第一分区阳高、天镇、灵丘、浑源、大同、怀仁等各县成立战地动员委员会，组织民兵、大车、担架、粮草、慰劳品、慰问信，配合兵站工作，迅速前运粮草、物资和弹药。

在战役发起之前，晋察冀军区在7月15日就决定由四纵十旅旅长邱蔚和政委傅崇碧指挥第十旅（缺两个营）附三个炮兵连和三十三团二营两个连，冀晋第一军分区十二、十三团，怀仁、应县两个大队，首先攻击大同外围孤点应县县城。

应县守敌是国民党乔日成部3个团3500人，多系惯匪、兵痞编成，奸诈凶顽不怕死，城防工事坚固，比较难攻。

7月19日前，第十旅陆续从阳高以南的聚乐堡、马官屯出发，隐蔽进到应县城东北的郭家寨、东西辉耀，南北马庄地区。十二团和怀、应大队进到南晏庄、毛家皂南，负责打大同、怀仁可能南援应县的敌人。十三团控制韩家坊，负责歼灭应县突围的敌人。

第十旅从7月20日到8月10日，连续发动了三次总攻。城内敌人凭坚固守，用手榴弹和滚雷等火力严密封锁城墙四周，我军虽一度登上城头，但因后续部队被阻，突击队被敌军反攻下来。应县地表卤湿，水位很浅，不便于坑道作业，我军火力不足，指战员前仆后继，屡攻不下。后来据敌人供认，这次战斗被我军歼灭700多人，毙伤敌大队长5人，消耗了大量弹药。

8月1日，易耀彩的第八旅攻克毛家皂，歼守敌200多人。8月2日，敌人从大同出动骑兵千余人，坦克四辆增援怀仁，第八旅一个团在里辛庄截击，打了一天，毙伤敌400人，缴获坦克一辆。当晚怀仁守敌三十八师三团1500多人，分两路向大同撤退，被八旅和王赤军部、刘苏十二团包围歼灭。晋绥王赤军部当晚占领了怀仁县城。刘苏部在8月4日逼近口泉，敌人逃往平旺，刘苏部占领了口泉后，向平旺和王家园发电厂攻击前进。

8月10日，大同外围据点已全部被我军肃清，指挥部调第十旅到大同前线准备参加攻坚阶段作战，包围应县县城的任务由冀晋第一分区和应、怀大队接替。到9月初，应县守城敌军突袭围城部队，我军仓促应战受到较大损失，在战斗中怀仁县大队队长李玉堂牺牲，军区决定围城部队撤围休整待机。

8月14日夜里，我军以十三个团的兵力向大同发起攻击。当晚，马占山部的海福龙团240多人起义，退出白马城，三纵第七旅当即占领白马城和卧虎湾。我军在大同近郊积极作战，敌人依托坚固的工事，充足的弹药和复杂交错的碉堡群进行抵抗。阎锡山收编的几百名侵华日军炮兵，对我们攻克各据点威胁很大。我们的部队打得异常艰苦，每前进一步都付出很大代价，有些据点得而复失。在战斗中，大同县及其周围各县人民全力以赴支持前线，人民群众主动把自己的猪、羊、鸡、鸡蛋、蔬菜、水果等捐献出来，到前线慰劳部队和伤员。兵站的民兵一直跟着作战部队，运送弹药、物资、粮草，随军民兵在前线挖坑道、搭云梯、抢救伤员，他们英勇顽强，轻伤不下火线，涌现出大批英雄模范人物。新解放的村镇，由于敌人长期抢掠，严重缺粮，边区政府及时拨给救济粮，使新区群众也积极投入支前工作。

到9月4日，我军毙伤俘敌3000多人，其余逃到城里，大同市周围的大小据点全部肃清。5日，我军直逼大同城下，从四面进行坑道作业，准备以坑道爆破配合炮击攻城。

此时，蒋介石鉴于大同危急，为了促使傅作义为大同解围，便下令将原属阎锡山势力范围的大同划归傅作义管辖。蒋介石这一招还真灵，傅作义拿到这一纸命令，便立即调集三十五军等3万多人，由归绥倾巢出动，向卓资山、集宁推进。5日，攻占我卓资山后，继续向集宁前进。大同前线指挥部遂决定暂停攻击大同，由晋察冀第三纵队和冀晋第一军分区、晋绥第五军分区部队继续围困大同，其余部队北上驰援集宁。

我集宁守城部队和援军与来犯之敌进行三昼夜鏖战，几次打退敌军对我城外阵地的攻击，歼敌5000余人。由于我军没能对已被打乱之敌组织连续攻击，使敌得以喘息和重新整顿。最后敌人兵力增加到6个师，我军伤亡过大，遂于13日晚撤出集宁。敌人占领集宁以后，继续向大同前进，并威胁到晋察冀的中心张家口。在这样的形势下，16日，晋察冀军区决定主动撤围大同。

大同、集宁之战，历时一个半月，我军歼敌1.2万人，但未能达到攻城打援的预定目的，在一定程度上影响了晋察冀和晋绥军区战局的发展和部队情绪。失利的主要原因，战役决策上和指挥上都有不当之处。首先是两个军区的部队刚刚搞过精简整编，由游击战向运动战转变的时间也不长，部队没有重武器装备，攻坚的作战经验不足，初战便指向坚城大同，我军打运动战的特长发挥不出来，战役失利也就在所难免。其次，战役指挥方面，打援的指导思想不够明确，兵力部署和预定战场没有足够准备；每个战斗中，兵力使用未能形成绝对优势；在集宁城下未能抓住歼敌良机。在12日，敌新编第三十一师在空军配合下，攻进集宁城内，与我守城部队展开巷战，即被我援军包围。这时，敌一〇一师及新编第三十二师、骑兵第四师于 12 日、13 日逼近集宁，我军没有继续围歼敌新编第三十一师，而转移兵力求歼敌一〇一师，但几度组织攻击均未奏效，在敌军兵力骤增，我军处境不利的情况下，不得不撤出集宁。

我军撤围大同后，我立即召集大同县委和沿线各县区领导到阳高冀晋军区指挥部，向他们通告撤围的原因。我给大家讲了毛泽东主席的战略思想和作战原则，打得赢就打，打不赢就走；先打分散、弱小和孤立之敌，后打集中和强大之敌；以歼灭敌人有生力量为主要目标，不以保守和夺取城市及地方为主要目标。我军现在撤围大同，是为了保存有生力量，将来更好地夺取大同，要求大家向群众和基层干部做好宣传解释工作。我还帮助他们分析了形势，指出，在我军撤退以后，敌人可能疯狂出动，抢粮抓丁，对我们在大同的基层组织进行破坏，所以要让"面红"的干部提高警惕，必要时撤出来，避免损失；对还没暴露身份的干部和战役中发现的积极分子，要求他们做长期斗争的打算，在他们中间发展秘密党员，建立秘密支部。大同附近各县区以县大队为骨干，配合区小队开展武装斗争，打击敌人的活动，保护秋收，不让敌人抢走粮食，抓走壮丁。

随后，各县区领导都很快回去布置落实，一些"面红"的干部连同家属都撤到桑干河以南；各区小队和区干部，深入到各村做维系人心的工作，积极开展对敌斗争，破坏敌人交通，打击出来抢粮抓丁的小股敌人和武装特务的活动，取得很好的成效。

在我军撤围大同之前，国民党第十三军已经占领承德，接着又集中了六个军进攻冀东。（到 9 月 21 日，我军主动撤出冀东解放区所有县城。这样，张家口处于受敌东西两面夹击的严重形势。蒋介石为了迅速打通平绥路，抢先占领张家口，以便在国民代表大会上吹嘘胜利，遂令第十一战区司令长官孙连仲和第十二战区司令长官傅作义会攻张家口。

聂司令员根据敌情态势的分析和我军的具体情况，对张家口的弃守问题向中央军委作了请示，陈述了他的看法和意见。当时，我军在集宁失利，冀东大片解放区被占，部队损失较大，元气尚未恢复，敌人则是乘胜进攻，士气较旺，马上进行大的交战，对我军不利；敌人重兵集中在东西两线，我军夹在中间，敌人两面向我对击，必是一场恶战；我军兵力和装备都不及敌人，获胜的可能性很小。因此，聂司令员的意见是："我们的整个作战部署，应该着眼于歼灭敌人，不为一城一地所束缚，在敌人进攻张家口时，能守尽量守，形势不利时就只进行掩护作战，不作坚守、准备放弃张家口，以便摆脱被动，寻找有利战机，歼灭敌人的有生力量。"

中央军委根据聂司令员的意见，于9月18日指示晋察冀军区：张家口保卫战应"以歼灭敌有生力量为主，不以保卫个别地方为主，使主力行动自如，主动地寻找好打之敌作战。"

敌人在占领张家口的问题上，蒋介石和傅作义有矛盾和斗争。蒋介石想让嫡系李文兵团抢先占领张家口，傅作义斗不过蒋介石，因而暂取坐山观虎斗的态度。军区综合分析各方面情况，判断敌人主攻方向将是东线的敌第十六军、第五十三军。军区决定第四纵队在柴沟堡、天镇、阳高地区监视集宁、大同方向敌人。集中第一、第二纵队五个旅和第三纵队七旅、第四纵队第十旅、独立第五旅在怀来、延庆地区迎击东面敌军，进行张家口保卫战，并成立晋察冀军区前指，由野战军司令员肖克、政治委员罗瑞卿指挥。

从9月29日起，北平方向敌军开始以四个师兵力，在飞机、坦克掩护下，向怀来地区疯狂进攻，第二纵队副司令员兼参谋长韩伟率四个主力团，依托坚固设防和有利地形顽强抗击敌人，英勇战斗了11天。敌人正面进攻受阻后，10月7日，敌人另两个师从怀来东南迂回。杨得志、苏振华指挥晋冀鲁豫第一纵队和其他纵队两个旅另一个团，在马刨泉、南石岭、镇边城东南连续伏击迂回的敌军，歼灭一个多团又2000多人。在平绥铁路张家口防御战中，我军歼敌万余人，把敌六个师拦阻在怀来以东以南地区。

与此同时，为了配合张家口正面作战，分散敌人兵力，晋察冀军区命令我和杨成武（杨任司令员，我任政委），指挥第三纵队第八旅和冀晋、冀察、冀中军区的五个独立旅，在平汉铁路北段发动进攻。我们在北平到石家庄段发动破击战，攻克望都、徐水、容城、定兴四座县城，歼灭国民党军8000多人，控制了250多里铁路，策应了平绥铁路东段的作战。

正当我军在平绥路东段取得胜利，准备回师西指傅作义之时，蒋介石又故技重演，把属第十一战区的张家口划归傅作义的第十二战区管辖，促使傅作义尽快从西面发动进攻。傅作义本想坐收渔利，蒋介石正好把机会送给他，真是喜不自禁。得意之下马蹄疾，傅作义立即出动，向我军兵力空虚的张家口西北方向急进，以2万多人的兵力从集宁、南壕堑迂回到张家口的侧面，10月8日乘隙袭占了张北，这是我军没有预料到的。10月10日，傅部继续南进，军区教导旅在狼窝沟阻击敌军，以少御多，和敌军进行血战。同日敌人出动数十架飞机，对张家口实施狂轰滥炸。至此，张家口以北已无险可守。11日，聂司令员下令，我军毅然撤离张家口，军区司令部沿张家口、宣化大道向涞源转移。

张家口保卫战没有达到大量歼敌的预期目的，我军从日军铁蹄下解放出来的察南广大城镇和乡村，遂被国民党军队占领。当时，我们冀晋军区的同志分析了形势，认为敌人云集察南，我军主力应以神速动作，通过妙峰山，转到平汉线。同时，令地方部队对平张段铁路、公路，展开破击战，以阻止敌人东返南下。在平汉路北段，敌人兵力空虚，只有易县驻有第五师，如我集中优势兵力，将其包围歼灭，是完全可能的。如果这一想定得以实现，我军歼灭了敌人有生力量，就可以由被动转为主动。当时，我以个人名义，向军区发了急电，提出了上述看法和意见。但是，由于种种原因，这个建议未被采纳。

我军对大同攻击不克，集宁决战失利，从冀东和张家口撤离，这一连串的问题在部队中间引起了不小的反响，部队和地方都产生了埋怨情绪，群众中间也说三道四，议论纷纷，一部分人的和平幻想彻底打破了，又被一种惊慌失措、害怕战争的思想所代替。

对上述问题究竟应该如何看待，这在当时来说是必须及时认真解决的。为了统一思想，增强团结，树立战胜敌人的信心，不断地夺取战争的胜利，晋察冀军区和中央局于10月22日，在涞源召开了扩大会议。会议学习了党中央关于《以自卫战争粉碎蒋介石的进攻》和《三个月总结》等指示，联系实际，开展批评和自我批评，检查总结了前一时期对敌斗争的经验教训。会议强调，今后必须坚决贯彻中央军委关于运动战、歼灭战的作战方针，只有更加主动地大量歼灭敌人有生力量，才能从根本上转变军事形势。要求各级干部认真学习毛主席关于战略问题的论述，掌握集中优势兵力、各个歼灭敌人的作战指导原则。各军区的地方部队要勇猛地开展敌后游击战争；继续发动群众，全面彻底实行土地改革。

开完涞源会议，区党委副书记王昭立即返回冀晋军区，抓紧时机传达贯彻会议精神。我因有战事没有参加会议，我们在军区所属部队和党政机关，紧紧围绕战争与和平这个中心问题，持续深入地进行阶级教育和形势任务教育，有效地克服了和平麻痹和害怕战争这两种思想倾向，使全体同志在复杂的斗争中保持清醒的头脑，不断坚定"蒋必败，我必胜"的信心，准备迎接新的战斗。

涞源会议以后，为适应作战需要，充实和加强了野战部队，二级军区也作了些调整。冀察军区和张家口卫戍区合并为察哈尔军区，郑维山任司令员，刘杰任政委；热河军区改为冀热察军区，热辽军区改为冀热辽军区；冀中、冀晋、冀东军区番号不变。冀晋军区独立第二旅拨归第四纵队，改为第十二旅。

冀晋军区由文年生任代司令员，我仍任政治委员。这是我们两人第二次合作。文年生同志为人诚恳，作风正派，打仗勇敢，指挥果断，他对部队要求严格，很重视部队的训练工作。解放后，他曾任湖南省军区司令员，广州军区副司令员，1968 年"文化大革命"中被迫害致死。

转入战略进攻

涞源会议以后，晋察冀军区直接指挥各野战纵队，接连发起易满战役、保南战役和姚村战役，打击了国民党军队的嚣张气焰，使冀中、冀晋两军区连成一片，割断了保定和石家庄敌人的联系，为扭转晋察冀战局创造了有利条件。军区野战军主力在保定南北地区作战期间，各二级军区部队粉碎敌人的局部"扫荡"并积极向敌后挺进，收复了许多地区，我们冀晋军区参加了攻克五台、定县等县城的战斗。

晋察冀军区在这一段时间取得了一定的胜利，但还没有达到大量歼灭敌人有生力量的目的，还没有完全掌握主动，摆脱被动。为此，晋察冀中央局和晋察冀军区在 1947 年 3 月底，于河北安国县召开了党政军高级干部会议，就如何从根本上改变晋察冀的战局，进行了反复研究和讨论。会议确定当前的首要任务是要打胜仗，明确了力争主动，摆脱被动，集中兵力，打歼灭战的方针。聂司令员在会上指出：晋察冀地区敌人虽有 9 个军 30 个师的兵力，占一定优势，但他们分兵守备城市，保护铁路，维持交通，实际上能机动作战的只有两个军兵力。而我们卸掉了张家口这个包袱，所有部队都能参加机动作战，自由多了。所以我们的方针仍然是以农村包围城市，不计一城一地的得失，不怕疲劳，不怕跑路，坚决实行大踏步的进退，主动向敌人守备薄弱的点线出击，求得调动敌人，集中绝对优势兵力，在运动中各个歼灭敌人。会议还作出了加强军政、军民和军内团结，整顿纪律，进行土地改革和群众生产运动以及阶级教育等决议，强调树立全局观念和协同作战的思想，反对游击主义、本位主义，号召全民动员起来，积极拥军支前。

会后，我们向冀晋区军民传达了会议精神，在军区部队中提出了"人人立功、事事立功、处处立功"的口号。广大指战员积极响应军区号召，很快掀起了群众性的立功运动，充分调动了干部战士的革命积极性，促进各项任务的完成。我们还进一步发动群众，加强对地方部队、民兵进行游击战的领导和训练，使之更好地配合野战军运动作战。在训练中我们强调发扬人民军队的优良传统，开展团结互助。通过团结互助，提高积极分子，团结中间分子，教育落后分子，在思想上、组织上进一步巩固部队。在团结互助中提倡发挥一技之长，从而有力地促进了群众性的立功运动。

4月初，晋察冀军区组织正太战役。军区分析敌人主力集中在平、津、保和北宁、平绥、平汉铁路北段沿线，而正太路一线敌人兵力薄弱，除石家庄和太原外，沿线各点都是战斗力较差的保安团，而且以娘子关为界，分属阎锡山和孙连仲两个绥靖公署，他们各自保存实力，不会互相支援。晋察冀军区决定以野战军主力向正太铁路沿线的敌人发动全面进攻。4月8日，第二纵队、第三纵队、第四纵队和冀中、冀晋部队迅速向石家庄外围开进。4月9日凌晨打响，到12日，攻克正定、栾县和石家庄外围据点90多处、车站5处，控制铁路90多里，歼敌第三军一个团和地方团队1.5万多人。这时，敌人集中主力在保定地区准备南援，军区完全按照中央军委指示行事，"如敌南援，你们不去理他，仍然集中全力完成正太战役，使敌完全陷入被动，这是很正确的方针。""这即是先打弱的，后打强的，你打你的，我打我的（各打各的）政策，亦即完全主动的作战政策。"

4月14日，野战军主力按原计划由正定地区西进，开始第二步作战。我军连克井陉、娘子关、移穰、乱羊等地，威胁阳泉、太原。阎锡山急令第三十三军第七十一师和暂编第四十六师增援阳泉，我军合围阳泉全歼这两个师四个团的援军，接着又解放寿阳、盂县等城镇，结束了正太战役。

此次战役，从4月9日至5月8日，我野战军与地方军总计歼敌正规军五个团及一个营另两个连，地方部队七个团全部、两个团的大部和一个日军保安大队，以及保安警备队、还乡团共3.5万余人，其中俘敌2万余人。解放了正定、栾城、井陉、盂县、定襄、平定、寿阳等县城和井陉、阳泉、黄丹沟等煤矿、铁矿区，控制了正太铁路榆次至获鹿之间180公里及平汉铁路一段，完全孤立了敌人华北战略要点石家庄。井陉、阳泉、黄丹沟等矿区转入人民之手，有利于解放区经济的发展和人民生活的改善，而且使阎锡山的军事工业因缺乏原料和燃料陷入严重困难，这次战役是晋察冀军区发动较大规模的进攻战役，打通了晋察冀和晋冀鲁豫两大解放区的联系，使晋察冀的战局开始转入主动。

在战役期间，冀晋等地区动员人力、物力，把粮食、柴草等物资运上前线，许多县区领导亲自上前线组织战场勤务，使部队长驱数百里，始终保障了供应。

正太战役进行期间，刘少奇和朱德等同志来到行唐县上碑镇，组成中央工委。刘少奇任书记，朱德任副书记，董必武、彭真、康生为常委，伍云甫为秘书长。

6月，为了配合东北民主联军发起夏季攻势，不使关内敌军出关增援东北，晋察冀军区野战军遵照中央军委指示，又发起以破坏津浦铁路青县到沧县为主的青沧战役，在冀中军区部队和山东渤海军区部队配合下，攻克青县、沧县、永清三座县城和数十处城镇据点，歼灭敌河北保安部队几个总队，毙伤俘敌1.5万多人。这次战役，震动了平津的敌人。

天津敌人受到威胁，急忙调第十六军增援，拟调东北战场的九十四军一部也留在天津加强防御。但是我晋察冀野战军对天津之敌不予理睬，而直指敌人守备薄弱的保定以北地区。6月25日晚，我军发起保北战役。第二纵队攻击徐水，到26日夜晚时分，攻入城内，全歼守敌一个团；第三纵队在26日连克北河、固城车站等处，接着攻击固城，激战两昼夜，全歼守敌一个多团；第四纵队战至27日，接连攻占前塘铺、浚河头、合头等据点，歼敌保安第二师和第三师各一部。我军速战速决，三天歼敌八千余人，切断了平汉铁路北段，达到拖住敌人不让其增援东北的目的。

国民党军队在晋察冀连遭我军三次打击以后，为保其平、津、保三角地带的安全，在7月份调集了5个师的兵力对大清河以北地区进行"扫荡""点线清剿"。9月，晋察冀野战军发起大清河北战役，向进攻霸县、雄县地区之敌展开攻势，由于我军判断敌情有误，战役之初围敌过多，张口过大，虽然打击了第十六军，歼敌5000多人，而自己却伤亡了6000多人，打了个得不偿失的消耗战。

在各次战役中，我们冀晋区的部队、民兵和民工积极参战、支前，主动牵制敌人，向前线运送粮食物资，为野战部队作战提供有利条件。

为适应晋察冀战局进一步发展的需要，1947年6月，晋察冀军区经党中央、中央军委批准，对部队再次进行了整编，将军区与野战军分开，重新成立了野战军的领导机构，杨得志任野战军司令员，罗瑞卿任政治委员，杨成武任第二政治委员，耿飚任参谋长，潘自力任政治部主任。下辖第二纵队，司令员陈正湘，政委李志民；第三纵队，司令员郑维山，政委胡耀邦；第四纵队，司令员曾思玉，政委王昭。晋察冀下属的二级军区也作了调整：冀中军区仍由孙毅、林铁任司令员、政委；冀晋军区由唐延杰任司令员，我仍任政委；察哈尔军区由刘杰任政委，肖文玖任副司令员。冀东军区、冀察热辽军区划归了东北军区。

1947 年 9 月，东北民主联军发起秋季攻势，矛头直指北宁路和沈阳周围地区的敌人。蒋介石为了解东北国民党军之危，急忙从平、津、保地区抽调六个师出关增援。中央军委指示晋察冀野战军，配合东北民主联军作战，利用围城打援的战术，在运动中歼灭一两个师的敌人。野战军遵照中央军委指示，集中第二、第三、第四纵队，炮兵旅和冀中军区第七旅等部，再出保北开辟战场。

10 月 11 日，第二纵队围攻徐水，第三、第四纵队在徐水以北及以东地区打援。我军很快攻进徐水城关，敌军立即从北面来援，计有敌第九十四军两个师（其中一个师从东北调回），第十六军两个师和独立第九十五旅以及北平"行辕"战车第三团等部。10 月 14 日，我军在容城、徐水东北和敌援军打成对峙，敌军十多个团猬集在一起，我军不易分割围歼敌人。野司正想法诱敌分散，捕捉战机歼敌。这时，敌人误以为我军已为其钳制，飞到北平督战的蒋介石亲自下令守备石家庄的敌第三军军长罗历戎率其主力北上，企图南北夹击围歼我军。情况发生变化，野司经请示军区决定趁敌第三军沿平汉线北上之机，在运动中将其歼灭。野战军留下四个旅由陈正湘、韩伟指挥，在徐水地区阻击北面援敌，集中主力六个旅昼夜兼程南下，决心将北进之敌歼灭在方顺桥以南地区。

这时我正在阜平县参加晋察冀中央局召开的土地会议。10 月 17 日下午，聂司令员令我立即赶到前线，统一指挥冀晋和冀中参战的部队和民兵，死死拖住北进的敌第三军，既要迟滞其前进，又要阻止其后退，为野战军主力到方顺桥一线阵地争取时间。当时，敌人从石家庄出来已向新乐推进，新乐到方顺桥不过 90 里路程，而杨得志、罗瑞卿、杨成武的野战军要从徐水以北，绕过敌人坚守的保定，赶到方顺桥以南地区，要走 200 里路以上。所以关键问题是，在 19 日以前我担任拦阻任务的部队能否把敌第三军阻击在方顺桥以南；我野战军能否赶到预定阵地。如果敌第三军赶在前头，就会越过方顺桥钻进保定，使我军歼敌计划完全落空。时不我待，此时此刻分秒必争。为聚歼这股敌人创造有利条件，我接到任务后，连晚饭也顾不上吃，立即带上警卫员，策马扬鞭向定县地区飞驰。从阜平史家寨到前线有 200 里路程，我和警卫员人不离鞍，马不停蹄，星夜向前飞奔。到唐县北店头第三军分区机关驻地，已经跑了130 里，我心爱的一匹好马活活累死了，我临时从军分区拉了一匹马，跨上去狠抽一鞭，继续向前赶。

18 日，东方晨曦微露，我赶到前面担负阻击任务的部队和民兵阵地时，敌第三军 1.4 万余人的队伍渡过沙河还没前进多远。我立即指挥冀中独立第八旅、冀晋一个团和民兵展开侧击敌人，在敌人要通过的路上破交通、设障碍、打冷枪、埋地雷，千方百计迟滞其前进。群众在敌人来到之前坚壁清野，把能吃、能用、能烧火的东西全部埋藏起来，连水井也填上，弄得敌人吃不好喝不上，每前进一步都要付出很大代价。

19 日，罗历戎的第三军一路上由于不断受到我们的阻击、袭扰，还在定县城北蠕动时，我军区野战军主力经过一天多强行军，走完 200 多里路程，已赶到方顺桥、阳城镇以南地区。20 日，我军将罗历戎的第三军合围在清风店的西南地区，我冀晋、冀中军区独八旅和独立团立即封锁了文家庄附近的唐河渡口，堵住了罗历戎的退路。在保北担任阻击的部队，在陈正湘、韩伟指挥下，寸土必争，以 12 个团兵力，顽强地遏制了敌人 19 个团的进攻，歼敌4000 多人，使敌援军不能南进，保障了清风店战役的顺利进行。

22 日凌晨，我军发起总攻，经过激烈战斗，全歼敌第三军 1.3 万多人。罗历戎只身逃到唐河边上的南合庄，被独八旅活捉。清风店大捷是晋察冀部队转入战略进攻的开端。

敌第三军被歼，石家庄守敌力量大为削弱。10 月 23 日，聂司令员向朱德总司令建议，乘胜夺取石家庄，朱总司令立即转报中央军委。毛主席很快复电批准聂司令员的报告，并指示："我军应于现地休息十天左右，整顿部队，恢复疲劳，侦察石门（即石家庄），完成攻打石门之一切准备。然后，不但集中主力几个旅，而且要集中地方几个旅，以攻石门打援兵姿态，实行打石门……"晋察冀军区立即命令各部队，边整顿边进行攻打石家庄的战役准备工作。

10 月 25 日，朱德总司令亲临野战军前委召开的旅以上干部会议。他提出"勇敢加技术"的号召，要求加强党的领导，精心计划，开展军事民主，认真钻研战术技术，严格入城纪律，并作好入城教育工作。聂司令员在会上提出，部队要注意保护石家庄工商业生产设施，以便在解放石家庄后尽快恢复生产。会议部署：第三纵队从西南、第四纵队从东北方向担负主攻；冀中军区独立第七、第八旅从东南，冀晋军区独立第一、第二旅从西北方向担任助攻，第二纵队及冀中独立第九旅、第三、第九军分区的地方部队于定县南北地区，依托唐河、沙河、滹沱河构筑四道防线，阻击敌人援军。并决定将清风店战役俘获的敌军官兵900余人，经教育后放回石家庄，借以瓦解敌军。

石家庄的城防工事在日军占领时期就有了坚固的基础，国民党军队进驻以后又有所加强，建有外市沟、内市沟和市中心坚固核心工事等三道防线。市内外各村庄及重要街巷都有铁丝网和钢筋水泥工事，还有纵横交错的交通壕和地道，把城郊的各据点联结起来。沿沟有布雷区、电网和暗堡，外市沟内还有50多里的环城铁路，铁甲列车日夜环城巡逻。敌人曾吹嘘："凭石家庄的工事，国军可坐守三年。"

石家庄的设防工事坚固，这固然不能轻视，但它毕竟是一堆堆死物，我们还应该分析占有它的人。正太战役之后，石家庄就成了孤岛；罗历戎的第三军被歼后，石家庄的防守兵力大大减弱；敌第三十二师师长刘英指挥石家庄防务后，他的部队再加上原第三军留守部队、保安团、保警队、还乡团等总共不过2.4万人，而且惊恐万状，军心动摇，士气不振，要想守住周围40里的防线是非常困难的。我们通过上述分析，动员教育部队提高攻打石家庄的勇气和信心。

各部队抓紧时间进行训练，召开"诸葛亮"会，研究通过市沟，破坏电网，爆破暗堡，对付坦克和装甲车的办法，解决了许多战术、技术问题。同时学习10月间总部重新颁布的三大纪律八项注意，及前线委员会发布的政治训令，约法九章，保证部队入城秋毫不犯。

晋察冀边区在清风店战役结束后，又动员了千千万万的民兵、群众和各种运输工具组成浩浩荡荡的支前大军，车轮滚滚，源源不断地把各种作战物资器材送往前线。石家庄附近的群众杀猪宰羊，慰问参战部队。

11月4日，我军各部队按原定部署，分别进入指定地点。11月5日夜，各纵队渡过滹沱河，隐蔽而又突然地包围了石家庄外围各个据点。6日拂晓，各部队在炮兵掩护下，进攻石家庄外围据点。

我和唐延杰指挥冀晋军区部队占领了西北郊的大、小安舍和大河、孟河、城东桥各点，包围了大郭村飞机场。晨8时，敌人以飞机掩护保安第九团主力，向小安舍我独立一旅一团三营防地反扑。我三营顽强抵抗，打垮了敌人的连续进攻。7日拂晓，冀晋独立一、二旅，分别由东北、西北两面出击，将飞机场守敌保安第九团一个营歼灭，切断了敌人空运援兵和弹药物资的通道。驻获鹿敌保安第九团一部，闻风弃城而逃，冀晋第四军分区部队随即进驻获鹿城。7日，我军四纵攻占石家庄东北郊有严密工事的云盘山制高点，石家庄外围敌军即被全部肃清。我军在云盘山以炮火袭击发电厂，切断了全市电源，敌内外市沟的电网全部失效。

8日，第三、第四纵队和其他各部队向外市沟发起攻击，突破了敌人的防御体系。冀晋部队由西北面突破，以一部包围了北焦，其余部队和民工继续改造地形，构筑掩体、交通壕，向内市沟推进。

10日下午，向内市沟的总攻开始，我军勇猛穿插，分割包围，歼灭敌守军。冀晋独二旅随野战军主力突破敌人阵地，占领了大兴纱厂等点，进入市街，采取破墙连院战术，与敌进行激烈的巷战。到11日晚，我军占领了石家庄市区的大部分街道。北焦的保安第九、第十团残部向冀晋军区部队投降。

12日清晨，第四纵队总攻敌人的核心工事，占领了火车站和正太饭店，最后攻克了大石桥指挥所，活捉了刘英。

经过六天六夜的连续战斗，石家庄终于获得解放。在战役战斗中，各部队严格遵守入城纪律，工商业和城市各种设施得以保护，石家庄解放后很快就恢复了生产。

石家庄的解放，使晋察冀和晋冀鲁豫两大解放区连成一片，使天津地区敌人失去了重要的一翼，为以后晋察冀边区的发展和支援大规模的反攻作战，创造了有利条件。

解放石家庄，是我军转入战略进攻后攻克的第一个较大的城市，战役中群策群力解决了攻坚作战中许多战术技术问题，诸如采用土工作业改造地形，以爆破、火力与突击相结合为突破手段，在巷战中以破墙连院、小迂回、小包围形式分割歼敌等等，为我军以劣势装备攻克有坚固设防的城市创造了成功的经验。我军能攻克石家庄这样在平原开阔地有坚固设防、陆空配合、火力较强的城市，标志着我军的攻坚能力已达到相当水平。朱德总司令称赞这次战役是"夺取大城市的创例"。

12月2日，晋察冀野战军前委在晋县周家庄召开团以上干部扩大会议。朱德总司令、彭真、聂荣臻等领导到会作了形势报告和讲话，勉励部队争取更多更大的胜利。朱德总司令说：这次战役，指战员们做到了"勇敢加技术"。他还具体总结了石家庄战役中炸药的作用，手榴弹的作用，炮兵的使用和步炮结合突击，挖掘工事，战斗编组，巷战中的队形和作战方法，利用俘虏瓦解敌军等七个方面的经验。他说：战术是万分需要的，这次，有许多连排接近敌人没有伤亡，这就是用战术解决了问题。

大范围奔袭歼敌

1947 年 11 月中旬，中央军委根据华北形势的发展，决定进一步加强野战军建设，将地方部队适当集中，新组建第一、第六、第七三个野战纵队。其中，将冀晋军区和察哈尔军区合并组成北岳军区；冀晋军区独立第一、第二旅和察哈尔军区独立第四旅组成第一纵队（北岳纵队）。唐延杰任北岳军区司令员兼纵队司令员，区党委第一书记赵振声（李葆华）兼任军区和纵队第一政委，我任军区和纵队第二政委，肖文玖任军区和纵队副司令员，参谋长张开荆，政治部主任张连奎，副参谋长刘彬，政治部副主任杨建新。原冀晋第一军分区为北岳第一军分区，司令员王紫峰、政委赵汉。原冀晋第二军分区为北岳第二军分区，司令员王耀南、政委武光。原察哈尔第一军分区为北岳第三军分区，司令员肖思明，政委高鹏先。原冀晋第三军分区和察哈尔第五军分区合并为北岳第五军分区，司令员熊奎，政委周小舟。原察哈尔第六军分区为北岳第六军分区，司令员纪亭榭，政委杨世明。冀晋独立第一旅编为第一纵第一旅，旅长曾美、政委丁莱夫。冀晋独立第二旅编为第二旅，旅长成少甫、政委钟炳昌。察哈尔独立第四旅编为第三旅，旅长马辉、政委黄连秋。后来还成立了补训兵团，主任漆远渥，副主任旷伏兆。

11 月 26 日，蒋介石为挽回华北败局，再次飞到北平，撤销了保定、张垣两个绥署，宣告成立"华北五省（晋、察、冀、热、绥）剿匪总司令部"，任命傅作义为总司令，以统一华北军事指挥，加强平津地区的防守。

傅作义上台以后，加紧调整部署，把各地杂牌军和地主武装大量扩编为保安团、旅或守护团、旅，来代替主力部队进行守备，进行反土改和反清算，摧毁我地方工作，实行所谓从军事到政治的"总体战"。他把正规军组成机动野战兵团，进行"机动防御"，实行以主力兵团对我野战军的所谓"以主力对主力"，"以集中对集中"的新战法，扬言要很快消灭晋察冀野战部队。

　　为了打击傅作义集团，打破平、津、保掎角防御的态势，并配合东北我军的冬季攻势。遵照中央军委指示，晋察冀军区决定在 12 月 27 日，发起平汉路北段破击战役，进袭保定，调动和分散敌人，以求歼灭部分敌人主力。战役分两步实施：第一步，全面破击平汉铁路北段和平绥铁路东段，孤立沿线敌人各点，创造运动中歼灭敌人的条件；第二步，攻击一点或几点，如敌来援就先歼灭援敌，而后攻点，如敌不援，就坚决歼灭被围敌人。

　　12 月 27 日晚，战役开始，晋察冀野战军第二、第三、第四纵队破击平汉铁路保北段；北岳军区第一纵队和军区其他部队破击平绥铁路平、张段和柴沟堡、天镇段；冀中、冀东各地方部队破击津浦等铁路。北岳第一纵队将清河至南口段铁路大部炸毁，并攻占古城、辛庄、小汤山等据点，迫退阳坊、白阳城、八沟之敌，摧毁沿线堡垒 40 余座。北岳第六军分区一部，于天镇、柴沟堡间破击，炸毁铁路桥一座。仅几天时间，各部队便使平、津、张、保间的铁路陷于瘫痪。

　　接着，晋察冀军区令第六纵队第十九旅攻保定，调动了敌人四个军南下；第三纵队又北攻涞水，傅作义即令第三十五军军部率新编第三十二师和第一○一师两个团迅速增援涞水。结果，第三纵队在庄町歼灭了敌号称"虎头师"的新编第三十二师，第二纵队把敌一○一师围困在吴村地区。

　　在第三纵队攻击涞水时，北岳一纵再度破袭琉璃河、松林店间铁路和松林店、涞水间公路，阻击由北面增援之敌。在敌军被围于庄町、吴村地区时，北岳一纵一旅在高碑店至拒马河北侧公路占领阵地，截断庄町敌人的退路，阻击增援的敌人。当庄町战斗激烈时，敌三十五军军长鲁英麟率领的军部及新编第三十二师第九十五团两个营被北岳一纵一旅阻于涞水至高碑店之间的公路上，一下子把敌军压在北义安到温辛庄路段，大批汽车辎重拥挤在一起。一旅集中力量向敌猛攻，当即打死敌方第三十五军少将参谋长田世举以下 200 人，俘虏敌校级军官以下 430 余人，缴获满载物资弹药的汽车 80 余辆，榴弹炮 3 门。敌三十五军中将军长鲁英麟自杀身亡。

　　这一战役，击溃了敌一○一师，全歼傅作义的王牌第三十五军军部和新编第三十二师，共 1.4 万余人。打破了傅作义调兵东北的计划，有力地配合了东北我军的冬季攻势作战。

　　1947 年 10 月下旬，晋察冀中央局传达了全国土地会议精神，同时研究了整党、整军工作。会议以后，各部队、各军区、军分区抽调得力人员分别组织土改工作团、工作队、工作组，积极参加土地改革。工作队深入乡镇，走村串户，访贫问苦，张贴《土地法大纲》，宣传土改政策，镇压恶霸地主，鼓舞了敌占区和游击区人民斗争的积极性，在老解放区土改运动更是搞得轰轰烈烈。土地改革解决了农民的根本利益问题，进一步调动了广大人民群众支前参战的积极性。

各部队响应党中央、中央军委的号召，在战斗间隙，认真总结实行战略转变以来的作战经验，进一步学习毛泽东军事思想，深入开展了以查阶级、查工作、查作风的"三查"和整纪律、整作风、整制度为中心的新式整军运动。

在三查、三整之前，普遍开展了诉苦运动，这是通过群众自我教育、互相教育，提高阶级觉悟最有效的办法。大多数干部战士出身于贫苦家庭，都不同程度地身受帝、官、封三座大山和恶霸地主的欺压剥削，许多同志就是不堪忍受其苦而投奔革命队伍的。诉苦的办法是，开始由那些苦大仇深的干部战士先带头诉，一人的苦，几人的苦，引出了千人万人的苦，从而出现官兵同诉，军民同诉的诉苦高潮，许多同志讲起过去的苦，捶胸痛哭，泣不成声。在普遍诉苦的基础上，引导干部战士把个人的苦同阶级苦联系起来，寻根究底，追溯苦源，把个人报仇提高到打倒蒋介石，推翻三座大山，解放全中国的总任务上来，进而针对个人在思想、工作、战斗中的现实问题，用发扬民主，开展批评和自我批评的方法进行整顿。各单位针对自己的问题，分析产生的根源，制定改进措施，清理和纯洁党的组织。

通过新式整军运动，党内、军内存在思想、组织、作风各方面的不纯成分得到清理，军内外团结进一步增强，全区干部战士的阶级觉悟和革命积极性空前提高，群众性练兵运动掀起高潮，广大指战员杀敌立功的愿望更加迫切。新式整军运动是我军建军以来第一次进行的大规模的民主运动，是我军思想政治工作走群众路线的又一体现，它丰富和发扬了我军和党的光荣传统，对我军的巩固、发展和争取解放战争的最后胜利具有重要的作用。

1948年2月下旬，针对敌军大量集中不易各个歼灭的情况，中央军委指示晋察冀野战军，应"以主力展开于平绥线大同、北平线，大举破击该路，并准备向路北及冀东机动；以一部在三角地区机动。只有实施宽大机动，迫使敌人分散而歼灭之，才能克服敌人大量集中而不易分割歼击的困难。"寻找机会歼敌，并具体指示机动范围，"第一是整个平绥线，包括绥远全省在内，第二是北宁线，第三是平承线，第四是平保线。"要求部队不怕远出作战、山地作战和人烟稀少没有后方接济的困难。根据中央军委指示，晋察冀军区分析认为，察南、绥东是平绥线东段，是华北敌占区的腰部，出击该地区，可断敌重要兵粮来源，威胁平绥线和傅作义的老巢绥远。而且该地区的傅作义部数量不多，战斗力不强，可以调动傅部主力来援，造成歼敌机会。我军一旦收复察南，便成为我军新的根据地，对于尔后向冀东、热西转进配合东北，就有了可靠的根据地。报经中央军委批准，决定发起察南、绥东战役。

战役部署：以晋察冀第二、第三、第四纵队组成右翼兵团，由杨得志、罗瑞卿、杨成武指挥；以北岳第一纵队和第六纵队组成左翼兵团，由唐延杰和我指挥。这次战役，晋察冀中央局确定就地取给政策。由部队和地方联合组成工委、工作团，在地方党委领导下，统一组织战区工作，保障作战部队的后勤供应。要求在执行中贯彻阶级路线，严格掌握合理负担，贫者不征，富者多征，并规定动员人力、征用物资须经旅以上机关批准。

战役于3月20日发起，到25日，我军在由数万翻身农民的数百辆大车、数千副担架组成的浩浩荡荡支前大军的支援下，右翼兵团分由定县、唐县地区出发，连克广灵、暖泉、桃花堡、白乐堡、代王城、蔚县、阳原等地。左翼兵团分由易县、曲阳奔袭绥东，首先向大同、张家口之间的周士庄、王官屯、罗文皂、聚乐堡等车站攻击，当天就攻占这一线。21日攻占阳高，23日攻占天镇，到24日全歼敌补训第五师和保安第二团一个营，控制了从周士庄到永嘉堡50余公里铁路，截断了张家口、大同的联系。5天之内，我右、左两兵团共歼敌1.5万余人，解放县城5座，重要车站据点11处，收复了察南广大地区，苦难深重的察南人民欢呼解放军的到来。

我军出击察南，傅作义害怕我军攻击张家口，果然迅速调集全部主力西进，集结在张家口地区。军区命令我左翼兵团乘胜西进绥远，引敌西援。3月27日，我左翼兵团攻占丰镇，并在破坏集宁、丰镇间的铁路后继续西进。4月3日，攻克天成、新堂，6日攻克凉城、和林，歼敌补训第四师大部，直逼傅作义的老巢归绥。敌主力慌忙西进到卓资山、集宁、丰镇一线；敌暂编第四军进占天镇、西湾堡地区。

右翼兵团在阳原、蔚县、吉家庄地区待机，敌西调以后，决心歼灭天镇的敌暂编第四军。原定4月7日零时开始攻击，不料进军途中遇到暴风雨，耽误了时机，敌人闻讯连夜冒着风雨逃往柴沟堡。我军仅歼敌一部，重占了天镇、怀安等地。这一行动，使西援的敌人主力又掉转头来集结在张家口地区以西，我军暂时没有机会歼敌，遂结束察南、绥东战役。

这次战役，部队在新区供应不足的困难情况下，跋山涉水，连续作战，经受了锻炼；随军的民工和民兵也不怕路远，不怕疲劳，克服各种困难，给部队很大支援。晋察冀部队在晋绥、察北部队配合下，歼敌2万余人，解放县城15座及察南、绥东广大地区，控制平绥路400余公里，切断了敌后交通，直接威胁了张家口和大同，达到战役预期的目的。

4月初，晋察冀军区经中央军委批准，决定歼灭晋北应县孤点之敌。军区指示，由唐延杰和我率北岳第一纵队三个旅，第六纵队四十八团、绥蒙军区山阴独立营、北岳第一军分区一团和应县大队，共1万多人，并配备山炮、重迫击炮等重武器，围歼该敌。

1946年我军围攻应县后，乔日成残部缩编为一个步兵团，由张朴任团长。1947年解放区实行土地改革以后，浑源、繁峙、山阴、应县等地的地主、富农分子纷纷逃进应县城里，组成"复仇队"，不断残害周围地区人民群众。这时，应县守敌是暂编第一团和保安第二十三团等部六个营，3500余人；加上还乡团、"复仇队"、骑兵队等反动武装，总计兵力达5000余人，而且政治上极为反动，多属亡命之徒，有较强的战斗力。

敌人在应县城长期经营城防工事，不断改进战法。工事重点以城墙为骨干、城墙的突出部城门和城角为支撑点，工事覆盖厚达一米五，可防迫击炮弹。城上、腰部和城下有三层工事，构成复杂的平面和立体火力网。城墙下面四周有七条暗道，可以直通外壕地堡工事，便于出击。整个应县县城工事复杂，火力配备较强，易守难攻。

我们率第一纵队等部由左云东南奔袭应县，在4月15日黄昏前完成了对应县城的包围。16日，唐延杰和我及各部队领导察看地形，最后确定作战方案。军区以第六纵队在大同以南阻援，17日到18日各部队分头挖交通壕和坑道作业，作攻击前的工事准备。

21日，部队发起总攻。第二旅主攻东南角，第一旅主攻西南角，我军先以猛烈炮火压制敌人，突击队运梯靠城。由于攻城的炮弹有限，没能摧毁城墙上的工事，突击队和梯子队运到外壕和城根，遭到城上、城下明暗火力点的交叉射击，伤亡很大，第一次攻击未奏效。

经过调整准备以后，30日下午6时，我军发起第二次总攻，由第一旅、第三旅和第六纵队四十八团、绥蒙山阴独立营，在西城主攻，突击点在城西南角。第二旅和军政学校在南门助攻，突击点在城东南角。并爆破城南门。各部队首先集中炮火轰其一点，将西城墙炸塌一个缺口，突击队趁机勇猛向上冲，前仆后继，终于登上城头。但是，终因敌人火力太强，突击队冲上城头时只剩下五个人，后续部队又被城下的暗堡侧射火力所阻，没能紧跟着登城。结果，登上城头的突击队又被敌人的反冲锋打下来，这次攻城又未成功。

第二次攻击失败以后，各部队认真总结经验，研究敌情，侦察火力配备情况，精心计划，精心组织。突击队和梯子队反复作了战斗演习，重新组织了火力，以山炮打城垛，迫击炮平射打地堡、曲射打纵深，轻重机枪封锁射击孔，六○炮、掷弹筒打出击的敌人。

5月17日6时，我军又发起第三次总攻，以第一旅附山炮一门、重迫击炮两门，并统一指挥第三旅两个团由城西南角主攻。第二旅附重迫击炮一门，由南门助攻。

这次总攻，由于步炮协同，火力配合较好，突击队攻势凌厉，发起总攻后的1个小时又20分钟，突击队已攻上城头，并连续打退敌人的多次反扑，站住了脚。后续部队也很快源源登城。第一团、第四团抢先登城，第二团、第七团紧紧跟进，并分别向城内两侧的敌人冲击，激战到天亮时分，已向南、向北发展700多米。

此时，城内敌人已伤亡过半，城垣工事部分被毁，残敌已极度惶恐。但是，就在我军继续猛烈扩大战果的时候，突然传来敌傅作义三个师来接应应县敌人突围，前锋一个团已过桑干河的情报。情况突变，我们决定攻城的部队撤出战斗，并于当日解围，准备转向歼灭援敌。后来查实这个情报是误报，真是功败垂成。

24日下午，张朴残部在驻大同的阎锡山暂编第三十八师等部接应下，撤离应县。我山阴独立营在韩家坊、肖寨奋勇阻击敌人，但因寡不敌众，大部牺牲。由于我们接到情报较迟，没有来得及追歼敌人，让残敌逃到大同。

这次围攻应县，我军毙伤敌2307人，俘敌120多人。在突围逃往大同途中，逃敌向我地方政府登记的有500多人。乔日成这股土匪武装盘踞经营数年之久的应县终于回到了人民手中。此役，我军在强攻中伤亡也很大，牺牲470人。这次围攻应县的教训是，侦察情报工作没有做好，以致出现误报，致使部队攻进城里又撤出来，未能一鼓作气，全歼守敌。

参加平津战役

1948 年 5 月，为了加强整个华北解放区的建设，并使之成为支援全国各战场的战略基地，中共中央和中央军委决定将晋察冀和晋冀鲁豫两大解放区合并为华北解放区，设立华北军区。聂荣臻任华北军区司令员，薄一波任政治委员，徐向前、滕代远、肖克任副司令员，赵尔陆任参谋长，罗瑞卿任政治部主任，王世英任副参谋长，蔡树藩任政治部副主任。华北军区除野战军外，下辖冀中、北岳、冀鲁豫、太行、冀南、太岳等六个二级军区，还有补训兵团和华北军政大学。

到 7 月、8 月间，华北军区的野战部队，整编为第一、第二、第三兵团，北岳军区的第一纵队编进杨成武、李井泉的第三兵团。唐延杰随纵队调走，我改任北岳军区司令员，赵振声（李葆华）任政治委员。

1948 年秋季，解放战争进入第三年，全国军事、政治和经济形势已变得对我更加有利，敌强我弱的悬殊情况已经有了很大的改变。敌军在战争的第二年中，损失正规军和非正规军共计 152 万人，经过大量补充，总兵力虽然仍保持 365 万人，但战斗力大为减弱，并且被我军分别钳制在东北、华北、西北、中原、华东战场上，大部分只能守备战略要点和交通点、线，能够进行战略机动的兵力已寥寥无几。我军此时总兵力已发展到 280 万人，装备已大大改善，经过两年战争锻炼，不但有丰富的打大规模运动战的经验，而且积累了城市攻坚战的经验。根据敌我形势的变化，中央军委确定，战争第三年全军歼敌正规军 115 个旅（师）左右。其中华北第一兵团歼敌十四个旅（师），攻占太原；东北野战军和华北第二、第三两兵团，歼灭卫立煌、傅作义两集团中的三十五个旅（师），攻占北宁、平绥、平承、平保各线除北平、天津、沈阳三点之外的一切城市。

1948 年 9 月，解放战争进入战略决战阶段，党中央把突破口选在东北，准备首先歼灭东北境内敌人，解放东北全境。东北野战军准备发起辽沈战役，为了拖住华北傅作义集团，不使其抽兵出关支援东北敌军。中央军委命令华北第三兵团和北岳部队、晋绥军区第八纵队，向傅作义的老窝归绥进军。

根据军委指示，我即带后勤部李植林政委，司令部作战科长王宪及参谋、管理员、电台、机要人员，还有政治部王治平、吴侠等 20 余人，组成一个轻便的作战指挥所，以北岳兵团的名义，率领临时组成的纪亭榭、杨世明独立旅，包括一团、七团、十三团、十五团和二团两个营，从河北涞源县龙虎村北岳军区机关驻地出发。当时，解放区的土地改革运动刚刚开始，为了加强地方工作，发动群众支援前线，组织了绥东工作委员会，我兼书记，张林之为副书记。各军分区、各县都组织了战委会，负责组织运粮、担架和扩军工作。为了保护秋收，保证有足够的粮食供应前方，临近敌占区的军分区地方部队在9月至10月发起了护秋战役。

北岳兵团从河北涞源开到山西浑源地区的东西水地，在那里休整了两天，发动民工组织运输队和担架队随部队活动。东西水地盛产稻米，我们在那里补充了一些粮食，然后过桑干河一直开到兴和。这时，我们的电台除了和三兵团联络，受三兵团指挥，还可以和中央军委、华北军区直接联络。在兴和我们接到三兵团的电报，让我们去打丰镇，据说那里有敌人一个团。我们立即开向丰镇，当先头部队逼近县城的时候，敌人闻风逃跑，实际只有三四百人。我们从丰镇转向集宁，我把指挥所设在张皋镇，部队分布在兴和、张皋、台基庙一线向东警戒。

9月下旬，三兵团和晋绥八纵队，解放了绥东、绥南大片地区，并包围了归绥，傅作义急忙从张家口、北平等地抽调步、骑兵十个暂编师组成西进兵团，驰援归绥。这样，我们成功地拖住了傅作义两个兵团的兵力，保证了东北战场的决战。敌军于9月30日占领了集宁，三兵团除留一部监视归绥的敌人以外，主力转移到丰镇以西、以北和卓资山以东地区，伺机歼灭部分援敌。这时，华北第二兵团和冀热察军区部队向平承铁路和平绥铁路东段发起攻击，张家口、宣化等地守敌告急，傅作义又慌忙令其西进兵团回援，集宁方向只留下三个骑兵旅。

10月中下旬，三兵团向绥西、绥北进军，我们北岳部队留在原地作掩护，并在绥东开展地方群众工作，建立地方政权和地方党组织。绥西、绥北敌人力量薄弱，大部是不战而逃，三兵团连续解放了包头、武川、固阳等城镇和绥西、绥北广大地区。11月初，辽沈战役胜利结束，三兵团和晋绥第八纵队再次包围归绥，11月中旬正准备组织总攻，忽然接到中央军委的命令："缓攻归绥，撤围归绥，部队到集宁、丰镇地区集结待命。"这是怎么一回事呢？原来中央军委、毛主席根据全国战局的急剧发展，估计傅作义集团有可能放弃平、津、张，撤向南方或西逃归绥。为了稳住傅作义集团，待辽沈战役结束后，东北野战军迅速入关，协同华北野战军发起平津战役，将其全部歼灭，中央军委的部署是：华北第三兵团停止攻击归绥的计划，主力撤到归绥和集宁之间待机，准备阻止傅作义率部向绥远逃跑；为了不使傅作义感到孤立而动摇固守平津的决心，令华北第一兵团停止攻击太原，待平津战役作战开始以后，再攻太原；命令东北野战军在辽沈战役后不作休整，提前入关，隐蔽地切断傅作义集团从海上逃跑的通路。

此时，平津战役的序幕已经拉开。

华北三兵团指挥部撤围归绥以后，移到丰镇以北的泽落沟，电令我们北岳兵团并指挥晋绥八纵的康健民察北骑兵旅攻打南壕堑。南壕堑是个有上万户人口的大镇，驻有敌骑兵第五旅旅部和兴和、尚义保警队七百余人，该镇城墙残缺不全，没有多少工事。我们决定采取大奔袭的办法，强行军 100 多里，于 11 月 21 日凌晨抵达南壕堑。11 月的塞外，已是冰天雪地，暴风雪逞强的时候了。部队冒风雪抗严寒直插敌军旅部，一个猛扑就把敌人十几个人的骑兵哨班解决了，其余敌人猝不及防，仓皇失措，官兵互相践踏，争相夺路逃命。

这一仗打了个击溃战，毙伤敌人 50 余名，俘 100 余名，缴获敌人汽车 31 辆、战马 50 余匹和一些枪支弹药。同时，还截获了敌人 200 多辆装满麦子的大车，有 20 多万斤。

第二天，敌骑兵第五旅一部，向台基庙进行反扑，察北骑兵旅出动阻击。两支骑兵交锋，人喊马嘶，反复劈杀，最后我骑兵把敌人击退。

南壕堑战斗以后，三兵团电告我们准备开往张家口方向，逼近张北。我们正集结部队准备出发，又接到通知改向张家口西南，阻击柴沟堡的敌人到天镇、阳高一带抢粮。我们即令部队急行军赶往阳高一线截击敌人。出动抢粮的敌人遭到我军打击，立即又缩回柴沟堡。在稳定了这一地区的形势以后，我们打算让部队回张皋地区休息。这时，中央军委通报，敌孙兰峰的第十一兵团一部正向隆盛庄开进，要我们赶往隆盛庄阻击敌人。部队来不及休息，又连夜强行军进到隆盛庄，却没有遇到敌军。当时，傅作义的部队经常用明码发报，情况真真假假，这次可能上了他们假情报的当。我们在隆盛庄休息了一夜，部队第二天即回张皋休整。

11 月 24 日，中央军委电令三兵团迅速赶到张家口附近，隔断张家口和宣化两处敌人的联系，并相机包围张家口、宣化或下花园，务必抓住傅作义集团的一部不让其向东跑掉。同时命令"北岳集团迅速开到大同附近，监视大同之敌，不使向东或向西跑掉。"第三兵团于 11 月 25 日由集宁、丰镇、隆盛庄地区隐蔽东进，29 日向张家口外围的敌人据点发起进攻。到 12 月 1 日，占领了左卫、柴沟堡、万全、沙岭子等地，切断了张家口敌人的西逃道路和宣化敌人的联系。北岳部队从张皋出发，经玫瑰营子到集宁。我们的任务，一是切断张家口和归绥的交通，二是切断张家口和大同的交通。

12 月 1 日，北岳部队奔袭大同以北的孤山镇敌军，当晚未能攻克。2 日上午，大同守敌三十八师两个团另一个营和骑兵 200 人带着山炮两门，坐着大车北援孤山守敌。我们遂撤出战斗，孤山守敌乘机南逃。这次战斗毙伤敌团长以下 130 余人。

12 月初，中央军委指示西线部队"围而不打"，由西向东逐次把敌人抓住，不让他们跑掉，待东北野战军完成对平、津、塘的分割包围之后，再各个歼灭被围之敌。华北各部队按军区的部署，分段负责守护工厂、铁路、桥梁不受敌人破坏。北岳部队分管柴沟堡至大同一线，由纪亭榭率十五团三个营开往怀安方向，统一指挥天镇、阳高、宣化的独立营，其他部队仍在孤山、镇川堡一线监视大同的敌人。这时，华北第三兵团解放了宣化，把敌第十一兵团司令部、一〇五军军部和七个师（旅），包围在张家口；第二兵团将敌三十五军军部和两个师包围在新保安。

12 月 5 日，中央军委电示："大同之敌是阎锡山的，阎近拟空运太原，可让其运去。我北岳集团可移兴和、张北地区，参加阻止张家口敌可能向兴（和）、集（宁）逃跑的任务。"按照军委的指示，我们把集宁和卓资山一线的防务移交给晋绥八纵队负责，北岳兵团即全部开到南壕堑一线，构筑工事，准备阻击西逃的傅作义集团。

为了孤立张家口的敌人，三兵团决定先肃清察北、绥东一带零散的敌军，由北岳兵团指挥晋绥察北骑兵旅和内蒙古骑兵十一师一部解放张北。

张北是张家口出长城外的第一个重镇，是张家口的北大门，地处大草原。在平绥铁路被我军切断以后，这是张家口的敌人逃往归绥的最后一条通道。所以驻守张北的傅作义部第十四纵队一个团和骑兵十二旅、骑兵五旅各一部以及地方保安团，日夜抢修工事，企图固守确保这条通道。他们号称有 2500 人，实际上不足此数，保安团基本上是由地主土匪武装组成，没有什么战斗力，在张家口被围的情况下，张北之敌犹如惊弓之鸟。

我们决定采取奔袭突击的办法解放张北。具体部署是：内蒙古骑兵十一师继续在张北东边外围作战，牵制打击敌人，以一团打张北城西南角，七团打城东北角，十三团攻城西北角，十五团在北边作预备队，二团随指挥所行动。估计敌人可能从南门突围向张家口逃跑，察北骑兵旅隐蔽在南面截击敌人。

12月13日，长城内外下了一场大雪，大地尽白，不见道路，气温降至零下30摄氏度。14日，北岳兵团从南壕堑出发，经过120里雪地强行军，于15日上午十点到达张北。各团进入指定位置以后，指战员们不休息不吃饭就要求攻城。我告诉纪亭榭旅长，不要着急，要慎重点，再观察一下地形、敌情，部队稍事休息，充分作好准备，下午两点发起攻击。

张北县城城防比较单薄，敌人在城外搞了一些铁丝网、鹿砦等工事，主要火力点设在城楼和城墙上。下午，各团和骑兵十一师的迫击炮集中轰击敌人城墙上的工事，城西北角的炮楼和城墙坍塌，仅用了12分钟，十三团就率先登上城墙，一部冲进城里，一部沿着城墙向两边伸展。接着骑十一师也冲进城里，直插敌人指挥部。果然不出所料，敌人以骑兵打头阵，从南门突围逃跑。十三团一部转到南门，截住敌人，把后面的敌人堵了回去。跑出来的敌人骑兵在城南馒头营子被察北骑兵旅拦住，随之展开了一场马刀拼杀战。有备之师对仓皇出逃之敌，我骑兵旅处处占上风，直杀得敌人仰马翻，丢盔卸甲，当场有百名敌人毙命。十三团一部追上来参加战斗，将大部分敌人生俘。我们的指挥所设在城西南面，有几十个敌溃兵冲我们跑来，当时指挥所附近只有一个警卫排分散警戒，作战科的同志见此情景，伸手端起机枪就打，敌人纷纷倒下，剩下的扭头就跑。

张北这一仗，共毙伤敌200余人，俘敌团长以下1300余人，缴获战马540余匹，汽车15辆，马步枪500余支和部分弹药。这是一次干脆利落的歼灭战，除张北县县长带了几个人逃脱外，其余全部被歼灭或俘获，我军控制了张北通往张家口的大道。

张北战斗之后，北岳部队开到万全地区的洗马林、李虎庄、杜谭庄、胡山庄一线，组织抗击，防止张家口的敌人从柴沟堡方向逃跑。

辽沈战役结束后，东北野战军遵照中央军委指示，从11月23日开始，迅速秘密入关，12月12日至20日，完成了对平、津、塘的包围并隔断了三点的联系。至此，我军已将傅作义集团 60 万人包围在东起塘沽，西至张家口的狭长地带，并完成了对张家口、新保安、北平、天津、塘沽 5 个地区的分割，实现了战役第一阶段的作战目的。

平津战役与辽沈战役比较，在基本指挥思想和基本做法上有许多相似之处。我军在辽沈战役中的战法是先"关门打狗"，后"瓮中捉鳖"。在平津战役则采取先斩头去尾，后吃中间。"关门打狗"，目的是截住东北的蒋军，使其不能向关内撤退；斩头去尾，目的是使傅作义部队既不能西逃，也不能南撤，待我军对其完成分割包围后再加以解决。辽沈战役是先南后北实施作战步骤，平津战役则是先西后东。

根据平津前线指挥部的部署，华北第二兵团于 12 月 21 日首先发起新保安战斗。当天扫清外围据点，22 日七时发起总攻，至 17 时，全歼傅作义"王牌"第三十五军军部和所属两个师及一些地方保安部队，共 1.9 万多人。12 月 22 日，三兵团准备发起围歼张家口的敌人，北岳兵团的部队集结在张家口的西北，我把指挥所前移到张家口西北的西太平山，三兵团司令员杨成武的指挥所也设在山上一座庙里。张家口守敌得知敌三十五军被歼，于 23 日拂晓仓皇从城北的大境门突围，企图从张北方向逃往归绥。我华北三兵团第一纵队和北岳兵团从北面阻击，第六纵队从西，第二纵队、东北野战军第四纵队向北，实行围追堵截，至 24 日晨，将敌第十一兵团司令部和一〇五军、敌察哈尔省保安部队和新编三十二师等部，压缩在张家口以北，陶赖庙至乌拉哈达不足 1 公里宽、10 公里长的山沟里。时值严冬，大雪封山，敌人马拥挤，混乱不堪。我军乘势猛烈攻击，至 15 时，将敌 5 万余人歼灭。敌兵团司令孙兰峰带着少数残兵逃出重围，三兵团第一纵队和北岳兵团纪亭榭旅紧紧追击，又消灭了几百溃兵，但孙兰峰还是骑马逃掉了。从此，我军又收复了张家口，傅作义西逃归绥的退路完全被堵死了。

自 21 日到 24 日，前后不过四天，平绥线东头的新保安和张家口都先后被我军攻克，傅作义起家部队 7 万人也全部丧失了。至此，傅作义摆在平绥线的长蛇阵，被斩去了一大截。

解放新保安、张家口以后，华北第二兵团、第三兵团迅速开往北平方向，与东北野战军第十二、第十三兵团会师，积极进行攻取北平的各种准备。

军委电令北岳军区进驻张家口，负责维持交通、剿匪，建立城内的革命秩序，并组织支前。当天，军委又电令北岳兵团立即开赴大同，围歼大同之敌。

我没来得及进张家口，又马不停蹄地率领部队连夜西进，投入新的战斗。

继新保安、张家口解放之后，我军又分别于1949年1月12日、17日、31日，先后解放了天津、塘沽、北平，平津战役胜利结束。全战役历时64天，共歼敌52万人，创造了军事攻克天津、和平解放北平的两种方式。

北岳军区在平津战役发起之前和平津战役期间，除了组成北岳兵团参加绥远、察北以及解放张家口的作战以外，还参加了其他一些战斗和组织支前工作。

在10月底，蒋介石和傅作义策划趁我主力远在察绥地区作战，乘虚突袭石家庄，威胁驻平山县西柏坡的党中央和中央军委机关。在军委和军区直接指挥下，北岳和冀中党政军民紧急动员，在唐河以北迟滞打击南下之敌。北岳军区肖思明副司令员指挥第三、第五军分区部队及十万之众的民兵以地雷战、麻雀战、游击战阻击敌人，使敌人举步维艰、像蜗牛一样，两天才爬出几十里。直到主力二兵团三纵队赶回，配合冀中七纵队在沙河以北的燕赵地域展开，准备歼敌。突袭之敌，见势不妙急忙回窜，蒋、傅偷袭石家庄的阴谋未能得逞。

在发起平津战役初期，北岳军区即由肖思明另组了一个指挥所，率领五团、九团、十二团与涿县支队会合，前进到北平西南的门头沟，配合围困北平，组织支前，并担负保护宛平、涿县的琉璃河发电厂、洋灰厂以及石景山发电厂、炼铁厂、门头沟矿区等任务。他们还参加了夺取长辛店、房山县和涿县的作战。12月底，北岳军区和冀中军区组织了平津战役联合后勤指挥部，王奇才任司令员、罗玉川任政委、肖思明任副司令、李济寰任副政委，统一指挥北岳区和冀中区的支前工作，北岳军区主要负责丰台至清河地段的支前任务。

北岳军区机关和直属队进驻张家口以后，军区机关的部分人员在原驻地涞源县龙虎村组成北岳后勤指挥所，担负支援平津和大同作战。以金行生为主任，夏朝安、杜向克为副主任，指挥留守涞源的党政军各单位。

在整个平津战役期间，北岳军区按上级交给的支前任务，完成了粮食、柴草、马料草和军鞋等物资的筹集和供应，及时运送到前方，并较好地完成了转运伤员的任务。北岳军民在隆冬时季，冒着大雪严寒赶着大车、毛驴，克服了种种困难，在人力、物力上竭尽了全力支援前线，为平津战役的胜利作出了很大贡献。

和平解放大同

1948 年 12 月 24 日，解放张家口之后，中央军委即电令北岳兵团立即赶赴大同，其意图是迅速包围大同，围而不打，监视大同的敌人，不让他们向东或向西逃窜，等华北第三兵团参加解放北平、会攻太原以后，再一起解放大同。在接到电令的当天，我即召集所属部队领导干部传达命令，进行简单动员部署，率部日夜兼程，向大同进发。

此时长城内外，朔风呼啸，大雪茫茫。广大指战员披着冰铠雪甲，在翻卷的雪浪里穿行。

我带着指挥部和一个野战医院，从张家口西北，向张皋镇前进。当我们途经白家营子村时，突然遭到当地张懋带领的还乡团 500 多人的袭击。我当机立断，命令作战科长王宪带领骑兵通信班和纪亭榭旅来送情报的骑兵侦察班，共 28 骑，立即向白家营子猛冲上去。他们都是屡经沙场的老战士，很有战斗经验，为了保卫指挥机关，个个不顾敌人枪林弹雨，向敌人猛打猛冲，终于将敌人击溃。敌人误以为他们是我军的先头部队，没敢再组织反击。他们继续穷追逃敌，毙伤 30 余人，其余敌人逃进山里。我们安全通过了白家营子。

北岳部队很快抵达大同郊区。纪亭榭独立旅七团、十三团、十五团和独立四团分别部署在大同的东面和北面；雁北军分区司令员赖富、巫德九带领的第一团和第二团，部署在南面和西面；晋绥分区姚喆率领的一个支队，部署在云岗方向，一个骑兵师部署在丰镇、集宁一线。总兵力共有 1 万余人。我的指挥部设在阳高县以南的小白登。

大同是晋北重镇，地处平绥、同蒲两条铁路的交汇点，东通京张，西贯绥远，北濒内蒙古草原，南达太原，交通十分便利，是山西北部的军事要冲，又是我国重要煤炭基地，故有"煤都"之称。它还是一座历史名城，1500 多年前，北魏皇朝曾在这里建都，有许多辽、金时期的文物古迹。因此，多年来，阎锡山衔住不放，傅作义为之垂涎。

1948 年 5 月，雁北十三县全部解放以后，大同完全成了一座孤城。城里守敌主要有：阎锡山嫡系田尚志的第三十八师，附有一个炮兵营和辎重营；大同军事指挥部的直属工兵连、特务连、骑兵连、雁北支队、一支 12 辆坦克的坦克车队和 30 多辆汽车的汽车队；保安司令部的保安一团、二团、十九团、二十团、宪兵二十二团、保警队，还有收编日伪军的教导总队，几个县大队等等。总兵力 1.7 万余人，统由国民党第二战区副总司令兼大同军事指挥官于镇河指挥。大同市的伪党政工作则由副指挥官、雁北地区专员孟祥祉把持。

敌人为了固守大同，在军事上积极备战，在原有坚固的城墙和日军工事的基础上，将城郊外壕加宽加深，增修许多防御工事，各种堑壕密如蛛网，碉堡和火力点星罗棋布。守敌妄图凭借城高墙厚，护城河宽水深，以及坚固的工事，与我军抗衡。在政治上，孟祥祉进一步加强了特务统治，处心积虑地维护其分崩离析的局面。梁化之在大同设立的特务组织特警大队疯狂地搜捕、暗害革命干部和进步人士，反动气焰十分嚣张，不仅百姓提心吊胆，就连敌人内部也互存戒心，人人自危。

在我们的部队按部署进入阵地以后，我在小白登召开各师、旅、军分区主要领导干部会议，传达中央军委对解放大同的指示。会议充分发扬军事民主，围绕军委"围而不打"的作战意图，展开了热烈讨论。多数同志认为，通过敌我力量对比，我军并不占优势，大同守敌虽已被围，无法逃窜，但并未受挫，实力尚存，如若强攻，敌人困兽犹斗，我军势必也造成很大伤亡，大同城内的文化古迹和各项设施也将遭到极大破坏。因此，应该在不违背军委"围而不打"精神的情况下，采取军事、政治并用的办法，迫敌投降。有的同志则认为，我军兵力虽不占优势，但是胜利之师，斗志旺盛，士气高昂，大同守敌既已被围，即成了瓮中之鳖，强弩之末，应该马上发起攻击，一举将其歼灭于城内，以免使其狗急跳墙，突围外逃。针对这两种意见，我在发言中指出，根据侦察得来的大量情报，对大同守敌各方面情况的全面分析，大同之敌虽已孤立，但在兵力、装备上并非劣势，且有坚固的工事可踞，因而还算不得强弩之末，它在军事、政治方面都在积极准备负隅顽抗。如果我们强攻，会出现三种可能：一是久攻不克；二是即便攻克，人民生命财产将会受到重大损失；三是不能排除敌人"狗急跳墙"，绝望之后南逃西窜，这样就达不到全歼。这三种可能的任何一种，都违背中央军委意图。因而，我引导大家把军委"围而不打"的指示具体化，在如何既不使"惊弓之鸟""飞"掉，又要尽早把它"捉"到手的问题上展开讨论。会议从上午一直开到深夜，最后统一了思想。我们的决心和打法是：以政治攻势为主，动员广大群众，开动一切宣传机器，利用强大的政治攻势，利用敌人内部矛盾和上层关系，动摇其军心，沮丧其士气，瓦解其内部，造成"四面楚歌"的局面。同时，采取必要的军事行动，把敌人引出来，歼灭其有生力量，挫其锐气，"击其惰归"，迫其缴械投降。

会议以后，各参战部队和广大人民群众积极行动，立即展开政治攻势。几天之内，千万张传单和其他宣传品通过各种途径，在大同市各交通要道、敌营内外广为张贴、流传；我军阵地前沿的"土广播"也昼夜不停地向城内守敌喊话；捉放的俘虏大部分成了我军的"义务宣传员"……猛烈而凌厉的政治攻势，如同一发发重型炮弹，在敌人营垒中爆炸。从城内传来的情报说，敌人营内人心惶惶，议论纷纷，"大同上空飘来的共产党传单如同雪片"，"城外解放军的大炮已对准大同"，"大同岌岌可危"，以及我军在全国各战场上的胜利消息。我军强大的政治攻势，对敌人下层军官和广大士兵的厌战、怯战情绪，以及上下官兵之间的矛盾，起了推波助澜的作用，他们私下议论，"共产党军队的锐气势不可当，我们困守孤城死路一条"，"上司保官保财，我们光棍一条，何必为他们卖命"，等等。通过我们的宣传，大同市民也进一步坚定了早日得到解放的信心，为我解放大同的内部接应工作创造了有利条件。

与此同时，我围城部队与华北军区敌工部、雁北地委城联部和北岳军区侦察科密切配合，利用各方面的关系，通过各种途径，千方百计地派人打入敌党政军各要害部门，搜集军事、政治、经济情报，时刻把握敌人的动态。敌宪兵队、特警队、十二战区谍报组、大同军事指挥部情报处等都有我方人员打入。新派遣的同志与原有的敌工人员一起，广泛开展城工工作和敌工工作。他们向群众进行宣传、教育，联络进步人士，开展政策攻心，做敌军政人员的工作，建立比较完整的情报系统。这些同志的工作做得很出色，把敌人的兵力、武器装备和火力配置、工事构筑情况全部弄得一清二楚，敌军实力变化、兵员调动、军事行动等重要情报及时准确地获得。特别是大同军政头目的思想动态情况，我们也能通过各种途径及时掌握了。

于镇河、田尚志、孟祥祉三个人掌握着大同的党政军大权，他们都是阎锡山的嫡系，但是又互不信任，互存戒心，矛盾很多。当时在我军的重兵威逼下，摆在他们面前有三条路，一是打，二是走，三是降。"打"，就是死守大同，等待援兵，顽抗到底。他们看得很清楚，太原的阎锡山，归绥的董其武都是泥菩萨过河自身难保，无援可待，死守守不住，顽抗抗不到底。"走"，就是按阎锡山指令南逃太原，但大同没有机场，空中飞不了；解放军层层围堵，地上走不成。西逃绥远，不用说能不能走到绥远，就是到了绥远，寄人篱下，只得替人家卖命，也是死路一条。"降"，就是放下武器投降，他们既碍于面子，又不心甘情愿。他们三个人虽然都叫喊走第一条路，摆出一副打的架势，企图顽抗，但态度并不完全相同。于镇河追随阎锡山多年，对阎锡山一片愚忠，根本不愿逃往绥远寄人篱下，他在行动上准备打，但思想上并不坚定。田尚志很精灵，是于镇河保荐提拔为师长的，比较靠拢于镇河，他俩掌握军事大权，在敌人内部有举足轻重的作用。孟祥祉是阎锡山在大同的代理人，对共产党极端仇视，双手沾满人民的鲜血。他在大同经营多年，把持地方实力，十分顽固，猖狂叫嚣要"与大同共存亡"。这三个最高层人物同床异梦，为我们提供了利用其矛盾，分化其内部的契机。我们决定把工作重点放在于镇河、田尚志身上，孤立孟祥祉，使其孤掌难鸣，不攻自破，争取和平解放大同。

12月底，田尚志的副官苏克勤奉于镇河、田尚志之命，化装出城，想到阳高县找赋闲在家的原阎锡山的高级参事薄一峰，打听我军对大同的作战意图，以及我军对俘获的国民党将领政策。这个苏副官一出城，就被我们的前沿部队抓获。作战科长王宪对他进行了审讯和谈话。在审讯谈话中了解到，于镇河、田尚志给薄一峰写了一封亲笔信，其中有请薄先生向我方联系之意。敌人三个头目的态度是，于镇河还在观望，田尚志则试图突围，而孟祥祉在设法抢夺于、田的兵权，企图继续顽抗。王宪向我汇报了情况，我向他交代了三点意见：一、对来人优待，解除其顾虑；二、继续弄清大同敌人动态；三、说服薄一峰，请他亲自去大同，向于、田二人宣传我党我军政策。另外，以军区名义写信让苏副官带给于、田，希望他们派同级指挥官来面谈。

12月29日，孟祥祉迫使田尚志派部队出击以武装侦察我围城部队的部署和有无真正攻城的意图，并顺便抢掠些东西，回城过个"肥"年。上午10时许，敌人出动一个加强步兵营（附一个山炮排）进攻我军阵地，正好进入我们预先设伏的一个"口袋"里。战斗打响后，不到两个小时，敌人即被全歼。这是一个漂亮的歼灭战，战士们称之为"向1949年元旦的献礼。"

1949年1月初，田尚志带领两个团和两个保安大队，共1800多人出城袭扰城东三十里铺一带的村庄，试探我军的虚实。纪亭榭旅长立即指挥独立旅和雁北军分区部队，将其包围，毙伤俘敌800余人，俘虏敌副团长1名，缴获山炮1门，轻重机枪20余挺，田尚志带领残部狼狈逃回城里。这是大同守敌最大的一次军事行动，出师受挫，士气一落千丈，再也不敢轻举妄动了。实际上，这时候大同守敌已被我军置于欲进不能，欲退无路的绝境。但是敌人并未完全觉悟，还想拖延时日，以求转机。

1月间，冀热察军区调归华北军区，和北岳军区合并为察哈尔军区，我任军区司令员。省委书记杨耕田兼政委，副司令员有詹大南、肖思明，副政委牛树才、苏启胜；参谋长李汛山，副参谋长刘彬，政治部主任苏启胜兼，副主任杨健新。我在察哈尔军区成立后，曾回张家口安排工作，大同前线军事指挥由察南分区司令员兼独立旅旅长纪亭榭和雁北军分区司令员赖富和巫德九负责，军区指挥部从小白登前移到四十里铺。在城东驾遇皂组成了接管大同的领导班子，华北军区令我任军管会主任，雁北分区书记赵汉为副主任兼市委书记和市长，李铁生为副市长。实际上我只是挂个名，具体工作由赵汉他们去做。在狠狠打击出犯敌人，不断增大军事压力的情况下，我们开展紧锣密鼓的争取瓦解工作。

1月中旬，华北军区联络部动员在晋中战役解放过来的、原阎锡山部三十三军军长沈瑞，十九军副军长秦骊，十九军副参谋长李又唐，隰县专员孙海丞、张喜柱等来到大同城东聚乐堡、驾遇皂，在华北军区敌工科长叶修直和雁北地委城联部长杜钰的直接领导下，做敌人上层领导集团的工作。他们利用老同事、老部下或袍泽故旧的昔日交情，或投书，或进城面谈。孙海丞、沈瑞、张喜柱分别给于镇河、田尚志及其各团长写信，规劝他们"认清形势，放下武器，使大同得以和平解放。"

1月26日，田尚志的苏副官第二次出城，还带着两个夹层箱，夹层里藏有30多两黄金，又被我们的部队抓获。据苏副官讲，田尚志上次出击遭到打击以后，和于镇河商量要寻求"谈判"的途径。这次派他出城的目的，一是打听一下"谈判"有无可能，二是顺便转移一些细软和财物。我和赵汉听了作战科汇报和苏副官谈话的情况以后，确定不失时机，令苏副官第二天马上返回城里，转告于、田二人，谈判可以，但必须"立即放下武器，无条件投降"。并将这些情况立刻报告聂荣臻司令员、薄一波政委。

2月，我们派于镇河旧部秦骊、李又唐两人带着华北军区的信秘密潜入城内面陈于镇河。3月初，又派于镇河的侄子、原国民党察哈尔省保安司令于鸿儒进城，做于镇河的工作，使于镇河对我党的宽大政策有了初步认识。于镇河在战不胜、走不了、内无粮草、外无救援的情况下，思想开始动摇，但又没有勇气向我军投诚。他主要有三怕：一是他多次和我军作战，怕我们不会宽大他；二是他曾残害老家浑源贾庄的无辜百姓，怕老家的群众不饶他，全家遭殃；三是他们内部关系复杂，如果走漏消息，怕遭人谋害。这时，阎锡山得知沈瑞等人到了大同，马上电令于镇河、孟祥祉，如果沈瑞等人进城立即拿获押往太原。于镇河连忙为秦骊、李又唐等人遮掩，并让秦、李转告沈瑞等其他人不要进城，这些举动充分反映出于镇河当时既不敢公然抗拒阎锡山，又不愿得罪共产党的矛盾心情，说明他已经开始向我党我军靠近了。

3月中旬，华北人民政府财政部部长戎子和，征得聂荣臻司令员和薄一波政委的同意，动员正在北京上学的于镇河儿子于澜沧，孟祥祉的兄弟孟祥祚，还有于、孟旧部王达三、刘仪亭等七人，带着他的信去大同做于、孟的工作。戎子和给于、孟的信大意是让他们认清形势，规劝他们替大同人民着想，也为自己前途设想，及早投诚。戎子和过去曾是牺盟会的领导人，在山西军政界很有影响，和于、孟也是老相识，所以他以共产党代表身份写信会对于镇河有很大触动。于澜沧、孟祥祚等路过张家口的时候，正好我也在张家口。我和他们见了面，讲了大同的形势，希望他们抓紧做好促进和平解放大同的工作。我让他们告诉于镇河等人，解放军是有力量攻克大同的，而且为时也不久了，但是为了人民的利益，我们还是争取和平解决。随后我派专人送于澜沧一行去大同。

于澜沧等人到了大同，于镇河听说他在北京的眷属和全部家产都没有损失，两个儿子都参加我方工作，顾虑消除了一半。但碍于孟祥祉等人掣肘，他暗中指使于澜沧和于鸿儒等人在敌师、团长中串联摸底，疏通思想。由于于镇河的影响，大同军事指挥部参谋长陈泮喜、田尚志和保安二十二团团长刘喜连、保安二十一团团长李钦沛等大多数人开始倾向于和平谈判。而孟祥祉由于在1946年残杀了雁北敌工部副部长舒宏等14名被俘同志，欠有血债，担心我们要清算他。因此，他和教导总队长安钦为首的一伙表示要顽抗到底。孟祥祉还防止于镇河、田尚志投降，想摆个鸿门宴，把于、田两人抓起来，夺取兵权。孟祥祉的阴谋被我地下工作人员侦得，向于、田透露了消息，于、田两人才没有上当，而且加强了戒备，把孟祥祉孤立起来。

1月至3月间，在我围城部队和敌工人员以及广大人民群众努力下，大同各方面的形势向着更加有利于我而不利敌的方向转变。

此间，正是数九寒冬，凛冽的西北风卷着鹅毛大雪下个不停，把大同内外覆盖得严严实实。敌人旷日持久地困守孤城，得不到任何外援，逐渐坐吃山空，本来就储备不多的粮食日益匮乏。市面上金圆券暴跌，三天之内便由100元兑换1块银元，跌到300元兑换1块银元。百姓吃没有粮食，烧没有柴炭，啼饥号寒，怨声载道，对上层统治集团更加不满，纷纷外逃。敌人为了挽救其行将灭亡的命运，不时派出小股部队到四周村庄抢粮，一一都被我军击溃，还有的趁机携械跑出来投诚。对出城来骚扰的敌军人员，我们采取"快捉快放"的办法，经过教育就放回城里，让这些人充当我们的"宣传员"。

春节前后，我围城部队和做城工、敌工工作的同志们，利用人们"每逢佳节倍思亲"的心理，又掀起了一次政治攻势的高潮。大家利用各种渠道和方式大力宣传我军在各个战场取得胜利的消息，宣传我军优待俘虏的一贯政策。并动员敌军眷属到城下呼唤亲人，造成敌军官兵思乡、思逃、思降和不满上层的局面，进一步涣散其军心，沮丧其士气，瓦解其斗志。据从城里侦察回来的同志报告，在我们的政治攻势下，敌人惶恐异常，混乱不堪，连阎锡山收编的日伪教导总队里的日本人也闹着要求遣返，孟祥祉组织了大批特务、警察、宪兵到处搜捕，撕毁传单，驱赶争看传单的百姓，更加激起了敌官兵和广大百姓对上层统治的不满。敌军上层军官也开始动摇，指挥机关每会必吵，互相指责，谁也不听谁的。

同时，我们在军事上向敌人施加压力，摆出一副就要攻城的架势，造成"重炮部队马上调来了，用不了多久就可以解放大同"的声势。2月间，敌军开小差、投诚的越来越多。敌左云挺进支队支队长王世英带领150余人，敌三十八师辎重营和三团搜索排40多人，驮马连连长赵兴元带着50多人纷纷投奔过来，不几天工夫，我们设在城东和北关外的收容所，就收容了敌人零散逃兵580余名。敌保密局晋北站上校站长张晓峰等反动骨干企图化装逃跑，一出城就被我方前哨部抓获。敌人只有投降这一条路可走了。

我军各级指挥员对围城部队加强思想政治工作，及时通报城内敌人动态，进行思想教育。在长期包围大同过程中，既防止了部队的急躁情绪，又防止了松劲麻痹思想。广大指战员风餐露宿，爬冰卧雪，吃大苦耐大劳，长期毫不松懈地坚守阵地，始终保持剑拔弩张、引而不发的态势，向敌人不断施加军事压力，有力地支持配合了政治攻势和敌工人员的争取瓦解工作。

4月上旬，田尚志派秘书唐益川出城，到驾遇皂村和我方联系。于镇河发觉田和我方接触，也沉不住气了，派他的心腹、沈瑞的姨表兄弟郑瀛洲出城联络。敌工部的同志热情接待他们，唐益川透露田尚志想要出城同我和赵汉面谈。赵汉来和我商量，我说可以给他写封信，欢迎他出来面谈。赵汉写明了我们的态度和我党的政策，把信通过敌工部交给唐益川带回城里。唐、郑回去以后，好几天没有动静，看来还有斗争。

4月21日，毛主席和朱总司令发出向全国进军的命令。23日，国民党的统治中心南京解放。24日，阎锡山的老窝太原被攻克，绥远的董其武部发生动摇，开始向我方靠拢。杨成武的二十兵团（原三兵团）马上要从太原北上，绥蒙军区和察哈尔的其他部队也都迅速向大同集结，我们还把装甲列车从张家口调往大同前线，加大军事压力。全国解放战争以摧枯拉朽之势迅猛发展，蒋介石在各地的统治者纷纷完蛋。大同守敌危在旦夕，他们在我军强大军事压力的威逼下，像热锅上的蚂蚁急着寻找保命的出路。守敌的顽固派也已分崩离析，连孟祥祉那样的死硬分子也不想"不成功便成仁"了。

4月26日，田尚志和副师长王元令带了一名卫兵，骑马出城找我方谈判，在十三团的防地被截住。纪亭榭向我报告以后，我让赵汉、纪亭榭、华北军区敌工部叶修直科长接见他们，向他们交代政策，指明出路。

4月27日，聂、薄首长就大同敌接洽投降事向我们提出了四点要求，其中强调："对于镇河、田尚志应提出要其保证机关、工厂、仓库、物资、房舍、档案等完整地和平移交，不得破坏，对市民不得扰害抢掠。"

当天中午，孟祥祉、田尚志和陈泮喜等人乘一辆美国吉普车出城，到三十里铺和我方商谈投降事宜。作战科长王宪带一名参谋在村口小桥畔迎接。田尚志把王宪误以为是我，慌忙下车，毕恭毕敬，诚惶诚恐，躬着腰连声说："鄙人来迟，望将军原谅。"王宪绘声绘色地向我讲了这场误会，对田尚志滑稽而狼狈的表现，真是感到好笑。我和赵汉、纪亭榭等接见了孟祥祉、田尚志等人。他们提出按北平方式解决大同问题，想搞成和平起义。我严正地告诉他们：你们迟了，现在不是什么起义的问题，而是全部缴械，听候改编的问题。你们是自动放下武器和平解决，还是让我们用武力解决，由你们选择，不要以为过去我们没有打下大同，现在还打不下来。现在情况已经变化了，你们下面的官兵是要和平的。如果被我们打进去，就新老账一起算了。首先是于镇河回到家乡杀了许多老百姓，那个时候老百姓就要找他算总账的，他跑不了。如果你们要打，就要有伤亡，就要破坏大同市的古迹和设施，那你们的罪恶就更大了。若是你们放下武器和平解放，我们现在就是朋友，可以保证你们的生命、财产的安全。我看田尚志低着头，就问他："你说怎么样，是打还是不打？你不要害怕，我不会扣留你，说打，我照样放你回去。"田尚志惶恐地不敢回答，吱唔着说他作不了主。我还告诉他，你们回去商量，何去何从由你们选择。下次让于镇河自己出来谈。最后我们又强调指出，只要和平解决，我们确保放下武器的官兵生命和财产安全，对军政人员不论过去罪恶大小，一律既往不咎；守城部队要按我军指定地点进行和平改编，愿回家的发给路费，待遇宽厚。谈完以后，我们派部队护送他们回城。

当日晚间，我们召集所属旅和分区的领导传达了军区领导的指示，并研究受降部署。根据我们兵力情况，准备分三步进行：第一步，接受大同城外的敌军缴械；第二步，解决城内的守敌部队；第三步，解决城里敌人领导机关。

4月29日，于镇河、孟祥祉、田尚志以及随从10余人，分乘几辆小汽车来到大同城东西坟村，和我军正式谈判。我方由詹大南副司令员、赵汉、叶修直、杨正等同志参加。詹大南根据我们事先研究好的方案，向敌人提出五项条款：第一，保证人民生命财产安全，不许骚扰群众；第二，保证不破坏城市建筑和各项设备；第三，全体投降人员一律就地待命，不许遣散；第四，枪械弹药全部清缴，不许毁坏或藏匿；第五，文件档案全部封存，等待移交，不许销毁或转移。于镇河等三人无条件接受全部条款，表示坚决照办。他们还同意让我方两个参谋进城，监督把所埋的地雷全部起出。于镇河等提出两点要求，一是在改编时给其官兵发三个月薪饷，二是其部队从城内开到指定地点时要携带武器。我们研究以后，答应了发薪饷的要求，关于携带武器问题，为了避免坏分子和还乡团等游杂武装乘机捣乱，只答应正规部队的山炮营和坦克车队可以携武器出城，其他部队一律就地放下武器，再开到指定地点。于镇河等三人也就只好同意了。

谈判结束以后，于镇河等人回城，敌军当天撤出北关，由我们部队接防，装甲车也同时开进城北火车站。作战科长王宪等先行入城，编拟受降计划和我军进大同后的城防部署，接收田尚志等造报的人员、武器、装备、物资等项清册，逐一进行检查，以便逐项验收。

5月1日，大同宣告解放，敌军放下武器并开赴指定地点接受改编。

5月2日清晨，天气晴朗，旭日东升，和煦的阳光照在大同城头，插在城门和各建筑物上的一面面红旗显得更加绚丽夺目。我军以四路纵队，在军旗的引导下，迈着整齐而庄严的步伐，进入大同市，嘹亮的《中国人民解放军进行曲》响彻全城。夹道欢迎的群众手持彩旗，兴高采烈，不断高呼口喊，一片节日景象。市内大街小巷，人民群众敲锣打鼓，载歌载舞，喜庆解放。各商店张灯结彩，自行恢复营业。我们的警备部队迅速进入警卫目标，军管会、人民政府工作人员立即展开工作，按军事和政府系统对口接收，并迅速地建立革命秩序。城内的一砖一瓦，一草一木，依然如故，这座久经兵燹的古城，完整无损地回到人民的怀抱。

5月4日，收缴工作告一段落，共接收大同投降官兵10007名，坦克8辆、汽车37辆，山炮、战防炮、轻重追击炮、六〇炮、轻炮等488门，轻重机枪639挺，掷弹筒411个，步马枪、冲锋枪、卡宾枪、短枪等7198支，还有炮弹、手榴弹、地雷、枪弹等大量军用物资。

这样，中央军委原定攻克太原后，二十兵团北返解放大同的任务，在二十兵团到来之前，我们北岳兵团已经完成了。

大同解放后，善后工作做得也比较好。对投降的敌官兵，我们按党的一贯政策进行处理，经过教育登记后，愿留则留，不愿留的发给薪饷、路费回家。对于镇河、田尚志等人，群众要求清算他们的罪行，我们及时向群众进行了解释和教育，争取群众对我党我军政策的理解，为防止意外，我们暂时把于、田等人送到张家口保护起来。

我军和平解放大同，一是中央军委及时制定了解放大同的正确方针，和华北军区具体而正确的领导。二是情报工作发挥了非常重要的作用，情报工作人员艰苦而卓有成效的工作，使我们对敌人的一举一动，了如指掌，做到了知己知彼，处处掌握战场的主动权。三是政治攻势发挥了强大威力，有力地争取瓦解了敌军，尤其是对敌人上层领导集团的瓦解工作，对和平解放大同起了极为重要的作用。四是保持强大的军事压力，迫敌就范，我军把大同围得水泄不通，敌人稍有动作，即遭迎头痛击，使其断了打、逃之路。五是人民群众的大力支援，大同周围的工人、农民踊跃报名参军参战，从人力、物力上大力支援部队，为解放大同作战提供了有力保证。

　　在三年的解放战争中，冀晋、北岳军民在中共中央、中央军委和晋察冀、华北军区党政军首长的领导下，发扬不怕困难，不怕疲劳，不怕流血牺牲和连续作战的革命精神，为解放全华北作出了重要贡献，建立了不朽功勋。

第十一章　在华北军区

察哈尔镇反和救灾

大同解放以后，一次，我到华北军区去汇报工作。正值东北的部队南下，第四野战军罗荣桓政委见到我，提出要我到四野第十三兵团当政委。他向华北军区提出建议，没有得到同意，聂荣臻司令员说："王平不能走，他工作还没有完，察哈尔还有重要的剿匪任务。"

我受命后回到察哈尔去组织剿匪。这时主力都编到野战军去了，察哈尔军区已经没有多少部队，只剩骑兵第三师（政委梁振中，副师长胡德利），还有个教导师（师长黄伯峰、政委李谨亭），其他就是军分区的地方武装。察哈尔军区辖雁北、平西、易水、察南、察北五个军分区，雁北军分区司令员巫德九、政委赵汉；平西军分区司令员侯正果、政委徐元甫；易水军分区司令员黄伯峰兼政委、副政委肖时任；察南军分区司令员纪亭榭、后唐家礼，政委杨世明、后赵振忠；察北军分区司令员张健、政委史玉林。

察哈尔省刚解放时，土匪、特务很多，这有它的社会环境等多方面原因。从地理环境来看，察哈尔省是多山高原地区，长城从中穿过，把全省斩为南北两截，长城以南属于恒山山脉，五台山脉北段，燕山山脉西段；长城以北属于塞外高原。全省多高山、沟壑纵横，人烟稀少，为匪特隐藏活动提供了自然条件。从社会特点来看，这个地区长期为日伪蒙疆政府和国民党地方军阀所统治，用当地老百姓的话来讲，兵匪一家，兵也是匪，匪也是兵。解放以后，伪军和国民党军的溃兵，改头换面，流窜为土匪、特务。再者，抗日战争和解放战争时，我军进攻的矛头是日伪军和国民党军，对当地的地头蛇、惯匪很少触及。因此，在我军主力部队调走以后，地痞、匪特互相勾结，串通一气，极为猖獗。他们经常抢劫、纵火、暗杀革命干部和群众积极分子。有些土匪公然打起"反共救国自卫军"的旗号，察南还发现所谓"察南第三辅助区奋勇游击队"。美蒋特务也到处活动，企图在察北建立特务领导机构，他们寄希望于这些土匪武装，利用土匪和反动会道门、地主恶霸等反动力量，进行反革命骚乱，扰乱社会秩序，破坏地方建设。在当时来说，进行剿匪作战，肃清美蒋残余、反对封建反动势力，是一项非常紧迫的任务，是保卫革命胜利果实，巩固和加强人民民主政权，为恢复和建设经济事业的一场尖锐而艰巨的斗争。察哈尔军区遵照聂司令员的指示，决心打好肃清匪特这一仗。我们要求各军分区以至县、区、乡都要加强剿匪斗争的统一领导，成立各级清剿治安委员会，保证剿匪作战任务的完成。军区部署以骑兵部队为机动力量在各军分区及县区武装和民兵配合下，对土匪展开追击和争取瓦解工作。

剿匪部队首先对人数较多的股匪进行军事清剿，在察北商都先后击溃各有数百人马的惯匪周喜顺、宋殿元（人称小五点）和左六子等匪帮。察南的蔚县、阳原、天镇、宣化、万全五县山区有四股较大的土匪，共300多人，全被击溃。作恶多端、血债累累的惯匪头子曹凯、刘明、宋殿元等相继落网。6月，察北组织了各县区的剿匪指挥部，目的是肃清惯匪胡九江为首的股匪危害。除了组织武装联防作战以外，同时开展政治攻势，广泛宣传全国胜利的大好形势，宣传我党我军剿匪斗争的宽大和镇压相结合的基本政策，向群众揭露匪特的欺骗宣传、谣言和各种破坏罪行，号召匪特向政府登记悔过自新，并在各地开展群众性的检举揭发、搜查隐蔽的匪特活动。到8月份，仅察北区在各界人士和广大群众支持下，共争取、瓦解、毙、伤、捕获土匪2000多人。社会治安秩序逐渐趋于稳定。

1950年下半年，结合镇压反革命运动，军区又组织了一次较大规模的剿匪斗争。察南军分区组织民兵在延庆、宣化、蔚县、万全、怀安五县，捕获匪首张文贵、郎占山等一批土匪。察北军分区剿捕从绥远窜入的五股土匪共100多人，这些土匪身穿我军军服，佩戴着中国人民解放军的胸章，枪马齐全，时集时散，为害很大。察北军分区还在张北、康保、商都、崇礼、沽源五县，打散土匪13股共100余人。至此，在察哈尔境内基本上肃清了成股的土匪特务。

1949年9月，内蒙古察哈尔盟察汗崩崩村发生鼠疫传入察北地区，在康保、宝源等县蔓延开来。疫情发展迅猛，中央决定封锁该地区，不准察北的人出来，也不准外边的人进去。一时从北京到张家口的汽车、火车、飞机全部停运了。那时我正在北京，中央命令我立刻赶回察哈尔军区，组织封锁察北地区，并担任防疫指挥部的总指挥。军委调第六十八军参加封锁和扑灭鼠疫的工作，统一由我调动指挥这支部队。

这时，上百万人的生命受到严重威胁，十万火急，没有火车，飞机停飞，汽车不通，我只能和铁道部门联系，坐铁路上的轧道车走。轧道车只能坐几个人，又没有篷子。车子开得飞快，北风猎猎，穿着棉衣、棉大衣还吹得浑身发凉。走到宣化，碰到铁道局的一辆巡路车，我换乘巡路车直奔张家口。

消灭鼠疫就跟打仗一样，省委、省政府、军区和地委、行署、军分区以至所有人民群众都紧急动员起来，将防疫工作作为当前压倒一切的中心任务。省政府主席张苏已先我一步到张北部署指挥防疫工作。骑兵师、县大队和民兵进入指定地区实行封锁。各级防疫指挥机关人员带领大批干部深入村户，进行广泛的防疫知识宣传，组织、检查并督导防疫工作，开展群众性捕鼠灭蚤运动，建立户口制度和疫情日报、转报制度，实行公路店栈等处的重点消毒和疫病可疑人员的检查隔离。同时，中央、华北、东北和内蒙古人民政府都派防疫队到疫区工作，普遍进行防疫注射；苏联专家也带领防疫队参加康保等县的扑灭鼠疫工作。直到11月25日，绝大部分地区的鼠疫基本扑灭。12月10日，除察汗崩崩、龙王庙、北沙城等八个疫村外，其余地区解除了防疫封锁。

1949年10月1日，中华人民共和国开国大典在北京举行，华北军区调我区骑兵第三师到北京参加阅兵，接受党和国家领导人的检阅。我由于重任在肩，没能到北京去参加典礼。

这天，毛泽东主席在天安门城楼上庄严宣布："中华人民共和国成立了！"这宏大而响亮的声音通过电波传到长城内外，大河上下，传遍祖国的四面八方。我从收音机里听到毛主席那熟悉而洪亮的声音，心情无比激动，中国人民从此站起来了，当家做主人了，亿万革命人民为之奋争了20多年的愿望实现了，无数革命先烈可以含笑九泉了。我作为一个幸存者，能够看到今天，那种兴奋心情难以抑制，我们通过各种方式，迅速把这个特大喜讯告诉广大农牧民们，他们在草原上欢呼跳跃，高呼"毛主席万岁！""中国共产党万岁！""中华人民共和国万岁！"

察哈尔地区人口稀少，土地贫瘠，气候也不好，一年四季不断遭受旱、涝、虫、风、雹、霜、雪灾侵害，许多地方组织抢险救灾和生产度荒几乎成了经常性的工作。军区部队战斗队的任务减少以后，更多的是担负宣传队和工作队的任务。解放初期，各级政府机构还不健全，威信还不高，很多工作需要部队支持。我对军区部队提出，凡是地方急需的，部队又有能力承担的都要积极主动去做，并且努力做好，协助地方巩固人民政权。像抢险救灾这类紧急而又危险的任务，部队在地方政府统一部署下，都完成得很好，受到广大人民群众的欢迎。

1950 年初，察哈尔省进行全面土地改革运动，军区派出大批干部配合地方开展土改工作。部队派出的土改工作队，下去之前普遍进行了集训，首先进行政策教育，学习国家的土地改革法和本地区的重要政策，派到少数民族地区的还学习党的民族政策和统一战线政策。土改工作队本身还制定了工作制度和纪律守则，在地方党委统一领导下，军区派出的工作人员发扬我军艰苦奋斗，联系群众的优良作风，深入村户，与群众同吃、同住、同劳动，发动和组织群众与封建势力展开斗争。

部队工作队和地方工作队互相配合，经常交流情况，统一思想认识，比较好地贯彻执行了"依靠雇农、贫农，团结中农，中立富农，有步骤地、有分别地消灭封建剥削制度"的土改路线。在土改的同时，充分发动群众，坚决进行反霸斗争。恶霸地主既在当地残酷压迫剥削群众，又是勾结、支持匪特的地方反动势力，镇压了这些恶霸地主才能彻底铲除各地区的封建反动势力根子，使广大农民群众彻底翻身解放。这次土改吸取了 1947 年某些老区土改时平均分配土地，侵犯中农利益以及"左"的偏差的教训。划分成分采取了摸底登记、群众评议、具体算账、领导审查、张榜公开、上级批准等步骤，掌握政策比较稳妥。对一般地主、富农本着改造和教育的方针，也比老区土改时温和一些。工作队和基层政权、农会三结合，工作搞得深入细致，使察哈尔省的土改进展得比较顺利，基本在 2 月底结束。

1950 年下半年，华北局书记、军区政委薄一波和华北局副书记刘澜涛，说我只管察哈尔几个军分区和少数部队，这"劳动力有点浪费了"。还要给我压担子。10 月，经中央批准任命我兼任察哈尔省人民政府第一副主席，兼公安厅厅长，省委常委。那时正值全国开展镇压反革命运动，这样一来，我的工作就多起来了，一面继续抓察北地区的剿匪，一面抓镇压反革命，整天忙得不亦乐乎。

经过 1949 年开始的剿匪，1950 年上半年的土改，广大人民群众彻底翻身当家做主人，革命和生产蒸蒸日上。然而，残余的土匪、恶霸地主和反动会道门，并不甘心于自己的失败，他们不愿白白丢失自己的天堂，还要作垂死挣扎，经过一段隐伏之后，他们又和国外反动势力遥相呼应，梦想东山再起，妄图把新生的人民政权扼杀在摇篮里。镇压反革命，在当时来说势在必行，不镇压，社会就安定不了，国民经济的恢复和建设就进行不下去。镇压反革命是巩固新中国，巩固人民政权的重要一步，省委、省政府分工我主管这项工作。

当时，"一贯道"等反动会道门活动很猖獗，他们装神弄鬼，兴妖作怪，传播反革命谣言，制造恐怖事件，搞得群众人心惶惶。许多地方并户站岗，昼不敢下地生产，夜不能入户安眠。镇反运动开始后，我们首先从取缔这些反动会道门入手，打击和消灭各种反革命势力。我们组织武装工作组，深入各地做工作、揭穿反革命谣言，顺藤摸瓜，逮捕特务分子，处理反革命道首，很快取得了成果，安定了人心。

朝鲜战争爆发以后，国民党反动派残余势力和匪特分子与国际上的反动势力遥相呼应，蠢蠢欲动。他们配合美国侵略朝鲜和台湾的军事行动，兴风作浪，大肆造谣破坏、扰乱社会治安。我们经过深入调查，发动各地群众检举揭发，捕获一批造谣、投毒、暗杀、施放毒弹的反革命特务分子。

在镇反中，对残余的匪特，多数地区较好地贯彻执行"首恶必办，胁从者不问，立功者受奖"，"争取多数，打击少数、利用矛盾、各个突破"的政策。但是在运动开始时，也有少数地方由于广大群众长期受地主恶霸、土匪、特务的欺压残害，对他们有着刻骨的仇恨，发生了一些违反政策的现象。群众尤其对那些恶贯满盈，仍在造谣惑众的匪特愤恨至极，不肯放过。这些匪特放风说，"政府现在抓我们，过不多久还会释放。"察南、察北各县的群众听到这些谣言，于是有些村镇发生了私自打杀匪特的事件，还有误杀无辜的。公安厅发现这种情况以后，及时发出指示，要求各地加强对群众的宣传教育，捕捉到的匪特要交公安部门处理，制止了乱打乱杀现象。

当时罗瑞卿是国家的公安部部长，中央布置镇反运动的会议我都去北京参加，我同他及一些省市的公安厅长接触较多，有时也相互交流点情况，必要时组织点协同作战。镇反开始后，察哈尔有一些反革命分子逃往绥远、北京，我们请这两个省市的公安厅协助，组织追捕，终于将一批反革命的重要案犯捕获，其中包括国民党军统特务组长范宝锈、郭生奎等人。

1950年底到1951年1月，省内组织了一次大围剿，"一贯道"反革命道首和其他罪行严重的反革命分子纷纷落网。

在镇反运动中，重要的是掌握政策，审批重大案件和案犯。现在是公、检、法三榜定案，那时法制机构不健全，只有公安部门一家，这一段时期，我的工作非常紧张，各地纷纷准备召开公判大会，处决罪大恶极的反革命分子。每天都有一大堆名单报来，由公安厅副厅长审查后向我报告。我的办公室柜子里、桌子上，待审待批的案卷成摞堆着，经常有人来电话催问案子审批的情况，尽管忙得真是食不甘味，寝不安枕。但是，我们还是要求公安机关，并且首先从我做起，做到不急躁，不草率，不匆忙定案，要过细地审核每一宗案卷，力争做到不错杀，不错判。当时，由于群众对镇反政策缺乏全面理解，反映"解放后政策宽大无边"，我们及时宣传解释，请他们相信政府，一定会作出公断。

镇反期间，各地还建立了防奸、治安保卫委员会，组织各种形式的宣传活动，宣传镇压反革命的政策，揭露"一贯道"和其他反革命分子的罪行。同时建立劳改队，把抓捕的反革命分子集中投入劳改队进行劳改，本着"既不错杀、错押又不错放"的原则，对他们及时进行了甄别审查处理，该判刑的判刑，该管制、管教的让他们向人民低头认罪，服从管制、管教。

在社会上大张旗鼓地开展群众性镇反运动的后期，在军队和政府机关内部也开展了这一运动。通过普遍教育，坦白、检举，甄别审查，清查出一批隐藏在革命队伍内部的特务、土匪、反动党团骨干、封建会道门头子等反革命分子。有一般隐瞒问题的人，通过坦白交代放下了包袱、从而使革命队伍在思想上、政治上、组织上进一步纯洁巩固。

镇反运动历时一年多，到1951年下半年基本结束。通过镇反，反革命破坏活动大大减少，社会治安秩序空前安定，从此人民群众可以安居乐业，从事各项生产活动了。

鉴于察哈尔省只有200多万人口，资源也不丰富，工矿企业少，工业基础差，农牧业也不发达，国民经济发展中的问题自身难以解决，尤其是遇到自然灾害，缺乏生产自救的能力。因此，在镇反运动后期，我向中央建议撤销察哈尔省和军区，将雁北地区仍然划归山西省，张北以北地区划归内蒙古自治区，以南地区划归河北省改为张家口专区。中央经过研究，于1952年撤销了察哈尔省，分别并入河北省和山西省。

主管干部工作

1951年4月、5月，正是抗美援朝战争的紧张阶段，中央军委任命刘震为沈阳军区空军司令员，我为政治委员，刘震负责指挥在朝鲜作战的空军，我负责沈阳军区国内的空军。聂荣臻司令员和薄一波政委看到命令后，他们向中央军委反映，华北地区原有的老干部不是南下，就是入朝鲜作战，只剩下我和唐延杰、张致祥等几个人了，希望中央军委不要让我离开华北。于是，军委又决定我改任华北军区副参谋长兼干部部长。那时指挥机关编司令部、政治部、干部部、后勤部，而我这样的兼职，在人民解放军中还是新鲜的，独此一家。

我离开察哈尔省到北京过的"五一"节，随后到华北军区上班。华北军区司令员、政委仍是聂荣臻和薄一波，副司令员徐向前（同时任解放军总参谋长），副政委刘澜涛，政治部主任朱良才，参谋长唐延杰。

当时华北军区的任务很重，事情很多，除了本区的工作外，还担负着支援全国解放战争的后期作战，剿匪，抗美援朝的后勤物资筹措等重要任务。因为徐向前总参谋长身体不好，由聂司令员代总参谋长，总参谋部机构又不健全，许多事情都交到华北军区来办。就拿节日阅兵来说，所有的组织、接待工作，全部由华北军区负责。甚至宴请全军到北京参观阅兵的干部，聂荣臻代总长也让我们组织。聂司令员当时讲，如果没有华北军区支持，他这个代总长就没办法当了。抗美援朝最紧张阶段，调拨物资，转运和安置伤病员，等等，也都是由华北军区承办的。

聂老总那时也真劳累，我们每次到他那里汇报请示工作，看到他那憔悴消瘦的样子，都不忍心耽搁他更多的时间。临走时我们都要劝他几句，请他注意休息，保重身体。他告诉我们，毛主席、周总理都是夜间办公，随时都要打电话找他，他整天都不离开办公室，困了就在沙发上躺一下。当时我们几个在华北军区主持工作的同志，都很支持聂司令员的工作，随时听候他的调遣，他交代的任务，我们都积极圆满地完成。

1952 年 12 月，中共中央决定开展大规模的反对贪污、反对浪费、反对官僚主义的"三反"运动。大量揭发国家机关和部队机关中的贪污分子密切勾结、侵吞国家资财的严重情况。接着在全国大中城市，向违法资本家开展反对行贿、反对偷税漏税、反对盗骗国家财产、反对偷工减料和反对盗窃经济情报斗争的"五反"运动。

中央指示下达后，华北军区党委立即成立了"三反"办公室，并向军区所属单位下达了《关于开展反贪污反浪费反官僚主义斗争的指示》。我参与抓这项工作。运动第一阶段进行全面教育，号召广大干部战士积极投入运动，打退资产阶级的进攻，清除腐朽的资产阶级思想，扫除贪污，制止浪费，打击官僚主义。各级领导干部联系本单位情况，带头检讨领导上存在的官僚主义和生活上的浪费等问题，进行自我批评。第二阶段，发动群众坦白、检举。第三阶段，进行甄别定案，作出组织处理，进行总结提高。"三反""五反"运动中，对部队清除贪污浪费，克服官僚主义，批判资产阶级腐朽思想，发扬艰苦奋斗的传统等方面起到了巨大作用。运动后期进一步对部队进行了厉行节约，杜绝贪污浪费，爱护国家资财的教育，发动群众，制订节约计划，健全规章制度，严格财经管理，在部队中形成了厉行节约的风气。

但是，在运动中由于一部分同志，包括少数领导同志，对"敌情"估计过重，出现急躁情绪，曾发生一些"左"的错误。有的同志头脑发热，主观想象，怀疑管经费管物资的都有贪污问题，说什么"山深林密必有老虎"，错误地提出"打老虎"的口号，甚至采取了一些唯心主义、形而上学的做法，规定各单位的"打虎"指标，"大老虎""中老虎""小老虎"各多少。有些单位为完成指标，发动群众揭发，于是到处贴大小字报，毫无根据地乱怀疑乱揭发，发生了斗争面过宽和逼供信的问题。那时军区的运动由我和唐延杰、张致祥管，日常工作由张致祥负责。我们对当时的一些做法是不赞成的。我对红军五次反"围剿"时打"AB团"的教训是记忆犹新的。在群众运动起来之后，领导既不能泼冷水，也不能做群众的尾巴，应当保持清醒的头脑，善于引导运动沿着正确的轨道前进。我们干部部的群众揭发管理科长贪污了一亿元（指旧币，相当于现在的一万元），我就不相信，他哪来那么多钱呢？我问他，你贪污了吧？他说贪污了一亿元。我问一亿元有多少，他说不知道，这就更使我奇怪了。对他的问题的处理，我们既没有按群众的揭发，也没有轻易相信他的口供，而是重证据，重调查研究。运动中，采取群众揭发斗争的办法，往往容易发生逼供信，有的人把拿公家一张信笺、一个信封写私人信件也作为贪污，把界限都搞乱了。所以，定案处理的时候，我们特别慎重，我把报上来的"贪污案犯""大老虎"都集中关起来，不让各单位批斗。大案、要案我们一个一个审查、复核，绝不冤枉一个好人，也不放过一个坏人。在审查中我发现不少是属于公私不分的小事，比如用公款买烟抽，等等。那时实行供给制，有的同志烟瘾大，津贴不够用，用公款买点烟，名义上搞招待，实际上一部分烟自己抽了。这是很不对的，应该批评教育，但还不至于作为贪污对待。对于诸如此类的问题，我们都作为一般问题待后处理。后来毛主席批示，军以上干部每人作个检讨，不要开大会，小会说一下就算了。这样，大部分人就解脱了。

解放初期，我们接收了国民党留下的千疮百孔的破烂摊子，国家财政非常困难，国民经济需要恢复，诸事待举，百业待兴。这时，党中央、毛主席提出反对浪费，是非常及时，非常必要的，这对于在国民经济建设中，继续保持和发扬我党我军艰苦奋斗、勤俭节约的优良传统，具有重大的现实意义和深远的历史意义。在"三反"中，我们把反对浪费作为一个重点，首先在全区进行传统教育，然后发动群众查问题，堵漏洞，制定改进措施。在全区部队中形成勤俭持家，以节约为荣，大手大脚浪费可耻的良好风尚。比如，军队的八一子弟学校、育英学校、育才学校办校用的钱，如果拿到地方可以办更多的学校。在"三反"中，我们派专人对这几所学校进行了整顿，建立健全必要的经费开支预算审查制度，堵塞了漏洞。后来北京市写给中央写报告要接管这几所学校，周总理问我，能不能交给地方。我说，交了以后能不能保证入朝作战的干部子弟、烈士子弟上学，如果地方能保证，我们就交。总理说，这还管不了吗？他带我一起去请示毛主席、朱总司令。我向毛主席陈述了我的意见，毛主席考虑了一下说："现在先不交，过几年再说。"华北军区地处北京市，什么事情都得管。华北军区和总部的干部入朝以后，留在北京的家属、小孩子都要军区来管。军区管的几所学校的学生，实际上收军区自己的孩子不到一半，有相当一部分是中央和各大区领导的孩子。

"三反"运动的专案收尾工作，搞到1953年才结束。1953年，总干部部布置干部写自传和定级工作。要求排以上干部都要写自传，团以上干部的自传军区干部部要逐个审定。

为了集中精力把干部工作做好，我向总干部部建议免去我的军区副参谋长职务。后来，总干部部宋任穷和赖传珠副部长同意了我的意见。

组织干部写自传和进行干部定级，这是干部工作建设的一项大型工程，是建立和完善干部档案，全面了解干部、科学管理干部的一项重要工作。

在战争年代，干部变动很快，有时一个战役进行中，干部就换几茬，连造花名册都来不及，更不用说建立档案了。那时，干部的提升和使用，就看战斗中的表现和直接领导的印象。解放以后部队驻地相对稳定，有了建立干部档案的条件，干部的任免权限也逐渐明确，正常情况下，直接任免干部的做法已经不适用了，建立健全干部档案就尤其必要。这次写自传和定级是第一次搞，而且从基层搞起，涉及所有干部，因此，工作量和难度都很大。尤其写自传，要求实事求是、毫不隐瞒、毫不修饰地写出个人历史及家庭、社会关系，个人在多次战斗、政治运动中的表现、优缺点等。自传要真正反映本人的特点，不能千人一面，还要按规定的格式、项目、书写要求填写，以便归档利用。那时干部文化程度普遍比较低，还有不少是文盲，需要组织人帮助代写。在定级工作也是如此，它涉及到每个干部的切身利益，比较复杂难搞。

为了做好这两项工作，我们首先对干部普遍进行思想教育，组织有关工作人员集训，研究提出政策标准，制定具体规定和要求。我们教育大家要坚持实事求是的原则，把对党负责和对自己负责统一起来。在定级评定中，要相信组织，发扬风格，不争不要，把评级的过程当作一次互相学习的过程、促进团结的过程、激励上进的过程。在提高认识、端正态度的基础上，按政策规定和要求，组织撰写自传和评定级别。这项工作大约经过半年时间完成。

第十二章　入朝作战

受命入朝

1953年4月间，彭德怀从朝鲜回国主持中央军委工作，并继续兼志愿军司令员和政治委员。

一天，彭老总把我和杨勇招去。我俩到他的办公室刚落座，他便开门见山地说："我考虑让你们俩到志愿军第二十兵团去，一个当司令员，一个当政治委员。"他接着说："现在朝鲜停战谈判又恢复了，仗不会打很久了，中央考虑没有到过朝鲜的老同志都要去轮换一次，接受现代战争的洗礼，积累一点现代战争的经验。现在二十兵团司令员杨成武已经回来了，郑维山在那里代司令员，张南生政委在那里也很久了，你们俩就去接替他们。"我们听了彭老总的意见，喜出望外，这是盼望已久的愿望，作为一名习惯于战场生活的军人，再没有比接到战斗任务更令人高兴和激动的了。我们立即表示：坚决完成中央军委赋予的任务。

从彭老总那里出来，杨勇回石家庄。他当时担任石家庄第二高级步兵学校校长。

五一国际劳动节，我到天安门观礼，遇到彭老总，他对我说："要早点去，迟了就打不上仗了。"

5月3日，中央军委毛泽东主席签署了我们的任职命令。当日我和杨勇到中南海向彭老总告别并请示工作。彭老总说："没有什么指示，朝鲜的情况你们自己去了解，不给你们带框框。"只叮嘱我们千万要注意安全，要选一个有经验的好司机。他说："朝鲜的道路不好，尤其是你们二十兵团那个地方多是山路，再加上美国飞机经常轰炸，有个好司机就相对安全一些了。"我俩起身告辞，彭老总和夫人浦安修都说："别走了，多年不见，难得一聚。没有什么好招待的，在我们这儿随便吃点午饭，也算是为你们送行吧！"

5月9日，我们乘火车从北京到安东（今丹东），在此停留一天多。当时的安东可以说是极为繁忙的城市，大卡车像穿梭一样来往飞驰，大街上为前线服务的新铺面、小摊档琳琅满目，安东是中国和朝鲜的咽喉城市，抗美援朝以来，参战部队、战勤人员和大批民工，各种装备弹药物资，都从这里源源不断地运往朝鲜前线。在抗美援朝中，这座不大的边陲城市，发挥出它最大的能量，作出了巨大的贡献，真可谓英雄的城市，英雄的人民。

5月11日，我们进入朝鲜，踏上朝鲜国土，一股熟悉的战场硝烟气味扑鼻而来，一片被美国侵略军轰炸破坏的凄惨景象映入眼帘。朝鲜美丽的三千里江山如今覆盖着焦土、废墟、残垣断壁……

第二次世界大战以后，美帝国主义背弃同盟国关于战后建立自由独立统一的朝鲜政府的协议，怂恿并支持李承晚集团分裂朝鲜，他们无视民主朝鲜关于举行全朝鲜普遍选举，建立自主统一的中央政府的主张，坚持"武力统一"的政策。1950年6月25日，朝鲜内战终于爆发，美国悍然盗用"联合国军"名义，将其驻日本的地面部队投入侵朝战争，朝鲜内战即转变为朝鲜人民反对帝国主义侵略的民族解放战争。

朝鲜人民和人民军在金日成首相指挥下，英勇奋战，解放了南朝鲜大部地区，将美伪军压缩到洛东江以东的狭小地域。美国侵略军投入更大兵力，于9月15日趁朝人民军后方空虚，在朝鲜西海岸的仁川登陆。朝鲜人民军在腹背受敌的不利形势下，被迫转入战略退却。美伪军嚣张地越过"三八线"，向朝中边境进犯，并公然频繁出动飞机轰炸我国东北边境城镇和乡村，朝鲜民主主义人民共和国危急，我国安全受到威胁。

为了保卫世界和平，挽救朝鲜危局，保家卫国，应朝鲜人民和政府请求，党中央、毛主席毅然组织中国人民志愿军赴朝作战。10月19日，彭老总率志愿军入朝，与朝鲜人民、人民军并肩作战，以运动战形式实施战略反击，连续进行了五次战役，将美伪军赶回"三八线"附近，迫使美国侵略军接受停战谈判。从1951年6月中旬，形成了敌我相持，边打边谈，打谈结合的局面。中朝部队依靠坚固阵地，先后粉碎了敌军多次局部进攻，并取得了反"绞杀战"和反细菌战的胜利。

敌我双方经过长期的激烈斗争，特别是经过我军实施大规模的反登陆作战准备，迫使敌人放弃侧后登陆企图，并将因战俘问题中断的停战谈判于

1953 年 4 月 26 日恢复，从而打破了谈判僵局。但是，敌人营垒内部的好战分子，公开反对停战谈判，极力鼓吹要取得"军事上的胜利"。李承晚集团更是极力反对停战，叫嚷要向鸭绿江进行一次全面的军事进攻，并说"必要时单独作战"。为了配合板门店停战谈判，促使停战谈判的实现，我军决定对敌发起夏季反攻作战。我和杨勇正是在这个时候受命到朝鲜的。

当时我们的空军已经掌握平壤以北的制空权，美国飞机来得少，白天走路已比较安全。我们在驻桧仓的志愿军总部见到了邓华代司令员、杨得志副司令员、政治部主任李志民，受到他们热诚的欢迎。

在桧仓住了一天，即前往驻淮阳附近台日里的第二十兵团司令部。平壤以南敌机仍很猖狂，所以改在夜间走，这段山路弯弯曲曲，路面很窄，弹坑、泥坑很多，运送物资的车辆来往不断，我们坐在车里上下左右颠簸，好在司机都很有经验，还比较安全。到达兵团指挥部，郑维山代司令员、张南生政委兼政治部主任、肖文玖参谋长、赵冠英副参谋长都来迎接我们。

第二十兵团指挥五个军十五个师：第六十七军军长邱蔚，政委旷伏兆，辖第一九九师、第二〇〇师、第二〇一师；第六十八军军长陈仿仁，后由宋玉琳代军长，政委李呈瑞，辖第二〇二师、第二〇三师、第二〇四师；第六十军军长张祖谅，辖第一七九师、第一八〇师、第一八一师；第五十四军军长丁盛，政委谢明，辖第一三〇师、第一三四师、第一三五师；第二十一军，军长吴咏湘，政委谢福林，辖第六十一师、第六十二师、第三十三师。

这五个军的情况各不相同，第六十七军和第六十八军是 1951 年 6 月随二十兵团机关入朝的，是华北军区的老部队，我比较熟悉。六十军是 1951 年 3 月入朝，1952 年 10 月归属二十兵团指挥，担任阵地防御任务，在此期间，他们多次向敌班、排支撑点进攻，曾在夏季战役中给伪五师以惨重打击，创造了我军阵地防御以来在进攻中一次歼敌一个团的战例，由此受到过志愿军总部和军委的通令表彰。第五十四军和第二十一军都是新入朝的，还未参加过战斗。

金 城 战 役

我和杨勇到第二十兵团时，夏季反击战役已经开始，我们请郑维山同志继续指挥，我们先熟悉情况，张南生政委已任命为志愿军政治部副主任，我着手了解战役的政治工作情况。根据毛主席为夏季反击战役确定的"争取停、准备拖。而军队方面则应作拖的打算，只管打，不管谈，不要松劲，一切仍按原计划进行"的指导方针，兵团政治部提出了"打大仗、打恶仗、打过关仗"的政治教育计划；在战术准备方面广泛开展军事民主，发动群众"提困难，想办法"解决进攻作战中的战术问题和思想上的种种疑难；在穿插作战中发扬邱少云精神，"打得猛，插得快"等鼓动口号，这些工作在部队中起到明显的作用。

在了解情况中，我觉得部队有两个口号欠妥当，一个是"打好最后一仗"，我认为当时还在谈判，结果如何还难以预料，这个口号不符合毛主席"应作拖的打算"的指示。同时，这个口号有一定副作用，部分干部战士可能会产生尽量避免伤亡，活着回国的思想，这样对作战是很不利的。再一个是宣传学习黄继光时，对学习黄继光舍己为人、不怕牺牲的精神强调不够，而简单地提倡学习他堵枪眼。黄继光是在没有别的办法的情况下，为了掩护战友才去堵枪眼的，我们学习黄继光应该把学习他的不怕死精神和钻研技术战术结合起来，把消灭敌人同保存自己结合起来，能不堵枪眼解决问题，就避免堵枪眼。我就这两个问题与有关同志交换了意见，决定由政治部通知部队，第一，停止宣传"打好最后一仗"这个口号；第二，强调要学习黄继光的革命精神。根据各方面情况，经兵团党委研究确定，以"坚决打，争取停"的指导思想来统一认识。政治工作要积极进行战争与谈判的形势教育，使部队弄清打和谈的关系，及时解决随着战争形势的发展和停战谈判的演变而产生的思想反映和模糊认识，使指战员们明确战斗的好坏，直接影响到谈判桌上美方的态度和我方代表说话的分量，从而把部队关心谈判、渴望和平的心情，引导到积极投入战役行动上去。

5月13日到6月23日，第二十兵团按照志愿军总部"稳扎狠打""由小到大"战役指挥方针的基本精神，先后组织了两个阶段进攻作战。第一阶段作战，主要攻占敌前沿支撑点，歼灭敌人连以下目标。这时一些部队提出"抓一把"的战术，突击敌人山头一些据点，把敌人消灭之后马上撤回来。这样的战斗，虽然消灭一些敌人，但是据点又被敌人重新占领，我们的突击分队在撤回来途中，被敌人炮火袭击损失也很大。我觉得这样打法得不偿失，和杨勇研究之后，我们提出突击分队打下据点就应该守住，再增加部队上去巩固阵地，敌人上来就打反突击。前来二十兵团参观指导的许世友等同志也赞成这个战法。可是兵团指挥部有些同志有疑虑，我们说可以先试验嘛。于是，先拿一个排去突击，成功了，一打就站住了。再拿一个连上去，结果还缴了炮。这一战术在第一阶段作战中取得了比较好的效果。这一阶段，兵团所属第六十七军和第六十八军，从 5 月 13 日以攻歼北汉江以西科湖里敌一个加强连的阵地开始，到 26 日，共进行了 19 次战术反击作战，攻歼了十几个连排支撑点的敌人，并打退敌人一个排至两个营兵力的持续一周时间的反扑，毙伤俘敌 3000 余人。

第一次反击作战结束之后，第六十军、第六十七军稍事休整，即按照预定方案，于 5 月 27 日开始第二阶段反击作战，重点打击北汉江两侧的李伪军营团阵地。当天，第六十七军攻占了金城附近栗洞南山地区，击退敌一个排至五个连的反扑 41 次，共毙伤俘敌 1700 余名。第六十军攻占的方形山及附近敌人阵地，击退敌一个排至两个营的反扑 38 次，共毙伤俘敌 1600 余名。

6 月 1 日，志愿军首长决定，将原定的打击美军及其他侵略军为重点的计划改以打击伪军为主。根据这一指示，我第二十兵团于 6 月 4 日召开作战会议，对反击作战计划作了进一步研究。为便于所属两个军互相配合支援，决定集中力量进一步打击位于北汉江两侧的伪第八、第五两个师，并准备吸引和粉碎敌人可能以纵深机动两个师以上的兵力进行反扑。为保证我兵团扩大作战规模的需要，志司抽调了炮兵第七师第二十团（欠一个营）转隶第六十军，炮兵第二师第二十九团（欠一个营）加强第六十七军。

第六十军于 6 月 10 日以三个团兵力进攻北汉江以东的 883.7 高地一线。9 日夜间该军预先将六个连另两排的兵力，秘密进入敌阵地前沿和侧翼潜伏。发起攻击后，仅五十分钟战斗全歼高地守敌一个团。10 日晚，在 259 门火炮支持下，采取多路多梯队的方式从北、东两个方向突然发起冲击，经 50 分钟战斗，全歼守敌，首创阵地战以来一次攻歼敌一个团的范例。11 日至 14 日，击退伪第五师和预备队伪第三师一个排至两个营兵力的反扑 190 余次。14 晚，我第六十军在第六十八军一个团配合下，向西南 949.2 高地、水洞里等地发展进攻，至 15 日 8 时，占领了伪第五师两个团防守的西起加罗峙、东到广石洞段全部阵地，并击退敌人多次反扑。该军在反击作战中毙伤俘敌 1.4 万余人。

第六十七军于 6 月 12 日夜以三个团的兵力，在 300 门火炮、8 辆坦克支援下，向伪第八师第二十一团据守的被敌称为"首都高地"和"京畿堡垒"的"模范阵地"座首洞南山（十字架山）发起进攻，经过近半个小时的炮火准备后，迅速发起冲击，激战 1 小时 30 分，全部占领敌表面阵地，并立即肃清坑道残敌，至 13 日上午战斗胜利结束。接着又连续击退伪第八师第二梯队 50 多次反扑。14 日，乘胜扩大战果，全部攻占伪第八师龙虎洞以北阵地，共毙伤俘敌 1.3 万余人。第二次反击作战，我第二十兵团连同第十九兵团、第九兵团一起，在北汉江两侧占领了敌 3 个团正面 12 公里、纵深 3 公里至 6 公里的防御阵地，促使停战谈判有了进展。

6 月中旬，停战谈判全部达成协议，按照双方实际控制线重新划定军事分界线的工作亦将完成，签署停战协议在即。就在这时，李承晚集团公然破坏已经达成的协议，以"就地释放战俘"为名，无理扣留我方被俘人员 2.7 万人，并强行搞所谓"反停战运动"，继续狂妄地叫嚣要"单独干""北进统一的目标不变"。李承晚肆意破坏遣俘协议的可耻行径激起了中朝人民和全世界爱好和平人民的极大愤慨，遭到各国舆论的谴责。面对李承晚集团嚣张的气焰，我们必须集中兵力再给它以切肤之痛的教训，才能使它老老实实，以促成停战早日实现。

鉴于这一形势，毛主席于 6 月 19 日非常及时地指出："我们必须在行动上有重大表示方能配合形势，给敌以充分压力，使类似事件不再发生，并便于我方掌握主动。"此时，彭老总从国内回到朝鲜，他根据毛主席的指示，于 6 月 20 日晚向毛主席发电，建议推迟停战协定签字时间，以便再给李伪军以严重打击，再消灭伪军 1.5 万人。毛主席同意了这一建议，并指出："再消灭伪军万余人极为必要。"志愿军首长很快向各兵团传达了这一指示，并决定：对原预定目标，如已准备就绪者，应坚决歼灭之；如新选目标，应即抓紧时间进行准备。

当时，在第二十兵团正面金城以南，西起金化，东至北汉江的四个师伪军防御阵地向北突进我方的防线，如果不消灭敌人这个突出部，将给朝鲜人民留下一个隐患。从敌我态势来看，敌原在北汉江两侧的防御体系，经我两次阶段进攻，已被破坏，敌防御阵地在我三面包围之中，对我极为有利。从兵力上来看，我第二十兵团四个军已集中在金城地域，并有近四百门山、野、榴炮，兵力占有优势；同时，我们已掌握了敌阵地工事情况和防御特点。基于上述既必要、又有利的情况，第二十兵团党委经过反复研究，于 6 月 23 日决定，以现指挥的第六十七、第六十八、第六十、第五十四军及志司加强给的第二十一军共五个军，发起第三次反击作战——金城战役，歼灭金城以南敌军，搞掉敌人的突出部，拉直防线，迫使敌人在停战协议上签字。预定 7 月上旬完成战役准备，7 月 10 日前后发起进攻。6 月 25 日，志愿军首长批准了这一计划，并指示我兵团放手作战，如反击成功、情况有利时，可继续向敌纵深作有限度的扩张；同时，指示其他正面各军，在此时只作进攻准备，基本采取守势，如敌进攻则坚决歼灭之。

杨勇和我接受任务以后立即进行战役准备。我先后主持（我是党委第一书记、杨勇是第二书记）召开了兵团党委会议和师以上干部会议，统一作战思想，研究战役部署。在会上，我首先讲了组织金城反击战的目的意义，接着杨勇讲了这次战役的具体方案。与会同志根据本单位的情况，提了一些具体意见，最后一致同意党委的作战计划。

金城反击战打击的目标，正是李承晚要"单独干"的老本伪第二军团的第六师、第八师、第三师和伪首都师，敌人密集部署在我军进攻正面的突出部内。此外，在抱川、华川和春川等地，有敌预备队美军第二师、伪第十一师和6月23日新从日本空运来的美空降一八七团。敌人在空军基地和航空母舰上有1000多架飞机，可昼夜出动。我军进攻地带全是山地，敌第一防御地带前沿为一横断山，山势陡峭，居高临下，还有北汉江的金城川两条河流，水势湍急，加之7月炎热多雨，整个地形宜守而不利于攻。敌人的防御工事以坑道结合地堡为骨干，由堑壕、交通壕相连接，阵地前沿设了三道至十几道铁丝网，网前埋设大量杀伤地雷与照明地雷，还建筑了纵横交错的公路网，以便于兵力的机动。这些情况给我军的进攻作战造成了很大困难。当时，美国总统艾森豪威尔的特使罗伯特和李承晚正在汉城就停战问题讨价还价，争执不休。美伪之间的矛盾也为我军这次反击作战提供了可利用的战机。

志愿军司令部为了保证作战胜利，把炮兵第二师第二十八团、第三十团一个营、火箭炮兵第二〇一团，高射炮兵第六〇一团，反坦克炮兵三个连，工程兵四个营调配给第二十兵团，并决定在第二十兵团发起进攻时，第九兵团的第二十四军由阳地至杏亭地段实施突击，以确保第二十兵团右翼安全。这样，我军在金城正面部署了火炮1100余门（平均每公里44.4门），坦克20辆，在兵力和火力上占有优势。另外，志愿军总部还给我们配发了渡河器材、通信器材，并成立了后勤前方指挥部，确定后勤第二分部（位于阳德）担任这次战役的主要供应任务，第一、四、五分部负责支援。在战前集中了10个汽车团2000台汽车，赶运作战物资1.5万吨，其中炮弹70余万发，炸药124吨。

我第二十兵团于7月10日正式下达作战命令，以五个军组成三个作战集团，从三个方向突破敌人防御，首先歼灭守敌第一线阵地的敌人，然后攻歼梨实洞、梨船洞、广大洞、金城川以北地区的敌人，并坚决巩固阵地，抗击敌人反击，再相机向三天峰、赤根山、黑云吐岭、白岩山方向发展进攻。胜利之后，准备打敌三至四个师的反扑，在打敌反扑中再大量地歼灭敌人。

具体部署：

西集团军以第六十八军（欠二〇二师）和第五十四军一三〇师组成，加强炮兵十六个营、高射炮兵一个团两个营和坦克、工兵分队，由外也洞、灰古介地段突破敌人防御，向月峰山和梨实洞方向发展进攻。

中集团军由第六十七军、第五十四军一三五师、第六十八军二〇二师（欠一个团）组成，加强炮兵十二个营，高射炮兵一个团四个营和坦克、工兵分队，在轿岩山和官岱里地段突破敌人防御，向梨船洞方向发展进攻。

东集团军以第六十军（配属第六十八军二〇二师一个团）、第二十一军组成，加强炮兵三个营，高射炮兵两个营和工程兵分队，第六十军和第六十八军一个团在松室里、529.3 高地西南地段突破敌人防御，向广大洞、细岘里方向发展进攻；第二十一军以巩固北汉江以东阵地为主，并有选择地对敌人数个排以下阵地发起进攻，以牵制当面之敌，不使其西调增援。

第五十四军一个师为兵团预备队，位于洗浦里附近地域。第九兵团二十四军（代军长、代政委张震）配合作战，保障我们右侧翼。

对于党委的决心和部署，在兵团党委会上是一致同意的，但个别领导对攻击正面轿岩山等高山敌阵地是否有利仍有疑虑，会上不讲，会下却鼓动军的领导提反对意见。军的领导认为兵团党委意见不一致，立即向我们作了反映。战役方案已经志愿军总部批准，并且也未发现有不妥之处，在战前发生意见分歧这对战役指挥是极为不利的。我和杨勇对这位领导同志进行了批评，分配他去管炮兵。来参观助战的第三兵团司令员许世友听说了这件事也很生气，指出这是搞小动作，违反组织原则。

在兵团进行战役部署的同时，从 6 月下旬开始，参战部队进行了紧张的战役准备，分析敌情，制订作战计划，进行临战训练；在原防御工事的基础上，加修了进攻作战需要的坑道、掩蔽部、炮兵阵地，以及粮秣、弹药仓库、观察所等。为了保障交通运输畅通，在朝鲜人民支持下，兵团派出 13 个步兵团抢修道路、桥梁，并在敌我中间地带，秘密构筑了大量屯兵洞和运输道路。

各参战部队以战役的意义和目的为内容，进行了深入的思想动员。当时，谁都不愿错过参战的机会，大家都迫切要求为了中朝友谊，为远东和世界和平作出自己的贡献。在这种高尚的国际主义思想指导与鼓舞下，部队出现了空前的请战热潮，战士们争先恐后地要求上第一线，连女卫生员也要求到火线杀敌和抢救伤员，各部队的战旗上签满了勇士们的名字，人人都宣誓为中朝人民战斗到流尽最后一滴血！各参战部队在政治动员的基础上，广泛开展军事民主，发动指战员"提困难，想办法"，"出情况，想对策"，根据实际情况进行模拟演练，不断发现问题，解决问题，堵塞准备工作中的漏洞，力求做到"不打则已，打则必歼，攻则必克，守则必固"。

7月13日晚21时，浓云密布，大雨欲来。我军出敌意料突然发起进攻。在我第二十兵团25公里的正面上，千余门大炮瞬时齐鸣，犹如千山崩倒，大地震裂，一串串炮弹划破夜空，似"铁雹"像"火雨"砸在敌人阵地上，火箭炮的齐射，更如雷电排空，顿时使敌人阵地变成一片火海。我军指战员们看着炮兵的火力如此强大，斗志倍增。大炮刚刚向敌纵深延伸射击，我三个集团军第一梯队各师同时向敌展开了猛烈突击，仅一小时即将敌前沿阵地突破，并立即向纵深发展。信号弹不断地在敌纵深腾空而起，频频传捷。敌人在我军突然打击下惊惶失措，指挥瘫痪，部队失去控制，弃尸弃地南逃，我突击部队乘胜追击，向敌纵深迅速勇猛穿插。

中集团军突破后，攻击轿岩山的第一九九师，同敌人激战12个半小时，终于把红旗插上主峰768.7高地。广大政工人员早已奔赴前沿，扩音器里响起雄壮的志愿军战歌，向英雄们致敬。右翼第二〇〇师歼灭了官垡里西南高地敌一个营，并沿金城至华川公路，于14日6时占领了龙渊里、东山里，使轿岩山和烽火山两侧敌后受到威胁，发生动摇。

西集团第二〇三师兵分八路，向栗洞和直木洞南山，522.1高地以北无名高地同时发起冲击，歼敌一个营，主力向芳通里方向发展。该师第六〇九团担任穿插的一营（加强营）在副团长赵仁虎率领下，于14日2时沿公路直插二青洞，其先头分队（配属该营的第六〇七团侦察排的一个班），化装为李伪军，在副排长杨育才指挥下，出敌不意歼灭了伪首都师第一团（白虎团）团部，缴获了"白虎团"团旗。战后，杨育才荣立特等功，并被授予朝鲜民主主义人民共和国英雄称号。这就是名剧《奇袭白虎团》的原型。由于敌团部被消灭，其部队争相溃逃，我加强营趁夜色掩护，又歼灭了敌团部附近的美军第五五五榴炮营和前来增援的伪首都师机甲团第一营。我军命令被俘敌军炮兵调转炮口向敌阵地轰击，后来在板门店谈判中美伪代表说我军此举不"人道"引起我朝中代表一片笑声。14日6时，第二〇三师占领了芳通里、梨实洞、北亭岭、下榛岘一线以北地区。第二〇四师兵分五路突破敌前沿，三面包围了552.8高地。他们打得很机智，炮兵对敌阵地进行了三次急袭，然后突然向前延伸，步兵装出冲击的样子吹起喇叭，喊起"杀"声，这时敌人以为我步兵已冲上来，慌忙爬出工事，我炮火又转向敌阵地，大量杀伤敌人，此时步兵才开始冲锋，迅速歼灭守敌一个营。该师六〇一团于14日4时30分前进到月峰山，守敌溃逃，该团歼敌一个连，生俘了伪首都师副师长林益淳。第一三〇师一部攻占424.2高地后，接着攻占烽火山。西集团军遂转为防御，打敌增援反扑。

东集团和第二十四军发起进攻后，也有进展。东集团第一梯队一八一师附第六〇五团，因准备时间不足，进攻正面狭窄，又是横越山脊进攻，突破后发展速度较慢，至14日6时，仅占领北汉江以西汝文里至472.3高地一线。第二十四军于14日0时歼灭了注字洞南山，杏亭西山守敌，向桥田里、432.8高地发展进攻。

到14日拂晓，我军在进攻正面的西段、中段突破了伪首都师和伪第六师左翼的基本阵地。敌为堵塞缺口，急调美第三师到岈峰、三天峰布防，并向我新占阵地反扑；同时，还以美空降第一八七团接替了伪第九师部分阵地，使伪第九师防务向东延伸。

鉴于金城川以西敌基本阵地已被突破，我兵团遂令西集团迅速向月峰山进攻，中集团迅速投入军、师二梯队，坚决拿下轿岩山；东集团迅速攻占585.2高地和细岘里。

14日，云浓雨大，敌空军不能出动，我军乘机继续不停顿地发展进攻。中集团一九九师于10点多钟全部占领轿岩山，将敌大部歼灭。在攻占轿岩山战斗中，该师第五九五团第一连战士李家发以负伤七处的身躯堵住敌机枪工事射孔，为部队打开了冲击道路，谱写了又一曲黄继光式的英雄篇章，战后被授予朝鲜民主主义人民共和国英雄称号。至17时左右，我军西、中、东集团攻占了上述各点。第二十四军下午2点控制了上、下九井间公路，保障了我右翼安全。至此，我军基本上拉直了金城以南战线，向南最远处推进了9公里半，战役第一步任务全部完成。

此时，我们接到志愿军首长电令：以主力控制现占领线，迅速构筑工事，修通道路，抢运物资弹药，推进炮兵阵地，准备粉碎敌之反扑；而以若干有力支队，乘敌混乱之际，分别向南发展。根据上述电令，我们即令各集团肃清残敌，巩固已占阵地，以有力支队（不少于一个团）继续扩张战果，向南占领有利阵地。

根据这一命令，东集团于 14 日夜以二梯队第一八〇师南渡金城川，迅速向南发展。至 16 日，相继攻占了黑云吐岭、1118 高地、白岩山以及东至北汉江一线阵地，这样我军又向南推进了约 8 公里，对伪第二兵团防区又构成严重威胁。中集团于 14 日夜以第一三五师继续发展进攻，十五日占领了 602.2 高地以南无名高地及后洞里。西集团和第二十四军，于 15 日击退美第三师及伪首都师残部两个营在 20 余辆战车、130 余架次飞机及强大炮火配合的 21 次连续反扑后，将阵地推进到新木洞、间榛岘公路北侧。至此，我军完成全部进攻任务。由于连日大雨不止，道路泥泞，河水暴涨，特别是炮兵部队向前运动遇到很大困难，金城川的桥梁全部被敌机炸毁，运输供应也受阻，通信联络也不通畅，加之敌战役预备队伪第十一师及伪第七师已调近战场，因此，我兵团决定转入防御，准备抗击敌人反扑，在反扑中予敌更大杀伤和歼灭性打击。

各部队接到兵团指示后，立即动员机关人员和朝鲜群众一起，冒着敌机的轰炸扫射，不顾一切，不分昼夜，抢修道路。山洪退下后，河川里都是淤泥，车辆仍难于开进，抢修人员在泥水中边垫石头边推车，终于抢在敌人进攻之前，将大炮和"卡秋莎"火箭炮及大量弹药运到前线。

敌人遭我强大打击后，一片慌乱。14 日，美第八集团军司令泰勒和伪国防部长孙连一慌忙赶到前线督战。16 日，"联合国军"司令克拉克也从东京飞到金城前线，召集泰勒和伪第二军团长丁一权等头目开会策划，他气急败坏地叫嚷要"发动两年来最大的反攻"，企图夺回金城以南失地。当晚，克拉克又跑到汉城，和李承晚互相指责，吵骂了一场。第二天，李承晚亲自出马，到金城前线为他的残兵败将打气。

从 16 日下午开始，敌人纠集了美第三师和伪第五、第七、第九、第十一师，加上伪第三、第六、第八师残部，约六个师的兵力，全力向我反扑。17 日 3 时，敌人集中六个团的兵力，在百余架次飞机和炮兵支援下，向东集团防御阵地猛攻。我军勇士依托阵地顽强奋战，在无炮兵支援的情况下，与敌激战至 18 时，毙伤敌 3000 多人，除 867 高地外，其余阵地屹立未动。由于这一线道路和桥梁遭到严重破坏，我们考虑东集团阵地过于突出，又处于背水作战，炮兵支援和物资供应困难，经请示志愿军总部批准，即令东集团在 17 日夜主动放弃黑云吐岭、白岩山等阵地，主力转移到金城川以北进行防御。

17 日凌晨 4 时，美二师约一个团的兵力，在大量炮火及飞机 121 架次、坦克 20 余辆的配合下，猛烈向我西集团第六一〇团月峰山阵地反扑。我军顽强抗击，经过反复冲杀，歼敌 920 余名，击毁坦克 2 辆，打退了敌人进攻。同日，第二十四军击退敌人向 432.8 高地反扑。17 日夜里，为了便于防御，我们令中、西集团和第二十四军亦适当收缩阵地，而主要固守 432.8 高地、梨实洞、北亭岭、间榛岘、602.2 高地、巨里室北山一线。

18 日以后，敌人作困兽之斗，他们把反扑重点转向中集团正面的 602.2 高地、巨里室北山一线阵地。这时，敌我双方的炮兵阵地都已转移就绪，敌人空军进行疯狂的轰炸和扫射，战斗更加激烈。19 日、20 日两日，敌人步兵在空军 400 多架次、大量坦克和炮火支持下，以排、连、营的兵力对我进行连续攻击。我军依托有利地形和既设阵地，步炮密切协同，经过激烈战斗，终于击退了敌人的进攻。此后，我军在全线打敌反扑的战斗此起彼伏，连续不断，到 7 月 27 日共击退敌人一个连到两个团的反扑达 1000 多次，给敌人以沉重打击，胜利结束了金城以南地区作战。

金城反击战役，我共毙伤敌 7.8 万余人（其中，第二十兵团歼敌 52880 人，朝鲜人民军歼敌 1392 人），击毁击伤飞机 250 多架，缴获坦克 45 辆、汽车 279 台、飞机 1 架、各种火炮 423 门、枪 6600 多支，收复土地 178 平方公里。我军伤亡 33253 人。

在我军的致命打击下，敌人气焰大减。7 月 22 日，美国总统艾森豪威尔、国务卿杜勒斯和李承晚相继发表声明，被迫接受停战。在板门店谈判校正军事分界线的时候，美伪代表还说有些地方我方没有实际控制，不愿签字。我方代表提出可以实地调查。他们害怕我军再次进攻，急忙说不用核实了。27 日 10 时，双方代表在板门店签署了停战协定。22 时，朝鲜全线停火。金城反击战役果真成了最后一仗。彭老总到板门店代表中方签字后，我到志司向彭老总汇报，彭总说，这一仗打得很好，取得了很大胜利，但美中不足就是俘虏敌人少了一点。

朝鲜战争结束后，克拉克上将在他的《从多瑙河到鸭绿江》的回忆录中写道："在执行我政府的训令中，我获得了一个不值得羡慕的声誉，那就是我成了美国历史上第一个在没有胜利的停战协议上签字的司令官。我感到一种失望的痛苦，我想，我的前两位，麦克阿瑟和李奇微将军也一定具有同感。"其实，有这种同感的不仅仅他们三位，就连美军参谋长联席会议主席布莱德雷也承认，同中国作战，"是在错误的时间和错误的地点进行的一场错误的战争。"

金城反击战是志愿军进行的一次典型的阵地进攻战，它有力地证明，劣势装备的正义之师，是完全可以打败优势装备之敌。金城反击战乃至整个朝鲜战争的胜利，充分显示了中朝人民不畏强暴，敢于斗争的英雄气概。对于远东和世界和平是一个巨大的贡献。

金城反击战和朝鲜停战的胜利，是中朝军民并肩战斗共同取得的，朝鲜战争使我们深深懂得"战友"这两个字的崇高含义。没有朝鲜人民的全力支持，要想取得战争胜利是不可能的。我们永远不会忘记，朝鲜群众男女老少都不畏敌机轰炸，协助志愿军修桥补路；那些可爱的朝鲜孩子冒着枪林弹雨，为志愿军送水；英雄的朝鲜妇女冒着生命危险，运送弹药，抢救伤员；朝鲜阿妈妮像爱护亲生儿女那样照顾志愿军伤员，给他们喂水喂饭。朝鲜人民把志愿军看成自己的子弟兵，这许许多多的动人事迹，将永远载入中朝两国人民友谊的史册。

停战以后，在军事分界线南北两边仍然是两军对垒。第二十兵团党委向部队反复进行动员，号召指战员提高警惕，加强战备，抓紧时间进行训练，继续抢修、加固已占领地区的阵地工事和坑道，密切注视敌人的动向，防止敌人反复，时刻准备给予胆敢撕毁停战协定的敌人以粉碎性的打击。

关于战时政治工作

金城战役，我军的政治工作不仅发扬了优良传统，而且较之过去有了新的发展，在直接保证战斗任务的完成上，显示了极大威力，不仅解决了思想问题，而且有力地解决了战术技术问题。停战以后，部队相对地暂时由张转弛，我结合这次夏季反击战役总结，有了机会和时间对过去的工作加以回忆与思考。

回顾过去，我军广大政治工作者在我国革命战争这个大舞台上，演出了一幕幕有声有色、绚丽多彩的活剧。从我入伍当宣传队长起，到这次入朝任第二十兵团政治委员，20多年的戎马生活，几乎是年年月月天天都在做思想政治工作。在实践中，我有不少的感触和想法，其中，既有成功的经验，也有失败的教训；既分享过胜利后的喜悦，也尝到过部队出问题后的痛苦和深思。也正因如此，我对政治工作产生了兴趣和感情，结下了不解之缘。长期以来我体会到，我军在完成武装斗争任务中，坚持政治工作是我军的生命线，坚持党对军队的绝对领导，坚持党的支部建在连上，坚持人的因素第一，这是最根本最成功的几条经验。对于战时政治工作，我有下面几点体会：

一、坚持打政治仗，这是我军的特色。两军对垒，既是军力的对比，也是人力、人心的对比。战争中人的思想觉悟，人的精神状态，人的主观能动性，是胜败的一个决定因素。我军政治工作，就是要使广大指战员知道为谁而战，为何而战，具有更高度的革命意志和坚毅顽强的战斗精神，这样才能团结一致，克服困难，战胜敌人。我军是在战斗中成长壮大起来的。我军之所以能够从小到大，从弱到强，攻无不克，战无不胜，就是政治工作这条生命线发挥作用的结果。政治工作之所以成为我军生命线，最根本的一条，就是坚持了毛泽东思想，始终用毛泽东思想来武装广大指战员的政治头脑和军事头脑。我军的实践反复证明，凡是离开毛泽东思想，违背了毛主席教导的原则，仗就打不好，革命就遭到损失，坚持了毛泽东思想，坚决贯彻毛主席的战略战术原则，就每战必胜，无坚不克。

二、必须加强党委对于作战的统一领导。党委集体领导下的首长分工负责制，是我军的根本领导制度，是毛泽东建军思想的核心。加强党委领导，是完成一切任务的根本保证。一般讲，在战役战斗过程中，要开好两次党委会：

一次是战前统一作战指导思想的党委会或党委扩大会。要根据上级总的战略意图来研究战役、战斗任务，和本部队在作战中所处的地位与作用，以全局统率局部。在此基础上确定作战方案，并讨论研究如何保证作战任务的完成。在讨论中，要启发引导大家畅所欲言，各抒己见，尤其是要认真听取第一线指挥员的意见和不同的意见。统一思想，特别是统一各级干部的思想，上下一致，齐心协力，这是打好仗的首要关键。如果思想不统一，打起仗来很别扭，甚至指挥失灵，造成战斗失利。经过充分讨论取得一致意见之后，不仅可以形成集体意志，也有利于调动积极因素，充分发挥战斗中的主观能动性。在我军历史上，上述正反两方面的例子不胜枚举。

一次是战役战斗结束之后，及时召开总结作战经验教训的党委会或党委扩大会，检查执行任务情况，总结作战经验，确定今后任务。这对增强部队团结、提高部队战斗力和培养部队的战斗作风有重要作用。这就是毛主席教导我们的，"从战争中学习战争"。

有的部队打了胜仗，就骄傲起来，打得不好，就互相埋怨，不愿总结经验。这样的部队就进步很慢，即使是老部队，战斗力也提高不快。相反，有些部队善于打一仗总结一次，虽是新部队，但战斗力提高很快。所以，不管仗打好打坏，战后一定要认真总结，不仅要总结军事方面的经验，而且要总结政治方面的经验，特别要检查战术思想和战斗作风。

在检查总结中，对部队执行任务好坏的评价，不能单根据缴获、俘虏多少和伤亡大小来衡量，要看执行命令是否坚决，打得是否顽强。如果执行任务坚决，打得顽强，即使战果不大，俘获少，也应该受表扬。如果打"滑头仗"，虽有缴获而无损失，也应该受批评，甚至受处分。有些部队，在执行任务中主动积极支援友邻，因顽强攻击而伤亡严重的，应该大力表扬奖励。对于坐视友邻遭受危险，借口没有命令畏缩保守的部队，应该给予批评，甚至给予处分。对于作战过硬，但执行纪律不好的部队，一方面要严格批评教育，注意从政治上提高；一方面要表扬并保护其顽强善战的优点。如果发现个别部队因抢战利品而不顾团结，不顾政策，甚至伤害兄弟部队，应严格追查。这是一个原则问题，要严肃处理。经验证明，每次战役战斗之后，及时抓紧总结，正确处理上述问题，对增强部队团结，发扬积极因素，克服消极因素，有深远的作用。

三、在党委集体领导下，必须充分发挥军政首长的作用。战役、战斗发起之后，遇有紧急情况要召开党委会讨论是困难的，甚至召开党委常委会也不可能，这时，主要依靠军政首长当机立断，果敢处置。强调军政首长主动协商，保持思想行动一致。历史上因军政首长意见分歧而使战斗失利或遭受损失的教训是不少的。在战斗方案经党委讨论通过、上级批准之后，战斗指挥上应充分发挥军事指挥员的作用，政治委员应着力于掌握部队思想动态和全面情况，更多地从全局考虑问题，冷静审慎地协同军事指挥员分析情况，处理问题，成为军事指挥员的有力支持者，不要过多地直接干预指挥事务。

金城反击战中，我是兵团党委第一书记，杨勇是第二书记，在这段时间里我俩形影不离，同甘共苦，一起调查研究，一起冒着敌机的轰炸扫射爬山越岭观察地形，出席各种会议，精心地研究和制订作战计划。战役发起后，在作战指挥上，主要由杨勇按既定方案，负责组织实施。遇到问题，我们共同研究处理，充分体现了分工合作、团结战斗的精神。各军师也都充分发挥军政首长在党委中的核心作用，形成坚强的领导集体，出色地完成了作战任务。

四、战斗动员是战时政治工作的中心环节。战斗动员的目的在于发动全体指战员作好充分的战斗准备，使部队具有高涨旺盛的战斗情绪。做好战斗动员，首先要搞好形势与任务教育，使全体指战员懂得为什么打这一仗，怎样个打法，懂得要进行的战斗在整个战役、战略上的意义，树立全局观点。做好战斗动员，很重要的一条就是要针对部队思想情况，解决现实思想问题。要善于引导干部战士分析有利条件和可能遇到的困难及其克服的办法，使部队对困难预有思想准备，对战斗树立必胜信心。思想动员不能满足于部队表面高涨旺盛的战斗情绪，应组织深入检查，消灭死角，发现潜伏的思想问题，及时解决，使动员工作真正落实。

战斗动员应该贯穿在战役、战斗的全过程，一步比一步深，一次比一次细，使部队始终保持高昂的战斗情绪和坚强的战斗意志。其方法有多种多样，主要是：（一）运用对比教育，即阶级教育和战地现实教育，启发战士诉苦，请战地受难群众控诉敌人暴行，激发部队同仇敌忾，誓死消灭敌人。（二）运用本部队英模事迹进行革命英雄主义教育，提高指战员的革命荣誉感，开展群众性的杀敌立功运动，号召人人争取立功，当英雄、做模范。

五、有组织有领导地开展军事民主。开好战前、阵中的"诸葛亮会议"，发动广大指战员讨论如何完成战斗任务。要让大家敞开思想提困难、想办法，进行模拟演习，研究具体的战术动作和技术，设想各种可能出现的情况，找出对策，做到人人心中有数，真正落实战斗任务。有条件的话，还可以组织模拟演练。作战中边打边研究，战后开展"评指挥""评战术"活动，求得"打一仗，进一步"。这是从根本上解除思想顾虑增强胜利信心的有效方法，也是集中群众智慧丰富领导指挥经验和训练带领新兵作战的好方法。

开展军事民主要做得好也不容易，它要求有坚强的思想领导和细致的组织工作，其关键在于：一要使干部树立相信群众、依靠群众的观点，纠正某些干部看不起群众，怕麻烦、怕提困难影响士气的错误思想。二要发动党团员骨干带头，打破群众顾虑，纠正群众中靠上级靠领导或说了也没用的不正确态度，造成一个为打好仗打胜仗，人人出主意想办法的生动局面。三要有领导地组织群众讨论带关键性、普遍性的问题。一般说，干部应着重解决组织指挥、战术思想等问题；战士应着重解决战术动作和技术问题。四要对群众提的意见和办法进行分析、归纳，真正做到集中起来坚持下去，可行的立即组织实施；属于思想认识问题，要反复进行教育。

六、利用战斗间隙，动员认真练武。战争年代，抽出大块时间专门进行训练，是不可能的。主要是紧密结合任务，打什么仗，练什么武，急需什么，就练什么，也就是我们常说的"现买现卖"。这不应单纯看成是军事干部的事，而应看成是政治工作的重要任务。政治工作一定要保证战术、技术的提高。光有勇敢，没有技术，不可能充分发挥人的能动作用，特别是在现代战争条件下，不掌握现代科学技术知识是不能取胜的。艺高人胆大，勇敢加技术，就如虎添翼，所向无敌。

七、搞好群众性的战场鼓动工作，适时提出有力的鼓动口号，对战斗的胜利起很大作用。战场鼓动工作光靠政工人员是做不好的，要靠广大指战员人人开口。做好这项工作，最根本的是平时要有坚强的政治工作基础，全体指战员具有高度的政治自觉性，这样才能进行战场鼓动。另外，战前要深刻领会作战意图，进行必要的组织工作，使党团员和积极分子能根据战斗中的各种情况，结合战术要求，适时提出鼓动口号。通过及时有力的现场宣传鼓动工作，在困难复杂环境中可以鼓舞斗志，坚定信心，在艰险危急情况下，也可以明确方向，化险为夷，转危为安。

八、战时政治工作，必须切实扎根在连队。连队是执行战斗任务的基本单位，连队的工作做得好，进攻时可以成为一把尖刀，防御时可成为一个钉子，所以做好连队工作是做好战时政治工作的基础。做好连队工作，首先要做好党团支部工作，发扬党支部的战斗保垒作用和党团员的模范带头作用，使每个党团员真正做到吃苦在前、享受在后，冲锋在前、退却在后，重伤不哭、轻伤不下火线。政治指导员在战斗中的模范作用更为重要。哪里最危急，哪里最困难，哪里就应该有政治指导员的活动。政治干部的模范作用，是最好的最实际的政治工作。金城战役中，部队穿插作战打得猛、插得快，巩固新占领阵地反击狠，守得牢，就是各战斗连队发挥了尖刀和钉子的作用。

九、战时干部需要量大，流动快，必须做好干部的选拔、培养和储备工作。干部的来源主要应从经过战斗锻炼的初级干部和优秀战士中选拔、培养，特别要注意选调英模人物送学校深造。战时对干部的主要要求是作战勇敢，讲究战术。对蛮干不讲战术的指挥员，战士是不欢迎的，讲究战术这是对战士的最大爱护。适当储备干部，在战时非常必要，方法和形式有多种多样。分队以下的干部，进入战斗时不宜太多，避免过多伤亡，可采取集中做战勤工作或集训等方法，将副职干部调出一部分保存，便于随时补充。

对作战中犯错误和有缺点的干部，要分别情况，既严肃又审慎地稳重处理。例如：同是临阵退缩的干部，不同情况，应分别对待。如确系初上战场，没有经验的，应该耐心教育，从宽处理；如属一贯右倾，临阵逃脱的干部，要严肃执行纪律，以儆效尤。作战勇敢，执行命令坚决，完成任务好，但骄横跋扈，在思想作风和生活作风上有不少毛病的干部。要严肃地反复地进行批评教育，如表示决心改正错误，仍应继续使用。

经常有计划地组织干部到后方医院慰问伤员。一方面转达首长的关心，鼓励他们积极配合治疗，尽快康复；一方面及时组织伤愈的干部、战士归队，充实加强部队。

十、坚决执行党的宽待俘虏的政策。这是毛泽东军事思想的重要组成部分，是瓦解敌军的最有力的武器。不管是什么敌人，也不管他有多顽强，只要与我们接触过，了解了我们的政策，战斗力就逐渐瓦解。国民党军队如此，日军如此，美军更如此。在战争中，不管什么样的敌人，只要放下武器，一定要坚持不杀、不辱、不搜腰包，并且有计划地释放俘虏。特别对于第一次交手的敌军，所捉的俘虏经过宣传教育后，力争迅速放一批，以传播和扩大我军影响。

这些经验体会，是从我几十年来血与火的战斗中得来的。虽然总结得还不全面，不深刻，带有一定的局限性，但我还是写了出来。我想，对今后的政治工作还是有参考价值的。

10月21日，贺龙率领中国人民第三届赴朝慰问团到朝鲜，代表全国人民慰问在反抗侵略、保卫和平事业中建立伟大功勋的志愿军和朝鲜军民。代表团副团长有19人，总团下设8个分团，总人数达5400多人。慰问团在慰问朝鲜党政首长和高级将领、朝鲜人民和朝鲜人民军之后，于11月初，各慰问分团和解放军总政治部文艺工作团分赴志愿军各部队慰问。因为第二十兵团在金城反击战中取得了重大胜利，所以各分团和总政文工团的歌舞团、京剧团、评剧团等都轮流来慰问。那时杨勇回国参加军委会议，我在兵团部应接不暇，忙了一个多月。代表团在慰问部队期间，和指战员进行了亲切座谈，并参观了阵地工事，贺龙团长和康克清等副团长对第二十兵团前线各部队在停战之后，继续加强战备，抓紧训练，抢修工事很满意。

1954年初，杨勇从国内回到朝鲜接替李达任志愿军参谋长。兵团参谋长肖文玫也离开朝鲜回国。这时兵团领导只剩我和副参谋长赵冠英、政治部副主任丁莱夫。

　　1954年内，部队继续加固工事，进行军政训练。我回国参加了一期集团军防御作战集训，回兵团后按军委要求组织了集团军防御演习。下半年，我又回国参加高等军事学院举办的集训班，学习关于集团军和方面军战役进攻。这次是在苏联顾问指导下进行的，学习抓得很紧很认真，天天做作业，有时一连搞十六七个小时，学习很有成效。回朝鲜后，兵团也举办军、师干部集训，我组织了这方面的演习。

第十三章　建立总参动员工作

组建总参动员部

1955 年 3 月 21 日至 31 日，我从朝鲜回国参加中国共产党在北京召开的全国代表会议。毛主席在会上讲话，提出要在大约几十年内在经济上赶上或者超过世界上最强大的资本主义国家的设想。会议讨论和通过了《关于中华人民共和国发展国民经济的第一个五年计划草案的决议》《关于高岗、饶漱石反党联盟的决议》《关于成立党的中央和地方监察委员会的决议》。会议选出以董必武为书记的中央监察委员会。

党代会结束以后，总政通知我，先不要急于回朝鲜。

这时，随着国民经济建设的重大发展，我军在制度上也将进行一系列重大的改革，以全面加强军队的现代化正规化建设。当时我军已准备实行军官服役条例、军衔制度、薪金制度、授勋和义务兵役法。以义务兵役制代替原来的志愿兵制，这是我军制度的重大改革，要使这一改革为全国人民和全军指战员所接受，需要广泛深入地宣传义务兵役法和加强动员工作。

1955 年 4 月，军委决定将总参人民武装部改名为总参动员部，负责掌管武装力量的动员工作，组织训练预备役兵员和计划战争时期的组织动员工作以及领导兵役机关和人民武装工作。此外，由总参军务部和人民武装部各抽两个业务处作基础，成立总参队列部，负责掌管兵员征集、补充、复员和军队马匹的补充和军队勤务工作等事宜。

总政治部主任罗荣桓给我打招呼，准备调我到总参动员部任部长，我从来没有接触过这方面的工作，不想去。我找彭老总对他讲了我的想法，彭老总说："这件事是罗主任提出来的，我也不好讲话，还是你去跟他谈吧，只要他同意你不去，我没有意见。"我又直接去找罗荣桓主任，他不同意我的想法，罗主任对我解释说："你熟悉部队情况，过去也搞过'动委会'，还长期兼任过地方党委书记，对地方工作情况也熟悉，你到动员部一定会很快熟悉掌握这方面工作的。"既然军队建设很需要，并且组织上又信任，我也就不好再推辞了。

5月6日，我到总参谋部报到，原人民武装部部长傅秋涛改任总参队列部部长，他向我介绍情况，交代了工作。

总参动员部下设办公室、组织计划处、军官处、动员处、缓征处、牵引力统计动员处、预备役训练统计处、民兵工作处、兵役机关工作处，还有财务科、行政经济管理科，共编制109人。除了民兵工作和兵役机关两个处以外，其他处都是新设立的。

动员部是一个新成立的部门，没有现成的业务程序、制度和经验可以借鉴，一切都需要从头学习。我们一面整顿机关，一面请分配到动员部的一位苏联中校顾问给机关干部上课，组织业务学习。动员部的领导除我外，还有曹宇光副部长。

动员，按一般的习惯理解来说，就是宣传鼓动的意思，但我这里所说的动员，却不是这个意思。总参动员部，也不是宣传鼓动部。我所说的动员，是武装力量的动员，即武装力量由平时状态转入战争状态的过程和为此而采取的一切措施，这叫作动员。总参动员部就是专门负责做这项工作的。动员工作，概括一句话就是在战争发生前所进行的战争准备工作，因此也可以叫"战时动员的平时工作"。一打仗能有大量的人力、物力上前线，必须在平时有充分的准备工作。动员工作的主要任务是做好发布动员令前时期内的一切工作。

武装力量的动员，是全国总动员的一部分，是军队战略扩充计划的组成部分。在现代条件下的动员准备，其内容不仅在于根据预先拟制好的动员计划，使平时的军队迅速地转入战争状态和战时组织；而且还在于使全国的国民经济，能够按照预先制定的动员计划，迅速地改造以便保证军队作战的需要和要求。

我国过去没有很好地建立动员工作，但也不等于完全没有动员工作，应该说过去我们也是有动员工作的。过去我们没有后方，也没有充分的物资器材，因此动员工作的内容比较简单，方法也不复杂。当时的动员工作经常是在很紧迫的情况下，为了应付当前的战争而进行的。在当地人民的支持下，把人力、财力和物力动员起来，争取战争的胜利。过去不仅动员解放区的人力、物力，也到敌占区进行秘密的或公开的动员，动员人民参加战争，并将物资器材运到解放区。只要把当地人民动员起来了，解放区也随着扩大了。如果没有动员工作，如果从东北到海南，从东海边到西北，没有广大人民的支持，要打败侵略者，要推翻国民党反动统治是不可能的。所以说，我们过去的动员工作还是很有成效的。战争年代的动员工作，我们部队也做，但主要依靠地方党委、政府和群众团体来担负。譬如，抗日战争初期的冀西地区，搞人、搞枪、搞钱，都靠当时地方"动委会"去做。现在进入和平建设时期，地方党委和政府主要集中力量进行社会主义经济建设工作，军队不能要求地方拿出很大的力量来做积蓄武装力量的工作。平时这方面工作只能由军队动员部门来担负。

　　从第二次世界大战开始，随着大规模空军的出现和核武器的使用，战争的现代化程度日益提高，战争的形式和特点发生了很大的变化，已经从"线"的战争进入到"面"的战争和立体战争时代。这样，战争已分不出前方和后方，尤其是核武器主要用于袭击摧毁对方的大后方的工业城市，后方反倒比前方不安全。现代战争的突然性、破坏性和消耗量都是空前的，所需要动员的人力、物力、财力也是相当巨大的。例如，第二次世界大战时期，美国在 1939 年军队总数是 34 万多人，到 1945 年达到近 1200 万人，比战争开始时增加了 34 倍；再加上所有为战争服务的人员，美国在第二次世界大战时期最高动员达到了 1400 万人。朝鲜战争虽然是局部战争，对我国来说消耗量之大也是前所未有的，三年内仅主副食、弹药油料等几项主要物资供应即达近 300 万吨，金城战役一仗消耗达 3.4 万余吨。这就充分说明，现代战争对人力、财力、物力的要求更高了，不仅数量要大，而且质量要好，如果我们仍采用过去的老办法，临时动员，临时训练，就不能适应战争的需要了。我们要保证战争的胜利，就必须有大量的、比常备军多许多倍的、训练良好的、用最新式技术装备起来的武装力量。平时国家不能养兵太多，多养兵就要增加军费，我国的经济力量还承担不起，因此只能积蓄强大的后备力量，尽量减少常备兵员，节省财力、物力，加速国家经济建设。这就要求总参谋部动员部在平时要做好一系列的组织工作，在各方面积蓄和培养武装力量，即积蓄定额的常备军和不定额的预备役人员，以及其他对战争有决定意义的各种力量和因素；在战时也要积蓄并壮大我们的武装力量。粟裕总参谋长讲："如果平时不很好地积蓄预备力量，战时就没有力量可以使用。因此，在平时要做充分的准备和一系列的组织工作，这样，在战时才能迅速地一至数倍地扩大我们的武装力量。我们这样的国家，在战时动员 1000 多万军队是不够的，至少得 2000 万，3000 万。这些力量，如果在平时没有很好地组织和训练，要在战争中达到胜利的目的是困难的，甚至是不可能的。"所以，动员工作的好坏，直接影响战争的胜负，因为现代战争的胜利，不只是决定于现役部队的数量和质量，而主要决定于预备力量。平时不把这些力量准备好，到战时是不能取得胜利的。

武装力量的动员，包括许多措施，其中有动员扩充计划，兵员和运输工具及牵引力的补充计划，军队的物资保障计划等等。我们根据对敌情的判断和作战意图，制定符合我国国情和军情的武装力量的动员计划和保证落实的措施，一旦爆发战争，就能保证军队在原有基础上，按照预定的计划，迅速转变为战时的编制和组织，并新建起足以保证战争需要的兵团、部队和领率机关。如果我们没有充分的动员准备，是不能适应现代战争的要求的。

动员部成立之后，我们即着手筹备全军动员工作会议。经过4个多月的准备，会议于1955年9月19日至10月11日在北京召开。各军区、各军兵种司令部动员处长、统计科长，各省兵役局长、统计科长，总直机关有关人员，共119人参加了会议。粟裕总参谋长、张爱萍副总参谋长到会讲了话，我在会议上作了关于动员工作的报告，总干部部和训练总监部有关领导分别作了关于预备役军官工作的报告和关于预备役训练问题的报告。会议明确了动员工作的基本任务、职责和重要性；讨论修改了各级动员部门和兵役机关的组织编制，调整了干部定额；安排了预备役的登记和训练问题。这次会议，是我军建军以来第一次专门研究动员工作的会议，它为做好我军现代化建设中的动员工作初步奠定了基础。

赴苏参观学习

在召开全军动员工作会议期间，党中央和国务院认为，光有7月份全国人民代表大会通过的《中华人民共和国兵役法》还很不够，中国的兵役工作怎么管理，武装力量如何动员，还需要有比较完整配套的章法和制度。苏联的动员工作已有很长的历史，在沙俄时代已有动员工作。苏联十月革命成功已有几十年了，他们的动员工作也做了几十年了，特别是在反法西斯的卫国战争中，他们的动员工作经受了严重考验，积累了非常丰富的经验。因此，中央决定组织一个代表团到苏联去参观学习。

1955年国庆节前，中国人民解放军实行军衔制度，并对在中国人民革命战争时期有功人员授勋。9月27日，国家主席毛泽东在中南海怀仁堂为十位元帅授衔、授勋。同日，周恩来总理在国务院礼堂为在京的将官授衔、授勋，我被授予上将军衔和一级八一、独立自由、解放勋章。当晚7时，周总理在怀仁堂草坪上举行了盛大的庆祝授勋酒会。

授衔以后，代表团于10月中旬出发，前往苏联参观学习。代表团由国务院顾卓新任团长，我和邱会作、安东任副团长。代表团成员除军队代表外，还有国务院有关部委的同志。到达苏联以后，代表团先在苏军总参谋部参观学习了一个月，由苏军有关领导给我们讲课，在动员部门见习，然后到下边兵役部门参观学习。我们在莫斯科兵役局参观的时间稍长一些，还去过斯大林格勒、列宁格勒、加里宁格勒、乌拉尔、伊利亚等地兵役部门参观。

苏联全国武装力量动员是战时国家总动员的重要组成部分，这项工作总的准备和实施是由国防部来领导的。在国防部内主要由总参谋部负责，总参谋长负责抓整个动员工作。总参谋部内担负动员工作的部门有：组织编制部、装备计划部、动员部、军事交通部。苏军的其他各总部，如总干部部、总政治部、总后勤部、总财务部，都有专设的动员工作领导机构。苏联政府各部，除司法部、外交部外，也都设有动员工作机构。他们在兵役工作方面下的力量很大，兵役部门组织健全，权限很大，他们承袭了沙俄时代已经建立的兵役制度，在社会上人民已经养成习惯。苏联的征兵、复员、退役都由兵役局管，不用行政部门参与。公民凡到18岁都自觉去兵役局登记查体，到征兵时，按分配名额发通知，接到入伍通知，马上要去兵役局报到。军官和士兵退役都列为预备役，退役以后首先去兵役局登记，兵役局分配到哪个省市去工作，干什么工作，地方都得接受。预备役军官每年都要集训几天，超龄才退出预备役。预备役军人工作调动，一切都由兵役局负责，从一个地区调到另一个地区，要先有兵役局的介绍信，公安局才给其迁移户口，到了新地区，也要先去兵役局登记，兵役局批准了，公安局才接收户口。苏联在兵役工作上卡得很死，一旦发生战争，需要动员预备役军人入伍，随时都可以按需要量发通知。由于兵役部门掌握了适龄青年和预备役人员所有情况，兵役部门的保密程度很高。苏军总参谋部主要部门是作战部和动员部，动员部不但掌握兵员情况，还掌握所有民用的交通工具情况，包括汽车、拖拉机、马车、马匹、船舶、飞机等，兵役部门都分门别类进行登记，战时除工厂生产必需的交通工具以外，其余交通工具兵役部门都有权征用。苏联的动员工作，在反法西斯的卫国战争中，经受了严重考验，战后进一步总结完善。形成了一整套完整的章法制度，而且行之有效。

经过两个多月的参观学习，我们对苏联的动员工作有了初步的了解。但是究竟如何来学习苏联的经验呢？是否可以把苏联的东西照搬过来呢？如果照样搬过来，苏联的政治经济、社会组织情况和人口素质都和我国的情况不同，在动员工作方面的差别也很大，实际上在我国是不可能推行开来的。当然，苏联动员工作的原则和经验，对我国来说还是可以借鉴的。如为了适应战争的需要，在平时必须拟制好动员计划，做好充分的动员准备，积蓄好强大的后备力量等，但是在具体做法上应该适合我国的国情。苏联建设社会主义已经有几十年了，我国第一个五年计划还刚开始。我国的经济情况，人民的生活水平、健康状况，文化程度等，和苏联有很大不同。苏联已经建立了集体农庄，人民的组织性、纪律性很强；我国社会主义建设开始不久，人民的物质生活还很苦，政治觉悟还没有达到应有的水平，人民的组织性、纪律性还很差。在苏联动员工作已有几十年的历史，在我国还刚刚开始，人民还没有这方面的知识，特别是国民党反动统治时期，采取抓壮丁的办法，在人民群众中造成很坏的影响，产生怕当兵的思想。这一切都说明，我们必须根据我国的实际情况，创造性地运用苏联的经验，根据动员工作的基本原则和方法，建立一套符合我国国情切实可行的动员工作制度。

代表团回国以后，我向军委和总部有关领导，汇报了参观学习的情况。国防部彭德怀部长在军委扩大会议上指示，要及早地建立起我军的动员工作制度，争取在 1957 年拟制第一个全国武装力量的动员计划。

初期的动员工作

根据军委领导的指示，参照苏联动员工作的经验，结合我国的具体情况，我们从基础工作做起。我们组织人员参加研究草拟《国务院关于地方各级国家行政机关兵役委员会的组织和任务的规定》，经 1955 年 12 月 20 日国务院全体会议第二十一次会议通过，颁发全国、全军执行。规定省长、省军区领导和地方、省军区有关部门领导参加，组成 11 人至 13 人的省兵役委员会，负责领导全省的兵役工作。我们还研究拟定了《兵役工作条例（草稿）》《动员工作条例（草稿）》《预备役军人战时缓征条例（草稿）》《运输工具和工程建筑机械动员征购条例（草稿）》《预备役军士和兵的登记、统计暂行办法（草案）》；研究制定了《总参动员部工作职责（草案）》《军区领率机关在动员工作方面的任务和各军、兵种司令部动员处工作职责（草案）》《省兵役局工作职责（草案）》《各军、兵种领率机关在动员工作方面的任务和各军、兵种司令部动员处（科）通用工作职责（草案）》《直辖市兵役局工作职责（草案）》《军分区兵役工作科工作职责（草案）》《县、市兵役局通用工作职责（草案）》。这些基本建设，解决了动员工作干什么和怎么干的问题，使动员工作初步走上轨道。

为了提高动员干部的素质，尽快地熟悉和掌握动员工作，总参谋部于1956年6月10日至7月10日，用1个月时间，采用以会代训的方法，集训了全军的动员干部。全军的动员处长、装备计划处长和各省、市兵役局长以及各军区、省、市兵役局组织动员科长、牵引力统计动员科长等，共188人参加了集训。集训的主要内容是介绍我们到苏联参观学习的情况，讨论研究军区的动员工作，《省军区和县、市兵役局动员工作条例（草稿）》，《兵团、部队动员工作条例（草稿）》。我在集训会议上作了《关于武装力量动员工作的几个问题》的报告。我根据苏联动员工作的经验，结合我国和我军的具体情况，讲了武装力量动员工作的领导，武装力量动员工作的基本内容，战时用来补充军队的地方物质资源和政府有关部门成立特种部队的问题，预备役军人积累、训练问题。另外，还布置了预备役军士和兵的登记工作，训练工作。

对兵役干部，我们采取集中训练和在职学习相结合的方法进行了培训。1955年对兵役干部轮训了一个月时间。1956年国防部决定，每个省、市、县平均各抽调二人，由省军区负责培训三个月。通过训练，一方面提高兵役干部的军政素质，一方面使他们担负训练乡军事教员和组织进行不脱离生产的预备役训练工作。

实行兵役法以后，最初几年服过现役的预备兵员数量不多，为应付可能发生的突然事变，我军应迅速储备足够数量的经过训练的预备役兵员，以保证战时部队扩大和补充的需要。为此，国防部于1955年8月14日发布了关于组织预备役师的命令，决定选调一部分适合服兵役而未被征集的青年，进行正规的军事训练，并决定第一批先组织训练十个师，由成都、昆明、武汉、兰州军区领导实施训练。命令下达之后，9月21日，10个预备役师的机构组建完毕，从10月份开始对预备役师干部集训四个月。新兵从1956年2月份征兵时统一征集，每师新兵1.1万人，各师从4月份开始军政训练，计划两年完成第一期训练任务。

预备役登记、统计工作是动员工作的基础，是计划平时训练和战时动员征集的依据。没有精确的登记、统计工作，就不能很好地进行预备役军人的训练，就不能在发布动员令后和战争过程中有计划地补充军队。预备役登记和统计工作是动员工作中一项工作量大，而且繁杂的经常性工作。根据《预备役军士和兵的登记、统计暂行办法（草案）》，我们从 1955 年开始进行预备役军人的登记、统计工作。1956 年，国防部要求"条件好的地区争取今明两年内完成，条件差的地区可以推迟到 1958 年完成"。据 1956 年 9 月份的统计，全国 2294 个县市，完成登记、统计的已达 60%，正在进行的约占 10%。在登记、统计的基础上，有近 3000 万人编入了预备役。通过登记、统计，了解了预备役人员的出生年月、军事素养、从事专业、是军士还是兵，以及他们的住地和分布情况，这就为我们平时计划和战时征集打下了基础。经过登记，不仅对预备役军人进行深入的宣传教育，使他们了解平时和战时的责任，同时对广大群众也进行了一次深刻的国防教育，这对贯彻义务兵役制度，树立群众服兵役的观念，起到了很大作用。

预备役士兵的训练工作是动员准备的一项重要工作。现代战争不像过去打游击那样简单，在广泛应用先进科学技术的现代化战争中，没有经过训练的士兵是不能担负和完成战斗任务的。因此，预备役兵员的训练必须抓好。预备役士兵除少数进入预备役师训练外，绝大部分采取在原岗位上训练。彭德怀部长在 1956 年军委扩大会议上指示，在少花钱的原则下，采取不脱离生产的方式，到 1962 年对 1000 万第二类预备役士兵（复员退伍士兵为第一类预备役）进行 400 小时的训练。为慎重起见，军委确定 1956 年训练 50 万人，作为试点，待取得经验后再逐步展开。到 1957 年 3 月，据 27 个省、市、自治区统计，共试点训练 19 岁至 22 岁的预备役士兵 40 余万人，落实 60 个至 80 个训练小时。从各地试点成绩来看，一般的都达到训练目的和要求，实弹射击平均及格率在 60% 以上。经过这次训练，不仅培训了大批干部，对广大人民群众也进行了一次较深刻的国防观念教育，为以后组训第二类预备役士兵创造了良好条件，更重要的是这次经过训练的第二类预备役士兵学到一些军事知识，提高了政治觉悟，为服兵役、保卫祖国打下了思想基础。

根据毛泽东主席人民战争、全民皆兵的思想，在我们动员工作日益开展的时候，还拿出一定的精力抓民兵的组织建设，使这一支传统式的人民武装力量很好地保留了下来，并继续发挥作用。1955 年 8 月 14 日，在党中央下达的

"关于民兵工作的指示"中指出："……民兵制度必须保留，绝不能削弱，而从巩固农村治安的意义来说，还必须适当加强"。解放以后，全国各地民兵组织在维护社会治安、保卫生产、对敌斗争，特别是在海防前线的对敌斗争中，都取得了很大成绩。但是，在部分地区民兵组织不纯的现象还相当严重，甚至为坏分子掌握和利用，参加反革命骚动与暴乱。此外，和平麻痹思想在干部和民兵中较普遍地存在着；不少干部认为民兵工作可有可无；民兵武器为反革命分子盗窃和利用来进行破坏等事件时有发生。根据党中央的指示精神，各地在1955 年、1956 年普遍对民兵组织进行了整顿，纯洁了内部，并对民兵武器作了调整和检查，加强民兵基干队伍的建设。各县、乡加强对民兵工作的领导，经常结合中心工作和社会活动，对民兵进行政治教育，以提高民兵思想觉悟和政治警惕性，克服和平麻痹思想。在未组织预备役士兵不脱离生产训练的地方，适当地进行民兵冬训，并加强对民兵武器调配管理工作。

我国的动员工作，参照苏联的经验，经过一年多的试验，取得了一定的成绩，但也遇到了一些不易解决的矛盾和问题。突出的问题有三个。第一，登记工作量大，牵扯的人员、精力多，而且是经常性的工作，因此与地方工作的矛盾较大，有的省市直接向中央反映，一再推迟进行，使登记任务难以按期完成。第二，预备役登记和户籍登记分属兵役和公安两个部门管理，预备役人员工作调动、户口迁移，只通过公安部门，兵役局不掌握。这样，兵役部门掌握不了预备役兵员流动情况，登记工作等于白搞。我曾向公安部长罗瑞卿提议，把两者统一起来，但未达成一致意见。第三，预备役兵员不脱产训练，误工补贴、生活补贴都不好解决。

鉴于以上情况，根据我国人口众多的国情，我经过反复认真思考，觉得还是毛主席强调搞民兵建设的主张符合我国的实际。加强人民武装工作，把民兵工作和义务兵役制结合起来，基本上能解决战时兵员的动员补充问题。于是，我先后向军委秘书长黄克诚和国防部彭德怀部长建议，把总参的动员部和队列部合并，恢复省市以下各级人民武装部；傅秋涛一直搞人民武装工作仍由他任动员部部长。彭老总和黄秘书长都同意我的意见，我以动员部名义正式向军委总参谋部写了报告。

1957 年初，军委正在研究动员部的报告时，总干部部肖华部长建议我去哈尔滨军事工程学院当政治委员，我怕搞不好青年学生的工作，没同意去。当时陈赓大将任军事工程学院院长。后来，经军委批准，我又去了朝鲜。

　　1957年4月，军委经与总参谋部、训练总监部、总干部部、总政治部共同研究后，决定将队列部撤销，该部原掌管的兵员、马匹补充和部队勤务等参谋业务工作归属总参军务部；将原队列部征兵、复员等参谋业务工作，总干部部动员部，训练总监部军外训练部分合并到总参动员部，傅秋涛任部长。

第十四章　第二次入朝

保卫和参加朝鲜和平建设

经中央军委批准，我于 1957 年 2 月第二次到朝鲜担任志愿军领导工作。出发前，总干部部肖华部长同我谈了话。他告诉我：军委考虑准备将志愿军政治委员李志民调回任高等军事学院政治委员，你去接替李志民的职务。在李志民回国前，你先担任志愿军副政治委员兼政治部主任。李志民回国后，再调梁必业接替你的职务。我到朝鲜时没有任职命令，只带了一封总政治部的介绍信。

直到 8 月，李志民走了以后，我的副政委兼政治部主任的命令才下来，大家都觉得很奇怪，纷纷猜测谁来当政委。当然，我和杨勇都清楚，这是补的命令。过了两天，又来了中央军委毛主席签发的命令，任命我为中国人民志愿军政治委员，梁必业当副政治委员兼政治部主任。我是志愿军第四任，也是最后一任政治委员。第一任是彭德怀司令员兼，第二任是邓华司令员兼，第三任是李志民。这时杨勇为志愿军党委第一书记，我接李志民为第二书记。

这时，志愿军还有五个野战军、两个兵团架子。第一军直属志愿军总部领导；第九兵团副司令员是曾思玉，后为张天云，辖第十六军、第二十三军；第二十兵团副司令员是孙继先，参谋长欧阳家祥，辖第五十四军、第二十一军。

在朝鲜停战以后，志愿军总的任务，一是继续加强战备，搞好军政训练，提高部队战斗力，坚决维护朝鲜停战协定，保卫中朝两国社会主义建设，随时准备粉碎敌人可能发动的突然事变；二是继续增进和朝鲜人民的团结，协助朝鲜人民进行经济恢复和建设工作，为朝鲜人民重建家园作出贡献。

在 1955 年我离开朝鲜的时候，志愿军各部队在战备训练的间隙，积极帮助朝鲜人民在战争的废墟上重建家园，恢复生产。二线的部队提出"保证住地不荒一亩田"的口号，帮助朝鲜人民进行耕地、插秧、送粪、锄草、收割、打场等各种劳动，有的部队提出："包收、包运、包打、包藏"。还帮助朝鲜人民进行修坝、掘井、修桥、修渠挖沟和修盖房屋、学校，植树等各项建设。这次我重到朝鲜，和离开时的情况已大不相同了。朝鲜人民在以金日成为首的劳动党和政府领导下，到处是一片生产建设的繁忙景象。平壤等一些大中城市，已按各级政府的建设计划初具规模，高低建筑错落有致，宽阔的道路整齐清洁，街道两旁商店林立，人民群众熙熙攘攘；各工厂马达轰鸣，工人争分夺秒地工作，人人争取多做贡献。广大农村田地平整，新房排列有序，虽然残冬未尽，但农民们已着手做春播的各项准备工作。无论是城市或农村，朝鲜人民建设美好祖国的热情空前高涨。

我到志愿军总部以后，和杨勇及其他领导同志一起，继续坚持不懈地抓两项任务的落实。朝鲜停战以后，美国仍然制造紧张局势，它违反停战协定的事件屡屡发生。美方制造种种障碍，反对协商从朝鲜撤退一切外国军队及和平解决朝鲜问题。从 1953 年 7 月 27 日停战到 1958 年 7 月 27 日的 5 年间，美方在地面和空中越过军事分界线的挑衅活动达 792 起。由于志愿军和朝鲜人民军保持高度戒备，及时地击破了美方的这些挑衅活动，有效地保卫了军事分界线。从朝鲜停战协定签字，朝中方面为维护朝鲜停战协定，一方面在政治上不断揭露美方违反和破坏停战协定的行为，义正词严地同美方作针锋相对的斗争；另一方面，志愿军和人民军一起，积极修筑工事，加强军政训练，严阵以待，随时对付美伪军任何军事挑衅。据统计，我军在撤军前仅修筑坑道就达 1250 公里，挖各种堑壕、交通壕长达 6240 公里；所修的 10 万个地堡，出土 6000 多万立方米，如果把这些土堆成宽高各一米的长堤，可以围绕地球的赤道线转一圈半，人称"当代地下长城"。由于在这两方面进行了斗争，加上世界上爱好和平的人们的同情和支持，使朝鲜停战保持了相对稳定的局面。

志愿军在维护停战协定的同时，把帮助朝鲜人民医治战争创伤，重建民主朝鲜当作自己的责任，以高度的热情，积极参加建设工作。在接近战区的许多地方，志愿军战士协助回乡的朝鲜农民起出敌人埋下的地雷等爆炸物，盖房子、平整农田，使他们尽快安居，恢复生产。志愿军铁道兵部队帮助朝鲜人民修复铁路线和火车站，重建新建铁路桥梁 300 多座，迅速恢复朝鲜北部的铁路交通运输。志愿军工程部队全力以赴，投入平壤、咸兴、元山等城市的重建工作，担负了修建办公大楼、医院、学校等大规模的建筑工程。水利是农业的命脉，朝鲜是生产水稻为主的国家，我们组织志愿军指战员突击修复了被敌人破坏的见龙、泰川等八个水库，修建了平南灌溉工程、胜湖里灌溉工程等大型水利设施，使朝鲜的农业很快得到恢复。志愿军在战后的五年多时间内，共帮助朝鲜人民修建公共场所 881 座，民房 4.5 万多间，恢复和新建各种桥梁 4260 座；修建堤坝 4096 条，全长近 430 公里；修建大小水渠 2295 条，长达 1200 多公里；植树 3600 多万棵，运送各种物资 6.3 万多吨，为群众治病 188 万多人次。志愿军全体指战员遵照中共中央和毛主席的指示，为参加朝鲜人民重建家园，流了血，流了汗，和朝鲜人民一道创立了英雄业绩，做出很大贡献。

停战后的政治思想工作

由于志愿军长期在国外执行作战和战备任务，因地域环境和交往关系的变化，给部队带来了许多新问题。诸如：如何对待朝鲜的党政军领导，如何处理与朝鲜人民军的关系，如何看待我们对朝鲜的援助，如何看待我们所取得的胜利，如何把爱国主义和国际主义结合起来，等等。这些都是在国内不可能遇到的问题，而且这些问题一旦发生，就会涉及两国、两军之间的关系，后果将是相当严重的。这些新情况、新问题的出现，要求志愿军的政治思想工作必须与之相适应，而且要把工作做在可能发生问题之前，这就使志愿军的政治思想工作更加艰巨，更加繁重。

停战以前，指战员一切为了打仗，一心想的是如何消灭敌人，思想比较单纯，发生问题不多。停战以后，相对来说环境有所改变，各方面条件有所改善，各部队思想比较活跃，相继出现了一些问题苗头。这时，如果政治思想工作稍有疏忽或漏洞，就会发生大的问题。因此，停战以后，政治工作必须抓紧研究新情况，解决新问题。我第二次入朝以后，有的同志向我反映，志愿军有大国主义的思想表现。他们说，1956 年志愿军团以上干部集中到平壤举行授衔仪式，1000 多辆小汽车开进城里，堵塞了市内交通，平壤市的交通警察指挥不了，只好由戴红袖标的志愿军来指挥。当时就有人讲："志愿军把平壤市军管了。"影响很不好。朝鲜领导同志采取克制态度，事情过去就没有再讲什么。还有的同志反映，有些指战员对朝鲜群众不够尊重，把一些地区的贫困现象编成顺口溜，影响了同朝鲜群众的关系。我回到朝鲜以来，也发生了几件事。一次，朝鲜政府的几位领导同志外出视察工作，顺道想到一处风景名胜区看一下。这个名胜区在我志愿军警戒区内，结果被我们的哨兵阻拦没有去成。

我听到报告之后，既感到惊讶，又深觉自愧。这是朝鲜的国土，怎么能够因为是我们的警戒区，就不让人家国家领导人去活动呢？我自愧对部队的教育不深入，自己也有责任。我严肃地批评了当地驻军领导，并立即去向朝鲜政府道歉。朝鲜政府领导同志姿态很高，很通情达理，他们说："这件事我们事先没有联系，志愿军战士严格执行警戒规定是对的。"再一件事是，我们的一个排长污辱了朝鲜政府一位副部长级干部的夫人，按纪律是要枪毙的。金日成首相知道这件事后对我讲："不要枪毙他。我知道你们的纪律，但希望你接受我的意见。志愿军在朝鲜牺牲了不少人，不要枪毙他了。这位领导干部的工作我们去做。"金日成首相这样做，主要是为了维护中朝两国之间的友谊。后来，我们尊重金日成首相的意见，把这位排长遣送回国。

根据毛主席、周总理、彭老总和中央军委的一些指示，参照志愿军入朝以来的有关规定和实践经验，结合当时部队中出现的问题，我们对志愿军加强思想政治教育，并在部队执行政策纪律方面做出了规定和要求。后来我们把它归纳为十条：（一）尊重朝鲜劳动党、国家政府和领导人，遵守朝鲜的政策法令（特别是货币政策）；爱护兄弟国家的一山一水一草一木；尊重人民的风俗习惯，严禁调戏妇女。（二）不准干涉朝鲜内政，不准批评朝鲜国家领导人的缺点或议论是非，不得了解朝鲜党和国家的内部情况，严禁单独的做社会调查。（三）不准擅自划禁区，必要时应通过朝鲜国家政府，由政府作出规定。（四）部队个别人员犯有违法乱纪行为，应征求朝鲜政府意见，按朝鲜国家法律处理，必要时，直接送朝鲜国家政府惩处。（五）对朝鲜人民中个别盗窃我军物资的人，一般应当面劝告了事，严重的应送请朝鲜国家政府处理，严禁私自扣留、打骂或开枪伤人。（六）采取有效措施防止事故，特别要防止走火、车祸伤人。（七）除紧急情况外，对群众进行助耕生产、发放救济物品等，应事先与政府协商，并通过政府办理，不要直接自行办理。（八）要特别注意尊重朝鲜的民族自尊心，在一切接触中，要多讲人家对我们的援助，少讲我们对人家的援助，坚决反对以恩人自居的思想。（九）对部队要经常地、具体地进行国际主义、爱国主义教育，时时警惕大国主义思想。（十）在国内行之有效的群众纪律，在国外更应严格遵守，要做得更好。

我们把上述十条意见和要求，作为志愿军政治思想工作的重要内容，经常对部队进行教育和检查，发现苗头立即采取措施加以解决。在这方面，我们及志愿军总部机关，首先从自身做起，做出表率，带头尊重朝鲜党和政府，重大问题都和朝鲜政府洽商，尊重朝鲜国家主权，不干涉朝鲜国家内政。我和杨勇经常向金日成首相报告和请示有关工作问题。各部队也都和驻地的朝鲜党政机关保持密切的联系，定期拜访当地党政领导同志，征求他们对志愿军的意见。

我们深入部队，到下边了解情况和检查工作时，坚持少讲志愿军的成绩，多向指战员宣传朝鲜党和政府及广大人民群众对我们的支援和帮助。在如何看待我们对朝鲜的援助这个问题上，周恩来总理讲得很精辟，很深刻，对我们教育很大。金日成首相在和周总理的一次谈话中，谈到中国对朝鲜援助很大，表示感谢。周总理对金日成首相说："中国对朝鲜的援助，量大但时间短，朝鲜对中国的援助，量虽小但时间长。从中国第一次国内革命战争起，一直到抗日战争，朝鲜许多同志，包括金日成首相在内都在中国战斗，总的看，是朝鲜对中国的援助多，要感谢首先应该感谢朝鲜人民。"还有一次，我们陪同周总理观看志愿军文工团演出，文工团员在舞台上扮演朝鲜阿妈妮、老大爷，道白中讲志愿军是他们的救命恩人等等。周总理当即指出："不要这样演，我们的功绩，要让朝鲜同志去讲，我们不能强加于人。朝鲜同志愿意怎么讲就怎么讲，我们不加干预，但是我们这样演，朝鲜同志看了听了会不高兴的。"我们经常用周总理这些话教育志愿军指战员，不要居功自傲，要自觉尊重朝鲜党、政府和人民。

为了进一步解决少部分同志产生的大国主义和居功自傲的思想情绪，我同杨勇商量决定，组织一个由军、师、团各级干部和英雄模范等 100 多人参加的"志愿军学习团"，深入朝鲜各地参观访问，杨勇亲任团长。

"学习团"访问了朝鲜人民军守卫的阵地、防线，其中有一个高地曾击退敌人数百次的进攻，战斗残酷程度如同上甘岭战役；还访问了设在地下掩体里的学校，学生都是战争中丧失父母的孤儿。"学习团"每到一地，都请当地的人民军战斗英雄、支前模范和英勇保护志愿军的朝鲜妇女作报告，讲述他们的事迹。跟随"学习团"采访的记者杜心有一段很生动的回忆，他讲："开始有的同志对组织这个学习团不以为然，谁是英雄？向谁学习？可是，跟着杨司令员到处跑了一圈，服气了。你不是觉得自己打了很多仗了不起吗？那就看看人家朝鲜同志打了多少仗，又是在什么条件下打的；你不是感到自己援助了朝鲜同志有功吗？那就看看朝鲜人民是如何支持我们的，为了这种支持人家付出了多大牺牲……这样一来，许多同志被朝鲜人民和军队的英雄主义、爱国主义感动了，认识到没有朝鲜人民的大力支援，没有人民军的并肩作战，哪里会有我们的胜利！""参观回来，我们每个同志都成了宣传员，一个个结合自己的见闻体会，向周围同志宣讲党中央和毛泽东主席提出的尊重朝鲜政府，反对大国主义的四项原则，很快就在全军掀起了向朝鲜人民学习，每个人为朝鲜人民做一件好事的活动。……没过多久，部队的风气就端正过来了。"这次组织"学习团"，在志愿军中引起很大反响，取得了很好的效果。

志愿军入朝作战以来，朝鲜政府为了加强同志愿军的联络，帮助志愿军解决各种困难，指示朝鲜人民军总政治部专门向志愿军师以上单位派驻了政治文化联络部。我们要求各级领导机关尊重联络部的同志。各部队在这方面也做得比较好，召开有关会议都请联络部的同志参加，虚心听取他们的意见。涉及有关朝鲜地方工作的，比如购买筹措物资，对群众进行助耕生产、发放救济物品，以及对敌宣传、剿匪肃特等工作，都事先向联络部的同志了解朝鲜政府的政策法令，朝鲜人民的风俗习惯和社会情况，除紧急情况外，都通过联络部和朝鲜政府联系、协商。并在朝鲜政府统一领导下办理。志愿军和人民军在长期患难与共、并肩作战中互相学习、互相支持、互相激励，结成了亲密战友和兄弟情谊。

胜利撤出朝鲜

1957年11月，各国共产党和工人党在莫斯科举行会议期间，毛泽东主席和金日成首相谈到从朝鲜撤出中国人民志愿军的问题。毛主席说："鉴于朝鲜的局势已经稳定，中国人民志愿军的使命已经基本完成，可以全部撤出朝鲜了。朝鲜人民可以完全依据自己的力量来解决民族内部事务。"金日成首相完全同意毛主席的意见。

1958年2月5日，朝鲜民主主义人民共和国政府发表声明，主张撤出在朝鲜的一切外国军队，并在外国军队撤出朝鲜之后，在一定时间内实现全朝鲜的自由选举。同时提出，应当早日实现南北朝鲜之间的协商，以实现朝鲜的和平统一。我国政府于2月7日发表声明，完全赞同和支持朝鲜政府的声明。

1958年2月14日，周恩来总理率领中国政府代表团访问朝鲜，就中国人民志愿军从朝鲜撤出问题同朝鲜政府进行磋商。代表团成员有副总理兼外交部长陈毅，外交部副部长张闻天和总参谋长粟裕，以及张彦、章文晋和驻朝鲜大使乔晓光等。周总理率团访朝，是中国政府为促进朝鲜问题的和平解决，支持朝鲜政府和平统一朝鲜的建议，缓和国际紧张局势的一次重大之举。代表团到达平壤时，受到以金日成首相为首的朝鲜国家领导人、内阁各相、劳动党中央各部部长和平壤市各界人民的盛大欢迎。我和杨勇及中国人民赴朝慰问总团团长王一夫等也到机场欢迎。

周恩来总理和中国政府代表团其他成员，同朝鲜金日成首相、金一副首相、南日副首相兼外相，进行了诚挚友好的会谈。2月19日，中朝两国政府发表了联合声明，宣布："中国政府本着一贯积极促进朝鲜和平统一的立场，除了在1958年2月7日的声明中完全支持朝鲜政府的各项建议以外，现在同朝鲜政府协商后，又向中国人民志愿军提出了主动撤出朝鲜的建议。中国人民志愿军完全同意中国政府的这一建议，并且决定在1958年年底以前全部撤出朝鲜，第一批将在1958年4月30日以前撤完。朝鲜民主主义人民共和国政府对于中国人民志愿军的这一决定表示同意，并且愿意对中国人民志愿军的全部撤出朝鲜给予协助。"对此，"双方指出，从朝鲜全部撤出中国人民志愿军的这一主动措施，再一次证明了朝中方面对于和平解决朝鲜问题和和缓远东紧张局势的诚意。现在正是严重地考验美国和参加联合国军的其他国家的时刻。如果它们对于和平解决朝鲜问题有丝毫的诚意，它们就应同样从朝鲜全部撤出它们的军队。"

在中朝两国政府联合声明发表后，我们志愿军总部也于2月20日发表了"完全赞同并热烈支持中朝两国政府的声明"的声明。声明中说："自从中国人民志愿军于1950年10月25日进入朝鲜，同朝鲜人民军并肩作战抵抗美帝国主义侵略以来，到现在已经7年零3个多月了。中国人民是热爱和平的，只是在美国政府发动了侵略战争，同时又侵占了我国领土台湾，而且无视中国人民和中国政府的一再警告，悍然越过三八线，严重威胁我国安全的时候，中国人民忍无可忍，发动了伟大的抗美援朝、保家卫国的运动，组成中国人民志愿军开来朝鲜，配合朝鲜人民军抵抗美帝国主义的侵略。中国人民志愿军的正义行动，一开始就受到中朝两国人民的热烈拥护和全力支持，受到了全世界一切爱好和平的人民的深切同情和广泛支持。我们的斗争和努力，对于制止侵略、保卫和平作出了应有的贡献。这是中国人民的光荣，也是我军全体官兵的光荣。"

周总理和代表团其他成员在紧张繁忙的参观访问中，于2月16日晚，到达志愿军总部。17日上午，周总理和陈毅、张闻天、粟裕接见志愿军总部和各部队领导同志，并听取我们对撤军的意见。周总理面带微笑，和蔼可亲地对在座的同志们说："我们来朝鲜访问，同时想就主动从朝鲜撤出志愿军问题，征求你们的意见。"周总理在高度赞扬了志愿军在朝鲜七年多时间里所取得的成绩后说："那么，大家是不是回国后要腾云驾雾地骄傲起来呢？决不能这样。"我代表志愿军表示："请党中央和总理放心，我们一定做好工作，教育全军指战员戒骄戒躁，回国后虚心地向人民学习，努力把工作做得更好。"杨勇说："我们的一些官兵，感到有些压力，生怕跟不上祖国日新月异的前进步伐，有一点思想'包袱'。"陈毅副总理说："我们为了和平和友谊，连生命都可以牺牲，又有什么思想'包袱'不可丢掉呢？"周总理接着说："你们在朝鲜是最可爱的人，回国以后也要永远做最可爱的人。"他要求全体官兵善始善终，安全圆满地回到祖国。

这天，正是我国农历除夕。天空纷纷扬扬地飘着雪花。会后，我和杨勇、梁必业陪同周总理和代表团其他成员到中国人民志愿军烈士陵园献了花圈，瞻仰了烈士陵墓。周总理在毛岸英烈士（毛泽东主席之长子）墓前深思良久才慢慢离开。周总理和其他同志向长眠在朝鲜国土上的烈士们一一默哀致意。当日下午志愿军总部举行欢迎大会，周总理和陈毅、张闻天、粟裕先后讲了话。他们代表中共中央和中央人民政府，向志愿军全体官兵表示亲切慰问，勉励全军干部戒骄戒躁、努力学习，把自己培养成能文能武、又红又专的军事专家。并号召志愿军广大指战员虚心向朝鲜人民和朝鲜人民军学习，把他们的好思想好作风带回国内。

17日晚，周总理及代表团成员、朝鲜政府有关领导和志愿军总部的同志一起欢度除夕之夜。在聚餐会上，大家频频向周总理敬酒，周总理和大家一一碰杯。聚餐毕，周总理等观看志愿军文工团表演并参加了舞会。在朝鲜，和周总理、陈毅副总理等领导同志一起度过的这个非常有意义的除夕之夜，是我们永生难以忘记的。

2月21日，中国政府代表团圆满完成访问朝鲜的任务，离开平壤回国，受到以金日成为首的朝鲜国家领导人和平壤人民的热烈欢送。我和杨勇也到机场送行。

送别周总理之后，我们便着手进行撤军的各项准备工作。我们首先召开志愿军党委会，研究安排撤军的各项工作，统一思想认识。并决定2月份为"中朝友好月"开展各种活动，进一步增进中朝友谊。

从朝鲜撤军不仅涉及面广，部队行动复杂，而且还具有重大的国际意义和历史意义，稍有疏忽便会造成极坏的影响。根据周总理的指示，我们以志愿军党委名义向全军发出了"不骄不懈，善始善终；军队撤出，友谊长存"的号召。要求部队做到"交好，走好，到好"。交好，就是除了武器装备和个人随身携带的物品以外，其余东西一律移交给朝鲜人民军；走好，就是要圆满安全的撤出；到好，就是回国受到人民群众欢迎不居功，防止骄傲，服从祖国需要。志愿军政治部发出了《关于我军撤出朝鲜的政治工作指示》，制定了《撤军政治工作三十条》，强调全军要切实做好"三好"的思想教育，组织人力、物力进一步搞好助民劳动，多快好省地完成构筑工事任务，认真组织向朝鲜人民和朝鲜人民军学习，热烈欢迎接防的朝鲜人民军部队，充分细致地做好移交准备工作，整修阵地工事和整理作战方案，美化环境和公共场所，普遍检查群众纪律，行动前向朝鲜当地政府和人民进行告别，热情有礼貌地接待朝鲜政府和人民军来送行的代表团和艺术团，祭扫驻地附近我军和朝鲜人民军烈士陵园墓地，整顿军容，加强行政管理工作，树立服从祖国需要的思想，学习我国党和国家的重要政策法令等。各部队按照总部的部署和要求，深入地进行思想教育，使全军指战员明确了撤军的意义和要求，提高了做好撤军工作的自觉性。

撤军决定公布以后，全军利用归国前短暂时间，在"多流一把汗，多留一分友谊"的口号下，继续帮助朝鲜人民进行各种劳动，修渠、建堤、打井、盖房、造桥、筑路、植树、挖鱼塘等，当地群众需要什么部队就做什么，积极主动地为朝鲜人民的社会主义建设增砖添瓦。在突击性助民劳动中，干部带头，人人动手，个个争先，不到时间早上工，到了时间不收工，脏活累活抢着干，不用指挥打冲锋。我们提出为朝鲜人民盖学校、修水利出百万个工的倡议，由于部队热情高、干劲大，到9月底出工160万个以上，超额完成了任务。

与此同时，广泛开展了向朝鲜人民和朝鲜人民军学习的活动，宣扬朝鲜党政军民对志愿军的全力支持和无微不至的关怀，舍生忘死抢救志愿军伤员的英雄模范事迹和高尚品质，学习朝鲜人民为重建家园而忘我劳动的革命精神，朝鲜人民勤劳俭朴、艰苦奋斗的优良作风。各部队还邀请驻地朝鲜党政机关负责人和居民座谈，征求意见，做到件件事事有着落，不留一个影响我军声誉的问题。

各部队利用空隙时间对前沿的坑道、战壕、掩体和所有各种工事、道路，进行了彻底的整修、清扫和加固，组织力量把一切未完成的工事全部突击完成。我们在清川江对岸专门增修一个营的工事，作为防敌人过江的桥头堡。各级指挥机关均以主官对主官、部门对部门，逐级对口地向接防的朝鲜人民军办理移交，把敌情、地形、工事和作战方案都交代得一清二楚。

各部队根据总部的规定，把营房、营具、医院成套设备和大量物资，都无偿地移交给朝鲜人民军。移交前普遍粉刷了营房，对门窗和各种营具，进行了修理。并美化环境，平整操场，维修体育器材，整修营区周围的道路，加种了许多花草树木，有些单位还新修了花园、花坛、养鱼池和友谊亭，精心布置了礼堂和俱乐部，使人民军一进来就有一种清新舒适的感觉，能够马上进行办公、操课、训练，开展各种活动。

部队的各种仓库，进行了认真的清点和整理物资，反复核对，登记造册，完整无损地作了移交。各单位饲养的猪、羊、鸡、鸭，自种的粮食蔬菜，节约的煤炭等等，全部赠送给接防的人民军和当地群众。

朝鲜党政军民把中国人民志愿军主动撤军作为一件大事，作出了一系列重大决议，决定以最热烈最隆重的形式欢送中国人民志愿军凯旋归国。1958年2月27日，朝鲜民主主义人民共和国内阁作出了永久纪念中国人民志愿军的伟大业绩和欢送志愿军的决定。决定指出："中国人民志愿军在朝鲜战争中和战后时期在朝鲜留下的不朽功勋和光辉业绩，将永远留在朝鲜人民的记忆中，将同朝鲜国家的繁荣发展一同发射光芒。"朝鲜内阁还作出决定：向中国人民和中国人民志愿军致由全体朝鲜人民签名的感谢信；向参加朝鲜战争的全体官兵授予"祖国解放战争纪念章"；修建中国人民志愿军烈士陵园和纪念塔，并采取永久性的保护措施。还规定志愿军入朝作战八周年的1958年10月，为"朝中友好月"，把在战争中同中国人民志愿军有深切关系的黄海北道沙里院市的中央大街授名为中国志愿军街。朝鲜内阁还指示铁路沿线和各地区，要为回国的志愿军提供一切便利条件。另外，还成立了由内阁副首相郑一龙为首的中央欢送委员会。各道、市、郡也分别组成了欢送委员会，在朝鲜全国掀起了欢送志愿军的全民性活动。平壤市很快建起了"中国人民志愿军烈士纪念塔"，各地普遍整修了志愿军烈士墓。从中央到地方组成各界代表团、艺术团，走遍前沿和后方，热情慰问志愿军部队和机关。朝鲜人民自动整修了志愿军撤军时必经的大小道路，设立了数以千计的沿途欢送站。

从2月下旬开始，朝鲜人民怀着依依惜别的心情，给志愿军送来了数十万件纪念品和送别信。纪念品制作别出心裁，花样繁多，有各种锦旗，描绘朝鲜美丽河山和中朝友谊的绘画、刺绣、照片等，还有特意赶制出来的工艺品，"光荣袋""胜利鞋"，以及战时精心保存下来的纪念品。一位60多岁的老大娘，送给志愿军一个包袱皮，是她出嫁时用30多户人家送的不同颜色布条缝成的，按朝鲜的风俗这只能传给至亲的后代。曾被敌机轰炸负了重伤，被志愿军战士抢救下来的孤女边贞周，用蓝布包了一撮土送给志愿军，她流着感激的泪水说："这是朝鲜的土，是你们洒下自己的鲜血保卫下来的我们祖国的土。"这一件件小礼品，都包含着朝鲜人民对志愿军的深情厚谊。

根据中央军委的撤军安排，从3月15日到4月15日，志愿军第九兵团第十六军、第二十三军共六个师第一批回国。

3月11日，我和杨勇及我驻朝大使乔晓光陪同金日成、崔庸键、李钟玉等朝鲜党政领导同志到第九兵团看望和送别即将离朝的我军官兵，举行了欢送大会。金日成首相在大会上作了送别讲话，授予部队官兵"朝中友谊纪念章""朝鲜祖国解放战争纪念章"，并同第九兵团副司令员张天云等领导同志及战斗英雄合影留念。部队在某地火车站集中准备离朝时，车站上锣鼓喧天，从各地赶来欢送的朝鲜人民都穿着节日盛装，载歌载舞。当归国部队的先头部队到达车站时，站台上立即沸腾起来，掌声雷动，歌声嘹亮。在举行隆重的欢送大会后，欢送的人群和我军官兵跳起了秧歌舞和友谊舞。当第一列火车抵达平壤时，归国部队走下火车，朝鲜群众簇拥上去给每人胸前佩上一朵大红花。第九兵团副司令员张天云等，由朝鲜副首相金一陪同走上欢送大会主席台，朝鲜劳动党平壤市委员会委员长郭松云代表平壤人民向志愿军献旗献礼，金日成首相的女儿金敬姬向志愿军献了银杯。在我军所乘列车经过定州郡时，有上万人欢送。到达鸭绿江边境城市新义州时，6万市民依依不舍地送别。

第二批归国部队是第二十兵团第二十一军、第五十四军，共六个师，从7月11日开始撤离。撤离前，朝鲜内务省代表团和朝鲜人民军两个代表团，分别到部队驻地展开送别活动，而后以金一副首相为首的朝鲜中央代表团到朝鲜某地热烈欢送归国的先头部队。这一批归国部队在离开朝鲜前，都同驻地朝鲜各党政机关人民群众和人民军官兵分别举行了告别大会，赠送纪念品和礼物。某部在举行告别大会上，把自己亲手制作的铁耙、铁锨、锄头、镰刀等52种、817件礼物赠给了两个农业社的社员。平壤市各界人民于6月26日为第二批归国部队举行盛大的欢送会，金日成等朝鲜党政领导人和各界人民1000多人，志愿军第二批归国部队代表500多人参加了大会。7月1日，朝鲜中央代表团在平壤举行了欢送我军第二批撤出朝鲜的大会。同日，金日成首相在为欢送这批离朝部队举行的宴会上讲话。他说："由光荣的中国共产党和毛主席培育下的你们，是真正的人民的军队。你们建立的功勋，将和我国美丽的江山一起，永远放射着光芒。你们同朝鲜人民结成的友谊，将永远留在朝鲜人民子子孙孙的心中。"

第三批，也是最后一批归国部队，从9月25日开始撤离，有第一军三个师、后勤部队、炮兵部队和总部直属队。以最高人民会议常任委员会委员长崔庸健为首的朝鲜党政代表团于9月12日到某地欢送志愿军这一批归国部队的先头部队，并在隆重的欢送大会上亲切讲话。朝鲜中央代表团先后到志愿军总部的后勤部队和炮兵部队欢送即将回国的官兵。朝鲜人民军代表团也到志愿军总部热烈欢送。

由我国全国人大常委会副委员长郭沫若率领的中国人民代表团，应朝鲜政府的邀请，于9月底到朝鲜参加朝方举行的"朝中友好月"活动。

10月，朝鲜党政军民欢送志愿军归国的活动达到高潮。朝鲜684万多人民在致中国人民志愿军官兵和中国人民的感谢信上签了名。信中写道："朝鲜人民同反对朝中两国人民的共同敌人——美帝国主义侵略者的正义斗争中，建立了不朽功勋的中国人民志愿军官兵告别。当送别在硝烟弹雨中生死与共的中国人民志愿军官兵的时候，我们情不自禁地对中国人民志愿军官兵和兄弟般的中国人民表示最大的感谢。在朝鲜人民面临着最艰苦的考验的时候，中国人民就派遣了由自己的宝贵儿女组成的中国人民志愿军，以鲜血援助了我们。"信中还写道："硝烟已经消散的我国的山峰和平原，城市和村庄，无名小河和树木都记载着中国人民志愿军官兵同朝鲜人民军官兵一道为守卫每一寸土地进行战斗而建立的功勋，无论是什么地方，都像传奇一样流传着关于中国人民志愿军官兵的高贵道德品质的各种故事。这将同流在两国边境上的鸭绿江水一起长流不息；上甘岭的峰峦将作为一个铭刻着和平战士辉煌的功勋的纪念塔而世世代代耸立在那里。"

志愿军也写了全体官兵签名的致朝鲜人民的告别信。信中写道："中国人民志愿军受六亿中国人民的托付，在朝鲜为和平和社会主义事业尽了一份力量。如果说，我们在抗美援朝、保家卫国的斗争中取得了一些成绩的话，那么，这是同朝鲜人民的全力支持，同朝鲜人民对我们子弟般的热爱和关怀分不开的。这种珍贵的国际主义友谊，正是志愿军取得胜利和成就的重要因素。光荣属于英雄的朝鲜人民！""亲爱的朝鲜党和国家的领导同志们，亲爱的朝鲜父老兄弟姐妹们，我们就要同你们分别了，但是我们的心永远不会离开你们。金日成元帅对我们的亲切勉励，共和国政府给予我们的崇高的荣誉，千千万万志愿军妈妈和父老兄弟姐妹们对我们的热爱，以及亲爱的人民军战友坚守在东方和平前哨的雄姿，是如此深刻地印在我们心中，这一切，我们将连同朝鲜人民战友们塞在我们口袋里的，那从共同战斗过的阵地上拾起来的带弹片的泥土，连同朝鲜农业社员们装在我们水壶里的，从那共同抢修起来的水库里汲上来的清澈的泉水，连同朝鲜矿工们送来的，那从战争时期一起生活过的矿井里新挖出来的灿烂的矿石，连同朝鲜老大娘戴在我们手上古老的戒指，连同朝鲜小姑娘系在我们颈上的鲜艳的红领巾，连同一切表示着永志不忘的友谊的礼品，一起带到鸭绿江那边的六亿祖国人民，传给我们的子孙后代！"

10 月 16 日，以金光侠大将为首的朝鲜人民军代表团来到桧仓，欢送我们志愿军总部的同志。下午，人民军代表团举行隆重的欢送大会。杨勇司令员从金光侠手中接过朝鲜人民军赠送的国产冲锋枪后，代表我志愿军总部表示衷心感谢，并向人民军回赠了锦旗和纪念品。

10 月 17 日，杨勇和金光侠分别代表中国人民志愿军总部和朝鲜民主主义人民共和国民族保卫省签署了联合公报。双方交接工作已经顺利完成。同日，我们志愿军总部和直属部队隆重举行告别大会，向桧仓的朝鲜人民告别。我们还派出 10 个代表团，分别到朝鲜各地向党政机关和人民群众告别。

10 月 21 日，我们带领志愿军总部全体同志到志愿军烈士陵园，向长眠在这里的我军烈士们告别和作最后一次悼念。守墓老人李守昌对我们说："请你们转告烈士们的父母妻儿，他们的亲人为了我们朝鲜献出了宝贵生命，只要朝鲜人民在，烈士们的坟墓也同在。"

10 月 22 日，我们告别了驻地桧仓率总部人员到达平壤。

10 月 23 日，杨勇和我代表中国人民志愿军在平壤举行盛大告别宴会，向朝鲜国家党政领导人和人民告别。金日成首相等接见了志愿军领导同志，并出席了宴会。24 日上午，朝鲜最高人民会议在平壤举行隆重的授勋仪式，授予杨勇和我以朝鲜民主主义人民共和国最高勋章——一级国旗勋章，授予志愿军副政治委员梁必业等高级指挥员以二级国旗勋章。24 日下午，平壤市各界举行隆重的欢送志愿军归国大会，金一副首相在大会上作了送别讲话，朝鲜劳动党中央委员会副委员长朴正爱把朝鲜人民签名的感谢信交给郭沫若和杨勇，我把志愿军全体同志签名的告别信和签名册交给了崔庸键委员长。我们还向朝鲜最高党政机关赠送了锦旗。24 日晚上，金日成首相举行盛大宴会，欢送志愿军总部的同志。志愿军总部代表 450 多人应邀出席了宴会。

10 月 25 日，平壤市 30 万人欢送志愿军，其热烈程度激动人心，实在令人难忘。国内《人民日报》对这一隆重欢送的新闻报道称："鲜花成林热情送别，人群似海依依惜别。"这里我特别要提到的是全力救护我军伤员的咸在福老大娘送别志愿军的动人情景。咸老大娘住地离我归国部队乘车的车站有 200 多里路，要翻越两座大山，蹚过一条大河。但是，为了欢送志愿军亲人，这些障碍也算不了什么。她赶到车站送别时，车站广场上已挤满了欢送的人群，她挤在人群里紧紧地拉着我军战士的手，眼里不由自主地淌下了热泪。她原是一位刚强的从不流泪的人，在残酷的战争时期，唯一的儿子参军时，她都没有掉过泪。咸老大娘的丈夫被敌人捕去，说他是劳动党员被活埋，她以劳动党员妻子的罪名被囚禁，就在这时志愿军赶到救出了她。咸老大娘从此全力投入支持我军的工作，不顾生命危险和困难看护我军伤员，为我军洗涤了 1000 多套沾满血污的军装，并把重伤员全由自己包下来，背到家里尽心照料。咸老大娘的房子被炸为灰烬，经她救护过的我军伤员们又给她盖起新房，她和我军战士同生死共患难结下了深厚感情。所以，她听说志愿军要走，无论如何也要来送行。像这样的事例真是说都说不完。

12 时整，我军最后归国的一次列车徐徐启动了，车站上响起了《中国人民志愿军战歌》，我志愿军总部全体同志手舞鲜花向平壤 30 万送别的朝鲜人民致意……在沿途和新义州又受到各地朝鲜人民的热烈欢送。我们满载着朝鲜人民的深厚情谊越过了鸭绿江大桥，穿过"凯旋门"，回到祖国的怀抱。

26 日中午，当志愿军归国的最后一列火车驶进边城丹东时，车站上锣鼓喧天，鞭炮齐鸣，彩旗花束挥舞，口号声响彻云霄，各界人民群众热烈欢迎志愿军胜利归来。战士们一走下火车，就被欢迎的人群拥抱起来，抛向空中。杨勇和我走出车厢，同专程从北京赶来的以廖承志为团长的中国人民欢迎志愿军归国代表团，和丹东市党政军领导同志热烈握手，亲切拥抱。廖承志陪同我们走出车辆徒步通过高大的彩牌楼，穿过夹道欢迎队伍前往住所。当晚中国人民欢迎志愿军归国代表团在丹东举行盛大宴会，欢迎我们归来。

27 日上午，中国人民欢迎志愿军归国代表团在丹东市召开万人大会，廖承志在大会上致欢迎词。他说："我们代表祖国六亿五千万人民，向我们最可爱的人——劳苦功高的中国人民志愿军英雄们，致以最崇高的敬意，最热烈的欢迎和最亲切的慰问。"

根据中央的指示和安排，我和杨勇率领 150 人的志愿军代表团和一个200 多人的文工团，在廖承志等领导的陪同下，乘车到北京向党中央、毛主席和全国人民汇报。沿途受到沈阳、锦州、鞍山和天津等市党政军和人民群众的热烈欢送。

28 日下午 3 时，列车驶进北京站，我们受到周恩来总理和彭真、陈毅、郭沫若、李济深、程潜、张治中等领导人和驻京军队将领的热烈欢迎，周总理紧紧握着杨勇和我的手，热情地说："我代表党中央和毛主席，代表政府和全国人民，最热烈地欢迎你们——胜利归来的英雄们！"几百名少年儿童向代表团成员献了鲜花。我们被欢迎的人群包围，淹没在彩旗和鲜花的海洋中。代表团乘坐汽车，在彭真和郭沫若的陪同下，由车站驶向北京饭店，受到首都20 多万人的夹道欢迎。下午 5 点，首都各界一万多人在北京体育馆举行欢迎大会，党和国家领导人周恩来、朱德、陈云、彭真、陈毅、郭沫若出席了大会。当我们在《中国人民志愿军战歌》的乐曲声中进入会场时，全场起立，齐声高呼"欢迎，欢迎，热烈欢迎"，雷鸣般的掌声和口号声持续了 20 多分钟。郭沫若和彭真分别致辞和讲话。郭沫若在致词中说："让我们的大会，代表祖国六亿五千万人民，向祖国的英雄儿女——中国人民志愿军全体指战员，向中国人民志愿军代表团全体同志，表示最热烈的欢迎，最崇高的敬意和最衷心的感谢！"彭真和郭沫若代表全国人民向中国人民志愿军献旗。巨幅锦旗上写着："你们打败了敌人，帮助了朋友，保卫了祖国，拯救了和平。你们的勋名万古存！"

10 月 29 日下午，毛泽东主席及党和国家其他领导人周恩来、朱德、彭真、陈毅、李富春、薄一波等，在中南海怀仁堂接见志愿军代表团，我和杨勇在休息室里等候毛主席的到来。毛主席和朱总司令等中央领导同志进入休息室，毛主席兴致勃勃，面带笑容，第一句话就问："都回来了吗？"我们起立齐声回答："人民志愿军全部回到祖国。"毛主席高兴地说："好！热烈欢迎你们。"毛主席招呼我和杨勇坐到他的左右，我简要地向毛主席报告了朝鲜人民欢送志愿军的情况。毛主席说："虚心使人进步，骄傲使人落后，志愿军同志们一定要谦虚谨慎，戒骄戒躁噢。"随后，毛主席和中央领导同志步出怀仁堂，接见了志愿军代表团全体同志，并和大家合影留念。

同日晚上，全国人大常委会、政协全国委员会、中国人民抗美援朝总会和北京市人民委员会等联合举行宴会，周恩来、朱德、陈毅、郭沫若以及首都各界人民和我们代表团全体同志欢聚一堂，畅谈抗美援朝的伟大胜利和祖国建设的伟大成就。周总理在宴会上说："我们在今天的宴会上所以如此高兴，如此欢欣鼓舞，这绝不是偶然的。这是因为抗美援朝的精神鼓舞了我们。今天一千多人的宴会，代表着全国六亿五千万人民的感情。我们要永远学习志愿军的榜样。"

10 月 30 日下午，杨勇在全国人大常委会和政协全国委员会常委会联席会议上作《中国人民志愿军八年来抗美援朝工作报告》。会议通过了《关于中国人民志愿军八年来抗美援朝工作报告的决议》。决议指出："中国人民志愿军卓越地完成了祖国人民所赋予的光荣使命。""中国人民志愿军在抗美援朝、保家卫国和拯救和平的崇高事业中所建立的丰功伟绩，将永远与日月增辉。中国人民志愿军不愧为伟大中国人民的优秀儿女，在抗美援朝的战斗中贡献出宝贵生命的烈士们，永垂不朽！"决议说："对于朝鲜政府、朝鲜人民军和朝鲜人民八年来给予中国人民志愿军的无微不至的照顾和关怀，表示衷心感谢。"

当时，杨勇和我对所受到的一切，以及以后我们回忆起当时情景，都感到既光荣又不安。我们常在一起议论：最早入朝参战的部队和干部都已先期回国了，还有许多同志长眠在朝鲜的土地上，仗主要是他们打的，功劳主要是他们的，而我们却受到这样热烈的欢送和得到这样高的荣誉，深感自愧。我们一定要谦虚谨慎，努力为党为人民为祖国社会主义建设多做工作，为军队建设贡献毕生的力量。

对于抗美援朝这段历史，我之所以回忆得比较多一点、详细点，主要是作为对当时中央的重要决策人毛泽东主席、周恩来总理、朱德委员长和彭老总等已去世的领导同志的怀念，对同我一起并肩战斗的杨勇司令员的怀念，对长眠在朝鲜国土上的志愿军烈士们以及已故的曾参加过抗美援朝战争的同志们的怀念！

志愿军代表团在北京作报告、参观，活动了一个多月，然后回到大连。

志愿军总部和直属队经过休整以后，我们开始做善后工作。经过联系协商，政治部文工团，京剧团给了山东省；话剧团和杂技团各单位都抢着要，最后话剧团大部分给了北京军区，杂技团大部分给了沈阳军区；评剧团、后勤部修械所交给了江西省。后来，这个修械所发展成为江西省的一个骨干企业。

志愿军直属机关大部分干部分配到解放军各总部工作。北京军区司令员杨成武调任总参谋部副总参谋长，杨勇接任北京军区司令员；梁必业到济南军区任副政治委员。总政肖华副主任告诉我，军委决定调我到南京军事学院任政治委员。我对他说，我没有搞过院校工作，怕搞不好。肖华说，院校工作就是需要没有框框的人来做，搞过的人还怕思想有些僵化呢。

后来，彭老总对杨勇和我讲，要把志愿军的工作做个内部总结，因为成绩方面已经写得不少了，对外宣传的好话也讲得够多的了，你们要把缺点错误和教训方面的问题认真总结一下，作为今后军队工作的借鉴。当时，我觉得这是个难题，而且没有参加朝鲜作战的全过程，难以承担这项任务。彭老总坚持要搞，杨勇表示可以由北京军区承担。1959年庐山会议以后，彭老总遭到错误的批判，这个总结也就没法再搞下去。

第十五章　培养正规化建设人才

坚持刘帅的办校方针

1958 年 12 月，我到广州参加全军政治工作会议。会议从 12 月 26 日开到 1959 年 1 月 12 日，主要内容是传达学习党的八届六中全会通过的《关于人民公社的决议》和毛主席的指示，总结 1958 年"大跃进"的经验，讨论军队如何深入学习六中全会决议和其他工作问题。

会议期间，中央军委命令我去驻南京的军事学院接任钟期光的政治委员职务，钟期光调到北京的军事科学院工作。同时，中央军委命令撤销驻南京的总高级步兵学校，该校学员和大部分军事教员并入军事学院。这时，总政治部肖华副主任到南京处理有关问题，要我一起去赴任，我觉得军院和总高正在合并，对情况不熟悉，对干部也不了解，这时候去不太合适。我告诉肖华等会议结束再去。

政工会议结束以后，我坐火车到武汉，正巧陈毅副总理也在那里，他有专机回北京，让我随他坐飞机走。途中，风趣健谈的陈老总和我谈古论今，纵谈天下事。他那悦耳的四川方言，谈吐妙趣横生，讲了许多我从未听到过的古今趣闻逸事，使我获益匪浅。他对我到军事学院工作提出了希望。他说，军事学院是刘伯承元帅在 1950 年底亲手创建的我军第一所培训高上级指挥员的高等学府，他经过多年苦心经营，逐步发展成具有师资雄厚、设备齐全、资料完整的一所现代化学校。学院起初接收了国民党军队的许多文件、档案资料和房子家产，以后又收集整理了苏军和我军许多战略、战役资料，建设了新的校舍和现代化的教学设备，外国评论军事学院是世界第一流的，连苏联那时也没有那么整齐的学院。陈毅还严肃地嘱咐我说，军事学院是一笔很大的财富，要好好管理，不要损失了，如果有损失不单是错误，而且是罪恶。他最后还说，军事学院是干部集中的地方，学院工作是个苦差事，要准备吃苦哟！

1959 年 2 月我到军事学院上任，当时廖汉生任院长，张震、张藩、陈庆先任副院长，原总高级步校政委刘浩天任副政委兼政治部主任，副政委还有徐斌洲；训练部长胡秉权，院务部长王子修，院务部政委杨基明。

我过去一直在部队任职，对院校工作从来没有接触过，到学院以后，我首先抱着学习的态度深入了解情况。当时，贯彻 1958 年军委扩大会议精神，进行的反教条主义运动刚刚结束，学院的气氛还有点紧张。

1958 年 5 月 27 日至 7 月 22 日召开的军委扩大会议，我是率志愿军代表团参加的。会议的议题原定讨论当前局势，国防工作和今后的建军方针。在讨论建军方针时，有的同志对军训工作中的所谓教条主义倾向进行了不适当的过火批判，把我军在学习苏军，进行正规化、现代化建设中出现的一些盲目照搬苏军的经验，忽视我军优良传统，以及在军事训练和院校教育中的一些不够妥当的作法，上升到资产阶级军事路线的高度来认识。认为教条主义倾向已经占领着统治地位，是动摇党的领导和忽视政治工作的错误倾向，是两条军事路线斗争在新条件下的反映。会议对负责训练和院校工作的领导同志错误地进行点名和批判斗争。有人说军事学院是教条主义的"大本营"。刘伯承元帅因此在会上作了一个检查发言，他说，我军学习苏联军队经验也不是完全照搬，开始的指导思想是把苏联的经验先学到手，然后批判地接受。当时我觉得刘帅的检查是客观的实际的，很深刻，很受启发教育。然而有些曾在军事学院学习过的同志认为检查得不好，要批判。我对志愿军代表团里有意见的同志做工作，对他们说，我们在国外，不完全了解情况，发言时要注意分寸，不要批判、反驳。

军委扩大会议以后，全军用整风的方法，把反对教条主义和单纯军事观点、个人主义搞成了政治运动。各军区负责军训工作的，各院校主管教学的领导干部都层层作检查，有些人还被列为重点批判对象，致使部队刚刚起步的正规化训练工作和现代化建设受到严重影响。此后，出现了片面强调所谓"革命化"，不重视"现代化"的偏向。由于过分强调重视我军自己的经验，排斥外军有益的经验，使我军现代化建设的进程停滞不前，一些规章制度条令实际上处于废弛状态。

军事学院在教员、学员中间，长期以来就对学习苏军经验是存在保守经验主义，还是存在教条主义倾向争论不休。在中央提出反教条主义倾向以后，学院对持相反意见的领导和教学人员进行了批判，在作法上有些过火现象，斗争面过宽,对某些领导同志个人的责任看得过重,善后工作也做得不够细致,是非分得不很清楚,以致反掉了一些不该反的东西。有的同志调动了工作,留在学院工作的心情也不舒畅,感到有点压抑,在学术上争鸣的气氛冷淡下来了,造成某些消极影响。军委扩大会议结束后,军委向高等军事学院、军事学院分别派出工作组,后来两个工作组对两个学院的结论不同,对高院的结论是"方针路线的错误",对军事学院的结论则是"带方针性的错误"。本来,高院刚刚分出去,然而调查得出的结论却不同,这就使两院的同志长期迷惑不解。

我一面调查熟悉情况,一面做些思想工作,对受到错误打击的同志给予一些安抚,鼓励他们卸掉包袱,振作精神向前看,逐渐打破沉闷的空气。对于学院过去已经形成的行之有效的一套方针、原则、制度、方法,我逐步向领导和教学人员表明态度。批判教条主义之后,军事学院应该按照什么样的方针办校,许多同志陷入迷惘之中。经过调查,我明确表示刘帅为军事学院制定的一整套办校方针仍然应该坚持贯彻。对外军经验完全否定,一概排斥,这是不足取的。对外军的经验应认真研究,结合我军情况,取其精华,为我所用。对于学习苏军经验采取完全否定的态度我是不赞成的,当然以苏军经验为主,照套照搬是不对的,中国国情不同,技术装备水平和苏军有较大差距,所以我们必须坚持以毛泽东军事思想为指针,认真学习运用我军历次革命战争以及抗美援朝战争的作战经验;然而我军要进行正规化建设,苏军的条例、条令、教材是可以借鉴的,不能简单的一概否定。就以苏军组织战役实施的一套过程为例,我觉得是科学的严密的,至于战役战术思想就不一定照搬他们的经验了,应该根据我们的实际情况灵活运用。

我主张学院领导学习刘帅严谨的治学态度,不断求索的治学精神和身体力行、深入教学第一线的作风。1958年,军事学院在欢送刘帅到高等军事学院任院长兼政委的致词中说:"刘院长关怀国防建设,以国事为己任,六十高龄,常带头学习;且战略眼光远大,常以有备无患,干部应向科学进军,学多学深一点作号召;特别谦虚谨慎,日夜工作,制军语、译外文、校条令、写教材、上大课,无一不是以身作则;特别关心与指导政治思想工作的进行,尤注意检查效果……"刘帅的模范行为,永远是我们学习的榜样。在学院,我听到许多关于刘帅勤恳治学、率先垂范的事迹。他为我们如何做好学院领导工作,创出了路子,做出了样子。刘帅当院长时,他的办公室电话连接到各个大讲堂,随时可以了解教员讲课的情况,及时给予指导。廖汉生和我都比刘帅年轻,身体也比他好，到我们当学院领导的时候，都轮流到教室去听课，参加各系教员的讨论会，也参加学员的小组讨论会，对教员授课情况逐步做到心中有数，对学员提出的问题，能解答的当场给予解答，一时解答不了的，提交教学组研究答复。院领导对教员和干部充分信任，放手支持他们的工作，学院的学术气氛又慢慢活跃起来，学员对学院教学情况也比较满意。

我到学院工作之初，特别注意学习和坚持刘帅制定的一整套办校方针。他从筹办军事学院开始，就明确提出学院的教育方针是："在人民解放军现有素质及军事思想的基础上，熟习与指挥现代各种技术兵种，并组织其协同动作。同时，熟习参谋勤务与通讯联络，以准备与美帝为首的侵略集团作战。"刘伯承元帅在第一期政治工作大纲上指出："学院政治工作要掌握在我军现有基础上去建设现代国防的指导思想。提高联合兵种的作战知识，必须是和总结我们过去的作战经验相结合。应当强调学习新东西，但不脱离我们中国革命战争的实际情况。"他还反复强调："学院政治工作要以保障训练为中心，学院政治工作就是训练中的政治工作。"

刘帅提出军事学院的训练目的是："培养完全忠实于共产党领导下的中央人民政府与中国人民事业的且善于组织与指挥现代兵团、师及诸兵种合成部队在战场上进行诸兵种协同动作的高、上级指挥员及参谋人员"；训练内容除学习战役战术、司令部工作及军兵种知识外，还要"根据毛泽东同志的中国革命战争的战略问题来研究人民解放军战史，特别是抗日时期与解放战争时期的战史。"军事学院的任务是："认真学习马克思、恩格斯、列宁、斯大林的军事学说和毛泽东军事思想；总结我军丰富的作战经验和学习外国的有益经验；在我军现有军事、政治素质的基础上，训练合成军队的指挥员在现代条件下组织指挥各军兵种协同作战的能力，提高我军军事指挥人员、政治工作人员的军事、政治理论水平，以加速我军革命化、现代化建设。"

刘帅为学院制定的方针、任务、方法，经过实践检验证明是正确的。军事学院从1951年1月起，设高级速成系、上级速成系、基本系、军队侦察系（情报系）；1952年又先后增设了军事政治系、海军系、空军系、炮兵系、装甲兵系、战役系、战史系、防化学兵系和函授系。学习期限，速成系和预科为半年，正科为两年，每年在校学员都保持在一千五六百人。刘帅从学院创建到他离开，七年来带领全院干部和教职员工辛勤耕耘，为我军培训了大批高上级指挥干部及参谋人员，为建设现代化、正规化的革命军队作出了新的重大贡献。刘帅为我们如何办好学院奠定了基础，使我们有所遵循。

1957年暑假以后，中央军委决定在北京成立高等军事学院，刘伯承、陈伯钧等同志到北京工作；战史系等教研室分到北京，一部分学员也转到高院。同时，空军系、海军系、炮兵系和装甲兵系也陆续从军事学院分出，成立专门的学院。我到学院时，学院的机构除训练研究部、政治部、院务部外，还有高级速成系、高级函授系、合同军队指挥系、基本系、情报系、防化学兵系、预科系和外军系；学院直属有12个教研室，另有系属教研室4个；学院有600多名教员，800多名干部，在校学员仍保持一千二三百人。军委赋予学院的任务，主要是训练副营到副师职的指挥员和上尉到少校的参谋人员，使他们在原有基础上提高到能胜任团、师级指挥员及团以上司令部参谋人员的水平。

除了教学工作外，学院还担负相当繁重的编写教材、想定和全军统一条令等科学研究任务。早在学院创建初期，刘帅就设立了军事学术研究会和学术研究室的机构，并提出军事学术研究的工作方向："一、以毛泽东理论与实际结合的思想方法去学习苏联的军事科学，并先从条令着手，有步骤地使学员学会现代诸兵种协同作战；二、以毛泽东历来的几个时期的著作去帮助学员搜集自己的经验，加以研究整理而作出经验总结；三、研究中国人民志愿军在朝鲜作战的经验以及美军的作战方法，用以教育学员。"

在"反教条主义"以后，曾一度引起学院学术思想的混乱，不重视研究现代条件下人民战争问题，产生了某些经验主义的倾向。为解决这个问题，我们院党委经过研究，提出必须坚定不移地正确贯彻毛泽东军事思想，在军事学术研究发展上，既反对教条主义又反对经验主义；既吸收苏军的先进经验、注意研究敌军的战术，又用发展的观点认真研究和总结我军的经验。紧紧抓住抓好军事思想、尖子、教学实际和资料等几个主要环节。抓军事思想，就是认真学习毛主席军事著作和研究无产阶级关于战争问题的最先进的基本理论，这是最根本的一条；抓尖子，一是研究最先进的科学技术在军事上的运用及由此对战斗所产生的影响，二是适时发现群众学术研究工作的最先进成就，予以提高和推广；抓教学实际，就是研究工作既为教学服务，又要积极以研究成果指导教学；抓资料，就是要从各方面搜集和占有资料，例如在编写条令草稿时，收集到"大规模使用毁灭性武器条件下美英军队战斗行动"及"苏军的战术发展""苏军条令概则"等丰富资料，使研究工作视野广阔，思路开放。在组织落实上，我们大力贯彻军事科学研究工作的研究机构系统化、研究干部专业化、研究工作经常化；大力培养学术研究队伍，既发挥专业队伍的核心骨干作用，又要广泛开展群众性的科学研究，贯彻两条腿走路的方针。鉴于学员都是中高级的指挥员，大部分是校官，还有不少将官，有丰富的指挥实战经验，我们重申刘帅提出的"尊师重道，教学相长"的口号，号召学员要尊重毛泽东军事著作、无产阶级军事学说的传授者；学术研究会和教员要加强对学员班研究小组的指导，帮助学员总结经验，并丰富学术研究的内容。"师高弟子强"。由于全院师生的共同努力，不到一年时间，军事科学研究取得了一批可喜的成果，编写教材 100 多种，编拟了中国人民解放军战斗条令概则和军师、团营战斗条令（草稿）等，还组织了近万人次参加的十多次学术报告会。

"反右倾"对学院的影响

1959 年 7 月，中共中央在江西庐山召开政治局扩大会议。会议初期的宗旨是总结经验，纠正"左"倾错误。会议期间，彭德怀同志向毛主席提出 1958 年以来"左"倾错误和经验教训的意见，被认为是向党进攻。会议后期，由反"左"转为反右，错误地发动了对彭德怀、黄克诚、张闻天、周小舟等所谓"右倾机会主义""反党集团"问题的揭发和批判。

8 月 18 日至 9 月 11 日，中央军委在北京召开扩大会议。我们学院领导也参加了会议。会议传达和讨论了党的八届八中全会《为保卫党的总路线、反对右倾机会主义而斗争》和《关于以彭德怀同志为首的反党集团的错误的决议》，要求"彻底肃清彭、黄在军队中所散布的毒素和恶劣影响"，进行揭发和批判。

彭、黄被定为"反党集团"，我听说以后，犹如晴天霹雳，顿时陷入迷惘之中，感到突然和不理解。他们都是我的老上级，老领导，几十年来他们率领千军万马，南征北战，东拼西杀，为党为人民忠心耿耿，怎么会突然反党呢？对一下子上那样高的纲感到不可思议。那时在"左"的思想影响下，政治上搞株连，有人给我传小道消息，说我已被内定为"彭黄分子"，所以心情很沉重。长期以来，我对毛主席、党中央是完全相信，坚决拥护的，虽然我对庐山会议上发生的争论不清楚，对彭的问题在脑子里存在困惑，但是对中央的决议是不敢怀疑，也是不能怀疑的。军委扩大会议期间，气氛很紧张，人人都发言表态，我根据传达的文件内容，也准备了一个批判发言，但是言不由衷。会议中，林彪又提出要把过去红一、红三军团关系彻底搞清的问题。我在小组会发言时讲，红一、红三军团的关系是个历史问题，毛主席也作过结论，这个问题已经解决，早已不存在了，现在还有什么必要重提呢？我的发言会议出了简报。当时党中央也不同意林彪的意见，这事也就不了了之。但是到"文化大革命"时，我的发言却成了反林彪的一条罪状。

会后，按照军委统一部署，9月到11月底，军事学院进行了历时3个月的"反右整风"运动。运动分三个阶段进行，第一阶段是学习党的八届八中全会和军委扩大会议精神，揭发批判彭德怀、黄克诚的所谓罪行，并开展鸣放；第二阶段把鸣放中的所谓问题归纳成专题进行辩论，批判教育所谓"中右分子"，向本单位的"右倾机会主义分子"展开斗争；第三阶段根据反右倾斗争中提出来的带根本理论性的问题，总政治部归纳了八个专题，对干部进行传统教育。运动后期，对被划为"右倾机会主义分子"和"中右分子"的同志进行了组织处理。

运动期间，我对彭、黄的问题有些看法，领导运动的基本思想是慎重求稳。这时，国防部副部长谭政曾来院视察，听取了我们的汇报。他的态度比较冷静，强调要实事求是，特别是对下边的干部，着重搞正面教育，千万不要采取"钓鱼"的办法。但是由于这次运动整个指导思想上的错误，有些界限混淆不清，如把思想问题当作政治立场问题；把对具体问题的不同意见，当成反对党的路线、方针、政策；把反映某地方工作中的缺点和错误，看成歪曲农村大好形势，攻击"三面红旗"等等，对军事学院造成的危害和影响也是不小的。在运动后期，一些部、系还对富裕中农思想进行了批判，但是到底什么是富裕中农思想也搞不清楚，结果把一些正确的看法也当作富裕中农思想来批判了。这样，批判的面宽了，方法也有点过火，加之定案时简单粗糙，把关不严，使一部分同志受到了伤害。在群众运动的潮头上，一部分同志头脑发热，往往把握不住分寸，有些学员队搞得比较厉害，党委发现以后及时做工作才制止住了。到1961年冬天，进行甄别，结果证明大多数搞错了，给18名所谓"右倾机会主义分子"全部摘了帽字，进行赔礼道歉。当时，只有高级系一位学员师长梁竹吉，被不适当地联系家庭出身，仍被划为阶级异己分子，直到"文化大革命"以后才得到平反。

现在从总结历史经验教训的角度，再回过头来看，这场"反右倾"斗争给我党我军造成了严重后果，它不但伤害了一部分好同志，而且使党内民主生活遭到严重损害，压制打击了实事求是敢讲真话的同志，从而无形中支持和助长了无限上纲和讲假话的不良倾向，使"左"的错误继续发展，甚至肯定了在政治运动中的一些错误观点和做法，如把一切言论行动都提到两条路线的高度来认识，把各类人员都按"左、中、右"来排队，等等。这些都给军队政治工作带来了不良影响。

1960 年 1 月，廖汉生调任北京军区政治委员，刘浩天接任院长。廖汉生走后我任党委第一书记，刘浩天任第二书记。

以教学为中心

1960 年 2 月，中央军委在广州召开军委扩大会议，林彪在会上大讲学习马列主义走捷径的问题，主张"背警句"，培养"三八作风"等等，会议形成了"关于加强军队政治思想工作的决议"。

军委扩大会议之后，学院召开了党委扩大会议和党的三届二次会议，传达贯彻军委扩大会议精神，对年度工作作了具体安排。

10 月 21 日，中央决定派军事友好代表团到朝鲜进行友好访问，并参加朝鲜为中国人民志愿军入朝作战十周年举行的活动。代表团由贺龙任团长、罗瑞卿任副团长，代表团成员有我、杨勇、刘亚楼、周希汉、陈锡联、肖向荣等。代表团在平壤参加了平壤市各界组织的盛大纪念活动，并到圣湖、松林、熙川、清津等地访问，于 11 月 11 日回国。

在我出国期间，学院党委召开扩大会议，进一步传达贯彻军委扩大会议的决议，检查纠正学院所谓"政治工作方向偏了"的问题。这次会议没有强调首先检查党委的领导，而是从检查政治部和政治理论教研室的工作入手，给人以"专整"政治机关和政治教员的印象，产生了一定的副作用。另外，一些同志对学院政治思想工作和政治理论教育存在的问题也看得偏重，比如有的讲，政治教育没有以毛泽东思想为指针，没有跳出"教条主义圈子"，哲学课是"哲学原理挂帅"，政治经济学是"苏联政治经济学教科书挂帅"等等，都带有很大片面性。对这次会议群众很不满意。我出访回来以后，做了一些工作，承担了责任，挽回了一些影响。

在我出访期间，学院召开过一次党委会，对学院的方针和领导分工进行了调整，有的同志提出要"以原总高级步兵学校的校风来改造军事学院"，在领导分工也作了变动。我认为这些决定不够妥当。军事学院的所有方针和制度都凝结着刘伯承老院长的心血，他是我军的军事理论家和教育家，他的指挥艺术和作战谋略是毛泽东军事思想的重要组成部分，他为军事学院制定的宗旨、方针等等，经过实践证明是正确的，我们决不要随便改动。学院领导原来的分工，也是合理的，是用其所长的，也不宜变动。我把这些想法同党委主要成员交换了意见，他们也表示同意。于是我们在适当的时候又召开院党委会重新作了研究。

学院党委在领导教学上，总的来说是得力的，领导核心是团结的，关系也是正常的，但是有一度在党委（常委）内部对实际工作中的一些意见分歧，没有充分展开讨论、分清是非，统一认识做得不够，因而对下面工作指导有时"口径"不一致，使下面觉得难办。我觉得要搞好学院工作就要改进和加强学院党委的领导，保障以教学为中心任务的完成。我们通过个别交换意见和集体谈心，检查了院党委领导存在的问题，并提出加强党委领导的意见。我们提倡党委成员要相互通气，真诚相见，直率谈心，统一思想认识，不要过分注意方式方法，不要怕争论影响关系。除了个别谈心外，我们规定每季度召开一次党委集体谈心会，交流思想，疏通关系，达到真诚团结。对各级党组织也提倡谈心，不要随便把问题提到支委会、支部大会上去批判斗争。对原则问题要抓紧，但不要匆忙作决定，要善于等待，多作思想酝酿；对非原则问题不要过分计较，讲究谅解和宽容。进一步加强首长和部门的分工负责制。属于方针、原则等重大问题，党委必须大权独揽，认真研究作出决议，然后由首长和党委委员分工负责办理。属于部门的工作党委要大胆放手，充分发挥各部门的职能作用，各部门要定期向党委报告工作。党委要抓两头。对上级指示加强研究，力求正确全面领会，避免表面化和片面性；对下面的情况加强调查研究，紧密联系学院的实际，解决具体问题。党委要加强领导干部的学习。订出各级领导干部学习计划，规定看些什么书，定期开展讨论，交流学习体会。这些意见在学院贯彻以后，较好地促进了各级党委建设。我在南京军事学院工作期间，党委基本上是团结的，大家的心情是舒畅的，都能够集中精力，一心一意搞教学。

1961年初，军委提出军事院校的教学应以林彪的"一点两面""三三制""四组一队""四快一慢"等战术原则和军事论文作为主要内容。学院党委经过研究，统一认识，决定以学习毛主席军事著作为主，结合学习林彪的战术原则。在党课教学中以刘少奇的《论共产党员修养》为主。当年，林彪曾到军事学院视察，我向他汇报了党委确定的教学计划，探听他的态度。他说："可以研究。"这样，我们就按党委确定的计划坚持教学。林彪的所谓"一点两面"等原则，是在东北解放战争中总结出来的，我们曾专门请丁盛来学院就这方面的问题作过一次报告。学员们在讨论中提出不少疑问，有的学员问我，"一点两面"和毛主席的"迂回包围"有什么区别？对这个问题，我当时不便直接回答，只好说大家可以讨论研究。但是我是有自己的看法的，"一点两面"搞不好往往打成击溃战，而"迂回包围"打的是歼灭战，两者是有明显区别的。此后，林彪的那一套东西越来越多，从上一个劲地往下灌，他提出的所谓军事院校办学方针、原则和指示，以及"少而精""大学空军""突出政治五项原则"等等，对军事学院及其施训工作的严重干扰和破坏日益加剧。到1965年6月间，林彪以"反对洋教条"的名义，下令军事学院清理教材、想定，深入进行教改等等，销毁了军事学院珍藏的中外军事图书数万册，教材难以数计，使军事学院遭受一次大灾难。

由于天灾人祸，从1959年下半年起到1961年我国出现了三年经济困难，工农业生产大幅度下降，国民经济比例严重失调，人民生活水平普遍下降，市场供应极度困难。为了克服国民经济的暂时困难，党中央和毛主席领导全国人民节衣缩食，艰苦奋斗。

1962年，毛主席到南京视察，在南京人民大会堂接见了部队师以上干部和地方负责干部。毛主席一手拉着许世友的手，一手拉着我的手走上主席台，跟着走上主席台的还有江苏省委书记江渭清，省长惠浴宇。毛主席站在主席台中央，向大家讲了四句话："团结起来，努力奋斗，克服困难，争取胜利。"讲完了以后，毛主席对我们说："不要送，各奔前程。"他即乘车去了上海。

毛主席的指示，给我们很大教育和鼓舞。回想三年困难时期，当时尽管供应困难，人民普遍吃不饱饭，很多人得了浮肿病，但是全国上下仍然人心很齐，大家憋着一股劲，共渡难关。这段时间，学院的思想政治工作比较有力，及时进行形势教育，向全院同志讲清形势，把困难讲够，把中央采取的措施，及时告诉大家，增强战胜困难的信心。那几年中央经常召开工作会议，调整关系，研究措施，纠正偏差，我们都及时按中央规定范围进行传达。

学院领导与学员同甘共苦，以身作则，起表率作用，不搞特殊化。比如学院的小卧车，主要用于外出开会和看病，领导干部上下班都骑自行车。在最困难阶段，为了使教员的身体不受影响，学院单独开办了教员灶，大家称它为"加油站"，教员轮流去改善生活，学院领导自觉遵守规定，没有一个到教员灶去吃饭的。

学院采取专业农场经营与部、系分散生产结合的办法大抓农副业生产，尽可能地改善生活条件。在养猪种菜方面取得很大成绩，生猪存栏达 5000 多头，生产蔬菜达到 85 万余斤。那时，南京一度生猪出口有困难，学院还支援他们5 万斤猪肉应急。此外，学院挖掘设备和技术潜力，开办了电讯厂、制冰厂、制药厂和军人服务社，组织干部家属参加生产，增加收入，方便员工生活。所以在三年困难时期，学院的生活影响不大。

另外，我和各省市的领导同志，都比较熟悉，他们对军事学院也给予了很大支援。在当时全国各地都很困难的情况下，内蒙古的乌兰夫同志和新疆王恩茂同志，他们各支援了军事学院 5 万斤牛羊肉；南京缺纸烟，上海陈丕显、安徽李葆华、天津李耕涛等同志，保证每月供应学院一些卷烟。后来，总政肖华主任知道学院生活搞得不错，就把总政的文工团、体工队送到学院来住训。

这个时期，学院还积极参加和支援国家社会主义建设，组织干部到常州、镇江等地，参加农业劳动和社队建设；支援地方运输，为群众治病，培训技工、护士、保育员等等，帮助群众搞好生产，共渡难关。60 年代前半期，学院和江苏省、南京市政府以及地方群众的关系一直很融洽，军地和睦相处，亲如家人。

1962 年 1 月 11 日至 2 月 7 日，中共中央在北京召开扩大的工作会议（又称七千人大会）。我参加了这次会议。会议初步总结了"大跃进"中的经验教训，开展了批评和自我批评，强调要恢复党的实事求是、群众路线的优良传统作风，要健全党内民主生活，加强集中统一。2 月 12 日至 19 日，军事学院党委召开扩大会议，传达和讨论中央七千人大会精神。学院大尉以上党员干部和学员听了传达，并认真进行了讨论。学院部、系以上党委遵照总政治部《关于开好党委交心通气会议的通知》，召开了交心通气会，主要内容是检查民主集中制的执行情况和改进党委内部关系。此后，学院办了多期学习班，着重阅读总政规定的几本书，加强对会议精神的理解和贯彻。学习班着重学习关于社会主义建设的若干问题和关于党内民主生活问题，紧密联系实际，消除前几年在反对教条主义、反对右倾机会主义和批判富裕中农思想等运动中带来的一些消极影响。在学习班上大家放下包袱，敞开思想，说出了压抑了多年的心里话，对恢复党内正常生活起到了积极作用。可惜到九月传达了党的八届十中全会精神以后，又开始了批判所谓"单干风""翻案风"，学习班也就此无形中断了。

6 月间，刘浩天院长调海军东海舰队任政治委员，张震接任院长。

自 1960 年全军成立军事训练和军事学术研究委员会，叶剑英元帅担任主任以来，叶帅重新领导全军军事训练、院校教育和军事学术研究工作。叶帅对军事学院的工作很关心，除了院领导经常到北京汇报工作以外，他曾多次到军事学院视察、座谈、调查研究。叶帅要求军事学院在教学中要更好地贯彻以我为主的原则，围绕教学思想、教学内容、教学方法、教学作风和教学制度进行改革。1961 年 6 月，根据叶帅视察时对教学和其他各项工作的指示，学院党委专门进行了讨论，并对教学工作作了进一步的改革。贯彻了"高学一级，学透一级"，主要练抽象思维，增加了战例课，修改了教学和想定，突出了参谋专业训练。1961 年底，根据叶帅的指示，学院召开党委扩大会议，制定了"教学工作的十大纪要"，对训练规模、内容、指导思想、计划、方法以及学制等，作了一些重大改革和规定。

学院领导向叶帅请示问题，他总是耐心听取，经过认真考虑以后，给予明确指示。给我印象最深的是，关于教材编写和毛主席军事著作教学问题。总部曾派一个检查组到学院来检查教学工作，他们认为有了毛主席著作和林彪军事论文，加上条令就可以了，不必再另外编写教材；教学上应以毛主席军事著作和林彪军事论文为主，战斗条令概则就不必用太多时间来讲。对他们的意见，我们感到不太合适，但又不敢轻易否定，于是我向叶帅请示。叶帅很明确地指示："教材还是要编，这好比医生给病人看病，说是中药铺里什么药都有了，就可以不必再开药方子了，这样行不行？这有个特殊和普遍关系的问题。你要具体运用毛主席思想，不能说毛主席著作的内容已经无所不包了，总得开个'药方'嘛。""不能把战斗条令概则和毛主席著作对立起来，战斗条令概则已经充分体现了毛主席的军事思想；毛主席著作是普遍真理，只务虚还不够，要学战略战术还得落实到概则。"根据叶帅的这些指示，我们把毛主席军事著作和战斗条令概则结合起来学，以条令概则为纲来学习毛主席军事著作，取得了良好的效果。

还有，在教改中如何贯彻林彪的"少而精""短而少"的指示问题，学院在讨论研究中，大家对学制问题意见纷纭，但光在缩短多少时间上打主意。我们带着问题请示叶帅，他开导我们，关于学制问题，不能只在时间上考虑，要实事求是，主要研究如何精简教学内容和改进教学方法。

叶帅每次到学院视察，都召集全院干部和部分学员讲话，对学院的工作成绩给予充分肯定和热情鼓励，对存在问题给予中肯地批评指正。1962年7月，叶帅到学院检查工作，住了半个多月。离开前他召集学院党委讲话，他说："……尽管在教学改革过程中发生过若干缺点，也走过一些弯路，但方向是正确的，措施是积极的，在执行以我为主，以毛主席思想为指针上摸索出不少经验，取得比较显著的成绩。"他对学院存在的问题，详细地作了指示，一是训练内容应突出重点，全面安排，如学习战斗条令概则，应通过学习概则，使学员掌握毛主席军事思想的基本观点，作为学好合同战术的统帅。训练任务和学制还须进一步明确。二是进一步贯彻"少而精"的方针，注重提高教学质量。三是学院有六百多名教员，要充分调动他们的积极性。四是在学术研究的基础上，逐步修改教材，提高教材质量。五是加强学术研究的领导，严格教学要求，健全教学制度。

有一次，叶帅还专门召集学院军事史料研究处的同志开会，给予鼓励。刘帅在创建军事学院初期，曾吸收了起义或解放过来的五六百名原国民党将领到学院任教和做资料研究工作。刘院长多次接见他们，指出："不管是逼上梁山的也好，捆上梁山的也好，过去走错了路不要紧，改过来就行了"；要求大家"遵守共同纲领，认真改造思想，共同把学院办好。"这些人员对教学和学院建设作出了一定贡献，后来经过肃反、审干、反右，直至反教条主义运动，大部分被陆续处理走了，我到学院时还剩100多人。根据"团结、教育、使用"的方针和反教条主义后面临的新情况，我们将这些同志组织起来，单独成立了军事史料研究处，由朱大纯、郭汝瑰（原国民党中将）等任处领导，主要任务是研究古今中外的战史，也总结他们本身的战争经验教训。这些同志做了大量工作，写了不少有价值的文章，如古代战争史、内战战例、兵棋对抗等。

叶帅在这次接见时，鼓励他们说："同志们兢兢业业地认真钻研古代兵法和军事史，是有成绩的。这项工作不是可有可无的，是有意义的，研究古代兵法是国防事业的一个重要环节。把古代的兵书，由古文变成现代语，凡是有价值的东西都要搞出来。要一个问题一个问题地钻下去，发掘那些还没有被人发现过的东西。我们研究古代的东西，不是三年两年就可以解决问题的，要用毕生的精力，甚至毕生的精力还搞不完。研究古代的东西，在学术界占很大的地位，这些东西是宝贵的、重要的、长期的、有意义的。你们是有成绩的，我们表示敬意。"最后，叶帅勉励大家要把自己所做的事业，作为人民事业的一部分，作为国防事业的一部分，对人民、对国家、对后代负责。

1965 年 8 月 19 日，叶帅在大连全军指挥院校教学改革会议上还说："对于过去从国民党过来的旧军官，我们继续团结改造使用他们。南京军事学院史料处有一批教员，曾经在军事科学院作了几次古代兵法的报告，讲得很好。说明经过改造还可以使用。要因人施教，因才使用。这两条都是要紧的……这是毛主席历来教导的思想。"

但是，在"文化大革命"中，史料研究处的同志受到冲击和迫害，一一被遣返原籍，由各地武装部安置，致使有些同志生活无着，带来了不应有的损失和不好的影响。几十年来的事实证明，史料研究处的同志绝大多数是拥护共产党、热爱社会主义的，思想改造是有成效的。如朱大纯、郭汝瑰等经历了"文化大革命"的风雨之后，仍矢志不渝，先后加入了共产党。郭汝瑰从 1980 年起，在张震同志支持下，会集原史料研究处的人员编纂《中国军事史》，已出版了《兵器》《兵略》《兵制》等分册。

军事学院成立以后还担负培训外国留学生的任务，"文化大革命"前，来军事学院学习我国武装斗争经验的有亚非拉澳 60 多个国家和地区的学员达数千人，有短期的，有一年以上的。特别是越南人民军的学员占多数，接受培训的上至国防部副部长，下至师团干部，还有部分南方干部，主要是学习合同战术。他们在中国学习期间，和我们的关系是很融洽的，感情是很深的，可以说是亲如一家人，他们回国时都依依不舍，挥泪惜别。1960 年，胡志明主席专程到南京，勉励越南学员和中国同志友好相处，虚心向中国同志学习，并向学院领导表示亲切谢意。

叶帅对学院培训留学生的工作很重视，他多次指示要加强学院的外国留学生系，增加一些干部和设备，要把这个系办成一个训练中心。还指示要组织力量，加强对外介绍武装斗争经验的基本教材的编修工作。在叶帅的指导下，学院的留学生工作不断加强，取得显著成绩。每次留学生结业，我们都向他们讲明，你们学的毛泽东军事思想和中国的斗争经验，在中国是适用的，只供你们参考。你们回去不能照搬，要从你们国家的实际出发，灵活运用。

1964 年 1 月 3 日，军委向全军发出指示，号召全军立即掀起学习郭兴福教学法运动。1 月 13 日叶帅到学院，在全院在职干部大会上，专门讲了如何跟上毛主席思想问题和学习郭兴福教学法问题。

郭兴福是南京军区某部的副连长，他继承和发扬了我军练兵的传统方法，通过艰苦努力，反复实践，摸索出一套搞好单兵和小组战术动作训练的教学方法。他善于在教学中做思想工作，充分调动练兵的积极性；实行官兵互教，评教评学；把练技术、战术和练思想、练作风紧密结合起来；他讲解要领采取由简到繁、由分到合、情况诱导、正误对比的方法，使战士逐步加深认识，容易掌握；在管理教育方面，他言传身教、严格要求，一丝不苟，循循善诱，耐心说服，使战士们百听不厌，百练不倦，苦练和巧练相结合。郭兴福教学法在南京军区推广以后，很快引起总参的重视，叶帅参观现场会后，指出郭兴福教学法不但适合部队训练，也适合院校。

我们根据军委和叶帅的指示，结合学院的教学改革，在学院进行深入动员，找差距、订措施，改进教学方法，加强教学中的思想政治工作，带动作风的养成和管理教育工作。1964年上半年，学院选拔"苗子"，培养郭兴福式的教员。5月6日到14日，学院举行了军事理论教育贯彻郭兴福教学法观摩大会，进行了理论和技术课比武。教学方法有所改进。9月7日学院召开党委扩大会议，总结经验，研究教学改革问题，决定进一步推广郭兴福教学法和学院合同系第四组的教改经验。会议决议，今后要大力贯彻群众路线的教学方法，强调以自学为主，进行启发式的教学。在课前要深入进行调查研究，了解施训对象，做到因人施教。预先写好材料发给学员看，或者先做启发报告，交代主题；或者根据学员提出的问题最后作出小结。要发扬教学民主，贯彻教中有学，学中有教，达到教学相长，共同提高的目的。军事理论课要继续贯彻叶帅指示的理论、战例、想定作业三结合的原则，特别是战例教学已取得较好的反映，对指挥经验较少的指挥员来说是一个重要环节。兵种教学采取见学、讲理论、独立作业三个环节来实施，给指挥员正确赋予兵种任务打下基础。想定作业多搞分练、专题研究，不受前后情况的制约。教员要作好多手准备，不受原案、训练课题的束缚。另外，把训练时间作了调整，一年以10个月、40周（每周五天半）来安排训练内容；总机动时间留出13天，由院掌握8天，归系班使用5天；每一课程的安排要求留有余地；每天8小时，由教员根据教学实践调整使用。这样，训练时间不规定过死，教学搞得更活。

根据训练内容的调整，教学分工也作了相应变动。我们把合同战术教研室教学任务加重，兵种教研室的教学任务减少；兵种教研室除担负本身教学外，再分担一部分毛主席著作或战术想定的教学任务。为使教员有接触部队实际的机会，了解情况，开阔眼界，逐步把教员分成两线，三分之二担任施教，三分之一轮番去部队参观见学。经过学习推广郭兴福教学法，教学改革进一步深入，教学质量有了一定提高。

1964 年下半年和 1965 年下半年，总参主管院校工作的张宗逊副总长率三总部检查团两次来学院深入检查工作，他们对学院的教学方法和工作作风给予较高的评价。朱德、贺龙、聂荣臻、罗瑞卿等军委领导，也先后到学院视察，并接见全体教学人员，给学院工作以很大支持和鼓励。

参加"四清"运动

1965 年三四月间，彭真副委员长组织议会代表团出访非洲，刘宁一为团长，我为副团长。代表团经阿联访问了马里、加纳、几内亚、中非共和国、刚果（布）等五国，历时两个多月。

回国后不久，中央军委传达了毛主席关于军队干部参加地方"四清"运动的指示。学院经过深入学习讨论之后，立即组织了 1020 多名干部，于 9 月间分赴江苏东海和安徽六安地区参加"四清"（清政治、清经济、清组织、清思想的农村社会主义教育运动）。我和学院 332 名同志，按照安徽省委和社教工作总团的决定，担负了六安地区古城、双桥两个公社的社教工作。经过初步集训，我们于 9 月 9 日至 14 日分别进村蹲点。

我们工作队发扬我军密切联系群众，和群众同甘苦、共命运的优良传统，与广大贫下中农同吃、同住、同劳动，甘当小学生，虚心向他们学习。我们在实行"三同"中接触和了解了人民公社的实际情况，学习了贫下中农勤劳俭朴的优良品质，亲身体会到了人民群众热爱、关心子弟兵的深厚情谊，思想感情发生了很大变化。安徽的农村生产比较落后，生活比较艰苦。工作队的同志们学习毛主席著作《关心群众生活，注意工作方法》，开展为群众做好事活动。大家自觉地把群众的困难看作自己的困难，把群众的疾苦看作自己的疾苦；群众有了疾病就主动上门看病送药，问寒问暖；群众没有衣服，我们就脱下自己的衣服，给群众穿；群众没有被子，我们就腾出自己的被子送给群众盖。有一户贫农家里不幸失火，工作队员不顾个人安危，跳上房顶，奋勇抢救，事后又捐钱帮助他盖了房子，工作队积极为群众排忧解难的行动，普遍受到称赞。

有一个贫下中农失明，学院医生给他开刀，治好了他的眼疾，在治疗期间我曾去看望他。以后他常给我写信，并将他复明后的照片寄给我。

　　工作队帮助生产队制订生产规划，提倡学大寨精神，研究生产管理和分配方面的问题；队员们帮助社员开家庭会，订出用粮用钱计划，安排好生活；我们还以民兵、青少年为骨干，开展文化室活动，整顿和加强耕读小学，组织农民学习毛主席著作，读报、识字、唱革命歌曲、讲革命故事、宣扬好人好事、开展体育活动，活跃了农村的政治文化生活；工作队狠抓民兵工作"三落实"，结合参军备战教育，加强了民兵思想和组织建设，适当开展军事技术训练，如射击、投弹、爆破等，提高民兵的军政素质。

　　"四清"工作队的主要任务是搞"四清"。"四清"是按中央《农村社会主义教育运动中目前提出的一些问题》即《二十三条》的规定进行的。《二十三条》中规定了要以阶级斗争、两条道路斗争为纲，把社会主义教育进行到底的错误方针，提出了运动的重点是整党内那些走资本主义道路当权派的错误论断。由于《二十三条》本身就是"左"的产物，因此以此为准则必然发生"左"的偏向。运动中夸大了阶级敌人的力量，混淆了两种不同性质的矛盾，扩大了打击面，伤害了一部分农村基层干部和群众的积极性，给农村工作造成了损失。我参加了一期"四清"后，于1966年1月返回学院。

第十六章　在"文化大革命"中

从不理解到被揪斗

"文化大革命"的十年，在我的后半生留下了非常深刻的经验教训。

1965 年下半年到 1966 年上半年，报刊上开始批判《海瑞罢官》、"三家村"和所谓"反动学术权威"，这是"文化大革命"的前奏和舆论准备。"五一六通知"是"文化大革命"的开始。

1966 年 5 月 4 日至 26 日中共中央在北京召开政治局扩大会议。会议批判了彭真、罗瑞卿、陆定一、杨尚昆的所谓"反党错误"，并错误地决定停止和撤销他们的职务。5 月 16 日，会议通过了由毛泽东主席主持制定的中共中央通知（即"五一六通知"）。通知说，中央决定撤销 1966 年 2 月 12 日批转的《文化革命五人小组关于当前学术讨论的汇报提纲》（即《二月提纲》），撤销原来的"文化革命五人小组"及其办事机构，重新设立文化革命小组，隶属于政治局常委之下。"通知"要求高举无产阶级文化革命的大旗，彻底揭露那批反党反社会主义的所谓"学术权威"的资产阶级反动立场，彻底批判学术界、教育界、文化界、出版界的资产阶级反动思想，夺取这些文化领域中的领导权。而要做到这一点，必须同时批判混进党里、政府里、军队里和文化领域的各界里的资产阶级代表人物，清洗这些人，有些则要调动他们的职务。尤其不能信用这些人去做领导文化革命的工作。"通知"把这场斗争说成"是一场你死我活的斗争"。

5 月 28 日，中央文化革命小组成立，组长陈伯达（8 月底由江青代理组长），顾问康生，副组长江青、张春桥等。这个小组逐步取代中央政治局和中央书记处，成为"文化大革命"的实际指挥机构。

6 月，《人民日报》发表《横扫一切牛鬼蛇神》的社论。经毛主席批准向全国广播北京大学聂元梓等人写的所谓"第一张马列主义大字报"。接着《人民日报》公布中共中央改组北京市委的决定，同时发表北京新市委决定，改组北京大学党委，派工作组领导"文化大革命"。在这些事件的影响下，各地青年学生开始起来"造反"，发生了许多混乱现象。中共中央在刘少奇、邓小平主持下，决定向北京市大学和中学派出工作组。许多省、市也相继向大专院校派了工作组。

8月1日至12日，中国共产党在北京召开八届十一中全会。毛泽东主席发表了《炮打司令部——我的一张大字报》，指责自6月上旬派工作组以来的50多天里，从中央到地方的某些领导同志犯了方向路线错误，"将无产阶级轰轰烈烈的文化大革命运动打下去"。全会通过了《关于无产阶级文化大革命的决定》（即《十六条》）。从此，"文化大革命"全面展开，全国范围内的大动乱随之开始。

对这场运动开始我很不敏感，毫无思想准备，处于不理解、跟不上的被动状态。1965年11月，报刊上开始批判吴晗的新编历史剧《海瑞罢官》，实际是为发动"文化大革命"制造舆论，但我把它单纯地看成是学术讨论，根本没有察觉其中的用意。

1966年2月中旬，中共中央转发了《二月提纲》。以彭真为组长的文化革命五人小组在《二月提纲》中，针对当时思想理论界的混乱局面和学术讨论存在的问题，提出了一些方针政策性意见。我以为这些都是地方上的事情，和军队关系不大，因此，只是组织有关人员学习了一下，并没有引起足够的重视。不久，总政刘志坚副主任通知，军事学院和南京军区各派20名教员和干部组织工作组，到南京的地方院校和有关单位帮助宣传落实《二月提纲》，要求挑选好的同志去。南京军区负责同志对我说，不要派年轻的同志去，挑些年龄大的，准备将来转业留下。我没听他的，还是按总政要求，将各方面都比较好的教员派了出去。

4月间，我因十二指肠溃疡病休在家。原南京军区政委唐亮来看我，他讲，据说毛主席认为《二月提纲》是错误的，你心里要有个底。这时，地方上传达落实《二月提纲》搞得轰轰烈烈，学院政治部也请地方同志来做报告。政治部事先没向党委报告，到下午开会前我才知道。我告诉政治部不要开这个会，他们说报告人已经来了，不好变动了。我说，那就通知学院党委成员一律不要参加会，仅以政治部名义组织。当时，《二月提纲》到底有什么错误，我也弄不清楚。后来，这请人来作报告的事就成了一个问题。

"五一六通知"和《人民日报》社论发表以后，我有点丈二和尚摸不着头脑，对其中一些调子很高的提法理解不了。北京开始批判彭真，各地青年学生纷纷起来"造反"。我当时仍然认为这是地方上的事，强调军事学院的工作要按照中央军委的具体部署去安排。后来这又成了我的一条罪状，说什么由于我是彭真一伙的，所以军事学院"按兵不动"。为什么我成了彭真一伙呢？就因为我曾参加彭真率领的人大代表团出访。

8月初，军委决定由我率领军官休假团访问罗马尼亚。7月下旬，我们集中到北京做出访的准备。这时北京已经闹得很凶，暑假各大学的学生大部分都没有回家，学校内外大标语、大字报贴满墙、挂满院，打倒这个、打倒那个的标语口号随处可见，红卫兵的组织已经出现，成群结伙到处串连。概括起来，一句话，即风雨漫京城。我对于这种形势，真是"老革命遇到新问题"不知所云。我到罗马尼亚访问了两个月，东欧国家也弄不清中国发生了什么事情，对我们也有点戒心。回国的时候路过埃及，我国驻埃及大使馆的同志问我休假团里有没有红卫兵，可见他们害怕红卫兵"造反"。这次访问，他们接待虽然热情周到，但是不让我们接近群众。

9月下旬，我们回国到上海，搞访问总结。党的八届十一中全会以后，全国各地的红卫兵涌入北京，接受毛主席接见，然后又回到各地"闹革命"。这时，正赶上红卫兵南下上海，上海市委也被砸了。来上海接我的同志，汇报了南京市和军事学院的情况，他们代我起草了一张大字报，大意是支持学院的"文化大革命"，请群众多向我提批评意见。回到学院以后，我就贴了出去。广大群众对我刚回来就表了态，反映还比较好。

国庆节过后，军委召开各军队院校领导干部紧急会议。10月3日，我匆忙赶到北京。原来是林彪一伙认为，军队院校过于强调军队的特殊性，把运动搞得冷冷清清，这样不行，要立即发一个紧急通知。中央军委和总政治部根据林彪的意见，发出了《关于军队院校无产阶级文化大革命的紧急指示》，召开紧急会议就是专门传达这个文件的。《紧急指示》要求军队院校也和地方院校一样，按照《十六条》的规定办，开展"四大"，参加"大串连"，取消院校党委的领导，由学员、教职员工选举的文化革命小组、文化革命委员会领导运动。

10月5日，总政治部在北京工人体育场召开军队院校开展"文化大革命"誓师大会，由肖华、刘志坚主持，宣布中央军委和总政治部的紧急指示（亦称"一〇五"指示）。军队驻京院校和外地院校来京人员参加了大会，来京开会的各院校主要领导也奉命出席，陈毅、叶剑英、贺龙、徐向前等老帅到会，叶帅在会上讲了话。

当晚，刘志坚在京西宾馆第五会议室，召集各院校领导开会。在他宣布"各院校取消党委领导以后，由群众选举成立文化大革命筹备委员会来领导运动"时，我当即问他："取消党委领导以后，政委干什么？他说，政委还是政委嘛。散会后，某学院领导和我一块走出会场，他半阴不阳地冒了一句，"看来你对取消党委领导不满意罗？"我没理睬他。

10月10日，学院接到军委10月5日关于停止军队院校党委领导的命令，院党委全体会议讨论决定，从即日起中断学院各级党委对"文化大革命"的领导。下午，召开学院各单位代表协商会，我和张震宣布中断院党委对"文化大革命"的领导。从此，各级党委陷于瘫痪，基层党组织停止了活动，南京军事学院开始遭受一场浩劫。中共中央把"紧急指示"转发全党，在全国掀起了一场"踢开党委闹革命"的浪潮，导致局势无法控制。

由学院政治部和群众协商，并由各单位选举产生的学院文化革命筹委会（简称"文革筹"），是得到当时大多数干部、学员拥护的。大多数"文革筹"成员过去表现比较好，在群众中有威信，拥护党委领导，他们虽然也组织批斗了几个"犯错误"的领导干部，但领导运动还比较稳。这样外面反映军事学院的运动文质彬彬，于是地方造反派就来和学院的"一○五造反兵团"串连，搞联合行动，加上到南京串连的驻张家口解放军技术学院和解放军艺术学院"星火燎原"等群众组织，这样一下子就闹起来了。他们冲击了院"文革筹"，把"文革筹"的主要负责人抓到北京关押、拷打。他们还在学院里冲击军事史料研究处，揪斗干部和家属，闹得乱七八糟。后来"文革筹"召开全院大会，我上台讲了话，我说，搞运动要掌握党的政策，需要规定几条：第一，不准揪斗干部家属，她们有什么问题可以向所在单位反映，由她们所在单位研究处理；第二，不得揪斗军事史料研究处的人员，他们大多数是起义军官，要执行党的有关政策，不能乱冲击；第三，不能随便撤干部的职，他们是中央军委和各级党委任命的，撤职要按程序经过任命机关批准；第四、不准干涉学院里外国留学生的学习和生活。这次讲话，"引火烧身"了。会后有几个教研室的人敲锣打鼓上门来质问我，党委领导已经取消了，你以什么身份讲话？我说："党委领导虽然中断了，但是我的政委职务还没有撤，该讲的话我还要讲。"他们对这个答复虽然很不满意，但以后再没有揪斗干部家属和军事史料研究处的人员。还有一次，造反派聚集在礼堂，要张震院长来回答问题，扬言不来就不散。为了避免张震去出问题，我就去了。会还没有散，南京大学的造反派来冲会场，我从后门悄悄地走了。没过几天，我因胃痛住进医院，有些人又追到医院质问我，医院采取了不少保护措施。

1967 年 1 月，由张春桥、姚文元指挥上海"造反派"，夺了市委的党政财文大权，被称作"一月风暴"。接着全国各地全面刮起"夺权"之风。全国乱了，军队也乱了，今天打倒这个，明天打倒那个。这场运动对我来说逐渐变成了一个谜，越发地捉摸不透。比如，当时把建国 17 年的成就都否定了，说是"资产阶级专了无产阶级的政"；还说全国各地区都烂掉了，已经变色了等等。对这种说法我既不同意也不相信，当时我想，如果真是这样，那岂不是把毛主席也否定了吗？还说什么"解放军是毛主席缔造的、林彪亲自指挥的"，这根本不是事实。对毛主席我是有深厚感情的。从参加革命起，在中央红军就经常听到传达毛主席的指示。在革命的各个紧要关头，都是毛主席带领全党全军渡过激流险滩，转危为安。实践证明，没有毛主席的英明领导，就不可能有中国革命的胜利。"文化大革命"是在毛主席亲自发动和领导下进行的，对这场运动是否正确，在当时的历史条件下，还是不能怀疑的，对一些理论和做法虽然感到难以理解和接受，但也是从主观上找原因。1 月 28 日，中央军委发布"八条命令"，决定野战部队不搞"四大"，军事院校可以搞，但不准串连，并规定今后一律不准冲击军事机关。张震去北京听传达回来以后，又参加了南京军区召开的会议。军区负责同志下令把坦克开进城，以防事态扩大。军事学院把大门也关了起来，张震通知我在医院好好休息，不要过问外边的事，也不要打电话。

但是，林彪并不认真执行"军委八条"，他先是和康生勾结制造谣言，诬陷贺龙"私自调动军队搞'二月兵变'"，将贺龙立案审查。继而伙同江青、康生等人，把老帅们在军委会和中央政治局碰头会上对江青、叶群一伙的激烈批评和辩驳，诬称为"反对毛主席的无产阶级革命路线"的"二月逆流"。老帅们质问"文化大革命要不要党的领导？""老干部应不应该都打倒？""要不要稳定军队"等等，都是光明磊落的，是为了捍卫党和人民的利益而奋起抗争的。而林彪和江青等人串通一气，操纵中央文革又抛开"军委八条"，搞了个十条，鼓动群众"揭批军内走资派"，揪"军内一小撮"。这样，中央军委的八条命令被否定了，造反派组织开始反攻了。

在这样的形势下，军事学院的群众组织又发起批判学院各级党委执行"资产阶级反动路线"。所谓"资反路线"当时也没有权威的解释，大概是指派工作组和"反对群众自己教育自己，自己解放自己"的"走资本主义道路的当权派"吧。他们把系以上领导干部都拉来批斗，搞"喷气式"。我也被他们从医院揪回批斗，给我戴上了"刘少奇、彭德怀、彭真在军事学院的代理人"的帽子。斗完以后又把我送回医院。

几天以后，"造反派"又到医院揪我回去批斗。我被揪到学院大操场进行大会批斗，会后还要拉出去游街。刘冠卿医生拦住他们说："他心脏跳动很快，病情很严重，不能揪去游斗。如果你们非让他去，就请你们写条子签字，注明出了问题由你们负责。"他们谁也不敢写条子，我才没有被游斗。这次我虽然没被游斗，但是却把写着我名字的高帽戴到教育长吴华夺的头上，拉着在街上游了一圈，吴华夺回来时都走不动了。这样，南京一下子传开了，"王平游街了"。

2月24日，中央军委根据我的病情，进一步明确指示："需要住院治疗至少3个月"。

军事学院的群众组织后来分成两派，一派是"红司"，另一派是"革联"。他们都急着夺学院的权，天天到南京军区总医院和我谈判，要我把学院公章交给他们。我告诉他们，"文化大革命"反对的是"走资本主义道路的当权派"，学院领导哪一个也不是，你们反对哪一个我都不支持，学院的公章也不在我手里。他们听后很不满意，更加紧了对我的批斗和围攻。

4月2日，我的胃、十二指肠溃疡病加重，精神不好，头昏眼花，医生给我注射阿托品、杜冷丁，并告知下周做手术治疗。手术前，我坐南京军区参谋长王蕴瑞的车回家看了看。

4月6日，军区总医院给我作胃、十二指肠溃疡手术。

叶帅对我的病情很关心，多次签发电报，指示有关部门搞好治疗，并转告有关群众组织不要干扰治疗。

5月17日，总政治部政辰九号电："同意王平同志全休疗养。"

5月21日，中央军委发特急电："军事学院党委并南京军区党委：王平同志病刚做过手术，根据他的病情，尚需恢复一个时期。请你们转告军事学院各战斗组织，待王平同志病情好转后，再去听取大家对他的批评和意见。"

然而，有些造反派的头头并不听叶帅和军委的指示，反而变本加厉地对我进行围攻批斗。

5月24日，军院造反派不顾军委电报指示精神，将我拉回单位批斗，声称一切后果他们负责。还声称"对军委有关王平的一切指示命令，我们一律抵制。"他们下午5点将我抬走，夜12点整把我送回医院。

5月29日，军委办公厅×××科长来电话传达军委首长指示："军委对王平同志病的问题发过几次电报，最后一次电报就是因为'革联一〇五'拉出要斗，又发了一次。但据说在这以后'革联'仍用救护车拉了去，并据反映'革联'对军委关于王平的一切指示都是抵制的态度，不执行。军委认为抵制的态度是错误的，应坚决执行中央军委的指示。"并强调："要维护中央军委指示的尊严。"

5月下旬，军院两派轮番把我抬出去揪斗。一次，他们在体育馆将我示众后拉上布帘，我躺在行军床上，吸着氧气，被批斗约四个小时。我回医院后，感到四肢无力、疲乏，心前区一直发闷不适，在开大会前医生给我服了一片硝酸甘油，开会中间又含了两片。

总医院领导为保证我的治疗，曾多次和造反派交涉，但造反派头头说："我们承认电报是军委发的，但军委领导是否知道这需要调查。王平是三反分子，电报声称同志，与我们距离很大，我们叫他三反分子王平。"

总医院院领导指出："王平同志住院动手术，是经军委同意的。你们到医院来要有一定的手续。你们按正常探视时间来是可以的，假使你们一来几十人，冲进来就影响了各病人的休养。现在的问题是执行不执行军委指示的问题，真正的革命造反派应该听毛主席的话。"

南京军区后勤部卫生部领导还强调："今后揪斗王平，要经过军委同意。按探视时间来访问、核对材料是可以的。你们来带介绍信，要通过院部，医护人员不直接与你们发生关系，医护人员可以与院部发生关系。"

在我住院期间，中央军委叶剑英副主席等领导同志非常关心我，南京军区总医院和军事学院的广大医护人员千方百计积极为我治病，想方设法保护我，才保住了我的生命。如果没有他们的关心照顾，我很可能不会有今天。每念及此，我都对这些同志充满感激之情。

我动手术后，还发生了这样一件事。"红司"和"革联"都找学院的领导支持他们，"红司"把张震院长、吴华夺教育长、政治部陈焕副主任抢去了。

"革联"一直在争取我，一天，他们把我抓去弄到一个工厂车间做我的工作，声称他们保护我。我对他们说："你们不是反对当权派吗？我是当权派，不参加你们的组织，也不支持你们的活动。"他们把我关了一晚，看争取无望，又把我送回医院。

五年的关押生活

7月17日，武汉"七·二〇"事件前夕，南京开始"揪军内一小撮"。晚上军事学院一部分造反派翻墙而过，进到医院病房，我连衣服都没来得及穿，被他们用被子裹着就弄到解放路4号军事学院的一间小平房里，从此我就被关起来，进行群众监督。9月24日，林彪和由他控制的军委办事组根据某些人操纵罗织的"王平的罪行"的报告，下令我停职反省。从7月17日算起，此后我被关押了将近5年（仅差10天）。

最初被关押时，因为我做完手术不久，到公用厕所还要扶着墙壁慢慢地走，蹲下去就很难站起来。"监管"我的有两个人。我的孩子晓光来照顾我，没两天他突然失踪了。我让打针的护士给家里打电话，家里说他没有回去。那时南京市正在打击叫"五湖四海"的组织，大街小巷都很紧张，我和家里人都非常焦急，我问"监管"的人把晓光弄到哪里去了，他们推说不知道。后来，公务员刘学智悄悄跑来告诉我，"监管"认为晓光是"眼线"，把他强行送回驻南京的炮兵工程学院"闹革命"去了，我这才放了心。

晓光走了以后我要求让我的女儿来照顾一段时间，"监管"经过请示同意了。晓鸣、晓旭是孪生姊妹，她俩一周替换一次，一个多月"监管"竟然没有发觉是两个人。后来，"监管"就不让她们再来了，还把晓旭隔离看管了一段时间。

"监管"期间，学院两派不是开大会就是开小会，轮番来整我。他们给我罗列的"罪状"越来越多，上纲越来越高，帽子越来越大。先是往彭德怀那里挂，说我是"彭黄漏网分子"，"彭德怀的黑干将"。以后又往"彭、罗、陆、杨"上边联，问我为什么彭真出访都点名让我去，后来又查所谓建国初期"华北路线斗争问题"，编造我和唐延杰、张致祥、周文龙等人在薄一波授意下反杨成武，夺华北的权，企图把华北变成"反对党中央、毛主席的前进阵地"。军事学院一位支持"革联"的领导找我谈话，他说："王平呀王平，从军事学院角度看，我对你印象很好，提不出什么意见。现在北京军区、总参谋部都贴了你不少大字报，说你反党反毛主席，过去我认为你有功劳，是英雄，现在你成了坏人，是狗熊。军事学院的领导都同意打倒你。"他问我建国初期为什么要反杨成武？我义正词严地告诉他，这是造谣诬蔑，根本没有的事。抗日战争和解放战争时期我们都一起战斗，无仇无怨，我反他干什么。他说，你们斗杨成武的会有记录可查。我说，这是瞎说，那时周文龙在"三反"运动中被怀疑有问题，根本不可能参加什么会议。以后这个问题专案组再没有追查，也就不了了之。后来听说，那时有少数人编了所谓"晋察冀两条路线斗争史"，说杨成武是正确路线代表，把彭真和我作为对立面，真是胡说八道。

不久，又有人说我和贺龙有"黑线关系"，一直追逼，这也使我百思不得其解。我和贺龙元帅工作上接触不多，也想不起工作以外还有什么事情会引起怀疑的。后来，经他们提示，原来是贺龙元帅到朝鲜慰问志愿军第二十兵团时，我一直陪同，一天在兵团隐蔽指挥部休息，他想打扑克牌，但人手不够。在去找人之间，他和我随便聊起来，谈了他自己的革命经历和其他事情等等，人来了我们就打起扑克来。那时有人看见我们谈得很融洽，到这时就当作"黑线关系"来揭发。还有罗瑞卿总参谋长到南京时，我曾陪同他在军事学院礼堂看锡剧《珍珠塔》，这又把我和罗瑞卿拉在一起成了"黑线关系"。

当时，专案组给我罗列了七八十条罪状，要我一条条交代。他们为了拼凑黑材料，跑到我老家去调查，回来说我是"富农分子"。我坚持实事求是，和他们进行辩论，为此吃了不少苦头，我的一个手指曾被他们扭伤。后来，有人劝我不要硬顶，我也觉得和他们这些人没法讲理，所以以后无论他们开大会批判，还是小会"车轮战"，也无论哪一派斗，我都不吱声，反正事实总归是事实，历史是最公正的。他们看我不吱声，气急败坏地说："王平，你跑不了，逃不掉，一定会撬开你的嘴！"

当时，外地找我调查的人很多，先后有四五百人次。外调的人来一次，就要"提审"我一次，每次先向毛主席像鞠躬、背语录，然后按问题回答，讲完了还让写出来。写好一份"监管"马上就收走，让我再写一份，名曰"一式两份"，实际上是看我两次写的一样不一样，从中找我的问题。不管他们怎样折磨，我始终坚持实事求是，不讲一句假话，不写一份假材料，做到于心无愧。

那时，来调查什么问题的都有，上至彭德怀、黄克诚、杨勇、吕正操等同志的所谓"问题"，下到警卫连战士的事情，有的问题真是莫名其妙。为了应付这些人，一有空我就把熟悉的、一起工作过的同志，都事先一个一个地在脑海里过一遍，考虑外调的人可能会提什么问题，我如何回答，如彭黄的问题我就按中共中央文件的口径，不多讲。我就怕有人来调查杨尚昆的"问题"。我讲不出杨尚昆有什么"问题"，也想不出对付外调人的办法。幸亏没有人来调查，大概一些人还不很清楚红三军团时期我们是上下级的这段历史关系。

有一天，造反派弄来一个女孩子到群众大会上诉苦，控诉我在"三反"运动时逼死她的父亲。会后造反派来审讯，我才知道。其实他父亲当时归志愿军留守处管，不属于华北军区，跟我毫无关系。还有海军批斗苏振华，派人拿着写好的材料来让我签字，尽管他们吹胡子瞪眼拍桌子，我也没给他们签。总后勤部斗汤平副部长，来人逼我揭发他在一军团红四师当供给处长时反林彪；还因为我在安徽搞过"四清"，让我揭发李葆华搞山头等等。对这些无中生有的问题，我都一口拒绝。

他们肯定我反林彪，审查我的专案组由小到大。这些人天天逼迫我谈对林彪的看法。在当时的情况下，我只能光讲林彪的好话，但是他们并不甘休，日夜搞"车轮战"。开大会批斗，我不怕，一是有时间限制，二是一些人不敢大打出手。我就怕十几个人的"车轮战"，一搞就是三四个小时，甚至更长。他们用呱啦板在你头顶上呱啦呱啦地打着，嘴里不干不净地骂着审问着，手脚还不时地在暗里捅你踢你一下子。搞得我头昏眼花，心烦意乱，每次下来几乎连人都不认识了。一次，他们逼我谈对林彪有没有"一闪念"，实在逼得没有办法，我就谈了两点，一是林彪历来不太重视政治思想工作，现在突然这么重视，又提得这么高，说明他现在学习毛泽东思想学得好，开始转变了；二是他爱整人，不同意他意见的同志他都整，如聂鹤亭、谭政、陈光等都挨过他的整。这么一说可捅了马蜂窝，说我攻击"副统帅"，他们马上把我升级为"现行反革命分子"。专案组还另外给我加了四条所谓"罪状"：一是批判彭黄时，林彪在小组会上讲要查清红一、红三军团的关系问题，我认为这个问题毛主席早已作了结论，没有同意林彪的意见。二是上级提出军事训练要以学林彪的"一点两面""三三制"为中心，而我在军事学院却以学毛主席军事著作作为主来"抵制"。他们讲，对林彪的"一点两面""三三制"既不反对，又不赞成，实际就是反对。三是1966年春节，林彪到苏州，许世友、杜平和我去拜年，林彪接见我们40分钟。他把罗瑞卿的"错误"讲了一遍后，就和我们谈"公与私"的问题。他说，要天天反"私"，一个人每天从起床开始就有"公与私的斗争",比如上班是早一点还是晚一点,工作是认真干还是不认真干,都反映"公与私的斗争"。再比如,老百姓挑一担粪,是往公家地里送,还是往自留地送,也反映"公与私的斗争"。共产主义实际上是"公"产主义。当时杜平做了记录,许、杜向南京军区作了传达,还向总政写了报告。我没作记录,只给学院领导说了说,再没有往下传达,这就成了封锁林彪讲话精神。四是搞"四好运动",我认为教研室和连队不同,不好评"四好",搞不好影响团结,因此不能照搬,这也被他们说成抵制"四好运动"。这四条"现行反革命罪状"上报到中央。黄永胜说,对王平要狠批狠斗,只要不死在会场上就行。这一段时间,整得我体重下降到不足100斤。

1968年3月26日,军事学院两派确定开全院大会,批判我反杨成武的罪行。这个消息是一个炊事员悄悄告诉我的。谁知3月24日在北京公布了林彪、江青制造的"杨(成武)、余(立金)、傅(崇碧)事件"(称"三·二四事件"),黄永胜接替杨成武担任军委办事组组长,杨、余、傅被立案监管,这样给军事学院两派搞了个措手不及,批判我反杨成武的大会开不成了,于是匆忙把大会改在28日举行。开大会的时候,他们的调子来了个180度大转弯,说我和杨成武"南呼北应到处乱军",批判我为杨成武树碑立传,这真是把我弄得啼笑皆非。

"三·二四事件"之前,军事学院两派已经联合。杨成武出了"问题","红司"说杨是"革联"的后台,两派又分裂了,"红司"把我抢到他们那里关起来。他们联合时,有人给我写了个条子调查张震的问题,我把它放在枕头下边未予理睬,时间一长也就忘了,后来被"红司"的人搜去了。"红司"是保张震的,他们说我是"革联"的黑后台,追查这个条子是哪来的,斗我斗得更厉害。其实我也说不清楚,不知道送条子的人是哪一派的。

1969年南京军区奉命在南京实行军管,某军负责军事学院的军管。南京地区军队和地方被审查的干部都集中关押,我也在其中。后来听说江苏省和南京市的领导和我们都押在一个楼内,因为一人一间房,互相见不到,这在当时我并不清楚。在这里,吃饭时,逐个叫出来打饭、前边的打回去了,后边的才能出来打。上厕所先要报告,准许了才能去。开始不让我们洗澡,后来大家不断要求,才得到准许。上澡塘洗澡排着队去,两边用枪押着。起初前边带队的走得快,我跟不上,后来就让我当排头,依我的速度走。洗澡还限时间,由带队的叫口令:"脱衣服""下去""出来"。在一个澡塘里互相不准说话,只能你看看我，我瞧瞧你，认识的以眼神致意。

南京三五〇三厂党委书记孟凯关在我的对门，我是打饭时听点名，才知道他叫孟凯，"监管"不让我擦地板，每天让孟凯过来擦。那时，分管我的隋传华医生对我很照顾，说我有关节炎，准许我家送点五加皮酒或虎骨酒。孟凯鼻子灵，一到我屋里就闻到了。我们都是同难战友，每天他过来擦地板之前，我就用杯子倒一点酒放在那里，擦完地他喝一口就走。后来，孟凯被用手铐铐着带走了。

1969年2月，"军委办事组"下发一号文件，将高等军事学院、军事学院、政治学院撤销，合并成军政大学。从8月份起，军事学院有少数人员被陆续抽走参加军政大学的筹建工作，绝大部分人员仍在南京。

从1967年的林彪反党集团直接插手和控制我的专案开始，先后给我强加上"彭黄反党集团漏网分子""假党员""阶级异己分子""三反分子"等罪名。1969年12月，南京军区党委根据"军委办事组"的旨意，对我作了撤销党内外职务、开除党籍、送农场劳动改造的决定，欲置我于死地。后来因林彪反党集团逐渐败露而未能实现。

1970年，我的问题交南京军区处理。这一年开始清查"五一六分子"。什么叫"五一六分子"，我当时也不知道。军区保卫部的一个科长找我谈话："王平，你还有重大问题没有交代。现在搞'一打三反'，你要争取主动。"听了他的话，我很坦然，因为我没有什么可交代的，也不需要争取什么主动。一天，军区、军院和南京的造反派都来找我，还带来了一个女孩子。他们问我："你认不认识她？"我说："记不得了。"那女孩子接上说："你忘了，我给你倒过茶。"我说："无论到哪个地方，给我倒杯茶还不是正常的，给我倒过茶的人可就太多了。你是哪个礼堂，哪个招待所的？"她又说："是你在玄武湖开会时（据他们说'五一六分子'在这里开过会）给你倒的茶。"我说："这就奇怪了，我一直被军事学院造反派关押着，怎么可能出去参加什么会？"军区的人认定有此事，军事学院的人听了则认为不可能，于是两派争论起来，最后没法收场，他们嘀咕了一会儿，由军区的人告诉我，好好反省交代。

8月下旬至9月初，中共中央在庐山召开九届二中全会，毛主席发表了《我的一点意见》，批评了陈伯达编选的经过林彪审阅的"称天才"的材料，挫败了林彪集团坚持设国家主席，抢班夺权的阴谋。接着军内开展了"批陈整风"运动。此后，军区把我关押到第二招待所，那里管得稍松些，但仍不让家里人自由来探望。

因为我的问题的牵连，全家数次被抄，被扫地出门。1月2日大雪天让搬家，房子很破旧，马桶冻住不通，也没院墙。家具也很少，就有一个桌子，两把破椅子，床铺不够就睡到破木板地上。全家人分散各处，老伴和大女儿、女婿下放"五七干校"，老二、老三大学毕业后下放到东北的煤矿和农场劳动锻炼，老四、老五到河北农村插队，老六、老七在部队被安排复员回家。从1967年开始，全家人都没有安宁过。

1971年9月13日，林彪仓皇出逃，摔死在温都尔汗。因为我还属"敌我矛盾"，谁也不给我讲，但是我看报纸已经发现点迹象。10月初，埃塞俄比亚皇帝塞拉西一世来我国进行国事访问，到机场欢迎的报道，没有提黄、吴、李、邱等人；举行国宴时周总理讲话，仅代表毛主席欢迎，没有提"林副主席"。我想，周总理讲话一向非常严谨，滴水不漏，决不可能是疏忽，这里边一定有文章。还有，我在理发时路过礼堂门口原有毛主席和林彪握手的画像突然没有了，换成一个口号；看管我的人员，说是借我的《红旗》杂志看，送回来的时候，"八一"专刊封面上的毛主席和林彪的照片被撕去了；还接连两个月不让家属来探视，等等。这些迹象使我怀疑林彪是不是出了问题。后来晓光来了，他偷偷告诉我林彪摔死了，黄、吴、李、邱都被抓起来了。尽管这是一个迟到的消息，仍然使我高兴得激动不已，心情久久难以平静。

1972年，我老伴写了封申诉信送到周总理的秘密联络站，总理秘书把信呈送给周总理。7月6日上午，军区保卫部来人通知我，"把东西清理一下，准备好"。我当时不知道是什么意思，想着他们可能把我转移到别的地方。是不是把东西都收起来，心里很矛盾，蚊帐我就没拆，准备回来再住。下午，这个人又来了，他接着上午的话说，周总理有指示，让你回家去，等待结论，你自由了。但是他又宣布只准在南京市范围内活动，离开南京要请假，有事出门可以打电话从军区管理局要车。

获得自由后，军区允许我看一些一般性的文件，但必须到专案组去看。有一次专案组派车接我，去看关于粉碎林彪反党集团反革命政变的材料，当时我讲了自己的一些看法。专案组向军区反映我的思想不对头，军区保卫部又组织了几个人名曰"帮助我"，实际上是批判我，"警告"我不准翻案。

在家里待了一年，没有人理睬我，什么活动也不让参加。按当时规定，每个被关押的人放出来后必须写一份检查，并且强调"三个正确对待"（正确对待"文化大革命"，正确对待群众，正确对待自己）。我考虑要争取早日出来工作，所以也违心地写了一份检查。

1973 年，我给叶帅写信要求分配工作，由我女儿晓钟将信送给叶帅秘书。8 月 8 日，总政通知我到北京。在南京活动还受限制，到了北京就不一样了。总政干部部派了一位处长到火车站迎接，用吉姆车把我送到西直门招待所。招待所的副所长当过甘泗淇的警卫员，和我认识，对我照顾得很周到。总政宣传部代部长刘永寿，是我过去的一个译电员，他负责安排我的文化活动。军事博物馆的正副馆长过去都是军事学院的，也给我送电影票。来看望我的人川流不息。

到北京后，叶帅指示总政主任李德生安排我的工作。当时正准备召开中共第十届代表大会，李德生抽不出时间，直到 8 月底，他当选为党中央副主席后才接见我。李德生原来是南京军区的，我们认识，谈得还不错。他说："你的问题没有什么，主要是与彭德怀的关系，先恢复你的党组织生活。"还说："可以让中央负责专案审查的'三办'把你的档案转到总政。"他最后说："你身体不错，将来还可以工作嘛。"但是他没有讲恢复待遇和什么时候分配工作等问题，因此我只好住在招待所等着。这几个月有上百的老战友来探望。

1974 年，又搞起"批林批孔运动"。"四人帮"在北京擅自召开了驻京部队及中直和国家机关两个万人大会，打着"批林批孔"旗号，发表煽动性的反动讲话，对周总理和叶帅等中央领导人进行恶毒的诬蔑攻击。根据北京的形势变化，我也不便于久待，因此决定回南京等待安排工作。

2 月，离京之前，我去看望邓小平同志，小平同志问我："他们反你，反的什么问题？"我说："彭黄的黑干将""假党员""现行反革命"，等等。他说："他们爱怎么说就怎么说。"我问小平同志可不可以工作，他说："要求做工作不犯法。"

我取道武汉回南京，武汉军区杨得志司令员热情地欢迎我，所有在武汉熟悉的老同志都来看望，轮流请我吃饭。但是不几天，武汉地区的"批林批孔"运动也搞起来了，情况也变得复杂起来，我不了解他们各人当时的态度，也不好讲话。停留了几天，我便动身回南京。南京的阵线我清楚些，可以同哪些人讲话，我心中有数。

回到南京，情况比原先好些。原先军区领导不敢和我接触，控制很严，副司令员詹大南给我弄了些狗肉，包得严严实实的，叫警卫员在夜里偷偷送来。

1973 年底八大军区司令员对调，丁盛从广州来南京军区当司令员。他在抗美援朝时是归志愿军二十兵团指挥的一个军的军长，和我比较熟悉。我一回南京，他就到我家来看望，请我到他家吃饭，看电视，到军区机关看电影，传达中央文件也请我参加。他还说，没事可以到上海走走。这样我在公开场合可以露面了，其他人也可以来我家了。

1975 年 1 月，总政通知我到北京。头天，丁盛让我和他一起乘飞机去，到第二天又突然变卦，说飞机坐不下了，于是我改乘火车。我在北京的两个女儿，一个在廊坊上车来接，一个在北京站接。可是，一到北京站，总政来接的人只准我一人上汽车，女儿们不能跟着去，连警卫员也不能带，搞得很神秘，我还以为又被逮捕了呢。汽车把我送到前门饭店，才知道是让我参加第四届全国人民代表大会第一次会议。四届人大代表会议筹备期间，组织上对我的所谓"问题"还没有作结论，还没有正式给我平反，况且南京军事学院撤销后，我们这些人一直是由南京军区代管的，因此，推选人大代表时没有我。通知我参加代表大会，是中央军委临时决定的。到北京以后，我和刘志坚、余立金等几个人是总政临时开了个会补选的。

开分组会的时候，安排让我参加总后勤部小组。有八年时间没有参加过会议了，我觉得连话都不会讲了，发言说什么呢？"文化大革命""四人帮"的套话和词汇我不会，讲过去的又不合时宜，干脆算了吧，来个一言不发。

会议结束，我仍返回南京等候分配工作。

军事学院，这所由刘伯承元帅亲自创建的、曾为我军现代化建设培养出近万名高中级指挥员的第一所高等学府，经过"文化大革命"已糟蹋得不成样子。经过多年培养的教员队伍被搞散；教学员们呕心沥血编写的从井冈山到全国解放后历次战役、战斗的经验总结和战例汇编、教材，被付之一炬；单价十几万元的一个个示范沙盘，都被砸烂了，器材也全部失散了。据说销毁时，资料、教材、地图、沙盘等，一共拉了 80 辆卡车。真是令人痛心，真是罪过啊！

我在"文化大革命"中所受到的诬陷迫害，直到党的十一届三中全会期间才得到彻底平反。1978 年 12 月 16 日，中共军事学院（1977 年 11 月军政大学分开，组建军事学院、政治学院、后勤学院）委员会发出（78）军党字第 67 号决定，为我平反。决定说："根据党中央和中央军委落实政策的指示精神，现决定：将林彪反党集团强加给王平同志的一切诬蔑不实之词，一律推倒，彻底平反，恢复名誉。"

炮兵机关的平反

1975 年 4 月 13 日，在南京接到军委电令，要我在 14 日赶到北京。我急急忙忙准备了几件换洗衣服，乘火车在次日中午赶到北京，下午 2 点在三座门开会，宣布我到军委炮兵当政委。到炮兵前叶帅找我谈话，他指示首先要摸准情况，大胆平反林彪反党集团制造的冤假错案，落实党的政策，然后按照军委的意图和部署，把炮兵整顿好。

到炮兵前，我还去看望了小平同志，他鼓励我放手大胆工作，不要怕这怕那，无非是第二次被打倒，共产党员要有百折不挠，为真理而斗争的勇气和胆量。

4 月下旬，我到炮兵上任，机关召开欢迎大会。我到大院门口下车走了大约 200 米才到礼堂，这时机关的人都到齐了。由于被关押多年，我的身体很虚弱，走了一段路，直感到气短，张达志司令员把我迎上主席台，即宣布开会。我还没有喘过气来，呼哧呼哧地就开始讲话。其实情况不了解，也没有什么好讲的，只是说了几句表态性的话，还讲得结结巴巴的。会后一些同志议论："唉呀，派这样一个老头子来，连讲话都上气不接下气的，还能把炮兵工作抓起来？"这就是我给炮兵机关留下的第一印象。

到炮兵，我心里只有一个想法，把过去失去的时间抢回来，为党多做一些工作。"文化大革命"以来，炮兵机关的同志遭受诬陷和迫害，被打下去的有 300 多人。我首先召开调查会，了解情况。这时，主动找上门来反映问题的同志也接连不断，白天谈，晚上还谈，天天晚上都到十一二点钟。我一个人谈不过来，就让秘书协助接待。经过一段时间的调查，我逐步弄清了情况，开始有了发言权。粉碎林彪反党集团以后，炮兵机关就组织了平反小组，两年多时间才平反了 20 多个人，并且还留有"尾巴"。主要是他们有几个问题争论不休，其关键在于对炮兵原司令员吴克华、政委陈仁麒的问题的认识。"文化大革命"初期，炮兵机关的群众起来造反，支持吴克华，批评了陈仁麒，后来陈仁麒得到林彪的支持，压制造反的群众，打倒了吴克华。这一反复，前后都牵连到一部分干部和群众，使问题变得比较复杂。我根据"文化大革命"的发展过程，进行实事求是的分析，吴克华和支持他的群众是响应"文化大革命"的号召，在对运动不理解的情况下起来的，当时批判陈虽然是错误的，但并没有整倒他和迫害其他人，应该属于认识问题；而陈仁麒对反对过他的群众和领导干部进行残酷地打击迫害，性质不同。至于广大群众，都是上当受骗的问题。对于这种分析和认识，机关大部分同志是同意的。在提高认识、分清是非、统一思想的基础上，我们接连紧张地工作了4个月，大刀阔斧地平反冤假错案，搞清了287名同志的问题，为他们恢复了名誉，逐步安排了工作。炮兵原副政委刘何被迫害致死，一些领导长期不敢和他的老伴接触，对立情绪很大。我到炮兵机关以后，主动代表组织对她进行慰问，做她的思想工作，找她核查问题，她都比较通情达理。我们为刘何进行了平反昭雪。还有一个干部被关了八年，说他反江青，但又查不出确凿证据，他本人也不承认，我决定暂时把他放出来，以后查出问题再说。

经过这一段时间的工作，炮兵机关的同志说："这老头子还行，工作真有点魄力。"这是他们对我的第二印象。

6月24日到7月15日，叶剑英、邓小平副主席主持召开中央军委扩大会议，为清除林彪干扰破坏军队建设和江青等人反军乱军所造成的恶果，会议遵照毛主席关于"军队要统一"、"军队要整顿"、"要准备打仗"的指示，着重讨论解决调整军队编制体制、压缩军队定额、整顿思想、整顿组织、整顿作风纪律等问题。叶、邓副主席在会上讲了话。邓副主席把当前军队建设存在的问题归纳为"肿、散、骄、奢、惰"五个字，指出克服这五个方面的问题，就是军队整顿的基本内容和主要任务。要求在整顿中要增强党性，反对派性，发扬艰苦奋斗的优良传统作风，提高干部的思想水平、指挥水平、管理水平。会议强调不容许任何野心家插手军队，搞阴谋活动。会议所提出的许多重大问题，实质上是对林彪推行"突出政治"等一套"左"的东西的否定，清除"文化大革命"对军队建设的影响。会上确定我为中央军委委员。

我在炮兵工作的时间不长，平反冤假错案的工作还没有搞完，就接到了新的任命。临走的时候，许多同志恋恋不舍，不愿我离开。

我走了以后，1975年底又开始所谓"批邓、反击右倾翻案风"，炮兵的平反工作又出现反复。有人说，我是"邓小平派来的"，专门"举逸民"的；还说我否定"文化大革命"，把"文化大革命"中他们整的材料都销毁了；诬陷我是"炮兵右倾翻案风的风源"等。他们揭发我在炮兵平反大会上的讲话"不是经党委讨论的,是个人意见"(当时我讲完后,党委第一书记张达志接着讲话,他说:"讲话提纲是经党委讨论同意的。")。对我的讲话,他们重新下发文件,通知作废。还有一位领导向"四人帮"写信揭发我的所谓"问题",并将一份揭发材料转到武汉军区(军区拒收、原封退回)。一段时间内,他们把我作为主要对象,进行点名批判。

1977年7月20日,中共炮兵委员会致函武汉军区和我,承认对我的批判是错误的。公函说:"反击右倾翻案风中,炮兵某些人紧密配合'四人帮'另搞一套,在炮兵'揪一层'和'层层揪',对王平同志进行诬告、陷害、点名批判、恶毒攻击;炮兵主要领导同志指示以政治部的名义发通知,点王平同志的名;炮兵五七干校政治部向武汉军区写报告,对王平同志进行诬蔑攻击,这些都是错误的。我们谨向你们及王平同志承认错误,表示道歉。在揭批'四人帮'运动中,炮兵机关和各校、所对这些错误进行了认真的揭发、批判、清查,我们还将进一步做这方面的工作,以彻底肃清其流毒和影响。"

整顿武汉部队

1975年8月30日,经党中央和中央军委批准,我接替王六生任武汉军区政治委员。行前,我去见叶副主席和邓副主席,请示到武汉军区如何工作。他们讲:武汉军区,地处中原,交通便利,部队比较多,便于机动,既可以北上,又可以南下,既可以东进,又可以西征,是军委的战略总预备队,位置非常重要。叶、邓副主席都向我介绍了武汉军区的情况,他们说,武汉军区很复杂,"四人帮"及其伸向某省的黑手,通过多种渠道插手某省军区,大搞反军乱军活动;某独立师参谋长,在四届人大前写大字报,要周总理下台,要张春桥当总理;某军陷得很深,唯"四人帮"是从,防化连是江青的试点单位。地方上的问题也不少,"批林批孔"中,江青派人为湖北送书,武汉组织万人大会迎接;河南省的运动已经反复了多次。两位副主席要我对这些情况和动向特别注意。叶帅向我交了底,他说:我们已向各军区主要领导同志打了招呼,要他们稳定部队,只要部队不乱,一切事情都好办。他还说:"我已经提醒南京军区丁盛,要他不要去上海。"叶、邓副主席强调:你到武汉以后,一定要掌握好部队,要按照军委扩大会精神把部队整顿好。邓副主席还嘱咐我:"江青要整王猛（国家体委主任），我们把他调到武汉军区担任副政委，你们要保护他。"

9月15日，我到武汉军区上任。地方上的事情我不插手，专心抓部队。

我到武汉军区的第二天，杨得志司令员突然得了急性前列腺炎，疼痛难忍，当天军委派飞机把他接到北京住院治疗。他没来得及给我介绍情况，一去就是三个多月。王六生去军委任工程兵政委，张震副司令员到总后勤部任副部长，也都立即赴任。这样我只得自己摸情况，开始工作。

武汉军区有三个军和两个独立师、四个特种兵，军区空军也比较多。我去以后，一边调查研究，一边传达贯彻军委扩大会议精神，狠抓部队的整顿。开始，有一部分同志，怕这怕那，不敢整顿。有的同志对我说："王政委，现在情况很复杂，不要那么认真，讲话都要写成稿子，不要被人家抓住辫子。"我对他们说："不要一朝被蛇咬，十年怕草绳"，整顿首先就是要解决"软、散"的问题，谁不敢整顿就辞职。在认真学习军委扩大会议精神，提高认识，摸清情况的基础上，我们着手调整、改组，健全军、师、团各级领导班子。报经军委批准，我们坚决改组了"软、懒、散"的班子，调整了班子中"骄、奢、惰"干部的职务（某省军区和某军除外，放在以后解决）。在调整、整顿领导班子的同时，认真解决部队的作风纪律问题，加强教育训练，提高部队战斗力，时刻准备打仗。经过整顿，部队的组织纪律观念和战备观念得到加强，基本上能够做到有令即行，令行禁止。

1975年10月，武汉军区在洛阳组织一个加强师的检验性演习，军区团以上干部都去观摩学习，各大军区也派领导参观指导。现济南军区张万年司令员在那里当军长，演习组织协调得比较好，搞得比较成功。但在演习中也暴露出部队存在的一些问题。演习总结时，我在大会上讲了话，首先表扬了这个师演习搞得不错，接着根据演习中的情况，着重讲了整顿和训练问题。我围绕军委扩大会议精神，结合部队具体情况，讲了整顿和训练的重要性、迫切性，要求军区各单位通过认真整顿和严格训练，切实解决部队"肿、散、软"的问题。讲话事先没有准备稿子，大约讲了两个钟头，大家反映很好。演习以后，全区大部分团以上干部都认识我了，他们开始对我产生了比较好的印象。

这次演习，还做了另外一件好事。各大军区来参观的领导同志想看豫剧，这时正好省委第一书记兼武汉军区政委刘建勋也来了，我向他提出请著名豫剧艺术家常香玉来演出。当时常香玉还被当作"豫剧反动权威"靠边站。我到军区后去河南了解部队情况，曾在郑州看戏，因为"两派"有争论，没让她出来演。这次我又反映大家的要求，刘建勋不好再拒绝，于是让常香玉来演了一场戏，这样一来她就解放了。常香玉知道是我解放了她，非常感激。后来，她当选为人大代表，每次到京开会都来看我。

早在1969年10月，林彪借口"加强战备，防止敌人突然袭击"，擅自发布"紧急指示"，调动全军进入紧急战备状态以后，中央受迫害的一些同志被遣送全国各地。原中共中央统战部部长李维汉，是20年代初就参加革命的一位老同志，他被遣送到湖北咸宁地区。还有人大常委会副委员长刘宁一被遣送到襄樊地区，外交部副部长刘晓在信阳地区，中共中央监察委员会副书记王从吾在孝感地区。这些同志被遣送下来以后，群众不了解他们，领导不敢接近他们，生活非常困难。我到武汉了解到他们住的地方以后，先后去看望了他们，地、市委请我吃饭时，我也把他们请去，并向地、市委的领导同志交代，要很好地保护他们，在生活上要给予照顾。此后，他们的生活条件得到改善，粉碎"四人帮"以后，又都回到了北京，并安排了工作。

1975年底，在全国又掀起了所谓"批邓反击右倾翻案风"的狂潮。这年年初，周总理病重住院，由邓小平同志主持中央党政日常工作。他组织开展了工业、农业、商业及交通运输、文化教育、科学技术、文艺等各条战线、各个领域的一系列整顿工作，比较系统地纠正了"文化大革命"的错误，使各项工作有了起色。邓小平同志与"四人帮"的倒行逆施进行了针锋相对的斗争。这样就触怒了"四人帮"，他们打着"维护文化大革命"的旗号，迫不及待地要把邓小平同志和一大批重新工作的老干部再次打下去。1976年2月下旬，党中央召集各省、自治区、直辖市和各大军区负责人会议，要求大家"转弯子"，支持并参加"批邓"。江青还私自召集参加会议的同志讲了一次话，恶毒攻击小平同志。我和杨得志、赵辛初认为这个讲话不能传达，但又怕造反派不答应，于是我们给江青写了个条子，故意问她是否向下传达，如传达请发材料。江青在条子上批"概不传达"。我们把江青的这句话传达给几个省委的领导同志。

这次会议之后，"四人帮"指示他们在各地的帮派分子召开"促转弯子"的大会、小会。在这种形势下，不应付一下也不行。我们按"两报一刊"（《人民日报》《解放军报》《红旗》杂志）的口径搞批判，但不发挥，不创新，不搞上挂下联。我在军区宣布，军队不准介入地方的运动，也不准许地方到部队来串连。"四人帮"插手的那个军提出上街游行，我不同意，他们也不敢去。这个军上报了一份"批邓经验"，军区政治部的一位领导提出转发，我告诉政治部，"送来就收，不予转发"。有一位副司令员对军区的态度很不满意，他对我说："王政委，军区得转弯子。"开始我没有理睬，他连续提了几次，我就问他："怎么转，转到哪里去？"以后他不敢提了。

在"反击右倾翻案风"的时候，《人民日报》记者和军区宣传部个别同志发现了湖北省军区警卫营一个副班长，批判邓小平在军委扩大会议的讲话"不讲阶级斗争。"他们没有通过我就把宣扬他的稿子捅到《人民日报》《解放军报》去了，一时在军区范围内掀起了一股歪风。这个副班长立即成了"典型"，总政治部通知要向他学习，不少单位请他作报告，名噪一时。那时，有一部分人上下活动，竭力提拔他当干部，在这个问题上我作了一点让步。但对到处作报告，我始终不大同意。有一次，一个单位请他作报告，我想听听他究竟讲些什么。他作报告，任意点名批判中央一些领导同志，还编造所谓"模范事迹"抬高自己。下来后我告诉有关部门，到此为止，不要再扩大宣传了，避免了后患。

不久，又批起了"资产阶级法权"。什么是资产阶级法权，哪些属于资产阶级法权，怎么个限制法，也没有一个准确的界定，谁也搞不清楚。有些领导有点害怕，搞得连红旗牌卧车也不敢坐了，大一点的房子也不敢住了，甚至连沙发也不敢要了。武汉军区党委开会，有的同志问，我们怎么办？我在会上说："车子、房子等都是按军委、总部颁发的标准配备的，在没有接到新的标准之前，暂时不动。如果哪些同志自己觉得不合适，不想要就自己交管理局。"王猛刚来军区任副政委的时候，不敢讲话，出面参加活动也不登报。现在也敢讲话了，他在会上半开玩笑地说：我的沙发坏了，谁不愿要与我换一下。当时有人讲"杨、王不带头，真党委不作决定，军区没行动"，"武汉有一条又粗又长的黑线。

1976年1月，敬爱的周恩来总理在北京逝世。"四人帮"三令五申不准设灵堂，不准戴黑纱，压制广大群众的悼念活动。开始，军区设了灵堂，上级通知要撤掉，我和杨司令员商量决定不撤。我们采取的态度是：不号召，不阻拦，谁愿去吊唁就去，谁愿戴黑纱就戴，由群众自愿。

3月下旬和4月初，武汉军区范围内大中城市的群众，纷纷自发进行悼念周总理，声讨"四人帮"借"批邓、反击右倾翻案风"实行篡党夺权阴谋的活动。在一些纪念地送了不少花圈，张贴了一些大、小字报。某省委第一书记请军区派一个连去二七广场收花圈，我不同意派。办理这件事的同志说"他是军区政委"，我说："我也是军区政委，专门管部队的。请你告诉他，上级有规定，派一个连要报军委批准。"4 月 5 日，北京发生了"天安门事件"。7 日，小平同志再一次被打倒，要求全国各地都开会表态。武汉地区开大会，由我代表军区表态，尽管我勾掉了讲话稿中的一些重要内容，但还是违心地作了发言。大会中途下起大雨，我和杨司令员、湖北省委第一书记赵辛初借机离开会场。军区机关的表态大会是在新华社记者再三催促下才召开的。当时记者说，全军各大单位都召开大会上街游了行，只剩武汉军区没有动了。到了 11 日晚，由军区政治部组织召开司政机关人员参加的大会，我和在汉的军区领导出席。会议开了半个小时，接着组织游行。从礼堂出来，又遇下大雨。游行队伍从机关大院东门出，北门进，我和其他军区领导走在队伍前头，记者照了两张相，不到 20 分钟就解散了，总算了了差事。

那段时间，周恩来总理、朱德委员长相继去世，我们军区领导处境十分困难，承受了很大压力。但是这个时候和"文化大革命"初期不同了，广大人民群众日趋觉悟，我们的头脑也清醒多了，对"四人帮"的那一套，能够比较自觉和策略地进行一些抵制和斗争。如清查"政治谣言"，上面要求很严格，我们只是一般地说一下，没有认真去搞。

在平反冤假错案中，对一些问题的认识，军区内部以及与上级领导机关之间也不完全一致，集中反映在对军区原副司令员唐金龙的问题上。唐金龙在"文化大革命"中受到迫害，走上了绝路。在平反中，有一部分人包括军区政治部的一位领导在内坚持在平反结论中写"自杀身亡"，我不同意这种意见。我认为，无情地打击迫害使他不堪忍受，是他致死的根本原因，因此应该写"迫害致死"。后来军区政治部又请示总政治部，总政也不同意写"迫害致死"。我说："在这个问题上他们不了解情况，总政不同意也这样写。"并告诉政治部，我和杨司令员都参加追悼会。原来政治部打算只开个小会，我这样一说，政治部马上改变主意，召开军区机关人员都参加的大型追悼会。杨得志主持大会，我致了悼词，这件事在军区机关影响很大。

8 月，军区召开了一次理论讨论会，主要是学习毛主席关于社教的批示，讨论限制资产阶级法权问题。会议结束时我去讲了话。那个讲话虽有一些当时报纸上的腔调，但我还是突出了我想讲的话。我强调学习理论，要"努力掌握马克思主义的立场、观点和方法","注意总结经验教训","坚持边学、边改、解决部队的现实问题。"要求各级领导干部,尤其是高级干部要发扬理论联系实际、密切联系群众的作风,经常"到群众中去,拜群众为师,恭恭敬敬地向群众学习。要把下连当兵、代职、蹲点,参加集体生产劳动,作为克服官僚主义作风的重要途径"。要"正确对待和使用人民给予的权力,不搞特殊化。要胸怀共产主义大目标,打破资产阶级法权的狭隘眼界,政策制度规定内的要自觉限制,政策制度规定外的要坚决抵制,坚决纠正走后门等不正之风。"这些话不仅当时应该说,而且现在也应该经常强调。

9月9日,我国人民敬爱的领袖毛泽东主席逝世。

毛主席为中国共产党和中国人民解放军的创立和发展,为中国各族人民解放事业的胜利,为中华人民共和国的缔造和我国社会主义事业的发展,建立了丰功伟绩。全党全军和全国人民深切哀悼他老人家的逝世。开始通知我去北京参加吊唁活动,接着又通知不让去了。后来据说,通知我去是陈锡联同志的意见,不让我去是张春桥作的决定。毛主席逝世,各军区都发了唁电,按习惯应该对江青表示慰问,而武汉军区却没有提及。唁电见报后,有五个军区提到江青。这时,有人指责我们这是个大错误,党委中有的同志也觉得心里不安。于是他们开始活动,提出是否再发一个。我对他们讲:"不提好。不提,江青还高兴呢。她是站在党中央政治局行列里的人,把她放在家属位置,她还可能认为降低了身份。"我还给他们说,周恩来总理和朱德委员长逝世时,我都是单独给邓颖超大姐和康克清大姐写信表示慰问的。军区党委研究是否补发慰问电,结果只有三个人同意发,最后我说,你们要发就自己发,军区不再发了。

毛主席逝世后,"四人帮"加快了夺取党和国家最高领导权的步伐,一面伪造所谓"按既定方针办"的毛主席临终嘱咐,一面密谋策动反革命武装暴乱。10月6日,党中央政治局采取断然措施,按照党和人民的意愿,一举粉碎了江青反革命集团,结束了"文化大革命"十年动乱。

这时,我们在武汉准备召开军区党委扩大会议,团以上领导干部参加,主要是怀念毛主席,讨论如何稳定部队,研究解决怎样按毛泽东思想建设部队的问题。参加会议的人员已经报到,我和杨司令员突然接到军委来电,通知我俩立即到京。我交代党委其他成员,会议如期召开,按预定议程进行。我和杨司令员到达北京,才知道"四人帮"被抓起来了。

党中央采取分别传达的方法。这次同时到北京的有上海、江苏、山东、浙江四个省、市和济南、武汉、南京、福州四个军区的主要负责同志。我们住在京西宾馆，由玉泉山那里派车接我们去开会。在传达后的讨论发言中，我除了表示坚决拥护外，还提议，对一些问题严重的造反派头头，要采取坚决措施，快刀斩乱麻；军委临时适当放权，有些问题可以先斩后奏。主持会议的叶剑英、华国锋等中央领导同志当场表示同意。

回到军区后，党委扩大会议还没散，我们立即向与会同志传达。这个特大喜讯一宣布，大快人心，全场欢声雷动，掌声经久不息。但是，我们也注意到少数人无论如何也没有掩盖住已变的脸色，他们像遭到霜打一样，一下子蔫了。传达讨论以后，我们宣布军区党委扩大会暂时休会，要求大家立即返回本单位，逐级传达，稳定和掌握好部队。

按照军委的部署，军区党委经过研究，立即动手清除各级领导班子中的造反派，撤免了一部分问题严重、不听从指挥的师以上干部，并上报军委备案。在此基础上，军区决定开展揭批"四人帮"的运动，全面整顿部队。

在1975年下半年贯彻军委扩大会议精神时，军区曾向某省军区和某军派出工作组，但因整顿不下去，不得不撤了回来。这次整顿，我们首先从这两个单位开始。

某省军区是"四人帮"干扰破坏很严重的单位，省军区司令员是武汉军区一位副司令员兼任的，他受"四人帮"的影响比较大。"四人帮"及其爪牙通过各种渠道插手省军区的运动，内外串通，上下呼应，搞反军乱军活动。在"批林批孔"中，省军区系统多数党委一度分裂，处于瘫痪、半瘫痪状态，甚至一些基层党组织也受到了影响，严重削弱了党对军队的领导；大批干部包括许多专职武装干部和民兵干部，长时间被批斗，遭到无情打击和迫害，就连住院的同志也不放过。一些人大搞以人划线，层层站队，制造分裂，严重破坏了军队内部和军政军民团结。还有一些人无政府主义严重，组织纪律涣散，不遵守规章制度，不服从命令。要张春桥当总理的那个人，上级调动他的工作，他依仗后台，就是不走。有的人违法乱纪，腐化堕落，败坏了我军的声誉。

在整顿中，我们把省军区的领导请到武汉，召开省军区党委常委扩大会议，学习中央工作会议、军委座谈会和军区师长、政委以上干部会议精神，学习叶剑英、华国锋的讲话，联系省军区实际，深入揭发批判"四人帮"及其爪牙反军乱军的罪行，坚持摆事实、讲道理，对省军区党委主要领导开展批评帮助。这次会议开得比较成功，在快要结束的时候，我到会讲了话。在讲话中我强调："一定要严格区分两类不同性质的矛盾，认真注意政策。对与'四人帮'阴谋活动有牵连的人和事，要抓紧内查外调，搞好查证落实，一件一件查清楚，搞彻底，不能马马虎虎，不能手软，不能留下隐患。""对受'四人帮'思想影响犯了错误的同志，只要认识了错误，讲清了问题，就要及时解脱。不要搞层层检查，不要随意点名批斗，需要批斗的要上报批准。"希望大家回去以后，继续把整顿工作抓紧抓好。

对某军的整顿，我们是从他们对粉碎"四人帮"的反应开始的。粉碎"四人帮"的消息在全区部队传达以后，广大干部战士欢欣鼓舞，张灯结彩，鸣放鞭炮，搞各种形式的庆祝活动。唯独某军，开大会传达时，没人鼓掌，鸦雀无声。我们抓住这一点，从此入手，对这个军进行整顿。

这个军调防前在浙江的时候，"四人帮"就与军的原主要领导等人挂上了钩。党的十大以后，"四人帮"对该军插手更深，有时亲自写信、捎话、送材料、改文章，直接插手；有时通过"记者"及上海、浙江等地的一些余党、爪牙等各种渠道，传达黑旨意，收集材料，秘密串连，进行反军乱军活动。"四人帮"对这个军抓住不放，从浙江抓到河南，对该军一个干部的配备，一个代表的产生，一篇文章的发表，一本书的出版，一组诗歌的选登，以至一份发言稿，都亲自过问。军原主要领导调走以后，新任军长、政委还比较好，但是原主要领导的一派人影响很大很深，势力很强，新任领导工作很难开展，正确的东西贯不下去，执行不了，错误的东西制止不住，纠正不了。该军某些人，善于制造奇谈怪论，散布流言蜚语，利用广大指战员的荣誉感为他们反军乱军的阴谋活动服务。一是制造"某军受压"的谎言。他们采取无中生有、制造谣言的手法，钻空子、找茬子，对一个干部的免职、一个讲话稿没提防化连、一个电报的转发，甚至连军区文工团去演出一个《驯马》的小节目，也借题发挥，大作文章，到处散布"某军受压"的谎论，欺骗和蒙蔽一些同志。二是歪曲"某军的传统"。这个军原来是粟裕领导下的一支部队，打仗勇敢，作风顽强。但是某些领导不向部队讲这些，却说"某军内部尽管有这样那样的矛盾，但对外是一致的"，大讲"一致对外"的传统，煽动无政府主义，"对着干"。三是散布"否定某军在文化大革命中的贡献"就是"右倾翻案""复辟势力"。我到这个军去过几次，为军长、政委讲了点话，某些人散布我支持军长、政委，不支持他们。1975 年河南遭受水灾，这个军在抢险救灾中做出了贡献。我路过某师，正赶上开庆功大会，在会上我表扬了他们，有些人就说"这是灌迷魂汤"。对他们有成绩表扬不得，对问题批评不得，针插不进，水泼不进。

这个军的防化连，是江青的联络点。1974年初，江青背着毛主席、党中央，派她的亲信带着她的信到防化连送材料，煽动连队战士起来"造反"。以后，"四人帮"就把这个连队作为联络点，派有常驻"记者"，为他们收集军内外情况，送"小报告"。毛主席病重和逝世以后，他们再次给防化连送信，要修改出版防化连《先秦法家军事著作选注》一书，说什么"这是一件大事，是新的战略部署的组成部分。"这个连的个别领导陷得很深，猖狂得很，谁也指挥不动，就是听"四人帮"的。我到武汉军区以后，几次经过防化连门口都没有进去。当时我考虑，去也不好办，表扬的话不愿讲，批评的话又不能说，还是不去为好。后来他们向中央写报告，说我"三过防化连而不入"。关于不去防化连这件事现在回过头看，当时我的想法也不对。去看一看这个连队，讲一讲他们的问题，这是领导者的责任，至于起不起作用那是另外一回事。

这次整顿，军区派王猛副政委带领工作组参加这个军的组织领导。在整顿中，他们先后召开了军党委常委扩大会议、军机关党委扩大会议和各师党委常委扩大会议、干部会议，充分发动群众，清查"四人帮"插手该军的问题，清查同"四人帮"阴谋活动有牵连的人和事。杨得志和我，受军区党委常委的委托，看望了参加军党委扩大会议的同志，并在会上讲了话。我在讲话中又重复了过去多次讲过的话："全军广大指战员是好的，部队的主流是好的。"我指出："该军的问题，根子在'四人帮'，责任在某些领导，与广大指战员是没有关系的。""大部分同志对'四人帮'插手该军是不满意的，有不少同志是反对的。"在讲话中，我希望该军指战员，丢掉包袱，直起腰杆，上下一条心，拧成一股劲，把部队的各项建设迅速搞上去。

在整顿、稳定部队的基础上，军区党委和机关也逐步从思想、组织、作风方面进行清理和整顿。军区有一位年轻的副政委，他在1959年中印边境自卫反击战中是副班长，战斗英雄，后来当了团政治处主任"文化大革命"中被突击提拔到大军区的领导岗位。这位同志，职务与水平很不相称，生活待遇上搞攀比，对"四人帮"的一套东西接受比较快。我到军区以后，听到群众对他有不少反映。经过一段的考察了解，我认为他应该下放锻炼，在适当的岗位上摔打提高。经军区党委常委研究，并报军委同意，让他到部队代理师政委。临走时，我们向他明确交代，一切待遇同师长一样，军区的东西一件也不能带。粉碎"四人帮"以后，军区党委常委经过研究，通知他在下边继续清理思想，等待新的命令。

在武汉军区工作两年多的时间里，我和杨司令员在工作方面互相配合比较好。我们俩经常一起带领机关部门的领导同志，深入到军、师和省军区了解军事、政治、后勤等情况，除少数重大问题需由军区党委常委一块研究解决的外，其他问题，我们当场拍板。这种工作方法，军、师非常欢迎。

1977年上半年，我和杨得志正在各部队了解情况。到了新乡，军区来电报告，邓小平同志到了武汉，请我们马上返回。在武汉，小平同志同我们进行了长时间的谈话，讲了许多问题，使我们茅塞顿开。其中，他谈到华国锋1977年初提出的"两个凡是"（凡是毛主席作出的决策，我们都要坚决拥护，凡是毛主席的指示，我们都要始终不渝地遵循）的方针。他说："两个凡是"是不对的，是违背毛主席的实践论和实事求是原则的。小平同志讲，毛主席一旦觉察到自己有错误，他是能够改正的。在历史上，毛主席也多次作过自我批评。比如，1973年12月21日，毛主席在接见参加中央军委会议的同志时就作了自我批评。毛主席说，他是听了林彪一面之词，错整了贺龙、罗瑞卿和杨、余、傅。因此，不能说凡是毛主席说错了、做错了的也不能改。他说，毛泽东思想的精髓就是"实事求是"，我们要完整地准确地理解和掌握毛泽东思想。小平同志还谈到当时让他出来工作的问题。有人提出，先要他作个检讨，承认"天安门事件"是反革命事件。他说，这个我不能检讨，让我出来就出来，不让我出来就不出来，不能拿原则作交易。他还提到，华国锋在当时情况下当主席是合适的，但是要防止有人给他出坏点子。

1977年8月，我到北京参加党的第十一次全国代表大会。会议总结了我党同"四人帮"的斗争，宣告"文化大革命"结束。但是这次会议由于历史条件的限制，对"文化大革命"的错误理论、政策和口号没有触及，没能完成从理论和党的指导方针上拨乱反正的任务。在这次会议上我被选为中央委员。

9月，中央军委任命我为武汉军区第一政治委员。这是进一步明确一下，因为抓军区工作的政治委员就是我一个，另外两位政治委员分别由湖北和河南省委的第一书记兼任。

回顾我在"文化大革命"中的经历，感触颇多。关于如何认识"文化大革命"，党的十一届六中全会通过的《关于建国以来党的若干历史问题的决议》中已作出了正确的总结，我不再赘述。在长达十年之久的"文化大革命"中，我横遭迫害，身陷囹圄，丧失了将近九年为党、为军队、为人民服务的宝贵时间，实在令人痛惜。在"文化大革命"中虽然自己挨了整，但也受到了"左"的影响，错误还是有的。决不能因为挨了整，就自认为一贯正确，实际上有时还是很不清醒的，对"文化大革命"的错误，我的认识是比较晚的，后来有些问题虽然看出来了，但因种种原因，抵制也不够有力，这方面的经验教训也是应该很好总结的。"文化大革命"虽然已成为历史，但是它由党和人民付出了惨重的代价所换来的经验教训却不应该忘记，我们要牢记它，使我们的党和人民在今后的革命和建设中少受挫折，少走弯路。

第十七章　到总后勤部工作

十年浩劫的重灾区

1977 年 10 月，叶剑英副主席到武汉，在我和杨得志司令员向他汇报工作中间，他谈到要调我到总后勤部工作。听到这个消息，感到很突然。我觉得在武汉军区已经打开了局面，继续留下来工作比较好，而且我没有做过后勤工作，对这方面的情况不熟悉，恐怕难负重任。所以，我提出请军委能够重新考虑。叶副主席向我解释说："总后的领导班子需要调整，军委考虑了几个人选，比过来比过去，觉得还是你去比较合适。"

11 月，邓小平副主席到武汉视察，他告诉我，中央已经决定调我到总后工作。他还向我谈了总后的一些情况，希望我接到命令后，很快到北京赴任。

12 月 23 日，中央军委正式任命我为总后勤部政治委员。

1978 年 1 月，我到北京。在到任之前，我首先去叶副主席、邓副主席和军委罗瑞卿秘书长那里，请他们对总后工作作具体指示。

叶副主席说："总后是个烂摊子，老大难单位，情况非常复杂，不把与林彪、江青反革命集团阴谋活动有牵连的人和事查清楚，连个好的领导班子都组织不起来。"

邓副主席说："要很好地整顿，原来的干部有的不行了，凡是造反派和政治品质不好的，要统统调出总后机关，要坚决果断地处理一批；老的总后领导身体如果还好，表现不错的，要安排工作；要调一批新的力量到总后来工作。"

罗秘书长对我讲："总后的问题很严重，'文化大革命'在总后可谓广泛深入，从上到下，从机关到直属单位，几乎都搞了'四大'，都有造反派，可以说基本上没有死角；而且冤假错案比军内哪个单位都多，被迫害致死的人数也最多，不认真清查整顿不行。"

党中央和中央军委首长的这些指示，使我心中有了底数，明确了到总后工作的方向。

1月，总后召开党委常委扩大会议。我从京西宾馆到总后参加会议，会上我看了一些文件，听了一些同志的发言，对总后的情况有了一个初步印象。我在会上重申，当前全党全军的基本任务是，继续揭发批判"四人帮"的罪行，平反冤假错案，落实干部政策，在各条战线拨乱反正。清查工作是揭批林彪、"四人帮"的重要组成部分，只有把问题查清了，才能掌握政策，区别对待。因此要认真贯彻全军清查工作会议精神，正确掌握党中央规定的政策界限；要发扬党的政策的威力，多做思想工作，教育那些犯了错误包括犯了严重错误的同志转变立场，检查错误，尽量扩大教育面。

2月，我正式到总后工作。找我反映情况的人接踵而来，他们中间，既有总后领导、二级部领导和机关干部，又有职工、家属和子女；既有受林邱迫害的同志，又有犯错误的干部；既有反映问题的，又有提建设性意见的。总之，大家都希望在粉碎"四人帮"以后，"文化大革命"中的问题能够得到妥善解决，尽快改变总后长期以来的老大难状况。

我通过听取各方面的反映，翻阅了总后的有关文件和历史资料，对总后的情况逐步加深了认识，有了一个比较系统和完整的了解。应当肯定自建国以来，在党中央、中央军委的领导和关怀下，随着军队现代化、正规化建设的发展，我军后勤工作相应有了很大发展和变化。总后勤部机关及其所属单位的广大干部，保持和发扬了我军艰苦奋斗的优良传统，努力钻研现代后勤各项专业知识，勤勤恳恳，任劳任怨，较好地完成了各项任务，为军队后勤建设作出了突出的贡献。但是，正如中央和军委首长一再指出的，总后勤部的确在"文化大革命"中是一个重灾区。由于林彪反革命集团的主犯邱会作曾一度直接控制总后，"四人帮"也通过各种渠道直接插手总后的运动，致使总后的各项工作受到严重的干扰破坏，造成了思想上、作风上和组织上的严重不纯。反映出的问题表现在各个方面，根子却在林彪死党邱会作身上，

"文化大革命"开始以后，总后机关和各直属单位开展了"四大"，林彪、邱会作一伙召开会议对已调离的总后原政治委员李聚奎进行批斗。同时，总后机关和直属单位还批斗了近30名军以上干部。总后机关和部分军以上单位党委陷入瘫痪或半瘫痪状态。

1967年3月以后，邱会作秉承林彪旨意，伙同黄永胜、吴法宪、叶群、

李作鹏等人，操纵群众组织揪斗彭德怀、罗瑞卿、黄克诚等一批高级领导干部，私设"专案领导小组"，大整"黑材料"，甚至对中央和军委领导进行非法的监视和侦察。他们利用职权和医疗手段，残酷迫害中央和中央军委的领导同志。他们在总后大搞法西斯专政，私立专案、私设监狱、违法乱纪、草菅人命，无中生有地炮制集团假案 113 个，被诬陷迫害的干部和群众达 3200 多名，其中，被隔离关押 1700 多人，被迫害致伤、致残、致疯 350 人，致死 143 人。"文化大革命"前的总后党委十一名常委，有六人先后被专案审查，其中副部长汤平被迫害致死。总后卫生部部长傅连暲、工厂管理部部长张和也被迫害致死。1968 年底，在总后党委第三届第十次扩大会上，总后党委常委成员又有四人被批判斗争。林邱一伙，在总后大搞"以邱划线"，他们借"清理阶级队伍""一打三反""整党建党"之机，残酷迫害反对过他们的干部和群众，以"下放锻炼""支左"、转业复员的名义把总后机关 60% 以上的干部调出，其中不少人被下放到边远地区。当时总后的 175 名军职以上干部，被排斥打击的竟达 106 名；包括总后政治部在内的军以上政治机关，除两个外，统统被"砸烂"，彻底改组。党的九大召开以后，邱会作自封为总后的正确路线代表，对参与"大整""大搞"有功的人，突击提拔，破格重用，控制了总后许多单位的领导权。

　　1971 年"九一三"事件后，党中央委派叶剑英、李先念、余秋里指导总后工作，并在总后各单位开展"批林整风"运动，揭发批判林彪反革命集团的罪行，部分遭受迫害的领导干部重新回到工作岗位。但是由于主持总后工作的主要领导"捂盖子"，中央领导同志的许多重要指示，没有得到很好贯彻执行，干扰清查与林、邱反革命集团篡党夺权阴谋活动有牵连的人和事，阻挠平反冤假错案和落实干部政策，致使林邱一伙"大整""大搞"的罪行没有得到彻底清算。1974 年开展了"批林批孔"运动，"四人帮"利用批转信件、听取汇报、发表谈话的机会直接插手总后运动，鼓吹"总后机关瘫痪得越彻底越好"。总后党委常委部分领导再次受到批判，总后机关再度陷入混乱。1976 年 2 月开展的"反击右倾翻案风"，总后有些人批判邓小平等军委领导 1975 年 8 月 27 日关于要认真整顿后勤工作，对领导班子做必要调整的谈话；借批所谓否定"文化大革命"、翻"文化大革命"的案，把矛头再次指向受林邱一伙残酷迫害的同志，使总后的整顿工作被迫中断。因而形成了林邱反党集团的流毒还没有肃清，"四人帮"又插了手的局面。

　　粉碎"四人帮"以后，总后广大干部群众在揭批"四人帮"的同时，纷纷要求彻底清算林邱一伙"大整""大搞"的罪行，彻底平反冤假错案。总后党委常委就揭批"四人帮"和清查问题，召开过两次扩大会议，但当时的主要领导仍阻挠清查林邱一伙的罪行，使总后始终摆脱不了老大难的落后面貌。

1977年下半年，张震副部长主持总后工作后，于12月1日代表总后党委常委给邓小平副主席写了报告，提出在揭批"四人帮"的同时，彻底清查林邱一伙在总后大整中央领导黑材料和大搞法西斯专政的问题。邓副主席在12月2日即作了批示，指出："总后多年以来一直解决不了问题，不再这样办，不能解决问题，甚至建立一个较好的班子都不可能。"就是在邓副主席批示之后，总后的揭批查工作阻力仍很大，有些人散布流言蜚语，说什么这是"另搞一套""权力斗争"，联系揭批林邱是"两箭齐发""算历史旧账""否定文化大革命"，甚至还质问调整犯错误干部的职务和林彪的"罢官运动"有什么区别，还有的人继续搞非组织串连活动，对抗这一工作。为了排除干扰，推动工作前进，总后党委常委果断地对一些单位不得力的领导干部进行了调整，对一些在"大整""大搞"问题上犯有严重错误、民愤极大的人，分别采取了停职、免职审查和停止工作检查错误等措施。

我就是在邓副主席对总后问题作了批示之后，受命到总后工作的。我到职后，中央军委批准我为总后党委第一书记。1978年2月中央军委任命张震为总后勤部部长，并担任总后党委第二书记。

根据军委领导的指示和总后的实际情况，我们召开党委会议，统一思想，提高做好工作的信心。在会上，大家分析了搞好工作的有利条件：一是我们在党中央和中央军委首长的身边工作，有什么问题可以随时请示汇报，有得天独厚的条件；二是中央和军委首长，对总后问题有具体指示，指出了总后问题的要害，切中了总后问题的症结，只要认真抓好落实，大的问题就可以解决；三是总后广大干部、职工深受十年浩劫之害，有改变总后落后面貌的强烈愿望，加上全党全军拨乱反正大气候的推动和影响，都为我们搞好工作提供了良好的条件。

在增强信心的基础上，总后党委讨论研究认为，总后面临的主要任务，就是把揭批查搞彻底，落实干部政策，调整整顿好领导班子，在政治上、思想上、工作上拨乱反正，恢复和发扬我党我军的优良传统，调动广大后勤干部战士职工的积极性、创造性，加强后勤的全面建设，完成中央军委赋予的后勤保障任务。

开展揭批查

根据总的任务，总后党委确定，从继续搞好揭批查入手，揭开总后老大难问题的盖子。

在我到职之前，根据邓副主席的批示，总后的揭批查工作已经开展起来，到了 1978 年，重点已转到清查工作。在清查工作中，我们从总后的实际情况出发，严格区分两类不同性质的矛盾，尽量扩大教育面，缩小打击面。据统计，清查中被列为重点清查对象的只占林彪、邱会作时期在"大整""大搞"问题上犯有错误的人数的 10%，对其余 90% 的人，只要求其中的一部分在"三大讲"（大讲林彪、"四人帮"反革命集团的罪行，大讲林彪、"四人帮"对军队建设的破坏，大讲林彪、"四人帮"的流毒对自己的影响、表现和经验教训）中，联系实际，实行自我教育，提高认识，总结经验教训。

在清查过程中，我们始终坚持了实事求是，重证据，重调查研究，严禁逼供信的原则。问题查清以后，在结论和组织处理上是非常慎重的。总后党委接受我党历史上对犯错误干部处理上的经验教训，本着"惩前毖后，治病救人""一看二帮"的方针，充分考虑当时的历史条件，贯彻了从宽的精神。党委的指导思想是把处分面和打击面缩小到尽可能小的程度。对敌我矛盾，可定可不定的坚决不定，可捕可不捕的坚决不逮捕，可判可不判的坚决不判刑。比如对参与"大搞"的同志，有些可以说是犯了罪的，如果不严肃处理，群众是不会答应的，受迫害致死的干部家属也是通不过的。尽管如此，由于考虑到当时的具体历史环境，党委并没有以感情代替政策，处理时是很宽的。特别是给予开除党籍和降低工资级别处分，党委是慎之又慎的。

1979 年初，中央军委下达了九号文件，根据党的十一届三中全会精神，采取了对犯错误干部控制打击面和处分面的政策。总后党委在 3 月和 5 月先后召开了总后各大单位党委书记联席会和结论处理座谈会，传达贯彻文件精神，统一政策思想，明确了要给予处分的，主要是那些参与"两大"的"专办""专案组"的头头及严重违法乱纪，造成致死、致残的主要凶手。对过去已经处理过的，按照文件精神进行衡量，提出修改意见。经过大量工作，总后系统被列为清查对象的 715 人中，给予处分的只有 120 人，除林彪死党在押犯外，追究刑事责任的仅仅几个人。至于对部分被林邱一伙"以邱划线"，突击提拔的干部的职务作了调整，目的是便于他们取得群众谅解，更好地工作，主要是着眼于教育，并不属于处分。一些曾犯有这样那样错误的同志，经过揭批查，提高了思想认识，放下了包袱，积极工作，仍然受到组织和群众的信任，被提拔使用，有的还担任了相当高的领导职务。总的来说，总后"揭批查"的结论处理工作是稳妥的、健康的，成绩是主要的。党中央、中央军委对此是满意的，并给予充分的肯定。

通过揭批查，澄清了"文化大革命"以来总后的大是大非问题，查清了同林彪、"四人帮"阴谋活动有牵连的人和事，查清了林邱一伙在总后"大整""大搞"的问题，提高了广大干部的觉悟，教育了犯错误的同志，成为解决总后老大难问题的突破口，拨乱反正工作的开端。

我到总后工作以后，接到了许多干部和群众的大量信件和材料，我和秘书接待了不少来反映情况的同志，有的干部从京外千里迢迢来反映自己受到的迫害。对他们在"文化大革命"中的遭遇我深有同感。实事求是地查清这些同志的问题是各级领导的责任，是拨乱反正的重要内容，也是解除干部群众的压抑情绪，调动革命积极性的重要方面。在进行揭批查工作的同时，总后党委组织了很强的力量，对林邱一伙制造的冤假错案进行深入调查，甄别平反，落实党的政策。1978 年 11 月 22 日，总后机关、驻京单位的干部群众，以及京外单位的领导同志和受迫害同志的代表，共 1.3 万多人，在首都体育馆召开平反昭雪大会，为 113 个假集团案和 2754 位被迫害同志平反。这在驻京各大单位中还是首次，对内对外震动很大。在平反大会上和会后，许多同志热泪盈眶，纷纷表示，要加倍努力为党和军队工作，把过去被耽误的时间补回来。在平反的同志中，不少是总后各条战线上的领导同志，很多是老后勤，是后勤建设的骨干。他们后来重新走上领导岗位，为后勤建设作出了贡献。

此外，根据中共中央和中央军委的统一部署，我们从 1979 年初开始，对 1957 年反右派斗争中被错划为右派的 327 人进行了复查改正。到 1979 年底，仍在总后系统工作（含已离休退休）的 271 人的右派问题得到改正，已调出或复员转业的 56 人，也派人会同其所在单位做了复查改正。同时根据中央的通知，对 1959 年"反右倾"斗争中，被定为"右倾机会主义分子"的人进行平反、改正。

通过揭批查和平反工作，调动了总后广大干部和群众的积极性，为各项工作的开展打下基础。有的同志无视历史事实和中央军委对总后问题的重要批示和指示，把否定"文化大革命"和揭批查对立起来，指责总后的揭批查，这是有悖于历史实际的，是错误的。

建设领导班子

在 1977 年 12 月军委全会上，邓副主席指出：配备各级领导班子时，要全面地、历史地看干部，要看他的过去，也要看他在"文化大革命"中的表现。领导班子存在"软、懒、散"表现，就是"怕"字当头，无原则性，意志衰退，好吃懒做，争权夺利，宗派主义。那些"震派""风派""溜派"人物，错误严重而又态度很坏的人，以及政治品质不好，革命意志衰退的人，不能进领导班子。

根据邓副主席的指示，在我到总后任职之前，总后党委常委已对一些犯有错误的领导干部采取了组织措施。我到职后，首先深入总后二级部调查摸底，了解干部情况，然后经过总后党委常委研究，于一个月后临时指定了各二级部负责人，并重新建立了二级部临时党委。接着，我和分管干部工作的领导同志带领干部部门，调查了解总后各单位领导班子情况。在调查了解的基础上，1978 年 8 月，总后党委对各级领导班子进行了一次大的调整整顿，把邓副主席指出的几种人坚决从领导班子中撤换下来，恢复了一部分过去"靠边站"或受迫害中身体好、能力强的领导干部的工作，建立健全了各级党委集体领导的制度。同时，党委还根据邓副主席指示，与总政治部协商，由他们从全军各大单位选调了包括一部分领导干部在内的 100 多名干部，充实加强总后二级部领导和机关。

此后，总后党委根据党中央和中央军委提出的，干部要革命化、年轻化、知识化、专业化的要求，又逐步对各级领导班子进行了一些调整。一方面，大胆提拔德才兼备、年富力强的干部担任各级领导工作，改变领导班子"老化"的状况。另一方面，要求各级领导干部下苦功夫学习钻研业务，不能长期甘当外行。在院校、医院、科研等一些专业技术较强的单位，选拔了一些懂得专业技术工作规律，具有行政管理能力的专家教授进各级领导班子，提高领导班子的知识结构和专业技术水平，改变过去领导班子中都是行政管理干部的单一结构。

1982 年 8 月以后，结合精简整编，总后党委又调整总后系统各级领导班子。在调配总后二级部领导班子时，采取了领导考核和群众推荐相结合的方法，广泛地走群众路线。我和洪学智同志（1980 年 2 月张震调任副总参谋长，洪学智任总后勤部部长）、党委其他领导分工到各二级部，召开群众大会和各种类型的座谈会，直接听取各方面的意见。党委还采用"民意测验"的办法，充分发动群众写推荐意见，许多二级部领导和群众积极举贤让能。经过半年多的酝酿考核、听取意见，最后形成了一个比较好的调配方案。这次调整后的二级部领导班子，由原来的 55 人，减为 36 人，精简了 34.5%；平均年龄由原来的 64 岁降为 58 岁，下降了 6 岁；经过院校训练的由原来的 31% 提高到 46%。

这次选配领导班子，坚决贯彻了党中央和中央军委的指示，把政治条件放在首位。中央一再重申的"三种人"，包括追随林彪一伙"大整""大搞"造反起家的人，当过"专案组"组长、副组长的人，严重违法乱纪的人，对党的十一届三中全会以来的路线方针政策持怀疑抵触态度的人，几年来严重违反党的政治生活准则和经济上有问题的人，都绝对不准进入领导班子。

解决年轻化问题。总后各级领导班子普遍存在着"老化"现象，这有其历史原因和特点，一是我军历史上普遍存在着后勤干部年龄偏大的问题；二是受迫害的老干部，落实政策安排了工作；三是总后专业技术性强的单位多，干部的交流和提拔受到限制。这次调配班子时，强调了年轻化，大胆选拔任用年富力强的优秀干部，不搞照顾性提拔。原来班子中超过 60 岁的，只留少数传帮带，其他都退出来；新进入军级领导班子的，原则上不超过 55 岁。这次提拔进总后二级部领导班子的共 14 人，平均年龄 52 岁，最小的 47 岁。当时正处在新老干部交替时期，我们的原则是大胆果断，又要稳妥慎重，做到有步骤、有秩序地解决领导班子"老化"问题。

减少副职，精干领导班子。调整后的领导班子的副职由原来的平均三四名减为两名，各级顾问也普遍减少。

总后党委在调配领导班子的同时，强调加强各级党委和领导班子的自身建设，充分发挥党委的领导作用。总后党委进一步明确了各级党委职责，重申党委对本单位负全面领导之责，以保证党对军队的绝对领导落到实处。总后党委要求各级党委建立定期学习制度，认真学习马列和毛泽东著作，学习党的路线、方针、政策，学习本单位的业务知识和科学技术，不断提高政治理论水平和观察问题、分析事物的能力，提高解决本单位业务工作方面问题的能力。建立定期会议制度，研究本单位的政治思想和业务工作，根据党的方针政策，适时提出具体落实计划。建立定期交心通气制度，经常疏通思想，消除隔阂，增强团结，齐心协力搞好本单位的工作。要认真坚持党委集体领导下的首长分工负责制，重大问题，党委决定，分工去办；日常工作，各负其责，及时处理，提高工作效率。

新的领导班子在实践中不断加强自身建设。他们走出办公室，深入基层，进行调查研究，加强面对面的具体领导，在培养作风上起模范带头作用，以身作则，处处按我军的优良传统和作风办事，对下级搞好传帮带。各级领导干部大都注意不搞特殊化，不讲排场，不搞形式，关心群众疾苦，认真解决实际问题。在各行各业开创新局面上做出表率，做出成绩。

端正思想路线

1978 年，全党全军和全国人民经历了一场思想上的解放运动。这场思想解放运动，是以邓小平同志批判华国锋同志的"两个凡是"为先导，围绕关于真理标准问题的讨论而展开的。5 月 11 日，《光明日报》刊登特约评论员文章《实践是检验真理的唯一标准》，从而引发了关于真理标准问题的讨论。文章论述了马克思主义的实践第一的观点，指出任何理论都要接受实践的考验。但是文章发表后很快受到非议和指责，中央某些领导甚至认为这是矛头指向毛泽东思想，并提出一不要砍旗，二不要丢刀子，三不要来个一百八十度的转弯。由于邓小平及其他中央领导同志的坚决支持，这一讨论冲破阻力，轰轰烈烈地在全国展开，为党的十一届三中全会奠定思想基础和理论准备。

文章发表时，总政正在召开全军政治工作会议。我在讨论会上明确表态拥护真理标准问题的讨论，并建议在全军也开展这一讨论。

从总后的情况看，自从传达邓小平同志针对"两个凡是"，提出了对毛泽东思想要有一个完整地准确地认识的指示以后，反响很大，许多同志议论纷纷，提出判断路线是非、思想是非、理论是非究竟以什么为标准的问题，在如何对待毛泽东思想上有相当一部分同志存在着模糊认识。另外，许多干部思想不够解放，主要表现是思想僵化和心有余悸，不从实际出发照抄照搬上级指示，"本本"上没有的不敢写，上级没有讲过的话不敢说，前人没有走过的路不敢闯。有的同志不敢冲破林彪、"四人帮"设置的思想禁区，正确的不敢坚持，错误的不敢纠正，左顾右盼，畏缩不前，与飞速发展的形势很不适应。

结合总后的实际情况，我认为在总后系统认真组织开展关于真理标准问题的讨论，以提高思想认识，端正思想路线，是非常必要的。我的意见得到党委的一致赞同和支持。

1978 年 7 月初，总后召开政治工作会议，传达全军政治工作会议精神。我在会上又专门讲了实践是检验真理的唯一标准和高举与捍卫毛泽东思想伟大旗帜的关系。毛泽东同志历来重视实践，尊重实践，坚持实事求是的原则。在中国革命和各个历史阶段，毛泽东同志总是运用马克思主义的立场、观点、方法，结合当时的历史条件，确定中国革命各个时期的总路线，又根据总路线在各种不同情况下提出了具体的方针政策。中国革命的胜利，靠的就是马克思主义的普遍真理同中国革命的实践相结合，一切从中国的具体实际出发。毛泽东思想是马克思主义同中国实际相结合的产物，它产生于实践，又受实践的检验，在实践中不断丰富和发展。如果说按照毛泽东思想把实践摆在第一位，坚持实事求是反倒成了"砍旗"，难道像林彪、"四人帮"那样，把马列主义、毛泽东思想"举"到超越时空，脱离实际生活的"高度"才叫"高举"吗？很显然，那才是假高举，真砍旗。

根据总后党委的意见，我要求与会同志回去后，结合本单位实际，开展真理标准的讨论，真正理解真理标准不是生搬领袖人物的片言只语，而是人民群众的社会实践这个根本问题，从而使党员干部和群众从过去盛行的教条主义、个人迷信等思想束缚下解放出来。

9 月 15 日，我到天津总后直属单位检查工作，在运输技术学校（现改为运输工程学院）干部会上又郑重讲了真理标准问题。这个问题既是理论斗争，又是政治斗争。弄清这个问题，不仅具有现实意义，而且具有深远的历史意义。我在讲话中，号召大家把这个问题学一学，整个部队要学，特别是学校要讨论清楚。

10 月，总后党委召开的直属单位领导参加的党委扩大会，认真讨论了真理标准的问题。我和张震部长联系总后揭批林彪、"四人帮"斗争和当前干部思想的实际，强调领导干部必须带头解放思想，坚持实事求是的原则。我们提出，坚持实践是检验真理的唯一标准，各级领导必须解放思想，转变作风，发扬民主，广开言路，善于听取不同意见，坚持"三不"（不抓辫子，不扣帽子，不打棍子）政策，这样才能使自己的思想符合客观实际，才能造成生动活泼的政治局面，充分调动广大群众的积极性。要求总后各级领导干部克服形形色色的官僚主义、主观主义、形式主义，来一个思想大解放，工作大改变，加速后勤革命化、现代化建设。会议之后，没有深入开展真理标准问题讨论的单位，都认真进行了补课。

通过真理标准的讨论，有力地促进了总后正在进行的揭批查、落实政策等拨乱反正工作，对于恢复和发扬实事求是，一切从实际出发的优良传统也都起到了推动作用。

11月10日至12月15日，中共中央工作会议在京召开。我参加了这次会议，被分在东北组。东北组召集人是王恩茂、任仲夷、肖克、杨勇。陈云同志也编在这个组参加讨论。讨论的第一天，陈云同志就发了言。我记得他讲的中心问题就是一个：实事求是，有错必纠。他说："什么是维护毛泽东同志的威信？毛泽东历来主张，实事求是，有错必纠。可是我们许多在历史上已经做了结论的问题，还拿来没完没了的折腾。薄一波同志等六十一人所谓叛徒集团案就是其中之一。他们当时出反省院，是党组织和中央决定的，不是叛徒。再有，关于陶铸同志，彭德怀同志，他们都是担负过党和军队重要领导职务的共产党员，对党的贡献很大。人虽然已经死了，但冤案该翻的还是要翻过来，骨灰也应放到八宝山革命公墓。

他说："关于天安门事件，这是北京几百万人悼念周总理，反对'四人帮'，不同意批判邓小平同志的一次伟大的群众运动，中央应该肯定这次运动。"

他在讲到康生在"文化大革命"初期便随意点名的问题时指出："康生对中央各部和全国各地都形成了党政机关的瘫痪状态，是负有重大责任的，错误是严重的。中央应当在适当的会议上对康生的错误给予应有的批评。盖棺恐怕也是不能定论的。"陈云的发言刚一讲完，小组里便爆发出一阵热烈的掌声。

待掌声平息下来，陈云同志用征询的口吻说："我的发言，希望大会能给发个简报，不知小组的同志是否同意。"大家一致举手，"同意！"

当天，大会简报印发了陈云同志的发言，他的发言在与会同志中产生了强烈的反响，使会议气氛立刻变得炽热起来。

第二天，我在小组会上做了发言，主要讲了三个问题。一是党内监督问题，建议在中央设立纪律检查委员会，并提出最好由陈云同志担任中央纪律检查委员会书记。二是加强党与群众联系的问题。三是平反冤假错案的问题。同时，我在发言中提出，陈云同志等德高望重的老同志应当进中央政治局。我的发言大会也印了简报。

这次中央工作会议，为紧接着召开的党的十一届三中全会作了充分的准备。

12月，中国共产党召开十一届三中全会。会议批判了"两个凡是"的错误方针，充分肯定了必须完整地、准确地掌握毛泽东思想的科学体系，高度评价了关于真理标准问题的讨论，确定了解放思想、开动脑筋、实事求是，团结一致向前看的指导方针。全会果断地停止使用"以阶级斗争为纲"这个不适用于社会主义社会的口号，开始全面地、认真地纠正"文化大革命"和以前的"左"倾错误。全会作出了从1979年起，把全党工作重点转移到社会主义现代化建设上来的战略决策。

两个会议期间，我的情绪好极了，在会议中看到了党的希望，国家的希望，民族的希望。

1979年1月，总后召开党委扩大会议，传达贯彻全会精神。上半年组织各单位普遍集中时间学习全会文件。经过学习，总后绝大多数干部战士是能够和党中央保持一致的，对党的路线、方针、政策是积极拥护并努力贯彻执行的。但是由于自反右派斗争以来，我们长期在"左"的指导思想下工作和生活，党内和干部形成了一种"左"比右好的错误思想，所谓"'左'是方法问题，右是立场问题"，在有些同志中影响很深。虽然经过真理标准问题的讨论，还不能一下子从僵化或半僵化的思想状态中解放出来，因而对三中全会以来的路线、方针、政策的理解不深，贯彻不力，甚至等待观望。针对这些情况，我们在较长一段时间内持续地进行了深入清理"左"的思想教育。

1981年3月，总后党委用了18天时间，召开有总后军、师级单位领导参加的政治工作会议。我在这次会议上，专门讲了一次话，针对全党全军和总后学习贯彻党的三中全会以来的情况，联系实际，强调着重清理"左"的思想，引导大家进一步弄清"左"的表现和危害、产生"左"的错误的根源，自觉地总结经验教训。会上，许多同志结合自己的思想谈到，由于长期以来习惯于"左"的一套东西，因而听起来顺耳，看起来顺眼，干起来有劲，而对三中全会以来，我们党总结历史经验，纠正"左"倾错误，提出的一系列正确的路线、方针、政策，却总感到理不通，气不顺，横挑鼻子竖挑眼，认为政策"右"了，"偏"了，等等，其根子就在于思想上患了"左"症。只有清除

"左"的思想和影响，才能够对这新的历史时期出现的新事物、新问题有一个正确的认识和态度，在思想上、工作上跟上时代的发展，在思想上和行动上同党中央保持一致。

在重点清理"左"的思想的同时，总后党委在这次政治工作会议上，还研究了如何在新的形势下加强军队政治思想工作，坚持四项基本原则，用党的路线、方针、政策统一部队思想和行动的问题。在我们党重点清理"左"的思想的时候，社会上出现了一股反对和否定四项基本原则的错误思潮，有些人公开发表反党、反社会主义的言论。鼓吹资产阶级的多党制，美化西方资产阶级民主，叫喊要什么"人权""自由"等等。有些地方还成立了非法组织，四出串连，妄图推翻共产党的领导。其中一些人还把手伸到我们的一些院校和部队，到处送材料，寻求支持，拉拢腐蚀我们队伍中那些意志薄弱的人。我在会上强调要警惕一种倾向掩盖着另一种倾向，在着重清理"左"的思想影响的同时，亦要防止资产阶级自由化的影响。要求各级党委和领导要理直气壮地坚持四项基本原则，对来自各种渠道的违反四项基本原则的言论要予以抵制和驳斥。尤其是院校和连队及其他青年比较集中的单位，更要着重搞好坚持四项基本原则和党的路线、方针、政策的教育，防止无政府主义、极端个人主义和资产阶级自由化思潮。

恢复和发扬政治工作的优良传统

"文化大革命"以来，林邱一伙出于篡党乱军的反革命罪恶目的，极力破坏我军的政治工作。在总后系统包括总后政治部在内的政治机关，统统被"砸烂"，彻底改组。邱会作一伙把许多经过党的多年培养教育，有丰富政治工作经验的干部强加种种罪名打了下去，而按他们"以人划线"的标准，把参与"大整"、"大搞"、品质恶劣，根本不适合做政治工作的人塞进政治机关，造成组织严重不纯。在粉碎林彪反革命集团以后，有些政治干部又参与"四人帮"的阴谋活动，写黑信、告阴状、拉帮结伙，搞帮派活动；有的利用工作之便，为帮派活动提供机密材料，有的带头发难，闹"地震"，公开和党委对着干，起了十分恶劣的作用。这些人虽然只是少数，但就整个政治干部队伍和各级政治机关来说，在林彪、"四人帮"的长期破坏、干扰和毒害下，都程度不同地存在着一些问题，很不适应新时期的要求，必须下决心进行整顿。

1977年12月，叶剑英副主席在中央军委全会上指出，要恢复和发扬我军政治工作的优良传统，加强政治机关建设，要求在三四年内，把政治机关的职能作用和威信，恢复到战争时期的水平，并在新的条件下发展提高。

按照叶副主席的指示，我们首先对政治机关进行了组织调整，把那些问题严重和不适合做政治工作的人，坚决调离政治机关，充实加强了一批新生力量。在组织调整的同时，对政治干部的思想作风进行整顿，肃清林彪、"四人帮"的流毒和影响。

把政治机关的职能、作用和威信恢复到战争时期的水平，不是一个抽象的概念，它是有具体的内容和标准的。

战争时期的政治机关威信高，说话灵，部队欢迎，党委和首长满意，最根本的一条，就是以身作则，模范带头作用好，哪里最困难、最危险，政治干部就出现在哪里。那时，政治机关精干灵活，工作效率很高，处处关心爱护干部，一心为部队服务；多数政治工作干部文化水平并不高，但理论联系实际，能够及时发现和解决部队中的思想和政治问题，积极同不良倾向作斗争，保持部队的稳定。我结合自己多年做政治工作的体会，在1978年7月总后政治工作会议上对政治机关和政治干部提出了基本要求：

坚持马克思主义、毛泽东思想，从政治上、组织上保证党的路线、方针、政策在部队贯彻执行。政治干部要带头看书学习，肃清林彪鼓吹的背警句、"走捷径"、"立竿见影"等流毒影响，完整准确地领会和掌握马列主义、毛泽东思想体系，学会运用马克思主义、毛泽东思想的立场、观点、方法分析事物解决问题的能力。

坚持党的原则，敢于同错误思想和不良倾向作斗争，在总后尤其要把经济领域的斗争作为经常性的任务来抓。

坚持和发扬党的实事求是、群众路线、民主集中制、批评和自我批评、艰苦奋斗的优良传统，政治干部做到言行一致、表里如一，在各方面起模范作用。

面向基层，深入实际，认真研究和解决部队中的各种现实问题，发扬政治工作的保证和服务作用。

在实际工作中，总后党委比较关心政治机关的建设，支持政治机关的工作，充分发挥政治机关的作用，维护政治机关的威信。我们坚持一条原则，该政治机关办的事，党委决不包揽，大胆放手让政治机关去办。在平时，我比较注意定期到政治机关听一听，看一看，同他们一起讨论研究一些问题，有时把他们请来听取他们的汇报。对他们的意见和建议，凡是我认为有价值的、可行的，都予以采纳或支持。政治委员制度，对于巩固党对军队的绝对领导，对于保证党的路线、方针、政策在部队的贯彻执行，对于加强部队党的工作和政治工作、政治机关的领导，都具有重大意义。总后党委反复强调坚决克服削弱政治委员作用的错误倾向，不断加强政治委员制度建设。各级政治委员按照政治工作条例的规定认真履行自己的职责，在上述各方面发挥了重要作用。

在新的历史时期，全党工作重点转移以后，如何认识政治工作的地位和作用，如何改进政治工作方法以适应形势的发展，这是一个新的问题。

全党工作重点转移以后，各级都强调以业务工作为中心，政治工作要落实到业务中去，有一部分同志对政治工作产生了一种误解，认为政治工作不那么重要了，"现在是大干'四化'，政治工作'当配角'、'敲边鼓'就可以了"；有的同志感到科研技术单位保证六分之五的时间搞业务，政治学习时间相对减少了，政治工作的地位不那么高了；还有的认为，"搞现代化建设就要来实的，政治工作是虚的，解决不了实际问题"。这是对新的历史条件下政治工作的片面的形而上学的看法。对此，我们进行了认真解决。

1944 年，由毛泽东、周恩来等领导同志参与修改，由谭政在西北高干会议上作的《关于军队政治工作问题的报告》中指出："我们认为政治工作是我军的生命线，无此则不是真正的革命军队。"叶剑英副主席在 1978 年全军政治工作会议上指出："政治工作过去是我军的生命线，在新的历史条件下仍然是我军的生命线"。我们组织总后系统的政治工作干部重新学习了《关于军队政治工作问题的报告》、叶副主席的指示和全军政治工作会议精神，使大家认识到，政治工作的内容和方法要随着历史条件的改变而变化，但政治工作是生命线的作用绝不能因历史条件的变化而改变；政治工作的重要性，不单纯是以占用时间的多少来衡量的，而是以它所起的作用来决定的，从而提高广大政工干部在新的历史条件下做好政治工作的自觉性。

在工作重点转移到后勤现代化建设上来的条件下，政治工作首要的、根本的任务是研究解决后勤现代化建设中出现的新情况、新问题，充分发挥保证和服务作用。

从 1978 年下半年起，总后直属各单位围绕自己的工作重点，努力加强政治思想工作。医院的政治工作，结合医疗工作，认真解决全心全意为伤病员服务的思想，保证以医疗为中心的各项任务的完成。院校的政治工作，结合教学工作，解决为革命而教、为革命而学的思想，保证以教学为中心的各项任务的完成。科研单位的政治工作，结合科研工作，解决为尽快改善后勤装备而勇攀高峰的思想，保证以科研为中心的各项任务的完成。各单位都自觉地把自己本职业务工作任务完成的情况，作为衡量政治工作强弱的标志之一。

后勤系统，从业务性质和范围来说，主要是经济和技术工作，门类行业繁多，业务技术复杂，工作细致具体，服务性很强，和军内外单位联系也比较频繁，与广大群众关系密切；从驻地分布情况看，天南海北全国各地都有，点多线长，高度分散，有的驻繁华闹市，有的驻偏僻山区和边海防，环境条件差异很大；从人员情况来看，干部多，战士少，有专家、教授、工程师等高科技人员，也有一般干部和学员，层次比较多。后勤单位和后勤工作的这些特点，给政治工作增加了一定的难度，提出了不同的要求。后勤政治工作必须适应这些特点，克服"一刀切""一锅煮""上下一般粗"的做法，而采取因地制宜、因人制宜的方法，增强及时性、针对性、战斗性。后勤各单位的政治工作，既有共性，也有个性，我们采取共性的问题，大家一块研究，个性的问题分头研究。我在总后工作期间，除召开一般性的政治工作会议，研究共性的问题外，还先后分别召开了直属院校、医院、仓库、科研单位政治工作经验交流会，直属部（分）队基层政治工作经验交流会，军需企业思想政治工作会议，一个系统一个系统地研究如何在新的历史条件下做好思想政治工作。在政治教育的问题上，我曾多次和政治部的同志研究过，总后安排政治教育，不要满打满算，统得过死，管得太细，要给各级领导一定的自主权；各级领导可以根据上级总的原则和要求，结合本单位的具体情况安排自己的教育；不要搞大呼隆，要把政治教育不太注意效果的状况改变过来。

工作重点转移后，院校、医院、科研单位，至少必须保证六分之五的时间用于业务工作，政治教育和政治活动不允许侵占六分之五的时间。在这种情况下，政治工作干部摆脱过去搞政治运动的那一套形式，学会了渗透的方法，把政治工作渗透到业务工作中去，结合业务工作一道去做。许多同志像过去部队行军打仗一样，深入下去，见缝插针，利用空隙去做工作。例如院校的政治工作，政工干部经常深入第一线，跟班听课，及时了解学员的学习态度、学习方法和教员的教学态度、教学方法。发现问题，及时帮助研究解决，改变了过去那种靠听汇报、开大会，集中时间大轰大嗡那一套工作方法。

后勤政治思想工作，还要较好地贯彻群众路线的方法和实事求是的原则。各单位把政治思想工作，看作不光是政治机关、政工干部和党团员的事，而是当作所有人员的事，发动大家人人去做，开展群众性的思想互助活动。院校和科研单位尤其重视发挥专家、教授、高级技术人员做思想工作的作用。逐步形成像战争年代那样，人人关心政治工作，人人都做政治思想工作的良好局面。在政治工作中坚决摒弃假、大、空的错误做法，坚持讲真话、办实事，把思想政治工作和关心群众生活结合起来，从而增强了政治思想工作的效果。

由于后勤各级领导和政治机关重视研究新形势下后勤政治工作的新情况、新特点和新问题，努力去适应它、掌握它，因而政治思想工作比较主动，机关和部队在精神文明建设方面取得了明显成绩，广大干部战士的精神面貌发生了很大变化，有效地促进了业务建设和各项任务的完成。

坚持"两个面向"的方针

总后党委有双重性质，一是党委的性质，对总后直属单位实施全面领导；二是党组性质，研究确定全军后勤建设的方针政策。后勤工作的指导思想、方针政策、中长期建设规划、条令条例、标准制度的制定，国防经费物资的安排使用等重大问题，都先经过总后党委充分讨论研究确定，然后以总后勤部名义，或上报请示中央军委，或下达部队贯彻执行。

1978年4月下旬至6月上旬，经总后党委常委研究，并报中央军委批准，我们在北京召开了全军后勤工作会议。党中央和中央军委的领导对这次会议很重视，很支持，亲切接见了与会全体同志。邓副主席在接见时指出："要着重研究在新的历史条件下出现的新的情况和新的问题。"这次会议历时40多天，会议认真清算了林彪一伙和"四人帮"破坏后勤工作的罪行，全面总结了"文化大革命"以来我军后勤工作正反两个方面的经验，初步研究了在新的历史条件下加强我军后勤工作，提高后勤保障能力的问题。这次会议的主报告，是经叶副主席和罗秘书长逐段修改议定的。会议确定后勤工作的指导思想是："勤俭办一切事业，面向部队，面向基层，一切为部队服务，一切为战备服务。"这次会议对全军后勤工作拨乱反正起到了积极作用，明确了在新的历史条件下后勤工作的方向。

1980年，叶副主席提出在三四年内改变后勤工作面貌的要求，徐向前、聂荣臻副主席也对后勤工作作了重要指示。我们遵照军委领导的指示，根据新时期军队建设和现代化战争的要求，在这一年的4月召开了全军后勤部长座谈会，提出在建设现代化、正规化革命军队的总目标下，建设一个随时能够打仗，并能保证战争胜利的现代化后勤。以后又明确提出"两个适应"，即后勤工作要与现代化、正规化革命军队建设的需要相适应，与现代化战争的要求相适应。随着指导思想的不断明确和端正，后勤建设逐步走上了轨道，全军后勤工作取得了比较明显的进步，后勤面貌有了很大改变。

为了贯彻"两个面向""两个服务""两个适应"的指导思想，我们首先对总后机关业务部门从思想上、组织上、作风上进行了整顿，改变过去那种"门难进、人难见、脸难看、事难办"的"衙门"作风，改变那种靠会议、靠发文件指导工作的方法，组织机关干部深入部队，深入基层调查研究，有针对性地解决部队急需解决的现实问题。从1980年以后，我们根据中央军委的统一部署，按照"精简、统一、效能"的原则，对总后机关和直属单位进行了两次精简整编，进一步提高工作效率，增强为部队、为基层服务的自觉性。

我到总后以后，有不少军区的领导同志向我反映了后勤保障方面的一些问题。有时，请一些单位的同志来汇报，他们对下面的有些情况也若明若暗。我和洪部长商量，认为有必要统一组织力量，逐系统逐问题地进行深入调查，摸清情况，研究解决存在问题的办法。我们把这个意见提交党委讨论，大家一致认为很有必要。经过总后党委研究，我们于1981年12月召开全军后勤部长会议，研究部署对全军后勤工作进行系统调查。

调查首先从海岛、边防开始。1982年2月，总后领导、机关二级部领导，会同有关军区和海、空军后勤部门的同志，组成十个联合调查组，先后到了西藏东线和西线、新疆西部和北部、黑龙江、吉林、辽宁、内蒙古、广西、云南边防，以及我国南线和北线海岛，历时半年多时间，总行程20万公里。调查组的同志们以坚毅的革命精神克服了高山缺氧、冰雪严寒和海上风浪等重重困难，从祖国西部边疆海拔5000米的冰峰哨卡到南端的孤立小岛，走遍了所有边海防的点线和连队。他们像战争年代领导机关深入部队时一样，所到之处，坚持与连队战士同吃同住，尝一尝连队的饭菜，摸一摸战士的被服，听一听战士的呼声，详细了解了部队的伙食、健康、被装、吃水、照明、营房、交通、防寒、防潮、伤病救护、农副业生产和后勤人员训练等情况，掌握了第一手材料，并拍回许多录像资料，向领导汇报和供有关单位研究。调查组还发扬了敢于负责的精神，对发现的问题，只要符合政策和有明确规定的，并在职权范围可以解决的，积极同所在地区后勤部门的同志共同商量，当场拍板，就地为连队解决了一些长期没有解决的问题。调查组所到之处，普遍受到热烈欢迎，他们给长期驻守海岛、边防的指战员带去了总部领导机关的关怀和温暖，大大鼓舞了部队做好守备工作的信心。

这次海岛、边防调查，不仅下去的同志得到了一次很好的锻炼和考验，没有下去的同志通过观看调查拍摄的录像片，也受到了很大震动和教育。我看了反映海岛、边防后勤工作情况的录像片，看到长期驻守这些地方的连队有的至今还没有营房、库房，战士们还住在坑道里，弹药、物资还堆放在露天；有的地区吃水、照明、取暖问题没有彻底解决，有的连队指战员几个冬天洗不上澡，等等，作为总后勤部一名主要领导我是问心有愧的。作为后勤部门没有很好地为部队服务，为基层服务，使我们的战士至今还在那样困难的条件下生活和战斗，是欠了账的。固然我们国家经济有困难，加上边疆、海岛地理气候等复杂原因的影响，不可能什么困难都能够解决。存在这些问题的主观原因是多方面的，但作为总后勤部来说，过去长期对这些问题了解不细，关心不够，是有责任的。根据调查的情况，经总后党委研究，并报经军委批准，从总后掌握的机动费中拨出 6.5 亿元，专项解决海岛、边防连队急需解决的实际问题。

这次海岛、边防调查，对于改进机关作风，坚持"两个服务"，起到了很大的促进作用。对这次调查，国务院、中央军委领导同志给予很好的评价，指出"总后办了一件好事，做了一件很有意义的工作。"

此后，总后又会同全军各大单位后勤部，进行了全军后方基层仓库调查和全军财务、营房、医院、库存武器装备大检查，一条战线一条战线地摸清后勤工作的基本情况，解决了一批急需解决的问题，在全军部队中提高了后勤工作的威信，为全面开创后勤工作新局面打下了良好的基础。

在后勤工作中，总后党委经常强调牢固树立全局观念，战备观念，群众观念，政策纪律观念和勤俭节约观念。后勤工作是军事经济工作，是整个国民经济的一部分，因此后勤工作必须服从国民经济建设这个大局。从 1979 年开始，中央决定对国民经济实行"调整、改革、整顿、提高"的方针，清理经济工作中"左"倾错误的影响，解决比例失调的问题。在以后的几年中，国家为了集中财力、物力解决急需的问题，对国防费作了大幅度压缩。我们自觉地服从大局，主动体谅和分担国家的困难。在国防费减少的情况下，我们克服无所作为的思想，积极发挥主观能动性，努力解决军队需要和可能的矛盾。我们一方面精打细算，合理安排，想方设法管好用好有限的经费物资，使其发挥最大的使用效益，为部队办更多更好的事；另一方面自己动手，开源节流，清仓利库，修旧利废，厉行节约，堵塞损失浪费漏洞，发展农副业生产，增加收益，弥补经费不足。几年来，不但保证了军队各方面的正常需要，而且逐步解决了一些装备失修、缺房危房等历史遗留问题。

现代战争对后勤的依赖性越来越大。后勤工作的地位和作用显得更加重要。军委徐向前副主席指出："不论从现代战争的特点看，还是从客观实际看，后勤工作所发挥的作用越来越大，地位越来越重要，甚至在一定条件下决定战争的胜败。"

由于历史原因，我军后勤工作的重要性并未被一些同志完全认识。中越边境自卫反击作战中，我到广州军区去慰问检查工作。据有的单位反映，研究部署作战的会议都没让后勤主要领导参加，我认为是一个严重问题。1979年我担任军委副秘书长和军委常委以后，曾多次建议中央军委考虑解决这个问题。1981年5月4日，我和洪部长、胥光义副部长一起向军委邓主席汇报工作，再次反映了这个问题。当我们提到总政治部1978年2月4日通知，只讲参谋长、政治部主任一般应参加党委常委，未提后勤主要领导参加时，邓主席指示说："你们转告总政补发一个通知，后勤跟司、政一样，应有一个主要领导同志参加党委。像军委办公会议一样，三总部各有两位同志参加。后勤主要领导同志应参加同级党委常委。至于是部长还是政委，谁参加合适，可由他们定。"我们立即将邓主席的指示转告总政治部。6月22日，总政治部下达通知，解决了这个后勤建设中的大问题。组织上解决仅是一方面，我们强调，更重要的是创造第一等工作，用实际行动来提高后勤工作的地位和威信。

随着形势的变化和军队建设的发展，后勤工作过去形成的一套办法和标准制度逐渐不适用了，新的矛盾和问题日益突出。根据中央改革开放的精神和后勤工作"两个适应"的要求，总后党委加强了对后勤工作改革的研究和领导。我们组织有关人员对后勤各部门各项工作的关系、后勤供应体制、各种标准制度等进行了调查分析和研究论证，按照积极稳妥、先易后难、成熟一项改革一项的原则，逐步进行了一些改革，如经费分配制度的改革，标准制度的修订，等等。有些改革因条件和时机还不成熟，暂时还没有进行，但也为后来的改革工作作了准备，打下了基础。

落实知识分子政策

实现后勤革命化、现代化、正规化建设，干部是关键。后勤部门是专业技术密集、知识分子众多的单位，仅卫生干部就占后勤干部的一半。加强后勤干部队伍建设，首先就要落实知识分子政策。

在十年浩劫中，林邱一伙大砍院校，撤并科研单位，随意处理专业技术干部，把专家教授打成"反动学术权威"，有的罚去扫厕所、看大门，有的下放"五七"劳动学校或医疗队去"锻炼"，有的甚至被遣返回乡监督劳动，他们被迫脱离专业实践，在精神上、肉体上都遭到残酷的折磨和摧残。

粉碎"四人帮"以后，总后党委认真贯彻党的知识分子政策，为受迫害的专业技术干部平了反，恢复了名誉。我们充分肯定知识分子在后勤现代化建设中的地位和作用，充分肯定他们过去的成绩和进步，并多次召开总后先进集体和先进个人代表大会和全军医学科学技术大会，表彰宣扬了一批在科学技术上造诣深、有突出贡献的知识分子，造成尊重知识、尊重人才、信任和依靠知识分子的风气。

我下去调查研究，去的最多的地方是院校、医院和科研单位。每到一个单位，我都要调查了解落实知识分子政策的情况，召开专家、教授和技术干部座谈会，听取他们的呼声，了解他们的意见和要求。各级党委和领导干部按照总后党委的要求都很重视和知识分子交朋友，及时了解他们的思想、工作和生活情况，帮助他们解决实际问题。做到对他们政治上放心，工作上放手，生活上照顾。

知识分子普遍对入党问题很关心，不少人参加革命多年了，组织问题还没有解决，各级党委加强对他们的培养和考察，陆续发展了一批具备条件的同志入党。各单位为专业技术干部普遍评定了职称和技术等级，对有突出贡献的同志不受资历限制，给予越级晋升。对知识分子的住房、子女上学就业、夫妻分居以及生活困难等问题，都给予优先考虑照顾，尽量解决他们的后顾之忧。第一军医大学迁到广州麒麟岗新址时，首先建教学楼和病房、门诊楼，后建办公室；建好宿舍楼先分给一线的教学、医疗干部，校领导长期住在临时的房子里。不少医院、科研单位也是这样，机关长期在平房里办公，盖好办公楼都先让给科室。各单位为知识分子创造了良好的工作和生活条件，使他们更加精力充沛、心情舒畅地发挥业务专长，为后勤建设作出贡献。

总后党委经常强调在业务上要发挥专家、教授的领导和骨干作用，并积极创造条件，使他们有职有权有责。我们在配备各级领导班子时，选拔了一批有管理组织才能的专家、教授、研究员、工程师担任领导职务，尊重他们在业务上的权威，使他们真正起到在业务技术上的领导和管理作用。我们强调，各单位在业务工作方面的重要决策，要吸收专家、教授参加，请他们充分讨论论证；在执行过程中放手让他们去干，并注意听取反映，对方案不断地加以改进和完善。总后党委规定，院校、医院和科研单位的科室主任和专家、教授对管辖范围的工作，有权独立决断和处理，科室党支部对同级行政领导和业务工作只起监督和保证作用。在知识分子队伍中，重视发挥专家教授、学科带头人和课题组长的作用，给他们配备助手，鼓励他们多带徒弟，搞好传帮带，培养接班人；对中年知识分子发挥其中坚作用和骨干作用，让他们承担重担；对青年知识分子，尤其是"文化大革命"中毕业的工农兵大学生加强培养锻炼，使他们尽快熟悉业务，胜任本职工作。总后党委还要求各单位注意保留业务骨干，规定知识分子可以不受服役年龄的限制，一般不安排转业，身体好的业务技术骨干即使到离退休年龄还可以继续工作。

党的知识分子政策的贯彻落实，调动了广大科技人员的革命积极性，他们为振兴祖国的科学事业，呕心沥血，积极拼搏，涌现出许许多多模范人物和先进事迹。第二军医大学附属长征医院的骨科主治军医吕士才，他在参加革命近30年的岁月里，始终对党忠心耿耿，对病人满腔热忱，对工作极端负责，对技术精益求精，在平凡的岗位上做出不平凡的业绩，1979年1月，他抱病带领一支手术队奔赴对越自卫还击作战前线，和同志们一起，抢救了数以百计的伤员，荣立了二等功。1979年10月不幸病逝，中央军委授予他"模范军医"的荣誉称号。第二军医大学吴孟超教授、第三军医大学黄志强教授都是肝胆外科专家，第四军医大学陆裕朴教授是骨外科专家，近年来他们攻克了本专科的一系列重大难题，形成一套独特的诊断治疗方法，成功地创造了许多手术奇迹，治愈无数疑难病人，并写出了大量专著和论文，不但在国内享有盛名，而且受到国外同行的好评。军事医学科学院的黄翠芬研究员、第四军医大学的李敬中教授、第二军医大学的烧伤救治组等在医疗和科研方面也都做出了突出成绩。总后营房部建筑工程研究所，坚持科研面向基层、面向部队，七次到法卡山、扣林山前哨阵地调查研究，研制成功了防潮被、防水小帐篷、防潮粮袋和弹药防潮封套等，解决了阵地防潮等问题，深受部队欢迎。

第一期整党

1983 年 12 月，根据中共中央和中央军委的部署，全军进行整党。

这次整党的任务是"统一思想，整顿作风，加强纪律，纯洁组织"。要通过批评和自我批评，揭露和解决党内存在的思想、作风和组织严重不纯的问题，实现党风的根本好转，提高全党的思想水平和工作水平，更加密切党和人民的联系，努力把党建设成为领导社会主义现代化事业的坚强核心。

总后系统的整党工作分三期进行，第一期总后党委和总后机关，第二期总后直属各大单位和机关，第三期基层单位。我和总后党委其他成员一起组织领导了第一期整党工作。

遵照中共中央关于整党的决定，在中央军委的正确领导下，总后党委和机关从 1984 年初开始，集中时间和精力，认真学习讨论中共中央规定的全部文件。在学习讨论阶段，成效最为明显的是，通过彻底否定"文化大革命"的教育，解决了总后长期以来没有彻底解决的由于林邱一伙"以人划线"造成的派性问题。

党的十一届六中全会通过的《关于建国以来党的若干历史问题的决议》，对"文化大革命"进行了彻底的否定。大家对"文化大革命"从理论和实践上都是错误的这个结论，在认识上是一致的，但是一联系到总后的实际，"以人划线"的流毒和影响仍非常明显，对一些具体问题持截然相反的看法。在这次教育中，从总后党委成员到机关每个党员，大家用了 40 多天时间，回忆分析了总后"文化大革命"的全过程，统一了认识。重点解决了"反邱、保邱"这个形成两派对立，以致派性绵绵不断的根子。"文化大革命"初期，邱会作以我划线，造成干部群众严重分裂，"反邱有罪"，一部分人受到打击迫害；"保邱有功"，一部分人得到提拔重用。"九一三"以后，又倒过来，成了"反邱正确、保邱错误"，并在各方面以这个标准来判断是非、衡量干部，这样就总结不了教训，消除不了隔阂。为了解决这个问题，总后党委引导大家正确分析了分歧最大的 1967 年二三月份机关干部起来造反的问题。通过摆事实，讲道理，使大家认识到，当时曾经因为反对过邱会作后来受到迫害的一派群众，也是按"文化大革命""怀疑一切，打倒一切"的错误理论和方法造反的，同样应该否定，不能笼统地认为当时反邱是"一贯正确"的，应该主动联系思想，彻底清理"左"的思想影响。通过彻底否定"文化大革命"的教育，采取自上而下的方法，清理了"左"的思想影响，消除了派性，增强了党性，为保证整党的顺利进行，打下了基础。

在学习教育的基础上，总后党委和机关对贯彻执行党的路线、方针、政策，端正党风，坚持民主集中制，加强后勤建设，以及清理"三种人"等问题，进行专题讨论，统一思想。在此期间，还广泛征求了全军各大单位后勤部和总后直属单位党委的意见。在对照检查中，总后党委对照中央整党决定和党章以及《关于党内政治生活的若干准则》的要求，回顾了党的十一届三中全会以来党委的精神状态和工作状况；本着集体检查为主，以现领导班子为主，以现实问题为主的原则，着重检查领导思想和工作指导方面存在的主要问题。在集体检查之后，每个党委成员也都做了对照检查。

我在对照检查中，着重回顾了到总后以来的思想和工作情况。我在总后工作的这一段时间，正值我党进入一个新的历史时期，我个人心情很舒畅，思想比较活跃。对党中央提出的一系列重大决策，比如批判"两个凡是"，开展真理标准问题的讨论，实现党的工作重点转移，实行国民经济调整的方针，几次中央全会的决议，以及党的十二大提出本世纪末翻两番的总目标和总任务，都衷心拥护，在党中央和中央军委召开的重要会议上，也都积极明朗地表过态，在实际行动中努力贯彻落实。总后党委在党中央、中央军委的正确领导下，团结一致，在贯彻执行党的路线、方针、政策和军委的战略方面，做了大量工作，取得了很大的成绩。

我在党委集体领导中做了一些工作，但还很不够。党委集体检查中提出的问题，我作为党委第一书记，是负有直接责任的。

我在领导思想和工作作风上存在的问题：

一是对中央和军委的指示学习研究不够，理解不深，特别是联系总后实际贯彻不力，缺乏创新精神。一句话，稳重有余，创新不足，顾虑较多，怕出乱子。比如邓主席对整个国际形势作了精辟论断，多次讲过世界大战一下子打不起来，要争取有利时机把国民经济搞上去。对于这个带有全局性、战略性的大事，我的思想跟不上，组织研究贯彻不力，随时准备打仗的问题脑子里想得多，战备的弦绷得很紧。再如，总后党委对后勤工作缺乏全面地、系统地认真研究，我虽然有一些考虑和想法，但没有系统地提出来。

二是在干部年轻化问题上步子迈得不大。几年来，通过调整各级领导班子，总后的干部"老化"的情况有所改变，但仍不够理想。主要原因是思想不够解放，论资排辈的传统观念没有完全破除，仍然局限于"老中选青"。

三是工作不够深入，对下面情况了解的不够全面、不够深刻，对有的问题处理不够坚决果断，存在着官僚主义的作风。我总觉得自己年事已高，很快要退下来，应当放手让其他年轻的同志多做一些工作，因而放松了对自己的严格要求。

四是民主作风不够。我个人在党委会或其他会议上讲话过多，表态过早，插话也多，影响把问题议深议透。总的看，在大的方针政策问题上，党委还是集体领导，不存在个人说了算的问题。

总后党委和机关的整党工作，到 10 月底基本结束。通过整党，在统一思想、整顿作风、加强纪律等方面取得了显著成绩，广大党员在思想上、政治上同党中央保持一致的自觉性进一步增强，清除了派性残余和组织不纯的问题，相互之间团结得到加强，党员队伍的素质普遍有所提高，基本上达到整党的预期目的。

在总后工作期间，1978 年 2 月，我被选为第五届全国人民代表大会常务委员会委员。在此以前，我还是第二、三、四、五届全国代表大会代表，第二、三届国防委员会委员。

1979 年 11 月，中共中央任命我为中央军委副秘书长，1980 年 1 月，又任命我为中央军委常委，我还是军委办公会议成员，参与军队革命化、现代化建设方针政策的制定和重大问题的决策，并分管军委办公厅的工作。

1980 年 10 月，中央决定以我为团长，北京市副市长白介夫为副团长，率领中国人民友好代表团到朝鲜进行为期一周的友好访问，参加志愿军赴朝参战 30 周年纪念活动。

1983 年 9 月，中国共产党在北京召开了具有重大历史意义的第十二次全国代表大会。大会作出了《全面开创社会主义现代化建设的新局面》的决定；审议通过了新党章；选举了第十二届中央委员会，中央顾问委员会，中央纪律检查委员会。我被选为中央顾问委员会常务委员。

从 1983 年开始，我逐渐觉得工作力不从心，这时，我正式向军委杨尚昆副主席提出，要求退出总后领导班子。杨副主席告诉我不要着急。以后，我又接连向军委邓主席、中顾委薄一波副主任和总政治部余秋里主任、朱云谦副主任讲过这个问题。邓主席对我说："管好大的事情，小的问题你可以少管或不管。"后来我又正式向中央写了报告，陈述了我的想法。1985 年 3 月，中央军委同意了我的要求，在调整总后领导班子时免去我的总后政治委员职务。

退居二线以后，我除了参加中央的一些会议，搞点调查研究，参加一部分社会活动外，还担任了《八路军》史料丛书编辑委员会副主任、《中国工农红军第一方面军战史》编辑委员会副主任、《中国工农红军第三军团史》编辑委员会主任等职务，组织编写了一些军战史资料，供学习参考之用。

1987 年 10 月，中国共产党召开第十三次全国代表大会，我再次被选为中央顾问委员会常务委员。

后　记

　　七八年前，解放军出版社就约我写回忆录。当时，我对写个人的回忆录一直下不了决心，一是我在中国共产党领导下和老一代无产阶级革命家的培养教育下，虽然做了些工作，但这都是应该做的，作为个人来说没有什么好写的；二是我在近60年的戎马生涯中，主要是做部队政治思想工作，这方面不太好写；三是时间久远，有不少事件记不太清楚，记不太准确，查询有一定困难。基于上述原因，所以迟迟没有动手。

　　1985年，我退居二线以后，有了较充裕的时间对过去所经历的情况进行了回忆；我曾经工作过的地区和部门的党史资料征集单位，不断派人来找我了解、核实史料，邀我写一些具体事件的回忆文章；军委领导也委托我参加几部军战史编审的组织工作。我逐渐感到，有责任把我工作过的部队和地区的艰苦斗争历程写出来，把和我一起战斗过的，为了革命胜利而英勇献身的广大干部、战士、人民群众的英雄业绩反映出来，为进行军史研究的同志提供一些史实和线索，也为年轻一代学习革命的光荣传统提供一些有益的材料。

　　回忆录的价值和生命在于真实。我以写史、写事实为主，有些地方虽然写了点个人看法，但也都作了说明，在文字上我没有下更大功夫。有些事件因手头缺乏文字记录，难免挂一漏万；有些战友的音容笑貌依稀记得，但姓名却想不起来了；有些战斗情景仍历历在目，但地点时间记不准，全过程也说不完整了。尽管如此，类似的问题我还是把它写了出来，目的是希望得到老战友和熟悉历史的读者补充订正。

　　在成书过程中，解放军出版社王长龙同志给予支持；解放军档案馆给予方便；黄文明、纪亭榭、刘苏、王宪、罗融春及有关党史资料征集部门的同志提供了不少资料；关庆留、郑丙信、李云清、文仲夫、马赓、朱明权、陈崇基、马继红等同志协助查找、核实、整理资料及文字，做了大量工作，在此一并致以谢忱。

1991 年 3 月